ARMORIAL DES LANDES.

ARMORIAL

DES LANDES

PRÉCÉDÉ

DES CAHIERS DU TIERS-ÉTAT

ET DE

LA NOBLESSE DES LANNES EN 1789

PAR LE Bᵒⁿ DE CAUNA.

BORDEAUX

TYPOGRAPHIE Vᵉ JUSTIN DUPUY ET COMP.

Rue Gouvion, 20

—

1863

AU LECTEUR.

Le premier opuscule offert au public sous le titre de : *Le Clergé et la Noblesse des Lannes en* 1789, ne reproduisait pas tout entier le manuscrit de Mormès sur les assemblées des trois Ordres de Dax. En livrant à l'impression les élections du Tiers-Etat des Landes, nous complétons notre tâche et nous répondons au désir des personnes qui reprochaient aux écrits du même genre de se borner exclusivement à l'Ordre de la Noblesse, laissant dans l'oubli les noms des électeurs du Clergé et du Tiers. Le présent travail est la preuve de notre impartialité et de notre déférence envers la critique. On y trouve, de plus, les Cahiers des doléances du Tiers–Etat des sénéchaussées des Lannes et de Tartas, le Cahier des pouvoirs de la noblesse de Dax, une liste générale des électeurs nobles du duché d'Albret en 1789, cinq convocations du ban de la noblesse en 1693, 1702, pour les sénéchaussées de Tartas, Dax et Saint–Sever, et un rôle des hommages rendus par les vassaux du roi, possesseurs des terres nobles de la vicomté de Marsan sous Louis XIV.

Tous ces documents ajoutent une infinité de noms nouveaux à la nomenclature des gentilhommes inscrits dans la noblesse de 1651-1789; mais nos recensements ne peuvent pas être donnés comme complets, et la vue des regrettables lacunes qu'offrent les documents précédents sur les existences nobiliaires, nous a porté à composer, sous le nom d'Armorial, une étude héraldique et généalogique succincte, renfermant les familles du pays des Lannes, avec les noms et prénoms des nobles, leurs armes, leurs fiefs, leurs services militaires ou civils, indiqués par les ordres de chevalerie, décorations, et la filiation suivie de plusieurs maisons, appuyée de pièces justificatives.

Les sources bibliographiques où nous avons emprunté sont l'*Armorial universel* de M. Jouffroy d'Eschavannes; les *Recueils d'Armoiries* de l'abbé Montlezun, de Picamilh, V. Bouton, Gourdon de Genouillac, Gelliot et Palliot; le *Grand Armorial de France* de d'Hozier, 1750-1844; le Père Anselme, *Histoire des grands Officiers de la Couronne;* le *Dictionnaire* de Lachesnaye des Bois, 1757; Moréri, le *Nobiliaire de Guyenne;* la *Noblesse d'Armagnac* de M. le v^{te} de Bastard d'Estang, et les manuscrits de la Bibliothèque impériale (cabinet d'Hozier et Cherin); l'*Armorial général* de 1698; le chartrier d'Auch et les archives de Borda, de Lalande, de Benquet, de Cabannes, de Cauna, et autres précieux recueils de titres.

Nous remercions les honorables familles de Mugron, Sauveterre, Béarn et autres villes qui ont fourni leurs armes; grâce à elles de nombreux blasons inédits verront le jour, et la nobilité du pays des Lannes osera se montrer avec quelque éclat à côté de celles du Périgord et de l'Armagnac. C'est la seule récompense que nous espérons de nos travaux et de nos sacrifices.

Un mot de gratitude pour les collaborateurs aussi modestes que savants dont le zèle et l'amitié ont relevé pour nous, dans les archives publiques, des généalogies inédites qui enrichissent notre œuvre.

Aidé de secours aussi précieux, nous présentons le nouvel Armorial au creuset de la publicité et de la critique, sans craindre pour un travail rédigé consciencieusement et à la suite d'études loyalement dirigées vers la manifestation de la seule vérité historique.

CAHIER

Et Pouvoirs de la Noblesse de la Sénéchaussée des Lannes, pour être remis à son Député aux États-généraux convoqués par le Roi à Versailles pour le 27 Avril 1789.

(A Dax, de l'Imprimerie de René Leclercq, vis-à-vis l'Eglise Cathédrale, 1789).

ASSEMBLÉS pour faire connoître nos plaintes et doléances, nous avons examiné quelles réclamations nous aurions à présenter à la Nation ; nous avons reconnu que les circonstances et notre amour pour la Patrie, nous imposoient les devoirs de nous occuper plus particulièrement des choses générales, que de celles qui seroient particulières et locales. Pénétrés de ce sentiment, instruits par le passé, espérant pour l'avenir, nous enjoignons à notre Député de demander :

1º De voter, dans tous les cas, par Ordre, et non autrement, selon l'antique usage essentiel et nécessaire à toute Constitution Monarchique ; prescrivant à notre Député de se retirer, plutôt que de voter par tête, les Ordres réunis.

2º Que deux Ordres réunis ne puissent, dans aucun cas, obliger le troisième.

3º Que les États-généraux soient composés, dans la suite, de douze cents Représentans au moins.

4º Que les États-généraux s'assembleront à des époques certaines, qui seront fixées à la prochaine Assemblée.

5º Que, dans le cas où la Noblesse se séparera par gouvernemens ou par bureaux, nulle délibération ne pourra être prise que par la réunion des deux tiers de ses gouvernemens ou bureaux ; et, dans les affaires importantes, on votera toujours par tête, tout l'Ordre réuni.

6° Qu'il ne soit jamais pris aucune détermination dans l'Assemblée des États-généraux, qu'après que le sujet proposé aura été mis deux fois en délibération, à des intervalles de temps suffisamment éloignés.

7° Qu'il soit reconnu que la Nation a seule le droit de s'imposer, d'accorder ou de refuser des subsides, d'en régler l'étendue, l'assiette, la durée, la répartition et l'emploi, et qu'elle peut seule consentir des emprunts ; que toute autre manière d'imposer ou d'emprunter est illégale, et que, par cette raison, les Peuples devront s'y refuser, sous peine, par le Proposant, d'être poursuivi par les États-généraux, comme contrevenant à une loi du Royaume, et tous Préposés pour la perception de tels impôts comme concussionnaires.

8° Que les Ministres soient responsables à la Nation de leur administration ; que les États-généraux aient le droit de leur en demander compte, et de les mettre en Jugement.

9° Que les fonds soient réglés et déterminés pour chaque département, dont les comptes seront produits et rendus à chaque tenue des États-généraux, et que l'emploi de ces fonds soit rendu public chaque année.

10° Que les fonds destinés pour amortir la dette publique ne puissent être détournés de cet objet, sous aucun prétexte.

11° La liberté des Citoyens étant inviolable, qu'elle soit spécialement placée sous la sauve-garde des loix.

12° Que le terrible usage des Lettres, appelées de cachet, et d'emprisonnement par autorité, soit à jamais proscrit ; que nul Citoyen ne puisse être privé de sa liberté pendant plus de vingt-quatre heures ; que, pendant cet intervalle de temps, il soit remis à ses Juges naturels, et qu'il puisse prendre à Partie celui qui aura donné l'ordre de l'arrêter. Par une suite équitable de ce principe, et pour prouver que la Patrie n'abandonne pas les défenseurs de ses droits, il sera demandé justice pour tous ceux qui auroient été lésés par quelque acte d'autorité, depuis le premier Mai mil sept cent quatre-ving-huit.

13° Que la liberté de la Presse soit accordée, avec les bornes convenables pour la décence, les mœurs et le repos des citoyens.

14° Que toute propriété soit respectée et garantie par la puissance des Loix.

15° Que tout Citoyen ne puisse, dans aucun cas, être jugé que par ses Juges naturels.

16° Que l'observation de ces loix fondamentales et constitutionnelles, soit jurée par le Monarque et par la Nation, et qu'elles soient réunies en un seul corps, qui sera déposé dans les archives des États-généraux, et des copies dans celles de chaque Etat-particulier et de toutes les Cours souveraines.

17° Que les Etats-généraux ne puissent s'occuper de la dette publique ni de l'impôt, qu'après que les loix de l'Etat auront reçu la sanction du Roi.

Après que les loix constitutionnelles et fondamentales auront été solidement rétablies, nous autorisons notre Député à reconnoître la dette publique ; après toutefois qu'on en aura vérifié l'existence et la légitimité, qu'on l'aura réduite, autant que la justice et le respect dû au Roi pourront le permettre, et qu'on se sera assuré d'une économie sévère, et de tous les retranchemens possibles.

18° Dans cet objet, nous autorisons notre Député à consentir l'octroi des seuls subsides et emprunts qui seront absolument nécessaires aux besoins réels et indispensables de l'Etat. Nous lui enjoignons de défendre l'agriculture de toutes nouvelles charges, qui, s'il est nécessaire d'en établir, doivent plutôt porter sur les objets de luxe, de consommation, et sur les richesses mobiliaires.

19° Nous autorisons notre Député à consentir que tous les Citoyens, de tout ordre, de tout rang et dignité, supportent, proportionnellement à leurs biens et facultés, la totalité des charges, impôts et contributions pécuniaires, et que tous privilèges relatifs à cet objet, soient abolis. Mais, si le sacrifice n'est pas général, nous retirons, de notre Mandataire, les pouvoirs qui lui sont donnés, pour ne consentir cette égalité qu'autant, et non autrement, qu'il n'existera plus dans le Royaume aucun privilège à cet égard ; et que même tous les biens du Domaine du Roi seront assujettis à cette loi de l'égalité de l'impôt.

20° Nous demandons que l'Assemblée Nationale, au même moment où la Noblesse prononcera ce sacrifice, raffermisse l'existence des rangs, prérogatives, honneurs et dignités dont elle est en possession depuis l'établissement de la Monarchie.

21° Nous demandons qu'il soit reconnu que les fiefs et tous leurs attributs, ce qui intéresse également les trois Ordres, soient une propriété placée sous la sauve-garde des loix, et à laquelle il ne puisse être porté d'atteinte.

22° Dans le cas où l'exécution de ces deux derniers articles éprouveroit des difficultés, nous retirons de notre Député les pouvoirs qui lui sont donnés pour consentir à l'égale répartition de l'impôt, à laquelle nous n'entendons nous assujettir qu'autant que les articles 20 et 21 seront mis au nombre des Loix constitutionnelles ; sans quoi nous déclarons que nous conserverons dans leur entier nos droits et privilèges relatifs à l'impôt.

23° Nous désirons que les États-généraux et le Roi fixent leurs regards sur les Provinces sujettes à la Gabelle. Mais nous nous opposons à ce que cet impôt désastreux puisse jamais être étendu sur celles qui en sont exemptes.

24° Que les droits des actes sujets aux contrôles soient fixés d'une manière si précise, qu'il soit à la portée de tout le monde d'en connoître l'étendue par un tarif clairement exprimé ; que les tribunaux ordinaires puissent prononcer sur toutes contestations à ce sujet ; et qu'après un an de délai, les Préposés en cette partie ne soient plus à temps de former aucune demande.

25° Que les Bureaux intérieurs des Douanes soient reculés aux frontières, et que tous droits de circulation soient supprimés.

26° Qu'il soit pris les meilleurs moyens pour administrer avantageusement les Domaines du Roi, ainsi que toutes les forêts du Royaume.

27° Qu'il soit procédé à la réformation du Code civil et criminel, dans l'objet principal de prévenir les procès et de rendre l'administration de la justice dans toutes ses parties plus prompte et moins coûteuse ; et aussi dans l'objet d'avoir des Loix pénales, dictées par la raison et l'humanité, qui tendent plutôt à trouver des innocents que des coupables.

28° Que tout Citoyen, qui auroit un procès dans un Parlement contre un de ses Officiers, puisse demander son renvoi à une autre Cour, et que tout droit de *committimus* soit supprimé.

29° Que, dans l'objet important de rapprocher les Justiciables de leurs Tribunaux, les Juges des Seigneurs soient reconnus souverains jusqu'à trente livres, les Officiers-Municipaux des villes jusqu'à cent, les Sénéchaux jusqu'à mille, les Présidiaux jusqu'à trois mille, et la Bourse jusqu'à deux mille ; que les arrondissements des Sénéchaussées soient rectifiés, et que les districts des Cours souveraines qui sont trop étendus, soient resserrés et circonscrits dans des bornes convenables.

30° Que les États-généraux s'occupent des moyens de rendre la composition des Tribunaux, et surtout des Cours supérieures, la meilleure possible, et la plus digne de la confiance de la Nation.

31° Que les Juges ne puissent jamais être enlevés à leurs fonctions, et qu'ils soient maintenus dans tous les droits qui assurent leur état contre la puissance exécutive.

32° Que tous les Tribunaux d'exception soient supprimés ; que l'intérêt de la Finance en soit payé jusqu'au remboursement ; que les privilèges honorifiques soient conservés à tous ceux qui sont pourvus, en exigeant le sacrifice du prix de leur charge, et par conséquent de l'intérêt, en proportion du temps qu'ils auroient à servir, ce que chacun sera le maître d'accepter ou de refuser.

33° Que la Noblesse ne puisse plus être acquise à prix d'ar-

gent ; qu'elle soit toujours la récompense des services rendus à
l'État.

34° Que l'on s'occupe de former et de mettre en vigueur un
Règlement avantageux pour l'administration des Communautés
dont les Officiers-Municipaux seront nommés par tous les habitants qui auront vingt-cinq ans ; que les comptes soient rendus
chaque année devant des Commissaires nommés à cet effet de la
même manière, et qu'ils soient vérifiés par la commission in-
termédiaire des États particuliers qui sera chargée de les requérir.

35° Que les Loix aient pour objet essentiel, et qu'elles tendent
à mettre quelque propriété foncière dans les mains de chaque
Citoyen, soit par le partage des Communes ou autrement.

35° Que le Roi soit supplié de n'accorder ni honneurs, ni
dignités, aucune place ni office, soit auprès de sa Personne, dans
le Service militaire ou politique, dans l'Eglise, où la magistra-
ture, eu faveur de qui que ce soit, sans avoir consulté l'opinion
publique. Le Roi sera supplié de rendre publique tous les ans,
la liste des pensions, dons, gratifications, et places qu'il aura
accordés, avec les noms des personnes qui les auront obtenus,
et les motifs qui auront déterminé son choix.

37° La pluralité des Bénéfices étant contraire aux Règlements,
la résidence de ceux qui en sont pourvus étant convenable et
nécessaire, nous demandons que ces objets soient pris dans la
plus importante considération.

38° Le Roi sera supplié d'établir, dans les armées de terre et
de mer, des Ordonnances, dont l'instabilité ne soit pas un sujet
continuel de découragement pour ses troupes ; que ces Ordonnances aient pour objet essentiel que les soldats et les officiers
soient conduits et dirigés par des moyens conformes au génie
et à l'esprit de la nation ; que le mérite, sans faveur, puisse
espérer d'être distingué et avancé, et que les anciens Serviteurs
soient assurés d'obtenir des récompenses méritées, sans avoir
à craindre de les voir retardées ou diminuées.

39° Le Roi sera supplié d'ordonner qu'il ne soit vendu aucun emploi militaire, afin qu'il soient tous la recompense du mérite distingué, ou de l'ancienneté respectable.

40° Nous demandons qu'il soit formé quelque établissement d'éducation nationale dans la sénéchaussée des Lannes, entièrement privée de ce précieux avantage, et très-éloignée de tout secours de cette espèce.

41° Nous demandons qu'il soit pris des moyens pour former des établisements, où les filles nobles de la sénéchaussée, la plupart privées de l'espérance du mariage à cause de leur peu de fortune, puissent, réunies en chapitre, trouver une vie tranquille avec une aisance honnête.

42° Nous demandons que l'on fasse examiner si les dépenses immenses que l'on fait au port de Saint-Jean-de-Luz, sont proportionnées à l'espérance du succès.

43° Le port de Bayonne étant le seul moyen pour l'exportation de nos denrées, nous demandons qu'on y fasse ou continue les travaux nécessaires, ainsi que pour la navigation de l'Adour, et pour former des canaux dans l'intérieur du pays.

44° Nous représentons que la partie des ponts et chaussées est plus négligée dans l'Election des Lannes, que partout ailleurs ; et nous demandons qu'avant de fixer les moyens pour la corvée, l'on consulte ce qui peut être le moins préjudiciable à cette Province.

45° Nous observons que la Sénéchaussée des Lannes, d'une vaste étendue et d'une population considérable, n'est pas suffisamment représentée par une seule députation : il sera demandé qu'elle en ait deux pour les prochains Etats-généraux.

46° Nous souhaitons que, du sein des Etats-généraux, soient formés des Etats-particuliers dans tout le royaume ; que l'étendue et le régime en soit fixés par le Roi, avec la Nation ; et que ce régime soit établi aussi uniforme que les circonstances et les localités pourront le permettre.

47° Nous demandons, avec la plus vive instance, la restauration des Etats-particuliers de l'Election des Lannes, comme un droit qui n'a pu prescrire, et comme une convenance marquée, principalement par la position des lieux, une qualité uniforme du sol et sa séparation de Bordeaux par un vaste désert.

48° Le Roi et les Etats-généraux seront instamment requis, par notre Député, de donner pour règle fondamentale, que nul ne pourra être admis dans aucune Assemblée de l'Ordre de la Noblesse, qu'il n'ait préalablement prouvé, par-devant tels Juges qui seront désignés à cet effet, qu'il est en possession de la Noblesse acquise et transmissible.

Telles sont les doléances de l'Ordre de la Noblesse de la Sénéchaussée des Lannes, et les pouvoirs que nous donnons à notre Député aux Etats-généraux.

Fait et arrêté par l'Ordre de la Noblesse assemblée dans la salle du Palais de la ville de Dax, le trente-un Mars mil sept cent quatre-vingt-neuf.

Signé, DE BRUXS, Président ; le Comte DE BARBOTAN, Commissaire ; le Baron DE SPENS, Commissaire ; Vicomte DE DIUSSE, Commissaire ; DE LABORDE-LISSALDE, Commissaire ; DARMANA, Commissaire ; le Baron D'ORTÉS, Maréchal de Camp ; DUCROS, Maréchal de Camp ; MONVAL ; Chevalier DE PRUGUE ; DE LAAS ; le Chevalier DE MELET ; Vicomte D'AURICE ; DE REYNAL ; BASQUIAT ; le Chevalier D'ARBO DE CAZAUBON ; DE SPENS-D'ESTIGNOLS ; le Comte DE BAILLENX ; DE MARSAN ; le Chevalier DE BASQUIAT-MUGRIET ; Chevalier DUPUY ; DE BATZ ; le Chevalier DE CASTAIGNOS ; MESPLÈS, Chevalier d'Aren ; BONEHÉ ; Chevalier DE CAPDEVILLE ; le Baron DE CAZALIS ; DE St. MARTIN ; le Comte DE BEAUFORT ; le Baron DE LATAULADE ; le Chevalier DE VIGNES ; BACHELIER DE MAUPAS ; D'ARTIGUES-D'OSSAUX ; DE PRATFERRÉ DE MAU ; Chevalier DE BORDA ; DE SAINT-CHRISTAU ; BACHELIER D'AGÉS ; Chevalier DE BACHELIER ; BACHELIER DE TALAMON ; SAINT-PAUL ; LADOUE ; SOUSTRAR ; DE MONT-LEZUN ; le Vicomte D'ABADIE-SAINT-GERMAIN ; le Baron DE FORTISSON-HA-BAS ; le Baron DECÉS-CAUPENNE ; CABANES DE CAUNA ; LAURENS-HERCULAR ; le Chevalier DE BORDA-LABATUT ; BASQUIAT DE TOULOUZETTE ; LABARRERE ; le Comte DE BEZONS ; CAPDEVILLE-D'ARRICAU ; LALANDE, Baron de Hinx ; GUÉHÉNEUC DE LANO aîné ; GUÉHÉNEUC DE LANO, cadet ; DE LABORDE-St. LOUBOUER ; PEMO-LIÉ DE SAINT-MARTIN ; BORDA-JOSSE, fils ; LALANNE DE CIZ ; le Chevalier DE BORDA ; le Baron DE MOMUY ; le Vicomte DE FORTISSON SAINT-MAURICE ; BORDA-LABATUT ; DE CLOCHE DE FARGUE.

LE BARON DE CAPDEVILLE, *secrétaire de l'Ordre de la Noblesse.*

NOBLESSE D'ALBRET

Extrait de la brochure intitulée : Cahiers de l'Ordre de la noblesse du pays et duché d'Albret, dans les sénéchaussées de Casteljaloux, Castelmoron, Nérac et Tartas, en 1789.

———

(Paris, 1820, in-8° de 46 pages, par le baron de Batz).

———

DÉPUTÉS DE LA NOBLESSE :

Son Altesse Royale Monseigneur comte d'Artois ; M. le baron de Batz, grand sénéchal d'Albret ; M. le chevalier de Chalon. — *Suppléans :* M. de Batz, baron de Sainte-Croix, seigneur d'Armentieu ; M. le marquis de Lascases.

———

NOMS DES FAMILLES NOBLES ET DES GENTILHOMMES DE L'ALBRET QUI ONT DÉPUTÉ AUX ÉTATS-GÉNÉRAUX :

D'Aubagnan Carcen, représenté par M. de Maurian Besse ; d'Artiguenave, baron de Vielle ; le chevalier de Caubios d'Andiran.

Baron de Batz, grand sénéchal d'Albret ; de Batz, baron de Sainte-Croix, seigneur d'Armentieu ; de Batz, vicomte d'Aurice ; de Bellier, baron de Villefranche ; de Bessabat, seigneur du Bos ; le comte de Bessabat ; de Borda, seigneur de Josse ;

de Bedorède; Bethune (le duc de Bethune, Sully); le duc de Bouillon, représenté par M. le baron de Batz; Bruyères (le comte de Bruyères Chalabre), représenté par M. le baron de Batz; de Brocas; de Brocas fils; de Beraud; le chevalier de Beraud; de Boisse, seigneur du Bois; de Brissac; du Bernet de Mazères; du Bernet fils; de Banne de la Benne Saubade; Barthouil de Taillac.

De Cabanes, baron de Cauna; le comte de Chalon; chevalier de Chalon; marquis de Calvimont; Capdeville, seigneur d'Argelouze; de Capbreton, baron de Capbreton; de Chambre, baron d'Urgons; Alexandre de Chambre; le chevalier de Chambre; de Chambre, autre chevalier; le prince de Chalais; marquis de Caumarque; Canterac, seigneur d'Ornezan; de Crussel; le chevalier de Crussel; Canterat, baron d'Andiran; le chevalier de Canterat; Capot; de Caupenne; de Cambon.

Dorian; Dantin, baron d'Ars; le chevalier Dantin; Dantin, seigneur de Hon; Depati, seigneur de Tauyan; Darbo, seigneur de Castera; Darbo de Casaubon; Ducamp Mellan, baron d'Arrosse; Ducamp, seigneur d'Orgas; Ducamp; Ducournau; Dubrocas; Destrac, seigneur de Loustaunau; Duprat; Duprat de Melezailles; Ducasse de Marchez; Dupré aîné; Dupré.

D'Estrat, seigneur d'Augagnac; d'Espagnet.

De Foiras; Faulon, seigneur de Broustet; Faulon du Bosq; de Falbert.

De Gourgue, vicomte de Lanquais; de Gombaud, seigneur de Rolli; de Gouderville; le comte de Galard Béarn; le duc de Gramont; Guerre, seigneur de Lesparre; le chevalier de Grammont (officier du génie); Gripière de Moncroc; de Gasq, seigneur de Laroche; de Gripière; Grammont de Villemonteix.

Baron de Lamothe Landeron; le comte Islet de Lalande; Lalande Lasalle; Lacombe Puygueyraud; Latour de Gabournelle; de l'Étang, seigneur de Laforêt; de Ledoulx; le comte de Luppé; Laserre, seigneur de Hontans; le président de La Vie; le marquis du Lyon, seigneur de Labatut; Laborde Lassalle; le marquis de Lascases; le chevalier de Lauvergne Labescau; Lafitte, seigneur du Périer; de Lafitte, seigneur de Francescas; Lafitte Clavé, lieutenant-colonel; le chevalier de Lafitte; Lagrange Monrepos; Roland de Lastous; de Laval; Lassalle.

Le baron de Mesplés; de Malartic; de Maurian Besse; le marquis de Mallet Roquefort; le baron de Mallet; de Marsillac; Melet de Maupas; de Marsillac; de Maurian Besse; de Martiac; de Montier; Mérignac, seigneur de Mallet; le baron de Lafaurie de Montbadon; de Puch de Montbreton; le chevalier de Mérignac; de Mothes, conseiller au parlement de Bordeaux; Morin, seigneur de Rimbes; de Marhain; le chevalier de Mathison; de Monteroc; le vicomte de Mazelières; Secondat de Montesquieu; le comte de Montaud.

La Nouaille, seigneur de Labatut; de Navailles.

Puech de Montbreton; le chevalier de Piis, seigneur de Lamothe; de Puech; Puech d'Estrat; le marquis de Pontonx; le comte de Poudenx; de Price; de Pachan.

Rol de Montpellier; le Roux; le chevalier de Roques; Rolland de Lastours; le chevalier de Rolland; Raffin de Saint-Girons; le chevalier de Saint-Robert Roboam; Saint-Robert Roboam, seigneur de Tauzia.

De Saint-André; de Saint-Martin; le chevalier de Saint-Paul; Saint-Aubin; Sallegourde, seigneur de Riom; de Saignes des Aygues, seigneur de Salles et de Laubardemont; le comte de Ségur, seigneur de Paillas; Saint-Gemmes de Lagrange; le baron de Saint-Simon.

De Taillefer, seigneur de Mauriac.

Le président de Verthamon; de la Vessière, seigneur de Verdusan; de Vandufel, seigneur de Marrast; de Vios Lasserre; de Vidart Soys; Vidart, seigneur de Brutailles; le baron de Vallier; de Vallier, seigneur de Bourg; le marquis de Vaquier; le chevalier de Vaquier.

HOMMAGES RENDUS EN MARSAN ET PAU.

Roolle des Vassaux du Roy en la Viscomté de Marsan, qui ont rendu leurs hommages au Roy, par devant M. de Loyard, m des comptes, com* à ce députté, depuis le 31 décembre 1661 jusqu'au 10 juin 1662.*

Le sieur de Canenx, pour la terre de Canenx ; le sieur Buros, pour la maison noble de Buros ; le sieur de Lazarenx, pour la maison noble de Lazarenx ; le sieur de Noncareilles, pour la seigneurie de Noncareilles ; la communauté d'Artez avec justice ; le sieur de Maureillan, pour la seigneurie de Maureillan ; le sieur de Plazence de Seré, pour la seigneurie de Sere ; le sieur de Junca, pour Cauchen et Pelongo ; le sieur de Casaux, pour la maison noble de Casaux et Menjolic ; le sieur de Cezeron, pour la seigneurie de Cezeron ; le sieur de Batz, pour la maison noble de Batz et pour deux autres fiefs sans maison ; le sieur Dargelouze, pour la seigneurie Dargelouze ; l'hommage du sieur de Brassenx, pour cinq journaux de terre et dixme inféodée ; l'hommage du sieur Brocas, pour la tour, granges, et vergers, et fiefs qu'il tient.

———

Roole deus hommaages receus par le sieur Darmé, com subdélégué par ledit sieur de Loyard et lieutenant général de Marsan, depuis l'année 1662 jusques l'année 1666.*

Le sieur de Gontaud, pour la paroisse de Gontaud et Laudibat ; le commandeur de l'hospital de Saint-Jean du Bourg, pour ladite commanderie et fiefs deppendans ; la ville de Gabarret ; l'hommage de la seigneurie de Tampoy, par l'hommage de la ville de Villeneufve ; l'hommage de la metterie de Banos, rendu par Pierre Lamothe ; l'hommage de la maison noble du Vignau et metterie de Bailhen ; l'hommage des biens nobles d'Antichan, par Jean du Cournau ; l'hommage du sieur Izaac Dartix, pour les biens nobles appelés à Lusan, et pour les fiefs de Sainte-

Foy; l'hommage de la seigneurie de Maignos et maison noble de Jourdan.

L'hommage des dames religieuses de Sainte-Marie, pour les fiefs qu'elles possèdent; l'hommage de la terre et seigneurie de Baudeignan; le sieur de Ravaiseilles Daubaignon, pour la seigneurie Daubaignon; le sieur baron Dagors, pour la seigneurie Dagors et Saint-Cricq; l'hommage de la communauté de Bascon; l'hommage de la communauté d'Ayre; l'hommage du sieur Garein, pour la seigneurie de Garein; l'hommage de la communauté de Roquefort; le sieur Jordan Richet, pour la maison noble et metterie de Richet et Jordan, et pour les fiefs de la metterie de Lasmottes ez Gavardan.

Le sieur marquis de La Caze, pour son marquisat de La Caze; l'hommage de la communauté de Cazères; le sieur Jardrez, pour les biens nobles et maisons de Jardrez, et pour la seigneurie de Cazères; le sieur Vacquier, sieur de Lartigue, pour la maison de Lartigue; la demoiselle Isabeau et Marie de Léglise, pour le bois d'Arrudé, et ladite Isabeau, pour le bois appelé Destarre, et metterie scituée ez la paroisse de Saint-Remy; les jurats de Hontanx, pour la communauté; le sieur de Marsan, pour la seigneurie et baronnie de Roquefort et pour la seigneurie de Laforce; le sieur de Lafargue, pour la seigneurie de Saint-Justin; le sieur de Rimblèz, pour la seigneurie de Rimblèz et dépendances; le sieur Balade, pour la maison noble de Lassart, ayant fief.

Le sieur Jacques Deschars, pour la maison noble de Cadrieu, et cent cinquante journaux de terre et fiefs; le sieur de Laquy, pour la maison noble de Tauzières; le sieur de Baichen, pour la baronnie de Baichen; le sieur Poey de Saux, pour la seigneurie de Poey de Saux; le sieur de Persilhon et Jourets, pour les fiefs qu'il possède ez paroisses de Cachein, Lencouac, Saint-Estienne, Ginaies et Roquefort; le sieur Maignos, pour les fiefs qu'il possède; le sieur de Hontanx, pour la baronnie et seigneurie de Hontanx; le sieur Dulau de Duhort, pour la terre et baronnie de Dulau; les jurats de Perquie et Luzon, pour la communauté ; le sieur Jean Dabadie, pour le moulin de Corbleu.

Le sieur de Caumale, pour la maison noble de Caumale ; la communauté du Vignau, ayant justice ; l'hommage de la maison de Pascau, pour la moitié de la maison de Cadrieu, et cent cinquante journaux de terre ; le sieur de Lassalle, lieutenant-criminel, pour la maison noble de Patience ; l'hommage de la ville de Grenade ; l'hommage du sieur Jean Deytz, pour les moulins et fiefs situés ez paroisses de Guinaux (Guinas) et Cachein, Malebat, Eme, Jouglan et Roquefort ; l'hommage du sieur de Mesme, pour .....

Le sieur François Daubaignon, curé de Grenade, pour la maison noble de Cucurain ; le sieur de Cafaget, pour la seigneurie de Hournieux ; l'hommage de la communauté de Duhort ; l'hommage de demoiselle Anne de Saint-Aubin, femme à noble Jean Davalé, pour les metteries de Tamboure, Bordenave, Hitoa, du Riston et du Hau, huit journaux de landes appelées au Tucoy ez Perquie, et autres deux journaux de terre dépendante du Riston à Perquie.

HOMMAGES RENDUS EN LA CHAMBRE DU 11 NOVEMBRE 1670.

Le sieur Jean de Candalle de Foix, baron du Lau, pour la baronnie de Duhort, et maison noble du Lau, appartenances et dépendances.

DU 10 MARS 1671.

Le sieur Pierre de Sanguinet, sieur de Buros, pour la seigneurie de Buros.

Faut sçavoir si lesdits vassaux qui ont rendu lesdits hommages sont encore vivants, afin que s'il y en a de morts, on puisse contraindre le tenancier du fief à venir rendre son hommage et prester le serment de fidélité.

(Archives de la famille de Julien de Lassalle.)

Inventaire des hommages et dénombrements rendus tant au Roy de Navarre qu'à Gaston de Foix, vicomte de Marsan et autres, pour les métairies nobles d'Estarre et Rude.

Devoir une paire de gants blancs.

Par l'hommage rendu à Gaston, prince de Navarre, vicomte de Marsan, par le tuteur Pacteils, le 18 février 1470.

La gentillesse d'Estarre, par le dénombrement baillé par noble Guirone de Mora, par devant Mgr l'évêque de Lesquar, commissaire à ce député, par Henry, roi de Navarre, vicomte de Marsan, et ce en l'année 1538.

Devoir une paire de gants blancs.

Par l'hommage rendu par devant le sieur Darmé, le 13 décembre 1662, par le sieur Compaigne, comme mari de demoiselle Isabeau de Léglise ; le bois appelé d'Estarre et métairie dans iceluy, situé dans la paroisse de Saint-Rémy, qu'elle tient et possède noblement, et une place et ruisseau appelé à La Mole, où il y avait ci-devant un moulin appelé aussi à La Mole, situé dans la paroisse de Juglen.

Et par le dénombrement rendu ensuite et vérifié par le sieur commissaire, par sentence du 20 décembre 1663.

Du 28 juin 1613, Martin Lebreton greffier ; M. Léglise a rendu l'hommage au Roy, pour la demoiselle Dufourc, comme héritière de la maison de Mora, des fiefs et biens nobles à elle appartenants, en la juridiction de Roquefort, par devant M. Dufau, commissaire.

Foy et hommage au roy vicomte de Marsan, à cause des maisons et métairies nobles d'Estarre et de Lassalle de Juglen, leurs appartenances et dépendances avec toute seigneurie directe ez paroisse de Malebat et Juglen, avec droit de moulin sur le ruisseau appelé l'Arriu blanc, et autres fiefs ez paroisses d'Arue et Reitjons, et de Roquefort de Marsan, sis et situé en la juridiction dudit Roquefort, *au devoir d'une paire de gants blancs* et d'un baiser de paix à la bouche, suivant les hommages précédents, faits tant à Sa Majesté qu'à Gaston de Foix, vicomte dudit Marsan.

(Archives de Julien de Lassalle).

ÉTAT DES GENTILSHOMMES

Et autres Personnes *de la Sénéchaussée sujettes au ban et arrière-ban.*

——

M. de Batz, lieutenant particulier au présent siége de Saint-Sever, seigneur de Lamothe, Saint-Araille, Aurice et le Luy, a un enfant dans le service, lieutenant dans le régiment royal. — M. de Tuquoy, baron de Montaut, Lepuch et Tingon. — M. Destoupignan, seigneur de Balazin, Bombardé et Gauzies. — M. Dabadie, conseigneur de Saint-Loubouer. — M. de Borrit, seigneur de la caverie de Saint-Germain. — M. de Borrit, seigneur de la caverie de Poymignan. — M. de Cez, procureur du roi au présent siége, seigneur de Horsarrieu. — M. le commandeur Du Haget, seigneur de Moncube et Sanguinet, capitaine dans le régiment royal. — M. Destoupignan, seigneur de Projean et Couhin, capitaine de cavalerie au régiment de Laigni. — M. le chevalier de Marsan, seigneur de la caverie de Laborde, d'Audignon.—M. de Laborde, seigneur de Meignos et Arcet.— M. Dembidones, seigneur de la rue d'Espagne, au faubourg de Saint-Sever, il a deux enfants au service du roi.—M. de Basquiat, seigneur de la caverie de Mugriet. — M. Duhaut, conseigneur de Lanneplan. — M. Castaignos, seigneur de Mirando, capitaine des bandes gramontoises.

M. de Laborde, seigneur de la caverie Descoubés. — M. Lucat, avocat, seigneur de la caverie d'Artiguenave. — M. de Lahouze, seigneur d'Arthos. — M. le marquis d'Amou, baron de Bonnut, Saint-Pée, Arsague et autres places. — M. Darzacq, baron de

Momui, Cazalon et Castaignos, il a deux enfants au service l'un capitaine, et l'autre lieutenant au régiment de Guiche. — M. de Barry, vicomte de Lanusse, seigneur de Puyo, il a un enfant capitaine de milices au régiment de Lansaq. — M. de Campet, seigneur du dit lieu, Geloux et Saint-Martin. — M. de Juliac vicomte du lieu. — M. de Vignes, baron de Saut, Marpats et Nassiet, il a un enfant officier sur mer.

M. de Fortisson, baron de Roquefort en Tursan. — M. de Crabos, seigneur de Beyries et Argelos. — M. Darigran, Dorthés en Béarn, seigneur de Pomarez et Castet-Sarrazin. — M. de Lalanne, baron de Castelnau et Donzaq. — M. de Vergeron, seigneur de Baigt. — M. de Candalle, baron de Doazit. — M. Capdeville, de Pau, baron de Brasempoy. — M. de Brocas, seigneur de Jupoy, il a son aîné cornette au régiment du Bruilh. — M. Dartiguenave, baron de Vielle, il a un fils lieutenant d'infanterie. — M. Dabadie, habitant en Béarn, baron d'Arboucave et Lacajunte. — M. de Salettes, baron de Casteide. — M. de Lassalle, conseiller au Parlement, seigneur de Laqui et Saint-Go. — M. Deigt, conseigneur dudit Laqui et Saint-Go. — M. Dupui, baron d'Urgons. — M. de Laborde, conseigneur de Saint-Loubouer. — M. Dossages, aussi conseigneur de Saint-Loubouer. — M. de Fortisson, seigneur de Saint-Maurice et Cazalis, il a deux enfants au service lieutenant de dragons dans Gaubert et dans Valence.

M. le marquis de Beynard, baron de Mongaillart et autres places. — M. de Fargues, seigneur dudit lieu. — M. de Momas, seigneur dudit lieu et de Soulens. — M. le baron Dulaur, habitant en Béarn, seigneur de Bonnegarde. — M. de Candau, habitant en Béarn, seigneur de Lacadée. — M. de Poudenx, seigneur vicomte de Poudenx et autres places, colonel du régiment de Gatinoys. — M. de Beyries, seigneur du Hauriet. — M. de Junca, seigneur de Monget. — M. de Serres, seigneur de Morgans et Serreloux, a un fils capitaine au régiment de Labastide. — M. de Boucaud, de Bordeaux, baron de Benquet. — M. de Lassalle, baron de Sarraziet. — M. Dambrux, seigneur de Saintgen. — M. Poitevin, habitant de Bordeaux, seigneur de Castandet et Lamensans. — M. Dupeyron, seigneur de Maurin.

M. de Bahus Talasaq, seigneur de Bahus, Lucpeiroux et Damolenx, capitaine des bandes Gramontoises. — M. de Navailles, baron de Banos et Dume, a deux enfants au service lieutenants de cavalerie et d'infanterie. — M. de Barenne, baron Darricau. — M. Duvaquier, baron Daubagnan, capitaine dans le régiment du Bruilh. —M. Destignos, seigneur d'Onnez. — M. Despans, seigneur Destignos. — M. de la Vie, seigneur De Hon, a deux enfants au service du Roi. — M. Tournier, seigneur du Mus. — M. de Lafiteau, seigneur de Monbet. — M. de la Camoire, seigneur Dancos, a un fils lieutenant de milice dans Labastide. — M. de Labeyrie, seigneur dudit lieu et de Saint-Germain. — M. Dubousquet, seigneur de Tauziède, capitaine d'infanterie dans le régiment royal. — M. Lasserre, seigneur de Cantiran. —M. de Classun, seigneur du dit lieu. — M. de Batz Dieuse, habitant en Béarn, seigneur de Buannes. — M. de Bruix, seigneur de Miramont, sous-inspecteur des compagnies bourgeoises. — M. de Barros, seigneur de Lauret. —M. de Bruix Trenas, seigneur de Poursieugues.—M. du Sire, conseigneur du dit Poursieugues. — M. de Lassalle, seigneur de de Boncoüe, Cazautetz et Tachoeres.

M. de Sorbetz, seigneur du dit lieu. — M. Bretous, seigneur de Lannemas. — M. de Labarthe, seigneur du dit lieu, a un fils au service du roi. — M. de Guichaner, seigneur de Bonloc, a deux enfants dans le régiment de Guichen dont un est capitaine. — M. de Mellet, seigneur de Labarthe. — M. Darbo, seigneur de Pedepeyran. — M. du Hauriet, seigneur de Pruret. —M. de Poy, seigneur du dit lieu.—M. de Capdeville, seigneur de Poy. — M. Darricau, seigneur de la caverie Darricau, a un fils capitaine au régiment de Labastide. — M. de Perissaut, seigneur de Pairos, a un fils lieutenant de cavalerie à la cornette blanche. — M. de Trubesser, seigneur de Cabidos, capitaine des bandes gramontoyses. — M. Despouys, seigneur de

Saint-Agnet. — M. de Cours, seigneur de Latrille. — M. de Fauretz, conseigneur du dit Latrille, capitaine d'infanterie dans le régiment d'Orléans. — M. de Provères, seigneur de Varenne, capitaine de dragons au régiment de Lassalle. — M. Laugar, conseiller au présidial, Dax, seigneur de la caverie de Serres.

———

On n'a pas mis dans cet état les grands seigneurs qui sont près de la personne du roi ou qui ont des emplois considérables dans ses armées, comme sont les deux Pairs, lieutenants généraux des armées de sa majesté, lesquels possèdent la plus grande partie des terres de notre sénéchaussée, ni les ecclésiastiques ou femmes veuves ayant des terres et qui ne sont pas en état de rendre service personnel, ni les gentilshommes et autres gens vivant noblement qui n'ont point de terre n'y de caverie. (1692).

———

CONVOCATION DU BAN.

A Bordeaux, ce 10 avril 1702.

J'ay receu, Monsieur, les ordres du roy dont je vous envoie copie pour la convocation de la noblesse en toutes terres, qu'il ne s'agit pas de convoquer par détachement, comme pendant la dernière guerre; mais qu'il faut convoquer toute la noblesse de chaque sénéchaussée; la cause n'en saurait être plus juste. Toutefois, afin qu'elle ne soit pas exposée à une dépense inutile, on ne tirera point les gentilshommes de leur sénéchaussée, à moins qu'il n'y ait nécessité de marcher sur les côtes de la province en cas de descente. Seulement, je suis persuadé que chacun, sans convocation ni interpellation, serait prêt de concourir à la défense commune; et le roy ne demande autre chose, si ce n'est que chacun se prépare et se dispose pour cela. Je vous prie donc de leur écrire de se fournir d'équipages nécessaires et de se tenir prêts à marcher pendant le quinze du mois de may précisément de m'envoyer un estat de la convocation et me croire véritablement, Monsieur, votre très humble et obéissant serviteur.

Signé SOURDIS.

———

Monsieur,

Vous verrez par la copie ci-jointe que l'intention du roy est que vous vous teniez prêt à marcher pour le quinzième du mois de may prochain. J'ai envoyé votre nom dans le rôle de la noblesse sujette à marcher pour le ban. Je ne vous recommande pas l'exactitude ; au cas de besoin, vous ne manquerez pas d'être averti.

Je suis cependant avec beaucoup de considération, Monsieur, votre très humble et très obéissant serviteur.

> De Barry, lieutenant-général de
> St-Sever.

De St-Sever, le 15 avril 1702.

Suscription : *Monsieur le chevalier de Captan, écuyer.*

RÔLE DES GENTILSHOMMES CONVOQUÉS DANS LA SÉNÉCHAUSSÉE DE SAINT-SEVER, L'ANNÉE 1702.

M. d'Artiguenave, baron de Vielle ; M. de Barry, seigneur de Puyo, Lanusse et Clèdes ; M. de Bruix, seigneur de Miramont ; M. d'Abadie, seigneur de Saint-Germain et Labeyrie (un fils au service) ; M. de Gauzies (d'Abadie), escuyer à Vielle ; M. Parrabère, escuyer à Geaune ; M. le chevalier de Prugue, escuyer à Vielle (deux enfants au service) ; M. le baron de Bahus, seigneur de Damoulens (au service) ; M. le chevalier de Fargues, seigneur de Cadrieu, à Mont-de-Marsan ; M. de Lartigo, seigneur dudit lieu ; M. de Lucy (au service), seigneur de la caverie de Serres ; M. Sarraute, seigneur de Lassalle Boucoue ; Monsieur Perissaut, seigneur de Payros ; M. de Bruix Trenas, seigneur de Poursieugues ; M. de Guichaner, seigneur de Bouloc ; M. Prouères (au service), seigneur de Barenne ; M. du Sire, seigneur de Poursieugues ; M. du Vacquier, baron d'Aubagnan ; M. Juncarot, escuyer à Samadet ; M. de Tuquoy, seigneur de Tingon et Montaut ; M. Destoupignan, seigneur de Fombaré ; M. Dabadie, seigneur de Saint-Loubouer ; M. de Borrit, seigneur de Saint-Germain ; M. Destoupignan, seigneur de Couhin et Projean ; M. Laborde Meignos, seigneur d'Arcet ; M. de Basquiat, seigneur de Mugriet ; M. du Haut, seigneur de Lanneplan ; M. de Castaignos, seigneur de Mirando ; M. Lucat, seigneur d'Artiguenave ; M. du Lion, baron de Campet et Geloux (deux enfants au service) ; M. Juliac, vicomte dudit lieu ; M. de Vignes, baron de Sault, Marpats et Nassiet ; M. Fortisson, baron de Roquefort ; M. de Crabos, seigneur d'Argelos et Beyries.

M. Lalanne du Peyron, baron de Castelnau et Donzacq ; M. de Vergeron, seigneur de Baigtz ; M. Castelnau (mandé en Marsan), seigneur de Jupoy ; M. de Fortisson (un fils au service), seigneur de Saint-Maurice ; M. de Cloche, seigneur de Fargues ; M. Momaas (au service), seigneur dudit lieu et Soulenx ; M. de Hauriet, seigneur dudit lieu ; M. de Poudenx (un fils au service), seigneur de Serreslous ; M. Dupeyron, seigneur de Maurin ; M. de Navailles, seigneur de Banos ; M. de Varenne (un fils au service), seigneur d'Arricau ; M. Despeus, seigneur d'Estignols ; M. de Lavie, seigneur de Hon ; M. de Lafiteau, seigneur de Monbet ; M. de Lasserre, seigneur de Cantiran ; M. de Brethous, seigneur de Lannemas ; M. Melet, seigneur de Labarthe ; M. de Pruret, seigneur de Hauriet ; M. de Capdeville, seigneur de Poy ; M. de Capdeville, seigneur d'Arricau ; M. d'Espoyes, seigneur de Saint-Agnet ; M. de Cours, seigneur de La Trille ; M. de Sauveterre, seigneur de Boucosse ; M. de Lataulade (malade et hors d'état de servir), seigneur dudit lieu ; M. de Candalle (au service), baron de Doazit ; M. de Collonges, escuyer à Malaussanne ; M. Sarraute, seigneur de Marioulet ; M. de Loubère (au service), escuyer à Campet ; M. de Castera, escuyer à Ayre ; M. le chevalier d'Arricau, escuyer à Hagetmau ; M. de Beuste, escuyer à Amou ; M. le chevalier de Captan (exempt), escuyer à Saint-Sever ; M. Dulaux, escuyer à Ayre ; M. de Batz, escuyer à Saint-Sever ; M. de Sort, escuyer à Saint-Sever ; M. Junca, escuyer à Saint-Sever ; M. Cabanes, escuyer à Cauna ; M. Laborde Lassalle, escuyer à Saint-Sever ; M. Vallier, escuyer à Saint-Sever ; M. d'Hortès, escuyer à Saint-Sever ; M. Larhède, escuyer à Saint-Sever ; M. Juge Castera, escuyer à Saint-Sever ; M. Borrit Puyo, escuyer à Saint-Sever ; M. de Cloche, escuyer à Saint-Sever ; M. d'Onnès (au service), escuyer à Saint-Sever ; M. Lasserre, escuyer à Saint-Sever ; M. Labarthe, seigneur dudit lieu, près Pimbo ; M. de Junca, seigneur de Monget ; M. Sarraute Berruche, escuyer à Pimbo ; M. Sarraute Bertranot, seigneur de Jusanx ; M. Lichandre, seigneur de Monturon ; M. Lahite Caumont, écuyer à Arzacq ; M. Duvigneau, écuyer à Pimbo ; M. de Saint-Genez, écuyer à Mirmont ; M. de Caucabanes.

Personnes hors d'état de marcher par leur pauvreté :

M. Lassalle, baron de Sarraziet.

Il y a plusieurs personnes qui ont des terres dans la sénéchaussée qui ne marchent pas par leurs emplois, soit dans l'épée, soit dans la robe, qu'on ne met pas sur l'état, non plus que les personnes qui sont domiciliées soit en Béarn ou autres sénéchaussées, quoiqu'elles y aient des terres considérables ; il y a aussi plusieurs veuves qui ont des terres ou des caveries, mais elles n'ont point d'enfants en état de servir ; on ne met pas aussi sur le présent état les noms des grands seigneurs qui ont une bonne partie des terres de cette sénéchaussée.

Oubliés : M. de Barros, seigneur de Lauvet ; M. de Captan (ou Caplane), baron dudit lieu ; M. de Trubessé, seigneur dudit lieu ; M. Mora, écuyer à Castelsarrasin ; M. Laporte, seigneur de Balazin ; M. Campet, seigneur d'Arthos ; M. Dubroca, seigneur de la caverie de Bouheben (pauvre).

(Carton n° 1658). SÉNÉCHAUSSÉE DE DAX. (Arch. de Bordeaux).

Ban et Arrière-Ban (1689 — 1691 — 1692).

ÉTAT DES GENTILSHOMMES

De la Sénéchaussée de Dax.

M. le duc de Gramond, baron de Tilh ; M. Duval, marquis de Tercis, conseiller au Parlement ; M. le vicomte d'Orthe, colonel d'un régiment de milices, nommé par ordre de M. de Louvois, en 1691 ; M. le vicomte d'Aspremont, son gendre, lieutenant-colonel du même régiment ; M. le comte de Belhade, nommé en 1691 ; M. de Borda, président et lieutenant-général ; M. de Borda, maire perpétuel d'Acqs ; M. de Borda de Hàstingues, seigneurs de Heugars (son père était conseiller au Présidial et mort depuis deux mois) ; M. de Casteia (son fils est capitaine dans Auvergne) ; M. de Rostaing, son fils ; M. de Castetja Caulles, mandé en 1658-1691 ; M. d'Oro a son fils dans le service ; M. de Lupé est inspecteur des milices bourgeoises ; M. de Saint-Criq, mandé en 1689-1691 ; M. de Favas a deux enfants dans le service ; M. de Lamothe Montaut, capitaine dans Lansac ; M. ιbaron de Magescq a un fils capitaine de dragons ; M. Destrac, seigneur de Mees et de Montbrun, nommé en 1691 ; M. Destrac, le cadet, avocat (nécessaire au Barreau) ; M. de Betbeder, mandé en 1689, mais il s'est fait prêtre l'année passée ; M. de Lalande, baron de Hinx, lieutenant-général du sénéchal de Guienne ; M. d'Orion, baron de Lahontan, nouveau converti, nommé en 1689 et 1691 ; M. le baron d'Ossages,

nommé en 1690 ; M. de Grammon d'Ossages, mandé en 1690 ;
M. de Betuy, nommé en 1689 ; M. d'Abesse (pauvre, son fils
vient de quitter les gardes du Roi, son père ne pouvait l'entretenir); M. de Six (pauvre); M. Laferrède, baron de Capbreton,
demeure à Bordeaux ; M. de Cammon de La Garde d'Escos,
nommé en 1689 (depuis l'enfance a été aux mousquetaires et
ne fait que de se retirer.

ÉTAT DES GENS TENANT FIEFS ET VIVANT NOBLEMENT.

Caviers d'Orthe : Le sieur de Gestède (pauvre et hors d'état
de servir); le sieur de Pinton ; le sieur de Castelan a son domicile dans le duché d'Albret ; le sieur de Lamothe de Cauneille ; le sieur Lajournave de Montgaillard; le sieur Dupruilh ;
le sieur de Mora de Peyrouse ; le sieur de Lafargue ; le sieur
de Mora de La Cour a un fils dans les bombardiers ; le sieur
de Villemayan ; le sieur de La Sabène ; le sieur de Gardara. —
Tous ces caviers d'Orthe sont pauvres et hors d'état de servir
et ne pouvant faire d'équipage.

Suite d'Acqs (1693).

Le sieur de Saint-Cristau d'Estiveaux, nommé en 1692 ; le
sieur Soustra de Labatut, nommé en 1692 ; le sieur Darrieulet ;
le sieur Dargoubet ; le sieur de Laurens, nommé en 1692 ; le
sieur Dupuy de Candresse (son fils, qui était lieutenant d'infanterie, est mort depuis un mois); le sieur Dubourg de Habas,
mandé en 1690 ; le sieur Maisonnave de Moscardes (1690) ; le
sieur Moirlan de Sort (1692) ; le sieur Mondeux, sieur de Lassalle (il a un fils sur les vaisseaux) ; le sieur Larrègle, nommé
en 1690.

1693. — DUCHÉ D'ALBRET-TARTAS.

ARRIÈRE-BAN DES GENTILSHOMMES ET AYANT-FIEFS.

M. Vallier; M. Vidart; M. d'Estignos ; M. d'Onnès ; le sieur de Lié, pour la maison d'Agès ; le sieur Lalande, pour la maison noble d'Arcondau ; le sieur Biarrotte, pour la maison noble de Barengos ; le sieur Corados, pour la maison noble d'Arengosse et Marsillac ; le sieur de Batz, pour la maison noble d'Armentieu ; le sieur Rollu, pour la maison noble d'Aureillan et Pontens ; le sieur Lalande, pour la maison noble de Baile (servi en 1689) ; le sieur de Pinton, pour la maison noble de Bedoréde et Peyroux (servi en 1689) ; M. le chevalier Duprat ; M. de Bellepeyre ; M. Castaing Bordesoulle (servi en 1690) ; M. Merlans (Ducamp) ; M. Destouesse ; M. du Junqua ; M. de Norton ; M. Saint-Paul Duport (servi en 1691) ; M. Lalande d'Escanebaque ; M. de Betuy ; M. de Caplane ; M. de Serres (servi en 1689) ; M. de Lamothe Lupé ; M. de Mérignac ; M. d'Argelouse, seigneur de Labatut (en Tartas) ; M. de Montolieu (servi en 1690) ; M. de Segouzac ; M. d'Aspremont ; M. le marquis de Pontonx ; le sieur d'Artiguenave, pour sa maison du Vigneau ; M. le baron du Leau ; le sieur de Luppé, pour la maison de Vianne ; le sieur de Vidart Soys (servi en 1690) ; le sieur de Betbeder, pour la maison noble de Saucey ; le sieur Dupuy, pour sa maison de Sauvescure ; M. le marquis d'Andiran, pour la maison de Sanguinet ; le sieur Forcave, pour la maison de Tomatus ; le sieur de Capdeville (servi en 1689) ; le sieur de Fors pour la maison du Rau ; le sieur de Poyanne ; M. le comte de Pontac ; le sieur Saint-Paul, pour la maison du port de Gousse ; le sieur Caillavet, pour la maison de Montauzer ; le sieur Verdalle, pour la maison de Mauléon ; le sieur de Ferrade, pour la maison de Maransin, à Meillan ; le sieur Durieu, pour la maison de Meyranx ; le sieur du Saut, pour la maison de Laluque ; le sieur d'Oro, pour la maison de Léon ;

le sieur de Bedoré, pour la maison de Saint-Laurens (servi en 1690) ; le sieur Destrac, pour la maison du port de Lannes ; le le sieur Dupé, pour la maison de Lagrualet ; le sieur Labatut (Leblanc), pour la maison de Lamothe ; le sieur Labatut ; le sieur Larrezet, pour la maison de Harsan ; le sieur de Bedoré, pour la maison de Gayrosse ; le sieur de Goolard ; le sieur Lalande, pour la maison de Baile (servi en 1691 ; le sieur Bedoré, pour la maison de Bessabat ; le sieur Fontabat, bourgeois de Bayonne, pour le moulin noble de Bessabat ; le sieur Bestaven de Saubusse, pour la maison noble de Betbeder ; le sieur Savelan, bourgeois de Bayonne, pour la maison noble de Beyres ; le sieur de Biaudos (servi en 1689) ; le sieur Fossecave, pour la maison noble de Biscordau ; le sieur du Bourg, pour la maison noble de Bourg ; le sieur Barret, pour la maison de Poy ; le sieur Brutails (année 1693) ; le sieur de Barbotan, pour la maison de Carrits (servi en 1690) ; le sieur de Maurian, pour la maison de Carsen ; le sieur Saint-Martin, pour la maison de Castaignon (servi en 1691) ; M. le marquis d'Ambre ; le sieur de Lassalle, pour la maison noble de Castelmerle ; le sieur de Biaudos, pour la maison de Casteja ; le sieur Lauga, pour la maison de Carbouet ; le sieur Vallier, pour la maison de Lacrauste ; le sieur de Batz, pour la maison de la Debvie ; le sieur Faure, pour la maison d'Esparben ; le sieur de Lagoeyte, pour la maison de Bias et Capas ; le sieur Danthomas, pour la maison d'Armentieu ; le sieur Fayard, pour la maison du Fourg ; le sieur Lagoueyte. — (84 noms).

Autre Convocation de l'Arrière-Ban (Tartas 1693).

Liste des Gentilshommes et autres sujets au ban et à l'arrière-ban dans la Sénéchaussée de Tartas.

Le marquis de Poyanne (hors d'état de servir à cause de sa jeunesse) ; le vicomte d'Uza ; le comte de Belhade ; le marquis de Pontonx (étant actuellement à Paris) ; le vicomte de Poudenx, colonel d'infanterie ; le sieur Vidart ; le sieur Mérignac ; le sieur Argelouze ; le sieur Vallier ; le sieur Estingols d'Onnès ; le sieur Carrits ; le sieur d'Agès ; le sieur Lalande de Sabres ; le sieur Merlan ; le sieur Poy Cablane ; le sieur Poy Capdeville ; le sieur Casteja (mais il fait sa demeure à Dax) ; le sieur Lupé, inspecteur des milices bourgeoises ; le sieur Lagoeyte, maire de la ville de Dax ; le sieur Laferrade ; le sieur d'Oro a son fils dans le service ; le sieur Saint-Paul Duport ; le sieur Saint-Paul Pigeon (peu propre à cause de ses incommodités) ; le sieur Saint-Paul de Lajas, a son fils dans le service ; le sieur Lebeau ; le sieur Saint-Pee, lieutenant du roy de Dax ; le sieur Castelmerle (hors d'état de servir) ; le sieur Junca (hors d'état de servir) ; le sieur Descou, capitaine des milices ; le sieur Saint-Martin Castaignon (hors d'état de servir à cause de ses incommodités) ; le sieur Montolieu (hors d'état de servir à cause de son âge et de ses incommodités) ; le sieur Serres Poudenx (hors d'état de servir) ; le sieur de Guayrosse (peu propre pour le service) ; le sieur Saint-Laurens a deux frères au service ; le sieur Biaudos ; le sieur Saint-Pée de Gosse (fort peu accommodé) ; le sieur Saint-Martin Pinton ; le sieur Norton ; le sieur Dupuy de Caudresse (hors d'état de servir) ; le sieur Segonzac (fort peu accomodé) ; le sieur Betuy ; le sieur d'Apremont ; le sieur Mauré ; le sieur de Goualard. — (44 noms).

Liste des Gentilshommes qui se sont trouvés à la revue faite à Langon le 1er juin 1694, sur la convocation de M. le marquis de Montferrand, grand sénéchal de Guienne.

Albret : M. d'Agès ; M. d'Argelouze. — Sénéchaussée de Saint-Sever et Lannes : M. Parrabère, nommé officier ; M. Bastiat (mauvais) ; M. Guichené Bonloc ; M. Labadie ; M. Sarraute, M. Artigole (mauvais) ; M. Gastine, pour M. Castèja de Caulles ; M. Domage ; M. Bergeron de Patz s'est présenté après la revue ; M. Brethous est venu après la revue ; M. le baron de Lahontan a fait assurer qu'il était en chemin pour se trouver à la revue à Langon

TIERS-ÉTAT.

—

Et advenu les deux heures de relevée de ce jour, dix-huitième mars mil sept cent quatre-vingt-neuf, nous, lieutenant-général et commissaire susdit, avons continué de procéder à la comparution des trois ordres des trois Sénéchaussées de Dax, Saint-Sever et Bayonne, dans l'église des RR. PP. Carmes de cette ville, comme s'en suit. En conséquence, ont comparu les députés du Tiers-Etat de la Sénéchaussée des Lannes, savoir : Roger Ducos, avocat en Parlement, qui nous a requis acte de la remise qu'il fait sur le bureau du verbal par nous fait le neuf de ce mois et jour suivant, jusques au 14 dudit, pour la réduction et réunion en un seul cahier des doléances, plaintes et remontrances de toute la Sénéchaussée ; Martin Ramon Bordes, avocat en Parlement ; Bernard Tachoires, bourgeois ; Bertrand Forsans, avocat en Parlement ; Jean Morlans, procureur du Roi de la juridiction de Montfort ; Bernard Tayet, juge de la vicomté d'Orthe ; Gratien Cassoulet, maire de Peyrehorade ; Mathieu Cousseau de Labarthe, vivant noblément ; Jean Cazalon, procureur au sénéchal de Grammont ; Pierre Hosseleyre, seigneur de Brutail, à Herm ; Pierre Lattapy, bourgeois ; Bertrand Bordenave, procureur fiscal de la juridiction d'Orthe et viguerie de Peyrehorade ; Robert Darrifourq, bourgeois ; Pierre Planter, marchand ; David Hendebaigt ; Maisonneuve, bourgeois ; Jean Hougars, bourgeois ; Jean Puyo, marchand ; Bernard Duclerq, bourgeois ; Jean-Baptiste de Siest, lieutenant criminel au sénéchal et présidial de Dax ; Arnaud Villemayan, négociant ; Jean Castaignet, capitaine de navire ; Pierre Phillip, ancien chirurgien-major des armées françaises ; Cantin, marchand ; Antoine Discasaux, dit Darrigade, marchand ; Joseph Lacausse, bourgeois ; Jean-Baptiste Saintamon, notaire royal ; Pierre Desbiey, notaire et procureur fiscal de Magescq et Castets ; Henri Loustaunau, laboureur ; Arnaud Lartigau, officier ; François Darrigan, notaire royal ; Jean Bedaumine, officier dans les bandes Grammontaises ; Pierre Labarthe, laboureur ; Pierre Lataste, procureur ; Jean-Baptiste Vergès, docteur en médecine ; Etienne Cazaux-Labrouste, bourgeois ; Jean Arnaud Darrigan, bourgeois ; Jean-Baptiste Durruty, bourgeois ; Bernard Crideloup, laboureur. Sur ce, ledit sieur Ducos, un des députés de la Sénéchaussée de Dax, a dit, tant pour lui que pour les autres députés de ladite Sénéchaussée qui se sont levés pour adhérer à son dire, que, comme les opérations importantes dont les trois Sénéchaussées vont s'occuper pour la gloire du Roi, la prospérité de la nation, et en particulier de cette province, dépend essentiellement de la valeur des formalités prescrites par le règlement de Sa Majesté, qu'il requiert que M. le Commissaire lui octroye acte de ce que cette Sénéchaussée demande par sa voix que les pouvoirs des Sénéchaussées de Saint-Sever et Bayonne soient vérifiés et qu'ils soient examinés s'ils sont conformes notamment aux articles 25, 33 et 38 dudit règlement, et a signé. Ainsi signé Ducos, avocat, tant en son nom qu'en celui des députés de la Sénéchaussée de Dax.

Sont également comparus, les députés de la Sénéchaussée de Saint-Sever, savoir : Alexis de Basquiat, lieutenant-général de la Sénéchaussée de Saint-Sever, qui nous a remis le verbal de l'assemblée préliminaire des députés de ladite Sénéchaussée, tenue par ledit sieur Basquiat, lieutenant-général, les 10 et 11 du présent mois, pour la réduction et réunion des cahiers des villes, bourgs et communautés de ladite Sénéchaussée en un seul cahier, et pour la réduction aussi des députés de ladite Sénéchaussée au quart d'entre eux ; Pierre-Joseph Lamarque, conseiller et procureur en la Sénéchaussée des Lannes, au siége de Saint-Sever ; Bernard Brethous-Lasserre, lieutenant particulier criminel au sénéchal de Saint-Sever ; Jean Bernède, avocat en Parlement et lieutenant de maire en la ville de Saint-Sever ; François Lafitte, avocat en Parlement ; Pierre Dussault, avocat en Parlement et procureur du Roi, municipal de la ville de Saint-Sever ; Joseph Capdeville, avocat en Parlement ; Luc Tortigues, bourgeois ; Pierre Pixare, négociant ; Louis Lafaurie, ancien chirurgien ; Jean-Baptiste Papin, avocat en Parlement ; Philibert Vallet, ancien gendarme de la garde du Roi ; Pierre Duvigneau, avocat en Parlement ; Pierre Despaignet, bourgeois ; Antoine-Léonard Ferragut Duplan, m⁰ en chirurgie ; Jean-Marie Destefen ; Dupuyo, marchand ; Jean Lamarque, arpenteur de la maîtrise de Guienne ; Jean-Baptiste Lassalle aîné ; Guillaume Labeyrie, m⁰ en chirurgie ; Jean Capdeville père, huissier audiencier de la police de Saint-Sever ; François Lassalle cadet, avocat en Parlement ; Simon Duluc, notaire royal ; Jean Gaye, négociant ; Bernard Laporterie, premier jurat de Marausan ; Donat Gaye, receveur des fermes du Roi ; Mathieu Baron fils bourgeois ; Jean-Baptiste Dupoy, docteur en médecine ; Jean-Baptiste Vielle, notaire royal ; Jean Desperès, laboureur ; Jean Depons Cazauteu, laboureur ; Salomon Mericamp, avocat en Parlement ; Jean-François Meynadet, docteur en médecine ; Dominique Declaa, notaire royal et juge de la vicomté de Poudenx ; Jean-Baptiste Delaur, bourgeois ; Jean Larmantieu, laboureur ; Pierre Castaignet, laboureur ; Bernard Lafitte de Loubaignon de Castaignos, laboureur ; Jean Darracq, laboureur ; Dominique Domenger aîné ; Michel Marsan, officier de chasse du Roi ; Jean Clavié, ancien jurat de Mugron ; Jean-Vincent Pinaqui Saint-Jean, bourgeois ; Dominique Lacouture, bourgeois ; Jean Domenger, notaire royal ; Arnaud Costedoat, bourgeois ; Pierre Larquier, chirurgien ; Jean Lacoste Castaignos, laboureur ; Charles Ducau, laboureur ; François Sahuquet, seigneur de Sahuquet, avocat en Parlement ; Pierre Binsin, docteur en médecine ; François Darracq, garde de la connétablie ; Etienne Lamothe, avocat en

Parlement ; Jacques Lonné, avocat en Parlement ; Bernard
Maignes, avocat en Parlement ; Jean Delous, bourgeois ; Pascal
Ducasse, avocat en Parlement ; Bernard Laborde, commerçant ;
Bernard Fabas ; Nicolas Beyris, avocat en Parlement ; Etienne
Cazaux, bourgeois ; Joseph-Marie Dubernet, sieur de Castai-
gnet, licencié ès lois et procureur municipal de Montaut ; Pierre
Despons, négociant ; Jean-Pierre Darcet, licencié ès lois ; Pierre
Poységur, lieutenant des juges de la baronnie de Doazit ; Henri
Dubourg, avocat en Parlement ; Jean Dupérier, docteur en mé-
decine ; Pierre Dubois, maître en chirurgie ; Jean Diris, labou-
reur ; François Lafosse, laboureur ; Bernard Dubedout, laboureur ; Simon Fautoux négociant ; Bernard Fautoux, aussi négociant ; Jean Dubasque, avocat en Parlement ; Jean-Marie Durrieu, notaire royal et juge de Buanes ; Jean Ducos, bourgeois ;
Jean Dupuy, bourgeois ; Jean Lasserre, maître en chirurgie ;
Jean-Pierre Brethous-Papoulet, négociant ; Raymond Auricomme, négociant ; Jean Arrat dit Balous, négociant ; Pierre
Miressou, avocat en Parlement, seigneur de Sarron ; Jean-Pierre
Clabet, négociant ; Jean Castets, laboureur ; Pierre Cazaux, laboureur ; Pierre Lafitte Caplane, laboureur ; les tous députés
du Tiers-Etat de la Sénéchaussée de Saint-Sever.

Sont également comparus les députés de la Sénéchaussée de
Bayonne, savoir : Jean-Pierre Ducournau, lieutenant particulier
de l'amirauté de Bayonne, qui nous a remis le procès-verbal de
l'assemblée préliminaire tenue par le lieutenant-général de la
Sénéchaussée de Bayonne, pour la rédaction et réunion des
cahiers de doléances, plaintes et remontrances des villes, bourgs
et communautés de ladite Sénéchaussée, et pour la réduction
au quart de leurs députés, en date du 9 du présent mois ; Barthélemy Hirigoyen, bourgeois, ancien échevin de la ville de
Bayonne ; et Jacques Poydenot, aussi ancien échevin de la ville
de Bayonne.

Est aussi comparu Michel Tauzin, maire de la ville de Saint-
Jean-de-Luz et député nommé par la communauté de ladite
ville, par acte du 15 présent mois, signé à l'expédition, Hiriart,

secrétaire greffier, lequel dit sieur Tauzin nous a remis une délibération de ladite ville de Saint-Jean-de-Luz, du 6 de ce mois, portant nomination de quatre députés nommés par ladite ville pour porter les cahiers de ses doléances, plaintes et remontrances, à l'assemblée préliminaire, qui devait se tenir le 9 de ce mois, par devant le lieutenant-général de la Sénéchaussée de Bayonne ; du procès-verbal du 9 de ce mois, dressé par ledit sieur lieutenant-général de la Sénéchaussée de Bayonne, duquel il résulte que lesdits quatre députés se sont présentés devant lui et lui ont exhibé ledit cahier de doléances ; enfin la susdite délibération de ladite ville de Saint-Jean-de-Luz, du 15 de ce mois, portant réduction au quart des députés de ladite ville, ledit sieur comparant offrant de concourir avec les autres membres de la présente assemblée, à la rédaction du cahier de doléances, plaintes et remontrances des trois Sénéchaussées des Lannes et de concourir aussi à la nomination des députés aux États-Généraux, au nombre et dans la proportion déterminée par la lettre de convocation de Sa Majesté, sans entendre néanmoins nuire ni préjudicier aux droits et priviléges du pays de Labourd.

Se sont aussi présentés Samson Lissaldy et Jean Damespril, députés de la paroisse de Hendaye, lesquels nous ont remis une expédition du greffe de la Sénéchaussée de Bayonne, contenant un verbal dressé par le sieur lieutenant-général de la Sénéchaussée de Bayonne, du 9 de ce mois, duquel il résulte que lesdits députés lui ont exhibé la délibération du 8 du même mois et le cahier de doléances, plaintes et remontrances des habitants de Hendaye, pour être remis aux députés devant être nommés à l'assemblée dudit jour 9 de ce mois. A la suite duquel dit verbal, se trouvent transcrits ladite délibération de la paroisse de Hendaye du 8 de ce même mois ainsi que son cahier de doléances, lesdits sieurs députés offrant de concourir avec les autres membres de la présente assemblée à la rédaction du cahier général de doléances, plaintes et remontrances des trois Sénéchaussées des Lannes, et à la nomination des dé-

putés aux États-Généraux dans le nombre et la proportion déterminée par la lettre de Sa Majesté, pour la convocation des
États-Généraux de Bayonne, le tout sans nuire ni préjudicier
aux droits du pays de Labourd.

Et ouï l'avocat du Roi, et attendu qu'il est cinq heures et demie de relevée, nous lieutenant-général et commissaire susdit,
avons renvoyé la continuation du présent verbal à demain dix-
neuf du présent mois, et avons signé avec le procureur du Roi
et le greffier. Ainsi signé : de Neurisse, lieutenant général ;
Dousse, avocat du Roi, et Labarthe, greffier.

Et advenu le lendemain, dix-neuvième dudit mois de mars
1789, à huit heures du matin, dans l'église des R.R. P.P. Carmes de cette ville, ladite comparution étant finie, et nul ne s'é-
tant plus présenté par devant nous lieutenant-général et commissaire susdit ; par le sieur Dousse, procureur du Roi, a été
dit que la manutention du règlement de Sa Majesté et de notre
ordonnance du 20 février dernier, l'obligent à se lever contre
la comparution que firent le jour de hier, les députés des villes
et paroisses de Bayonne, Saint-Jean-de-Luz et Hendaye ; il y
est encore porté par l'intérêt de toute la Sénéchaussée de
Bayonne, qui ne serait point représentée en raison de sa population et du nombre de ses communautés, ou qui même pourrait n'être point représentée, s'il était plus tard à statuer sur
cette comparution. Suivant l'article 38 du règlement de Sa Majesté, et le 15e de notre ordonnance du 20 février dernier, il
devait être tenu dans la Sénéchaussée de Bayonne une assemblée préliminaire de tous les députés des villes, bourgs, paroisses et communautés de la Sénéchaussée, dans laquelle assemblée, tous les cahiers de doléances, plaintes et remontrances
desdites villes, bourgs, paroisses et communautés, devaient
être réunis en seul ; ensuite de quoi la réduction au quart des
députés de la Sénéchaussée devait être effectuée non d'après le
nombre des députés présents à ladite assemblée préliminaire,
mais d'après le nombre de ceux qui auraient dû s'y trouver ;
lesquels députés réduits au quart, devaient être chargés de

porter à la présente assemblée le cahier général de ladite
Sénéchaussée de Bayonne. Cependant, il ne paraît pas qu'il
ait été tenu devant le lieutenantg-énéral de Bayonne, cette
assemblée préliminaire impérativement ordonnée par l'article
38 du règlement et par l'article 15 de notre ordonnance du 20
février dernier, en sorte que cette inexécution vicie les com-
parutions desdits députés des villes et paroisses de Bayonne,
Saint-Jean-de-Luz et Hendaye. Il paraît bien, des verbaux qui
sont rapportés, que lesdits députés se sont présentés séparément devant ledit sieur lieutenant-général de Bayonne, que
ceux de ladite ville se sont réduits au quart devant lui, que
postérieurement à cette présentation, les députés de ladite
ville de Saint-Jean-de-Luz se sont réduits au quart dans une
assemblée particulière de ladite ville ; mais toutes ces opérations ne remplissent ni l'esprit ni la lettre du règlement de Sa
Majesté, ni ceux de notre ordonnance du 20 février dernier, et
ne peuvent suppléer à l'assemblée préliminaire qui devait être
tenue. Ce sont les députés particuliers aux villes de Bayonne
et de Saint-Jean-de-Luz, ainsi que ceux de la paroisse de Hendaye, qui ont comparu, au lieu que c'étaient ceux de la Sénéchaussée de Bayonne qui devaient se rendre en la présente assemblée. Le procureur du Roi croit donc, malgré la comparution des députés desdites villes et paroisses de Bayonne, Saint-
Jean-de-Luz et Hendaye, dont il n'est pas possible de leur donner acte, devoir requérir défaut contre les députés du Tiers-
État de la Sénéchaussée de Bayonne ; mais comme cette Sénéchaussée ne doit pas être punie de l'inexécution du règlement
et de notre ordonnance, inexécution qui n'est pas de son fait,
il lui sera réservé de pouvoir faire comparaître dans la présente
assemblée, après qu'elle aura tenu son assemblée préliminaire, le quart des députés qu'elle aura choisi dans ladite assemblée, respectivement à la totalité de ceux que les villes,
bourgs, paroisses et communautés de son ressort doivent y
envoyer, et de demander le rétablissement du défaut, s'il y a
lieu, sans qu'en attendant les opérations de la présente assem-

blée puissent être retardées ; c'est pourquoi, le procureur du Roi requiert que, sans avoir égard à la comparution des députés desdites villes et paroisses de Bayonne, Saint-Jean-de-Luz et Hendaye, laquelle sera rejetée, il soit donné défaut, contre les députés de la Sénéchaussée de Bayonne, sans préjudice auxdits députés, après avoir tenu leur assemblée préliminaire et rempli toutes les formalités prescrites par le règlement et notre ordonnance, de venir demander le rabattement du défaut s'il y a lieu, sans néanmoins que les opérations de la présente assemblée puissent être retardées ; et a signé : Ainsi signé Dousse, avocat du Roi.

Nous, lieutenant-général et commissaire susdit, octroyons acte de ce dessus ; et attendu qu'il conste par les procès-verbaux du 9 de ce mois, qui nous ont été remis par les députés de la ville de Saint-Jean-de-Luz et par ceux de la communauté de Hendaye, que lesdits députés se sont présentés le 9 de ce mois devant le lieutenant-général de la Sénéchaussée de Bayonne, pour concourir avec les autres députés de ladite Sénéchaussée, à la rédaction et réunion de tous les cahiers de doléances plaintes et remontrances de ladite Sénéchaussée en un seul, et à la réduction au quart de tous les députés de ladite Sénéchaussée, et qu'il n'y a pas eu de leur faute s'ils n'ont point été admis à ces opérations ; attendu aussi, qu'il conste par le procès-verbal de l'assemblée préliminaire, tenue le neuf du présent mois, par le lieutenant-général de Bayonne, et qui nous a été remis par les députés de ladite ville, que lesdits députés de ladite ville ont été réduits au quart et ont été chargés de porter leurs cahiers de doléances, plaintes et remontrances de ladite ville en la présente assemblée ; ordonnons que les députés desdites villes de Bayonne et Saint-Jean-de-Luz, ensemble ceux de la communauté de Hendaye, concourront à la rédaction des trois cahiers de la Sénéchaussée des Lannes en un seul, et à la nomination des députés aux États-Généraux, ce qui sera exécuté nonobstant opposition ou appellation quelconque ; et avons signé avec le procureur du Roi et le greffier. Ainsi si-

gné : de Neurisse, lieutenant-général, Dousse, avocat du Roi ;
et Labarthe, greffier.

Ce fait, nous, lieutenant-général et commissaire susdit, octroyant acte à tous les comparants ci-dessus dénommés de leur
comparution, ainsi que des déclarations, réserves et réquisitions faites par certains d'entre eux , donnons également acte
au sieur Ducos, député de la présente Sénéchaussée, au sieur
Basquiat, député de celle de Saint-Sever, et au sieur Ducournau, député de celle de Bayonne, de la remise qu'ils nous ont
faite des trois verbaux des assemblées préliminaires tenues
dans lesdites trois Sénéchaussées, et donnant défaut contre
ceux des assignés qui ne se sont pas présentés, pour le profit
et utilité d'icelui, avons procédé à l'instant à la vérification des
pouvoirs des députés du Tiers-Etat des trois Sénéchaussées.

Et de suite, nous, lieutenant-général et commissaire susdit,
avons déclaré que nous allons nous occuper de la vérification
des pouvoirs de l'Ordre du Tiers-Etat pour décider si les verbaux faits par les lieutenants-généraux des Sénéchaussées de
Saint-Sever et Bayonne, les dispositions tant du règlement du
Roi, que de notre ordonnance du 20 février dernier avaient
été observées, et avant de procéder à ladite vérification, nous
avons fait faire lecture à haute voix, par le greffier du siége,
des procès-verbaux tenus par nous, les 9, 10, 11, 12, 13 et 14
de ce mois, portant comparution des députés des villes, bourgs
et communautés de la présente Sénéchaussée, la nomination
des commissaires pour la rédaction et réunion en un seul cahier de tous ceux de ladite Sénéchaussée et la réduction au
quart de tous lesdits députés ; et ladite lecture faite, s'est présenté sieur Alexis de Basquiat, lieutenant-général de la Sénéchaussée de Saint-Sever et député de ladite ville, qui a dit
que la vérification des pouvoirs des députés de la Sénéchaussée de Saint-Sever, se trouve faite par le procès-verbal des 10
et 11 de ce mois ; qu'en conséquence il doit être exécuté suivant sa forme et teneur, suivant l'article 51 du règlement; que
l'article 42 de ce même règlement confirme cette vérité en ce

que parlant des difficultés sur la justification des titres et qualités de ceux qui se présenteront pour être admis dans l'Ordre
du clergé et de la noblesse, il veut que ces difficultés soient
décidées provisoirement par M. le bailli ou sénéchal, et en
son absence par son lieutenant-général assisté de quatre ecclésiastiques pour le clergé et de quatre gentilshommes pour la
noblesse, sans rien dire des difficultés qui peuvent regarder le
Tiers-Etat.

La raison de ce silence résulte des dispositions de la loi, qui
veut que chaque commissaire dans la Sénéchaussée soit com-
pétent pour décider et juger provisoirement, nonobstant toutes oppositions ou appellations en forme judiciaire, les difficultés et contestations qui pourraient naître et s'élever dans leurs
différents départements. Ainsi M. le commissaire de la Sénéchaussée de Saint-Sever ayant prononcé par son verbal sur
l'élection des députés, il n'est pas possible aujourd'hui d'atta-
quer ses opérations relativement à la députation de l'assemblée générale de la Sénéchaussée des Lannes, sauf aux parties
intéressées à se pourvoir devers Sa Majesté par voie de représentation et par simple mémoire. Toutes les opérations de M.
le commissaire principal doivent sans contredit être exécutées
nonobstant toute opposition ou appellation, mais il en doit être
par conséquent de même de celles faites dans le siége secondaire jusque à celle de l'assemblée générale, et a signé. Ainsi
signé : Basquiat, lieutenant-général.

Et ouï le procureur du Roi, nous lieutenant-général et commissaire susdit, octroyons acte de ce que dessus ; et attendu
qu'il est six heures et demie du soir, avons renvoyé la continuation du présent verbal au vingt-trois du présent mois, à
huit heures du matin, et avons signé avec le procureur du Roi
et le greffier. Ainsi signé : de Neurisse, lieutenant-général;
Dousse, avocat du Roi; et Labarthe greffier.

Et advenu ledit jour vingt-trois mars mil sept cent quatre-
vingt-neuf, dans l'église des RR. PP. Carmes de cette ville,
écrivant le greffier ordinaire, par devant nous lieutenant-général

et commissaire susdit, s'est présenté sieur Roger Ducos, avocat au Parlement, au nom des députés du Tiers-Etat de la Sénéchaussée des Lannes, lequel répondant au dire du sieur Basquiat, lieutenant-général de Saint-Sever, du vingt-et-un de ce mois, a dit : que lorsque lesdits députés ont requis la vérification des pouvoirs, ils n'ont eu d'autre ambition que la régularité des opérations, afin que les deux concitoyens que la dernière élection honorera de la députation à l'assemblée nationale, n'y rencontrent aucun obstacle par l'illégalité des pouvoirs; que toutes les opérations de M. le commissaire devant être mises sous les yeux de Sa Majesté, ce serait inculper les cœurs et les sentiments de ces députés que de leur prêter d'autres vues ; que si ceux de la Sénéchaussée de Saint-Sever s'étaient annoncés en cette ville avec cet esprit de confiance et d'union qui ne devait former qu'un même ensemble du Tiers-Etat des trois Sénéchaussées, ils en eussent éprouvé que celle de Dax ne cherche que deux hommes capables de représenter la province avec cet esprit de sagesse et de connaissances épurées, dont le Roi veut s'entourer ; ils en eussent éprouvé que la supériorité des représentants de Saint-Sever, n'a jamais préoccupé la Sénéchaussée de Dax, car ce n'est malheureusement pas toujours par le nombre des suffrages que les hommes rares se désignent.

Mais il est une base préliminaire qu'on ne saurait du moins perdre de vue, c'est l'exécution du règlement de Sa Majesté. Si lorsque dans la ville de Saint-Sever on a procédé à la réduction au quart des députés de la Sénéchaussée, on a compris dans ce quart des personnes qui n'étaient point du nombre des députés, le règlement se trouve enfreint, car les articles 33 et 38 prescrivent impérativement que ce soient les députés qui se réduisent au quart d'entre eux, la loi est exclusive de tout autre individu qui ne se trouverait pas déjà du nombre des députés.

Inutilement, dit-on, que l'incorporation au quart a été, à Saint-Sever, le résultat d'une acclamation de tous les députés de la Sénéchaussée. Est-il au pouvoir des députés de se permettre cette acclamation contre le règlement, et même sans un mandat de leurs villes et communautés ?... Peut-on même donner quelque consistance à une acclamation qui porte sur des individus que les villes et communautés n'ont pas elles-mêmes portés au nombre de leurs députés ?... N'est-ce donc pas donner à ces villes et communautés des députés qu'elles n'ont pas voulus, puisqu'elles ne les ont pas nommés ?.. C'est donc avoir enfreint encore les dispositions du règlement.

On dit aussi, fort inutilement, que Monsieur le commissaire n'a pas le droit de réformer l'opération de Monsieur le lieutenant-général de Saint-Sever; qu'on ne peut que se pourvoir devers Sa Majesté. On ne fait pas attention que le Roi n'a donné ses ordres qu'à Monsieur de Neurisse en l'absence de M. le grand sénéchal ; que Monsieur de Neurisse est ici le seul commissaire du Roi, comme chef de la Sénéchaussée principale des Lannes, suivant les articles 3 et 4 du règlement ; que les autres Sénéchaussées ne doivent être regardées que comme secondaires ; ce qui est tellement incontestable, que l'ordonnance de Monsieur de Neurisse a été envoyée aux autres Sénéchaussées, pour l'exécuter ; que les autres Sénéchaussées n'ont pu ni dû procéder que d'après cette ordonnance ; que c'est donc à lui à vérifier si elle a été remplie. Ce commissaire principal a même tellement un droit de supériorité dans cette circonstance, que l'article 50 lui donne la qualité d'officier principal; et en ordonnant de procéder à toutes les opérations et à tous les actes prescrits par le règlement, il y est ajouté : sans qu'il puisse être induit ni résulté, en aucun cas, aucun changement de novation dans l'ordre accoutumé de supériorité, infériorité ou égalité desdits baillages; d'où il suit que Monsieur le commissaire a donc ici un droit de supériorité, et que l'exercice de ce droit ne peut être autre qu'une exacte surveillance à l'entière exécution des ordres que Sa Majesté lui a donnés.

On n'a pas été plus heureux, lorsqu'on a voulu s'étayer de l'article 51. Sa Majesté n'a fait qu'y interdire toute appellation en forme judiciaire, contre les citations des assemblées, les élections et autres opérations relatives; mais il n'interdit en nul endroit de son règlement à l'officier principal le redresse-ment des infractions au règlement, en toute autre forme que la forme judiciaire ; et lorsqu'elle a statué que les parties intéres-sées se pourvoieraient devers elle, ce n'est qu'à raison des opé-rations de l'officier principal; la preuve en est dans l'ordon-nance de Monsieur le commissaire.

L'article 9 ordonne (assemblée du 16) qu'il sera procédé à la vérification des pouvoirs des députés et procureurs fondés. Cet article ne porte aucune distinction des Ordres; il parle des trois. La même ordonnance (article 16) ordonne enfin qu'elle sera exé-cutée nonobstant opposition ou appellation quelconque. C'est Monsieur le commissaire qui l'a rendue, il peut donc en con-naître, en vérifier l'exécution.

N'est-ce pas en conséquence de ce droit, qu'il a déjà vérifié les pouvoirs des députés de la ville de Bayonne et des commu-nautés de Saint-Jean-de-Luz et Hendaye ? en un mot il a déjà ordonné la vérification des pouvoirs de la Sénéchaussée de Saint-Sever, il a bien voulu commencer par celle de Dax, il serait donc bien étrange que Saint-Sever prétendit en être exempté.

Mais cette prétention même, réclame contre cette Sénéchaus-sée. On ne craindrait pas de remettre ses pouvoirs à l'examen de Monsieur le commissaire, s'ils étaient en règle ; on ne peut donc s'y refuser sous aucun rapport.

S'il fallait une nouvelle preuve, nous ajouterions que les lieutenants-généraux des Sénéchaussées secondaires ne sont que des officiers délégués par Monsieur le commissaire princi-pal, auquel ils doivent le même compte de leurs opérations, qu'il le doit lui-même au garde-des-sceaux et celui-ci au Roi.

Enfin par son verbal du 21 de ce mois, Monsieur le commis-saire a déclaré qu'il allait s'occuper des vérifications des pou-voirs de l'Ordre du Tiers-Etat, pour décider si dans les verbaux des lieutenants-généraux des Sénéchaussées de Saint-Sever et

Bayonne, les dispositions tant du règlement du Roi, que de l'ordonnance du 20 février dernier, avaient été observées ; il n'est donc pas possible de rendre ce verbal inutile ; il doit donc avoir son exécution. Cette dernière circonstance répond seule à tout le dire du lieutenant-général de Saint-Sever ; nous avons donc lieu d'en attendre l'exécution et le redressement des pouvoirs sur tous les points qui se trouveraient transgresser et le règlement du Roi et l'ordonnance de Monsieur le commissaire. Une Sénéchaussée secondaire ne doit pas éprouver plus de faveurs qu'en a éprouvé la première ; et a signé. Ainsi signé : Ducos, tant en son nom qu'en celui de MM. les députés de la Sénéchaussée de Dax.

Ouï le procureur du Roi en ses conclusions, nous lieutenant-général et commissaire susdit, octroyant acte de ce que dessus, ordonnons comme autrefois qu'il sera procédé à la continuation de la vérification des pouvoirs de l'Ordre du Tiers-Etat, pour savoir, si dans le verbal qui a été tenu par le lieutenant-général de la Sénéchaussée de Saint-Sever, les dispositions du règlement de notre ordonnance du 20 février dernier ont été observées, la vérification du verbal tenu par le lieutenant-général de la Sénéchaussée de Bayonne ayant été par nous déjà faite le 18 de ce mois, lors de laquelle nous avons reçu les députés de ladite Sénéchaussée à concourir avec ceux des autres deux Sénéchaussées, à la réduction en un seul cahier des autres cahiers de ces dernières Sénéchaussées, et à la nomination des députés aux États-Généraux ; et avons signé avec le procureur du Roi et le greffier. Ainsi signé : de Neurisse, lieutenant-général ; Dousse, avocat du Roi ; et Labarthe, greffier.

En conséquence, nous avons fait faire lecture par le greffier, du susdit verbal dressé par le lieutenant-général de Saint-Sever, des 10 et 11 du présent mois, et avant ladite lecture, s'est présenté sieur Pierre Dussault, avocat en Parlement, député de la ville de Saint-Sever, qui a dit : que du consentement et de l'aveu des trois Ordres, conformément à l'article 39 du règlement, il requiert qu'il soit ordonné que toutes les personnes qui ne sont point membres de l'assemblée soient obligées de se retirer, attendu qu'elle ne doit être composée que des personnes des trois Ordres qui y sont appelées; et à signé. Ainsi signé : Dussault.

Ouï le procureur du Roi en ses conclusions, nous lieutenant-général et commissaire susdit, ordonnons que toutes les personnes qui ne sont point membres de l'assemblée se retireront, à l'exception néanmoins de nos greffiers, secrétaires, cavaliers de maréchaussée, sergents de ville et huissiers; et avons signé avec le procureur du Roi et le greffier. Ainsi signé : de Neurisse, lieutenant-général ; Dousse, avocat du Roi ; et Labarthe, greffier.

Ce fait, nous lieutenant-général et commissaire susdit, après avoir entendu le procureur du Roi, et en vérifiant le verbal du lieutenant-général de Saint-Sever des 18 et 11 de ce mois, ordonnons que les deux députés de ladite Sénéchaussée et ville de Saint-Sever, qui ont été nommés par acclamation, ne concourront pas avec les autres députés de ladite Sénéchaussée à la réduction en un seul cahier des autres cahiers des trois Sénéchaussées des Landes, ni à la nomination des députés aux États-Généraux, attendu qu'ils n'étaient pas du nombre des députés de ladite Sénéchaussée qui doivent se réduire au quart d'entre eux. Ordonnons aussi que tous les autres députés de ladite Sénéchaussée assisteront et procéderont auxdites opérations, et avons signé avec le procureur du Roi et le greffier. Ainsi signé : de Neurisse, lieutenant-général ; Dousse, avocat du roi ; et Labarthe, greffier.

S'est encore présenté, Alexis Basquiat, en sa qualité de lieutenant-général de la Sénéchaussée de Saint-Sever et député du Tiers-Etat, qui a dit : que pour conserver dans toute son intégrité l'étendue de sa juridiction et des pouvoirs que le Roi lui a donnés dans les opérations relatives à la convocation des prochains États-Généraux, il requiert acte de la protestation qu'il entend faire contre l'ordonnance qui vient d'être prononcée, se réservant de se pourvoir par les voies que le Roi lui a indiquées ; et a signé : Basquiat, lieutenant-général.

Et ouï le procureur du Roi, nous lieutenant-général et commissaire susdit, octroyons acte de ce que dessus.

Ce fait, il a été annoncé aux trois Ordres, que nous procéderions dans la séance de cet après-midi, dans la forme prescrite par le règlement et par notre ordonnance, desquelles nous avons fait faire lecture par notre greffier, à la prestation du serment ; et d'autant, que la multitude des personnes des trois États ne nous permettrait pas de distinguer ceux qui feraient ledit serment de ceux qui pourraient s'en dispenser, nous avons jugé à propos de recevoir ledit serment de chacun des membres desdits trois Ordres séparément, en observant de les appeler dans le même ordre qu'ils ont comparu, en commençant par les membres du Clergé, ensuite par ceux de la Noblesse et enfin par ceux du Tiers-Etat ; et attendu qu'il est près de midi, nous avons renvoyé la continuation du présent procès-verbal à deux heures de relevée de ce jour ; et avons signé avec le procureur du Roi et le greffier. Ainsi signé : de Neurisse, lieutenant-général ; Dousse, avocat du Roi ; et Labarthe, greffier.

Et advenu les deux heures de relevée, vingt-six mars mil sept cent quatre-vingt-neuf, dans l'église des R.R. P.P. Carmes, écrivant le greffier ordinaire du siége, nous lieutenant-général et commissaire susdit, avons procédé à la réception du serment des membres du Tiers-Etat. En conséquence, se sont présentés les sieurs Ducos, avocat, et Cazalon ; lesquels après le serment fait à Dieu, ont promis de bien et fidèlement procéder à la rédaction du cahier de l'Ordre du Tiers-Etat et à l'élection de ses députés si elles se font séparément ; et à la rédaction du cahier général ainsi qu'à l'élection des députés des trois Ordres, s'ils le trouvent convenable ; ladite élection se faisant dans le nombre et la manière déterminée par la lettre de Sa Majesté ; le sieur Vergès de Sorde, lequel après serment fait à Dieu, a aussi promis de procéder fidèlement d'abord à la rédaction d'un seul cahier, ou séparément à celui de son Ordre, ensuite à l'élection par la voie du scrutin des députés et dans la proportion déterminée par la lettre de Sa Majesté, pour représenter aux États-Généraux les trois états de cette Sénéchaussée.

Les sieurs Ramonbordes, avocat; de Siest; Forsans; Morlanx ; Tayet ; Cassoulet ; Cousseau de Labarthe ; Hosseleyre ; Lattapy ; Bordenave ; Darrifour ; Planter ; Hendebaigt ; Nougaro ; Duclerq ; Villemayan ; Castaignet ; Phillip; Cantin; Darrigade ; Lacausse ; Saintamon ; Desbiey, notaire ; Loustaunau ; Darrigan, notaire ; Bédaumine ; Lataste ; Labarthe ; Cazaux ; Darrigan ; de Haut-Garrey ; Crideloup ; Desbiey de Magesc ; Lacoste ; Lahitte ; les tous députés de la Sénéchaussée de Dax, lesquels ont promis également, moyennant serment fait à Dieu de bien et fidèlement procéder à la rédaction du cahier et à l'élection des députés aux États-Généraux, conjointement ou séparément, ainsi qu'il sera convenu par les trois Ordres.

Les sieurs Lamarque, procureur du Roi ; Brethous-Lasserre; Lafitte ; Dussault ; Capdeville ; Tortigue ; Pixare ; Lafaurie ; Papin ; Vallette ; Duvignau; Despaignet; Arrat ; Miresou; Ferragut ; Destefen de Puyo ; Duvivé ; Dufau ; Lamarque; Lassalle aîné ; Labeyrie ; Capdeville ; Lassalle cadet; Dulucq; Gaye; Laporterie ; Gaye de Malausanne ; Clavé ; Castets; Cazaux ; Baron fils; Dupoy; Vielle ; Lafitte ; Desperes ; Pons; Vielle; Mericamp; Meynadé ; Declaa; Dulau ; Larmandieu ; Lafitte ; Darracq ; Castaignos; Domenger; Marsan; Pinaqui ; Senjean; Lacouture ; Pemarque; Domenger ; Costedoat; Larquier; Lacoste; Ducau ; Sahuquet; Bensin; Darracq; Lamathe ; Lonné ; Betselère; Magnes ; Deslous; Ducasse; Laborde; Beyris; Cazaux ; Dubernet; Dupoy; Darcet; Poysegur : Dubourg; Claverie; Dupérier ; Deyris; Lafaurie ; Dubedout; Fautous; Bernard Fautous ; Dubasque ; Durrieu; Ducos; Dupuy; Lasserre-Brethous; Auricomme; les tous députés de la Sénéchaussée de Saint-Sever.

Les sieurs Ducournau ; Hirigoyen; Poydenot; députés de la Sénéchaussée de Bayonne.

Les sieurs Tauzin, maire de la ville de Saint-Jean-de-Luz ;

Sansoube; Lissardi; et Jean Damesprilh; députés de Hendaye et Saint-Jean-de-Luz dans l'ancienne Sénéchaussée de Bayonne; lesquels, ainsi que Puyo de Nousse, député de la Sénéchaussée de Dax, qui vient de se présenter à l'instant après avoir eu levé leur main à Dieu, chacun séparément ont promis de bien et fidèlement procéder à la rédaction du cahier et à l'élection des députés aux États-Généraux conjointement ou séparément ainsi qu'il sera convenu par les trois Ordres.

Se sont enfin présentés les sieurs Lartigau et Durruti, députés de la Sénéchaussée de Dax, lesquels après avoir eu levé leur main à Dieu, chacun séparément, ont aussi promis de bien et fidèlement procéder à la rédaction ou rédactions des cahiers et à l'élection des députés aux États-Généraux, conjointement ou séparément, ainsi qu'il sera convenu par les trois Ordres. Desquels serments, nous lieutenant-général et commissaire susdit, du consentement du procureur du Roi, avons aussi octroyé acte sans préjudice des protestations faites par la plupart des députés de la Sénéchaussée de Saint-Sever, contre notre ordonnance qui renvoie du nombre des députés de ladite Sénéchaussée les sieurs de Basquiat et Bernède, sans préjudice encore de la protestation faite par les sieurs Ducournau, Hirigoyen et Poydenot, députés de la ville de Bayonne, au sujet de la présence des députés de la ville de Saint-Sever sur ceux de celle de Bayonne; au surplus, attendu que certains députés de la Sénéchaussée de Dax et de Saint-Sever ne se trouvent pas présents pour faire leur serment, nous lieutenant-général et commissaire susdit, avons contre eux donné défaut pour le profit et utilité duquel ordonnons qu'ils ne concourront point avec ceux qui ont prêté le serment, à la rédaction des cahiers ou du cahier, ni à la nomination des députés aux États-Généraux et ont les comparants signé avec nous, le procureur du Roi et le greffier. Ainsi signé : Ducos ; Ramonbordes ; de Siest, lieutenant criminel; Forsans; Tayet, juge député; Morlans; Cassoulet, maire de Peyrehorade; Cousseau de Labarthe; Cazalon; Lattapy; Hosseleyre; Bordenave ; Darrifourcq; Planter; Hendebaigt; Maisonnave; Nougaro; Duclerc; Puyo; Villemayan; Phillip; Cantin; Castaignet; Desbieys; Discazaux; Darrigade; Saintamon; Lacausse; Loustaunau; Lartigau; Lataste; Darrigan, notaire; Bédaumine; Labarthe; Vergès; Cazaux; Labrouste; Darrigau; Crideloup; Durruty; Desbieys; Lacoste; Lahitte; Lamarque; Brethous-Lasserre; Lafitte; Dussault; Capdeville; Tortigue; Jean Pixare; Lafaurie; Valette; Duvignau; Despaignet; Papin; Arrat; Miressou; Ferragut; Destefen; Claverie; Duvivelle; Destefen; Lamarque fils; Lassalle aîné; Dufau; Labeyrie; Lassalle cadet; Gaye; Capdeville; Dulucq; Laporterie; Gaye; Clavé; Castets; Cazaux; Baron fils; Lafitte; Dupoy; Vielle; Desperes; Mericamp; Meynadé; Lafitte-Loubaigners; Dulau; Dubarrat; Declaa; Darracq; Larmandieu; Ducàstaing; Domenger; Marsan; Pinaqui; Senjean; Lacouture; Pémarque; Domenger; Larquier; de Castaignos; Lacoste; Costedoat; Ducau; Sahuquet; Benzin, docteur chirurgien; Darraq; Lamathe; Lonné; Maignes; Dumont; Betselère; Dubourg; Ducasse; Léonard Laborde; Beyrier, avocat; Cazaux; Dubernet; Despouys; Darcet; Poységur; Dubourg; Dubasque; Dupuy; Durrieu; Fautous; Cauperie; Diris; Lafosse; Fautous; Dubedout; Dubasque; Dupuy; Ducos; Lasserre; Auricomme; Hirigoyen; Pierre Brethous; Ducournau; Poydenot; Tauzin; Jean Lissardi; et Jean Damesprilh; et de MM. de Neurisse, lieutenant-général; Dousse, avocat du Roi; et Labarthe, greffier.

Ce fait, nous lieutenant-général et commissaire susdit, avons ordonné que les députés du Tiers-État procéderont dans ce lieu, sous notre présidence, à la délibération à prendre sur la rédaction des cahiers et à l'élection des députés en commun ou séparément; et avons signé avec le procureur du Roi et le greffier. Ainsi signé : de Neurisse, lieutenant-général; Dousse, avocat du Roi; et Labarthe, greffier.

Et attendu qu'il est huit heures de relevée sonnées, nous lieutenant-général et commissaire susdit, avons renvoyé la continuation du présent procès-verbal à demain, vingt-sept du pré-

sent mois, à huit heures du matin; et avons signé avec le procureur du Roi et le greffier. Ainsi signé : de Neurisse, lieutenant-général; Dousse, avocat du Roi ; et Labarthe, greffier.

Et advenu le lendemain, vingt-septième mars mil sept cent
quatre-vingt-neuf, à huit heures du matin, dans l'église des
R.R. P.P. Carmes, écrivant le greffier du siége, nous lieutenant-général et commissaire susdit, avons procédé à la continuation des opérations ordonnées, tant par le règlement du
Roi, que par notre ordonnance du 20 février dernier ; et avant
de nous en occuper, s'est présenté le sieur Tachoires, un des
députés de la Sénéchaussée de Dax, qui ne put se présenter le
jour de hier pour faire son serment, à raison de maladie, et
désirant le faire aujourd'hui, il nous a requis de vouloir le recevoir; en conséquence, après qu'il a eu levé sa main à Dieu et
promis de bien et fidèlement procéder à la rédaction des
cahiers de l'Ordre du Tiers et à l'élection des députés si elles se font séparément, ou à la rédaction du cahier général
et à l'élection des députés en commun si les trois Ordres le
trouvent convenable, ladite élection se faisant dans le nombre
et en la manière déterminée par la lettre de Sa Majesté; duquel serment, du consentement du procureur du Roi, nous
lieutenant-général et commissaire susdit, octroyons acte; et a
ledit comparant signé avec nous, le procureur du Roi et le
greffier. Ainsi signé : de Neurisse, lieutenant-général; Dousse,
avocat du Roi; Tachoires; et Labarthe, greffier.

S'est aussi présenté Pierre Dubois, député de la Sénéchaussée de Saint-Sever; lequel, après avoir eu levé sa main, a promis et juré de bien et fidèlement procéder à la rédaction ou
rédactions des cahiers et à l'élection des députés aux États-Généraux, conjointement ou séparément, ainsi qu'il sera convenu
par les trois Ordres, duquel serment, nous lieutenant-général
et commissaire susdit, du consentement du procureur du Roi,
octroyons acte; et a le dit comparant signé avec nous, le procureur du Roi, et le greffier. Ainsi signé : Dubois; de Neurisse,
lieutenant-général; Dousse, avocat du Roi; et Labarthe, greffier.

Puis, les membres et députés du Tiers-État ont de suite délibéré à haute voix et déterminé à la pluralité de soixante et une
voix sur soixante-neuf, qu'il sera procédé conjointement avec
les deux autres Ordres à la rédaction et réduction des cahiers
des trois Ordres, en observant que le Tiers-État, ait pour ces
opérations un nombre de commissaires égal à celui des deux
autres Ordres réunis, conformément à la proportion indiquée
par la lettre du Roi, et que le Tiers-État nommera ses députés
séparément dans son Ordre; et étant près d'une heure, nous
avons renvoyé la signature du présent verbal et la continuation
des opérations à faire à deux heures de relevée de ce jour; et
avons signé avec le procureur du Roi, et le greffier. Ainsi signé : de Neurisse, lieutenant-général; Dousse, avocat du Roi;
et Labarthe, greffier.

Et advenu les deux heures de relevée de ce jour, vingt-septième de mars mil sept cent quatre-vingt-neuf, dans l'église des
R.R. PP. Carmes, écrivant le greffier du siége, nous lieutenant-
général et commissaire susdit, après avoir fait faire lecture par
le greffier de la délibération prise dans la séance de ce matin,
avons interpellé les délibérants présents de signer ce qu'ils ont
fait. Ainsi signé : Ducos; Ramonbordes; Morlanx; Tayet; Cassoulet; Cousseau de Labarthe; Latapy; Planter; Hendebaigt;
Maisonnave; Darrifourc; Nougaro; Duclerc; Villemayan; de
Siest, lieutenant criminel; Castaignet; Cantin; Discazaux dit Darrigade; Saintamon; Lacausse; Desbieys; Loustaunau; Lartigau;
Darrigau; Bédaumine; Lataste; Vergès; Labarthe; Cazaux; Labrouste; Darrigan; Durruti; Crideloup; Desbieys; Cazalon;
Lacoste; Lahitte; Tachoires; Puyo; Phillip; Bordenave; Lamarque; Hosseleyre; Brethous; Lafitte; Dussault; Capdeville;
Tortigue; Pixare; Lafaurie; Papin; Duvignau; Valette; Despaignet; Arrat; Miressou; Ferragut; Destefen; Duplan; Destefen; de Puyo; Duvivé; Dufau; Lamarque; Lassalle aîné; Labeyrie; Capdeville; Lassalle cadet; Duluc; Gaye de Loumérac;
Laporterie; Gaye de Malausanne; Baron; Dupoy; Vielle; Lafitte; Despérès; Despouys; Méricamp; Meynadet; Déclaa; Du-

lau-Dubarrat ; Larmandieu ; Lafitte-Loubaignon ; Darrac ; Lescay ; de Castaignet ; Lahargue ; Domenger ; Marsan ; Clavé ; Pinaqui ; Senjean ; Lacouture ; Costedoat ; Larquié de Castaitaignos ; Lacoste ; Ducos ; Sahuquet ; Benzin ; Darracq ; Lamathe ; Lonné ; Dumont-Betselère ; Maignes ; Desloux ; Ducasse ; Léon Laborde ; Beyries ; Cazaux ; Despouys ; Dubernet ; Darcet ; Poységur ; Dubourg ; Dupérier ; Duboy ; Diris ; Lafosse ; Dubedout ; Fautous ; Durrieu ; Ducos ; Dupuy ; Lasserre-Brethous ; Papoulet ; Auricomme ; Clavé ; Castets-d'Aurice ; Cazaux ; Ducournau ; Hirigoyen ; Poydenot ; Tauzin ; et Jean Damesprilh.

Et d'autant qu'il conste par la délibération du clergé, que cet ordre prétend procéder à la rédaction de son cahier et à la nomination de son député aux États-Généraux séparément ; nous lieutenant-général et commissaire susdit, du consentement du procureur du roi, ordonnons pour ne point retarder les opérations requises, qu'il sera tout de suite procédé, par devant nous, par les députés du Tiers-État à la nomination des commissaires pour procéder à la rédaction du cahier dudit Ordre ; et voulant nous en occuper, certains membres de la Sénéchaussée de Saint-Sever ont prétendu qu'à raison de sa population, elle devait avoir un plus grand nombre de commissaires que chacune des autres Sénéchaussées ; mais d'autres membres de la même Sénéchaussée, d'accord avec ceux des Sénéchaussées de Dax et Bayonne, ont déclaré que leurs intérêts se trouvent communs et les mêmes que ceux de la Sénéchaussée de Saint-Sever, il était juste qu'on leur accordât un nombre égal de commissaires ; tous ayant au reste déclaré s'en remettre à ce qu'il nous plairait de décider, nous lieutenant-général et commissaire susdit, du consentement du procureur du Roi, avons déclaré et déclarons, sans tirer à conséquence pour aucun autre cas, que chaque Sénéchaussée de Dax, Saint-Sever et Bayonne, aura et nommera un nombre égal de commissaires pour la rédaction du cahier, laquelle nomination se fera conjointement par les membres des trois Sénéchaussées.

Et attendu qu'il est sept heures de relevée sonnées, nous,

lieutenant-général et commissaire susdit, avons renvoyé la continuation du présent verbal à demain, vingt-huit de ce mois, à huit heures du matin; et avons signé avec le procureur du Roi et le greffier. Ainsi signé : de Neurisse, lieutenant-général; Dousse, avocat du Roi; et Labarthe, greffier.

Et advenu le lendemain, vingt-huit mars mil sept cent quatre-vingt-neuf, à huit heures du matin, dans l'église de R.R. P.P. Carmes, écrivant le greffier du siége, nous lieutenant-général et commissaire susdit, avons continué les opérations commencées, et de suite il a été procédé par les membres du Tiers-État à la nomination des commissaires pour la rédaction et réunion des cahiers de cet ordre; et avant de le faire, le sieur Lamarque, un des députés de la Sénéchaussée de Saint-Sever, nous a demandé de lui permettre de lui faire lecture des protestations qu'il entendait faire contre notre ordonnance du jour d'hier, et ladite lecture faite, il nous a requis de lui donner acte de la remise qu'il faisait sur le bureau desdites protestations de lui signées, de laquelle remise nous octroyons acte, pour être lesdites protestations jointes à notre présent verbal; et attendu les motifs insérés dans notre dite ordonnance du jour d'hier, du consentement du procureur du Roi, ordonnons que, par provision, elle sera exécutée ; et avons signé avec le procureur du Roi et le greffier. Ainsi signé : de Neurisse, lieutenant-général; Dousse, avocat du Roi ; et Labarthe, greffier.

Ce fait, les membres du Tiers-État se sont occupés à nommer à haute voix, douze commissaires pour procéder à la rédaction ou réunion des cahiers dudit Ordre, et les voix ayant été par nous recueillies, les suffrages se sont réunis à la pluralité en faveur des sieurs Ramonbordes fils, avocat; Forsans, et Ducos, aussi avocats; et Vergès, docteur en médecine; députés de la Sénéchaussée de Dax; Lafitte; Dussault; Mericamp; aussi avocats ; et Lamarque, procureur du Roi au sénéchal de Saint-Sever; députés de la Sénéchaussée de Saint-Sever; Ducournau, avocat et lieutenant particulier de l'amirauté de Bayonne; Jacques Poydenot, ancien échevin; Barthélemy Hirigoyen; et

Michel Tauzin, maire de la ville de Saint-Jean-de-Luz; députés
de la Sénéchaussée de Bayonne; lesquels ont été nommés commissaires et qui ont accepté ledit mandat et promis de l'exécuter fidèlement.

Et attendu qu'il est plus d'une heure de relevée, nous lieutenant-général et commissaire susdit, avons renvoyé la signature des électeurs à deux heures de relevée de ce jour; et
avons signé avec le procureur du Roi et le greffier. Ainsi signé :
de Neurisse, lieutenant-général; Dousse, avocat du Roi; et Labarthe, greffier.

Et advenu les deux heures de relevée de ce jour, vingt-huit
mars mil sept cent quatre-vingt-neuf, dans ladite église des
RR. PP. Carmes, écrivant le greffier du siége, nous, lieutenant-
général et commissaire susdit, après avoir fait faire lecture par
le greffier du verbal de nomination des commissaires de ce
matin, les membres du Tiers-État l'ont signé avec nous, le
procureur du Roi et le greffier. Ainsi signé : Ramonbordes;
Ducos; Forsans; de Siest; Lartigau; Morlans; Planter; Hosseleyre;
Cantin; Cassoulet; Latapy; Bordenave; Darrifourc; Duclerc;
Hendebaigt; Maisonnave; Villemayan; Castaignet; Discazaux dit
Darrigade; Phillip; Cazalon; Clavé; Lacausse; Darrigan; Sain-
tamon; Bédaumine; Puyo; Loustaunau; Lataste; Vergès; La-
barthe; Cazaux; Labrouste; Durruty; Nougaro; Tachoires; Cri-
deloup; Darrigan; Lacoste; Lahitte; Cousseau de Labarthe;
Lamarque; Lafitte; Brethous-Lasserre; Dussault; Tayet; Tor-
tigue; Pixare; Lafaurie: Valette; Papin; Duvignau; Ferragut;
Destefen; Duvivé; Destefen; Lamarque fils; Dufau; Labeyrie;
Lassalle aîné; Lassalle cadet; Capdeville; Desbieys; Duluc;
Desbieys; de Gaye; Laporterie; Baron; Gaye; Lafitte; Dupoy;
Vielle; Despérès; Depons; Mericamp; Meynadet; Dulau; Du-
barrat; Larmandieu; Darrac; Lafitte-Loubaignon de Casta-
gnet; Marsan; Domenger; Larquié; Costedoat; Ducau; de
Castaignos; Lacoste; Benzin; Sahuquet; Darrac; Lamathe;
Lonné; Dumont-Betselère; Deslous; Cazaux; Beyries; Duber-
net; Poységur; Dupérier; Dubourg; Dubedout; Diris; Fautous;

Durieu; Dupoy; Ducos; Lasserre; Pierre Brethous; Auricomme; Clavé; Castets; Cazaux; Ducournau; Hirigoyen; Poydenot; Tauzin; Jean Lissardy; et Jean Damespril; de Neurisse, lieutenant-général; Dousse, avocat du Roi; et Labarthe, greffier.

Et après la signature du verbal ci-dessus, le sieur Lamarque, député de la Sénéchaussée de Saint-Sever, et le sieur Ducournau, député de celle de Bayonne, nous ont remis les cahiers des doléances, plaintes et remontrances desdites Sénéchaussées, lesquels nous avons signé *ne varietur* au bas d'iceux; pour être réunis avec celui de la Sénéchaussée de Dax, que le sieur Ducos, un de ses députés, avait déjà remis dans la main du greffier du siége, aux commissaires ci-dessus nommés, pour être par eux procédé à la rédaction et réunion desdits trois cahiers en un seul; et avons signé avec le procureur du roi, lesdits sieurs Lamarque et Ducournau et le greffier. Ainsi signé : de Neurisse, lieutenant-général; Dousse, avocat du Roi; Lamarmarque; Ducournau; et Labarthe, greffier.

Et d'autant que la présente église des RR. PP. Carmes se trouve fort humide à raison du temps pluvieux, nous, lieutenant-général et commissaire susdit, sur les conclusions du procureur du Roi, ordonnons que nous nous transporterons avec les susdits commissaires dans une salle de la chapelle des Pénitents bleus de cette ville, pour y procéder à la rédaction et réunion des cahiers, et que ladite opération faite, nous reviendrons avec les susdits commissaires et députés en la présente église pour y arrêter ledit cahier et procéder à l'élection des députés aux États-Généraux, et autres opérations subséquentes ; et de suite, nous nous sommes rendus dans ladite salle avec les susdits commissaires, auxquels nous avons fait remettre ledit cahier, et ils ont vaqué en notre présence et celle du procureur du Roi à leur rédaction et réunion et continué jusqu'à sept heures du soir; et en avons renvoyé la continuation ainsi que du présent procès-verbal à demain, vingt-neuf du présent mois, trois heures de relevée; et avons signé avec le procureur du Roi, lesdits sieurs commissaires et le greffier. Ainsi signé : de

Neurisse, lieutenant-général; Dousse, avocat du Roi; Ducos, commissaire; Ramonbordes, commissaire; Mericamp, commissaire; Ducournau, commissaire; Poydenot, commissaire; Hirigoyen, commissaire; Forsans, commissaire; Tauzin, commissaire; Dussault, commissaire; et Labarthe, greffier.

Et advenu ledit jour, vingt-neuf mars mil sept cent quatre-vingt-neuf, trois heures de relevée, dans la susdite salle de la chapelle des Pénitents bleus de cette ville, par devant nous, lieutenant-général et commissaire susdit, écrivant le greffier du siége, les susdits commissaires ont continué de procéder à la rédaction et réunion en un seul cahier des cahiers des Sénéchaussées de Dax, Saint-Sever et Bayonne; et y ayant vaqué jusqu'à huit heures et demie de relevée, nous en avons renvoyé la continuation ainsi que du présent verbal à demain, trentième du présent mois, huit heures du matin; et avons signé avec le procureur du Roi, lesdits sieurs commissaires et le commis greffier. Ainsi signé : de Neurisse, lieutenant-général; Dousse, avocat du Roi; Ducos; Ducournau; Forsans; Hirigoyen; Poydenot; Lamarque; Lafitte; Dussault; Mericamp; Ramonbordes; Tauzin; Vergès, et Labarthe, greffier.

Et advenu ledit jour, trentième de mars mil sept cent quatre-vingt-neuf, huit heures du matin, 'dans ladite"salle de la chapelle des Pénitents bleus de cette ville, par devant nous, lieutenant-général et commissaire susdit, écrivant le greffier du siége, les susdits commissaires ont continué de procéder à la susdite rédaction et réunion desdits cahiers, et y ayant vaqué jusqu'à midi sonné, nous en avons renvoyé la continuation ainsi que du présent verbal à deux heures de relevée de ce jour; et avons signé avec le procureur du Roi, les commissaires et le greffier. Ainsi signé : de Neurisse, lieutenant-général; Dousse, avocat du Roi; Ducos; Forsans; Poydenot; Lamarque; Hirigoyen; Lafitte; Ducournau; Dussault; Ramonbordes; Mericamp; Tauzin; Vergès; et Labarthe, greffier.

Et advenu les deux heures de relevée de ce jour, trente mars mil sept cent quatre-vingt-neuf, dans ladite salle de la chapelle des Pénitents bleus de cette ville, nous, lieutenant-général et commissaire susdit, écrivant le greffier du siége, les susdits commissaires ont continué de procéder à ladite rédaction et réunion desdits cahiers ; et y ayant vaqué jusqu'à huit heures du soir, nous en avons renvoyé la continuation ainsi que du présent procès-verbal à demain, trente et un du présent mois, à huit heures du matin ; et avons signé avec le procureur du Roi, lesdits sieurs commissaires et le greffier. Ainsi signé : de Neurisse, lieutenant-général ; Dousse, avocat du Roi ; Ducos ; Ramonbordes ; Ducournau ; Dussault ; Tauzin ; Lamarque ; Lafitte ; Vergès ; Forsans ; Poydenot ; Hirigoyen ; Mericamp; et Labarthe, greffier.

Et advenu les huit heures du matin de ce jour, trente-unième de mars mil sept cent quatre-vingt-neuf, dans ladite salle de la chapelle des Pénitents bleus de cette ville, par devant nous, lieutenant-général et commissaire susdit, les commissaires ci-dessus désignés, ayant fini la rédaction et réunion en un seul cahier des cahiers généraux des trois Sénéchaussées de Dax, à celle de Saint-Sever et à la ville de Saint-Jean de Luz, pour être remis aux députés qui seront nommés pour les Etats-Généraux, nous, lieutenant-général et commissaire susdit, ordonnons que cejourd'hui, à deux heures de relevée, nous reviendrons dans l'église des RR. PP. Carmes, en compagnie du procureur du Roi et desdits sieurs commissaires, pour être fait lecture aux députés des trois Sénéchaussées avertis par le trompette ordinaire de s'y rendre, tant du cahier général que de ceux contenant les instructions et demandes particulières, et ladite lecture faite, le tout être arrêté définitivement dans l'assemblée par lesdits sieurs commissaires et procéder au surplus des opérations ordonnées; et avons signé avec le procureur du Roi, les commissaires et le greffier. Ainsi signé : de Neurisse, lieutenant-général ; Dousse, avocat du Roi ; Lamarque ; Lafitte ; Mericamp ; Ramonbordes ; Ducos ; Forsans ; Vergès ; Poydenot ; Tauzin ; Dussault ; Hirigoyen ; Ducournau; et Labarthe, greffier.

Et advenu les deux heures de relevée de ce jour, trente et un mars mil sept cent quatre-vingt-neuf, dans ladite église des RR. PP. Carmes, écrivant le greffier du siége, par devant nous, lieutenant-général et commissaire susdit, lecture a été faite aux députés du Tiers-État, tant du cahier général des trois Sénéchaussées que des cahiers particuliers et des instructions des Sénéchaussées de Dax, de celle de Saint-Sever et de la ville de Saint-Jean de Luz. Les susdits députés ont déclaré les approuver comme remplissant leurs vœux et celui des communautés qu'ils représentent. Ce fait, ledit cahier général et ceux des instructions ont été arrêtés définitivement par les commissaires, qui les ont signés ainsi que nous, *ne varietur*, pour être remis aux députés qui seront nommés pour les États-Généraux; et attendu qu'il est tard, nous avons renvoyé la nomination desdits députés à demain huit heures du matin, et avons signé avec le procureur du Roi, les députés et le greffier. Ainsi signé : de Neurisse, lieutenant-général; Dousse, avocat du Roi ; Ducos ; Ramonbordes ; Forsans ; Morlans ; Cassoulet ; Puyo ; Cousseau de Labarthe ; Latapy ; Tachoires ; Bordenave; Saintamon ; Planter ; Darrifourc ; Castaignet ; Hendebaigt ; Maisonnave ; Villemayan ; Cazalon ; Discazaux dit Darrigade ; Phillip ; Lacausse ; Duclerc ; Lartigau ; Loustaunau ; Bédaumine ; Darrigan ; Labarthe ; Vergés ; Cazaux ; Labrouste; Darrigan ; Lataste ; Desbieys ; Crideloup ; Lacoste ; Lahitte ; Desbieys ; Durruty ; de Siest ; Lamarque ; Brethous-Lasserre ; Lafitte ; Dussault ; Tortigue jeune ; Capdeville ; Lafaurie ; Pixare ; Papin ; Valette ; Duvignau ; Despaignet ; Arrat ; Ferragut ; Miressou ; Destefen ; Dufaure ; Duvivé ; Lamarque fils ; Lassalle aîné ; Labeyrie ; Duluc ; Capdeville ; Lassalle cadet; Gaye ; Laporterie ; Gaye ; Clavé ; Castets ; Cazaux ; Baron fils; Dupoy ; Lafitte ; Vielle ; Despérès ; Depons ; Mericamp ; Meynadé ; Declaà ; Dulau-Dabarrat ; Larmandieu ; Marsan ; Lafitte-Laubaignon; Darrac ; Domenger; Despouys; Domenger; Costedoat ; Lacouture ; Larquié ; de Castaignos ; Lacoste ; Ducau ; Sahuguet ; Benzin ; Darrac ; Lamathe ; Lonné; Dumont-

Betselère ; Maignes ; [Deslous ; Laborde ; Cazaux ; Dubernet ;
Darcet ; Dupérié ; Poységur ; Dubourg ; Duboy ; Dubasque ;
Diris ; Dubedout ; Lafosse ; Fauthous ; Lafosse Duriesse ; Fau-
tous ; Dupuy ; Ducos ; Lasserre ; Auricomme ; Pierre Brethous ;
Tauzin ; Ducournau ; Jean Lissardy ; Hirigoyen ; Poydenot ;
Jean Damesprilh ; et Labarthe, greffier.

Et advenu les huit heures du matin de ce jour, premier avril
mil sept cent quatre-vingt neuf, écrivant le greffier du siége,
nous, lieutenant-général et commissaire susdit, nous sommes
rendus dans ladite église des RR. PP. Carmes, aux fins de la
nomination des deux députés du Tiers-Etat aux Etats-Généraux
et pour y procéder conformément au règlement du Roi, nous
avons fait placer une [table devant notre bureau, sur laquelle
on a mis un vase pour recevoir les billets que chaque député
doit faire pour la nomination de trois scrutateurs. Les sieurs
Miressou, Pixare et Lissardy s'étant trouvés les plus avancés
en âge du Tiers-Etat, ont été provisoirement désignés pour le
contrôle desdits billets dont la vérification sera faite par notre
greffier. Les deputés présents ont de suite procédé par scrutin
à la nomination des trois scrutateurs ; et lesdits billets ayant
été tirés dudit vase par notre greffier, ils ont été comptés et se
sont trouvés au nombre de cent vingt-huit, qui répond exactement à celui des membres de cette assemblée ; et après que
lesdits billets ont été vérifiés par lesdits sieurs Miressou, Pixare
et Lissardy, la pluralité des suffrages s'est réunie en faveur
des sieurs Lamathe, Lassalle cadet et Durieu, qui sont en conséquence proclamés scrutateurs ; et attendu qu'il est près de
midi, nous, lieutenant-général et commissaire susdit, avons
renvoyé la continuation de l'élection desdits députés et du
présent verbal à deux heures de relevée ; et avons signé avec
le procureur du Roi et le greffier. Ainsi signé : de Neurisse,
lieutenant-général ; Dousse, avocat du Roi, et Labarthe, greffier.

Et advenu les deux heures de relevée de ce jour, premier
avril mil sept cent quatre-vingt-neuf, dans ladite église des
RR. PP. Carmes, écrivant le greffier du siége, nous, lieutenant-

général et commissaire susdit, avons procédé à la continuation de notre procès-verbal et des opérations commencées ; en conséquence, nous avons fait placer au milieu de l'assemblée une table, sur laquelle a été mis un vase pour recevoir les billets du scrutin pour la nomination des deux députés aux Etats-Généraux ; puis les sieurs Lamathe, Lassalle cadet et Durieu, scrutateurs désignés, se sont placés devant cette table, et tous les membres de l'assemblée ont ostensiblement, et l'un après l'autre, déposé leurs billets dans le vase susdit, et quand ils ont eu repris leurs places, lesdits scrutateurs ont procédé à voix basse au compte et recensement des billets mis dans ledit vase, et le nombre s'étant trouvé conforme à celui des membres de ladite assemblée, ils ont déclaré que les suffrages, au nombre de soixante-neuf sur celui de cent vingt-huit, qui forme le total des députés présents, se sont réunis en faveur du sieur de Basquiat, lieutenant-général de Saint-Sever.

Et lesdits députés ayant procédé à la nomination du second, et toutes les formes ayant été observées comme au premier scrutin, lesdits scrutateurs ont déclaré à haute voix, que sur ledit nombre de cent vingt-huit votants, les suffrages se sont réunis à la pluralité de soixante-sept en faveur du sieur Lamarque, procureur du Roi, au sénéchal de Saint-Sever, lequel ainsi que ledit sieur de Basquiat, ont été déclarés élus et députés du Tiers-Etat aux Etats-Généraux.

Et après ladite nomination faite du sieur Lamarque pour second député aux Etats-Généraux, s'est levé le sieur Ramonbordes, avocat, lequel, assisté des autres députés de la Sénéchaussée de Dax et de ceux des villes de Bayonne, Saint-Jean de Luz et Hendaye, a fait lecture à haute voix de la protestation que lesdits députés faisaient contre la nomination du sieur de Basquiat pour député aux Etats-Généraux, et requis qu'il fût octroyé acte de la remise qui était faite de la susdite protestation dans la main du greffier, signée des députés ; et qu'il soit ordonné qu'elle sera expédiée à la suite de notre verbal, offrant néanmoins, pour ne pas interrompre les opérations commencées, de concourir à la nomination d'un suppléant, à raison de l'absence dudit sieur de Basquiat. Sur quoi, nous, lieutenant-général et commissaire susdit, après avoir entendu le procureur du Roi en ses conclusions, octroyons acte de la remise faite en les mains du greffier de ladite protestation, laquelle nous avons signée et paraphée *ne varietur*, et ordonnons qu'elle sera expédiée à la suite de notre présent verbal.

Et comme ledit sieur de Basquiat se trouve absent de la présente assemblée, il a été procédé par la voie du scrutin à l'élection d'un suppléant pour remplacer ledit sieur de Basquiat, si, à raison de l'option ou de quelque autre empêchement, il ne pouvait point accepter ladite députation. Toutes les formalités observées dans les deux scrutins précédents ayant encore été remplies, lesdits scrutateurs ont déclaré que les suffrages, au nombre de quatre-vingt-quatorze voix sur celui de cent vingt-sept, chiffre actuel des députés présents, le sieur Lafitte de Castaignos s'étant retiré de l'assemblée, s'étaient réunis en faveur du sieur Lafitte, avocat au Parlement et au sénéchal de Saint-Sever.

Et attendu qu'il est huit heures et demie de la nuit, nous lieutenant-général et commissaire susdit, avons renvoyé la prestation du serment des députés des trois Ordres des Sénéchaussées de Dax, Saint-Sever et Bayonne, à demain, deuxième du présent mois, à huit heures du matin, et nous avons invité les députés du Tiers-État présents à s'y rendre ; lesquels ont signé avec lesdits scrutateurs, nous, le procureur du Roi, et le greffier. Ainsi signé : Ducos ; Ramonbordes ; de Siest ; Forsans ; Tachoires ; Tayet ; Morlans ; Cassoulet ; Latapy ; Bordenave ; Cousseau de Labarthe ; Planter ; Darrifourc ; Hendebaigt ; Maisonnave ; Puyo ; Villemayan ; Castaignet ; Duclerc ; Philip ; Discazaux-Darrigade ; Saintamon ; Lacausse ; Lartigau ; Lataste ; Darrigan ; Bédaumine ; Vergès ; Labarthe ; Cazaux ; Labrouste ; Durruty ; Darrigan ; Crideloup ; Desbieys ; Loustaunau ; Cazalon ; Desbieys ; Lamarque ; Lacoste ; Lahitte ; Brethous-Lasserre ; Lafitte ; Dusault ; Tortigue ; Capdeville ; Pixare; Lafaurie ; Valette ; Papin ; Duvignau ; Despaignet ; Arrat ; Ferragut ; Miressou; Destefen; Destefen; Duvivé; Dufau ; Lamarque fils; Labeyrie ; Lassalle aîné ; Lassalle cadet ; Duluc ; Laporterie ; Capdeville ; Gaye ; Baron fils ; Clavé ; Castets ; Cazaux ; Dupoy ; Vielle ; Despérès ; Lafitte ; Despouys ; Mericamp ; Meynadé ; Declaa ; Dulau-Dubarrat ; Darrac ; Larmandieu ; Clavié ; Domenger; Marsan ; Pinaqui ; Senjean ; Lacouture ; Domenger; Costedoat ; Larquié ; Dulau de Castaignos ; Lacoste ; Sahuquet ; Benzin ; Lamathe ; Darrac ; Lonné ; Maignes ; Dumont-Betselère; Deslous; Ducasse ; Dubasque ; Beyries ; Laborde ; Cazaux ; Dubernet; Poységur; Despouys; Darcet; Dupérier ; Duboy ; Dubourg ; Diris ; Dubédout; Lafosse ; Durieu ; Fauthous; Lasserre; Ducos; Dupoy; Ducournau; Poydenot; Hirigoyen; Tauzin; Jean Lissardy; Jean Damesprilh ; de Neurisse, lieutenant-général; Dousse, avocat du Roi ; et Labarthe, greffier.

Et advenu les huit heures du matin de ce jour, second avril mil sept cent quatre-vingt-neuf, écrivant le greffier du siége, nous, lieutenant-général et commissaire susdit, après avoir fait proclamer par le trompette de cette ville, le jour de hier à plusieurs reprises et ce matin encore, que nous procéderions ce jourd'hui, à la présente heure, dans ladite église des R.R. P.P. Carmes, à la réception du serment des députés nommés par les États des trois Sénéchaussées de Dax, Saint-Sever et Bayonne, et invité les membres desdits trois Ordres à se rendre dans ladite église pour y prêter le serment, nous y sommes rendus de notre personne à l'heure prescrite avec le procureur du Roi et le greffier.

Alors se sont présentés : sieur Jean Goze, curé de la paroisse de Guas, Sénéchaussée de Dax, et député du Clergé; Joseph comte de Barbotan, chevalier, seigneur dudit lieu et autres places, député de la Noblesse; Alexis de Basquiat, lieutenant-général au Sénéchal de Saint-Sever et Joseph Lamarque, procureur du Roi au même Sénéchal; les deux députés du Tiers-État des trois Sénéchaussées : et lesdits sieurs

Goze ; de Barbotan ; de Basquiat et Lamarque ont déclaré accepter ladite députation à laquelle ils ont été élus et nommés ;
et après que ledit sieur Goze a eu mis la main *ad pectus*, et que
lesdits sieurs de Barbotan ; de Basquiat ; et Lamarque ont eu
levé la leur vers Dieu, et promis et juré chacun séparément de
bien et fidèlement exécuter le mandat énoncé dans les cahiers
de doléances, et ceux des instructions desdites Sénéchaussées,
chacun pour ce qui les concerne, nous lieutenant-général et commissaire susdit, du consentement du procureur du Roi, nous
avons octroyé acte auxdits sieurs Goze ; de Barbotan ; de Basquiat ; et Lamarque ; de leur acceptation et serment, comme
aussi de la remise qui a été tout présentement faite, tant audit
sieur Goze de l'expédition du verbal tenu par l'Ordre du Clergé,
écrit sur six pages, daté de la fin du trente et un mars mil
sept cent quatre-vingt-neuf, signé Cantin, secrétaire, et par
nous *ne varietur ;* ensemble du cahier des remontrances, plaintes et doléances du clergé contenant vingt-quatre pages, signé
du président de l'assemblée, des commissaires et dudit sieur
Cantin, secrétaire, et par nous également paraphé et signé *ne
varietur.* Audit sieur de Barbotan, du verbal dressé par l'Ordre de la noblesse, écrit sur quatre pages, signé du sieur Baron de Capdeville, son secrétaire, ensemble des cahiers de
pouvoirs dudit Ordre, contenant dix pages, signé du président,
de plusieurs membres dudit Ordre, et par nous coté, paraphé
et signé *ne varietur.* Enfin au sieur de Basquiat, du cahier général des remontrances, plaintes et demandes du Tiers-État des
trois Sénéchaussées, écrit sur treize pages, signé à la fin par
les commissaires, et par nous coté, paraphé et signé *ne varietur ;* plus un cahier des instructions particulières de la Sénéchaussée de Saint-Sever, écrit sur six pages, signé du commissaire, et par nous coté, paraphé et signé *ne varietur ;* et enfin
d'un autre cahier d'instructions et demandes particulières de
certaines villes et communautés de la Sénéchaussée des Lannes au siége de Dax et de la ville de Saint-Jean de Luz, écrit
sur onze pages signé, par les mêmes commissaires et aussi coté,

paraphé et signé *ne varietur*. Ordonnons que notre greffier remette auxdits sieurs Goze, de Barbotan, de Basquiat et Lamarque, et à chacun d'eux, une expédition en forme et de lui collationnée de tous les verbaux par nous dressés, depuis et y compris le treize mars dernier, desquels il demeurera un original déposé à notre greffe et un duplicata sera envoyé à Monseigneur le garde-des-sceaux de France.

Après quoi, les trois Ordres du clergé, de la noblesse et du Tiers-Etat assemblés, ont déclaré donner aux députés élus et nommés pour les Etats-Généraux tous les pouvoirs requis et nécessaires pour proposer, remontrer, aviser et conseiller tout ce qui peut concerner les besoins de l'Etat, la réforme des abus, l'établissement d'un ordre fixe et durable dans toutes les parties de l'administration, la prospérité générale du royaume et le bien de tous et chacun des sujets de Sa Majesté, s'en rapportant aux lumières de la justice et à l'intégrité desdits députés, pour tout ce qui ne serait pas contraire aux articles énoncés dans les cahiers des trois Ordres, promettant d'avoir pour agréable, ratifiant d'ores et déjà tout ce qui sera fait pour eux comme s'ils l'avaient fait eux-mêmes. De quoi et de tout ce que dessus, nous avons dressé le procès-verbal, qui a été signé par nous, le procureur du Roi, les membres du clergé, de la noblesse, les députés du Tiers-Etat ici présents, et le greffier.

Ainsi signés : Goze, curé, député. Dousse, curé. Turon, curé. De Castellan, curé. Frère Mesplède, prieur des Carmes. Darrancette, curé de Biarritz. Mérignac, curé. Marjouan, prêtre. Dupoy, curé d'Aire. Dupoy, curé. Dom Gros, prieur de Saint-Sever. Desbordes, curé. Frère Mingriel, syndic. Le comte de Barbotan. Le chevalier de Borda-Labatut. De Saint-Martin. Baron de Hinx. Le chevalier de Vignes. Le baron de Lataulade. Le chevalier de Bachelier. Bachelier de Maupas. Bachelier de Talamon. Saint-Martin. De Bedorède. Bachelier d'Agés. Pixare. De Basquiat, lieutenant-général, député. Lamarque, député. Lafitte. Dupérier. Duboy. Ferragut. Ducau. Valette. Marsan. Destefen. Destefen. Durieu. Diris. Fautous. Ducos. Lafosse. Lamarque fils. Dubasque. Cousseau de Labarthe. Dubourg. Lacoste. Lahitte. Phillip. Darrigan. Puyo. Cazeaux. Labrouste. Ducournau. Dupuy. Mericamp. Lamathe. Loustaunau. Planter. Duluc. Beyries. Ducasse. Dupuy. Cazaux. Lassalle cadet. Clavié. Dubernet. Domenger. Lonné. Baron fils. Vielle. Darrifourc. Pinaqui. Senjean. Lassalle aîné. Forsans. Larquié. Laborde. Lasserre. Magnes. Despagnet. Deslous. Darrac. Gaye. de Pons. Brethous-Lasserre. Lafitte-Loubagnon. Tauzin. Despérès. Dufau. Meynadé. Discazaux dit Darrigade. Benzin. Darrac. Darcet. Larmandieu. Duvivé. Despouys. Dulau-Dubarrat. Pierre Brethous. Domenger. Gaye. Laporterie. Declaa. Costedoat. Hirigoyen. Capdeville. Lacouture. Poységur. Poydenot. Labayle. Jean Lissardy. Miressou. Castaignet. Cazaux. Arrat. Clavé. Auricomme. Dussault. Betselère. Sahuquet. Vergès. Durruty. Jean Damesprilh. Fautous. de Neurisse, lieutenant-général. Dousse, avocat du Roi, et Labarthe, greffier.

Protestation du sieur Lamarque, *procureur du Roi, au sénéchal de Saint-Sever.*

Comme dans l'exemption d'une loi, qui lie tous les sujets, il n'est pas permis à ceux-ci de se livrer à des opinions et de suivre leur propre sens, je pense et je soutiens qu'il y aurait une injustice manifeste à ne donner à notre Sénéchaussée qu'un nombre de commissaires égal à celui de la Sénéchaussée de Dax.

Je prends pour preuve de mon assertion le dispositif de l'article 33 du règlement qui veut que dans la rédaction des cahiers l'influence de chaque Sénéchaussée soit déterminée à raison de sa population et du nombre de ses communautés, c'est-à-dire, qu'elle y concoure par le nombre de ses rédacteurs, dans la même proportion qu'elle doit concourir à la nomination des députés aux Etats-Généraux par le nombre de ses électeurs ; d'où dérive cette conséquence nécessaire, que les électeurs députés de la Sénéchaussée de Saint-Sever, surpassant du double les députés des Sénéchaussées de Dax et Bayonne, doivent avoir pour la rédaction des cahiers le double de rédacteurs, comme représentant une population et un nombre de communautés plus que double.

Sans cela, l'équilibre est rompu ; sans cela, l'influence ne suit plus la mesure de l'intérêt ; sans cela enfin, les bases de toute justice disparaissent et ne dirigent plus la marche des opérations.

Je fais remise de mon dire sur le bureau, pour qu'on ne puisse rien m'imputer au-delà, et faire connaître que toutes mes demandes, sont l'expression et le simple vœu de la loi, ce dont je demande acte. Signé Lamarque.

Protestation des députés du Tiers-Etat, des Sénéchaussées de Dax et Bayonne.

Les députés de la Sénéchaussée de Dax soussignés, déclarent protester contre la nomination du sieur de Basquiat, qui se qualifie noble, et dont le frère a voté en cette qualité avec l'Ordre de la noblesse, ladite nomination étant contraire tant à la délibération de l'Ordre du Tiers-Etat, consignée dans le verbal de Monsieur le commissaire du vingt-sept mars dernier, qu'à l'article 9 du cahier général du même Ordre, définitivement arrêté en assemblée générale le jour d'hier ; qu'en conséquence, les soussignés ne se regardent pas comme dûment représentés par le susdit sieur de Basquiat. Ainsi signé : Ducos ; Ramonbordes ; de Siest ; Forsans ; Tachoires ; Durruty ; Hendebaigt ; Darrifourc ; Cazalon ; Lartigau, adhérant.

Desbieys ; Cousseau de Labarthe ; Discazaux dit Darrigade ; Desbieys ; Cazaux ; Labrouste ; Saintamon ; Vergés ; Lacoste ; Lahitte ; Crideloup ; Lataste ; Bédaumine ; Castaignet ; Labarthe ; Darrigan, notaire ; Morlans ; Darrigan ; Cassoulet ; Duclerc ; Loustaunau ; Phillip ; Puyo ; Planter ; Villemayan ; Bordenave ; Latapy ; Tayet ; Jean Damesprilh, adhérant : Tauzin, adhérant ; Lissardy, adhérant.

Adhérant à la protestation contre la nomination du sieur de Basquiat, écuyer et lieutenant-général du sénéchal de Saint-Sever, pour l'un des députés du Tiers-Etat, aux Etats-Généraux, attendu la contravention formelle à la délibération pour le serment des députés électeurs, dans le procès-verbal du vingt-sept mars. Ainsi signé : Ducournau, député de la ville de Bayonne ; Hirigoyen, également député de cette ville ; et Poydenot, aussi député de ladite ville. Paraphé *ne varietur* par M. de Neurisse, lieutenant-général.

Collationnée a été la présente copie sur notre propre original, par nous, greffier en chef du sénéchal et présidial de la ville de Dax, sans y avoir rien ajouté ni diminué.

A Dax, le six avril mil sept cent quatre-vingt-neuf.

LABARTHE, *greffier en chef.*

CAHIER GÉNÉRAL

Des Remontrances, Plaintes et Demandes du Tiers-État des trois Sièges de Dax, Saint-Sever et Bayonne, formant la Sénéchaussée des Lannes, réduit conformément au Règlement de Sa Majesté du 24 Janvier 1789, pour être remis aux députés de cet Ordre, et par eux porté aux États-Généraux convoqués à Versailles par la Lettre du Roi du même jour.

—

(A Dax, de l'Imprimerie de René Leclercq, vis-à-vis l'Eglise Cathédrale , 1789).

LES DÉPUTÉS DEMANDERONT,

ART. Ier

QUE l'Ordre du Tiers-État ne soit soumis à aucune distinction humiliante dans l'Assemblée des États-généraux ; qu'il y cède seulement le rang, aux Ordres du Clergé et de la Noblesse.

II.

Que la nation soit véritablement et légalement représentée aux États-généraux ; qu'à cet effet, les Députés des trois Ordres délibèrent conjointement, et que les suffrages soient pris et comptés, par têtes, et non par Ordres.

III.

Que toutes les fois que la nature et la célérité du travail exigeront que l'Assemblée se partage, et se divise en bureaux, les Députés du Tiers-État y soient en nombre égal à celui des deux autres Ordres réunis.

IV.

Que si les deux Ordres du Clergé et de la Noblesse ne vou-

loient pas accéder à la demande du Tiers pour rendre les Délibérations communes, les députés du Tiers, usant alors du droit
que donne à chaque Ordre la faculté de *Veto,* refusent de concourir à toute opération ultérieure, jusqu'au règlement de ce
premier point ; protestant contre tout ce qui pourroit être délibéré par les deux autres Ordres, et se retirant devers Sa Majesté, pour lui exposer que le Tiers-État, formant la presque
totalité de la Nation, il est de toute justice que son opinion,
sanctionnée par l'autorité de Sa Majesté, détermine la réso-
lution du point contesté ; qu'en conséquence le Tiers-État
déclare qu'il est prêt à concourir avec Sa Majesté, au nom de
la Nation, à l'exécution de tous les objets qui devoient être
soumis à l'examen des trois Ordres réunis, offrant d'admettre
à ses délibérations, les Députés du Clergé et de la Noblesse
qui voudroient y assister et concourir.

V.

Qu'aussi-tôt que la forme de délibérer sera fixée, les Députés s'occupent, préalablement à tout autre objet, de donner à la France une constitution vraiment Monarchique, qui fixe
invariablement les droits du Prince et de la Nation, qui assure
la puissance de l'État, l'autorité du Monarque, et le bonheur
des Sujets.

VI.

Que le droit de consentir des Loix, appartenant à la Nation, soit exclusivement dévolu à ses Représentans librement
élus ; qu'il ne soit reconnu de Loix obligatoires, que celles qui
auront été sanctionnées aux Etats-généraux ; et que pour en
assurer le dépôt et l'exécution, elles soient envoyées aux
Cours Souveraines, et par elles enregistrées, sans délai, restric-
tion ni modification.

VII.

Que la Nation ne puisse être assujétie à aucune espèce d'impôt, qu'après qu'il aura été consenti par les États-généraux.

VIII.

Que le retour constant et périodique des États-généraux, for-

més en raison composée de la population et contribution des
Provinces, soit établi comme loi nationale, et fixé à un terme
qui ne pourra être porté au-delà de cinq ans, et qui sera plus
rapproché, s'il paroît convenable, sans préjudice d'une convocation extraordinaire dans la même forme, si les besoins de
l'Etat l'exigent; que cependant les prochains Etats-généraux
soient convoqués deux ans après la clôture des premiers, afin
d'assurer l'exécution des différentes réformes qui auront été
statuées par ceux-ci, et de perfectionner, par des décrets plus
mûrement combinés, tous les moyens de mieux organiser toutes les parties de l'Etat.

IX.

Que les Députés du Tiers aux Etats-généraux ne puissent être
pris que dans leur Ordre, et non parmi les Ecclésiastiques.
les Nobles, les Anoblis et Privilégiés, les Officiers des Seigneurs, ceux qui exercent des Commissions médiates ou im-
médiates de Finance ou de Subdélégation, les Entrepreneurs
des ouvrages publics, ou leurs Cautions.

X.

Que les Membres des États-généraux soient reconnus et déclarés *Personnes inviolables*, et que, dans aucun cas ils ne puissent répondre de ce qu'ils auront fait, proposé, ou dit dans
les États-généraux, si ce n'est aux États-généraux eux-mêmes.

XI

Que la liberté individuelle de tous les Citoyens soit mise
sous la sauve-garde de la Loi; qu'en conséquence les Lettres
de cachet, Lettres closes, et tous ordres qui attenteroient à
cette liberté, soient à jamais proscrits; qu'il soit statué que nul
ne puisse être jugé, en matière civile et criminelle, que par les
Juges que la loi lui a donnés.

XII.

Que les Commandans Militaires, et tous Magistrats revêtus
de l'autorité du Roi, qui auroient fait arrêter des perturbateurs
du repos public, ou d'autres personnes, pour quelque cause
que ce puisse être, soient tenus de les remettre de suite à la

Justice ordinaire, sans préjudice, dans le cas d'un emprisonnement injuste, de se pourvoir contre lesdits Commandans et Magistrats, devant leurs Juges naturels.

XIII.

Que les Membres du Tiers-État puissent être promus à tous grades et dignités ecclésiastiques, militaires et civils, sans égard à toutes Décisions et Délibération des Corps, qui les en excluent, et qui seront supprimées.

XIV.

Que la Presse soit libre, et dispensée de la tâche de tout Censeur, à la charge par l'Imprimeur d'apposer son nom à la tête des Ouvrages, et de nommer les auteurs, s'il en est requis.

XV.

Que toutes Lettres et Écrits confiés aux Bureaux des Postes, soient déclarés sacrés et inviolables.

XVI.

Que les abus relatifs à la composition et au tirage des Milices, soient pris en considération, ainsi que ceux de la levée des Matelots, pour y faire les réformes qui seront jugées convenables, en faveur de l'agriculture.

XVII.

Que toute la France soit divisée en États-Provinciaux, formés d'après les convenances, et les demandes des diverses Provinces et Cantons du Royaume, pour veiller à leur administration économique, répartir tous les impôts, régler les dépenses communes, examiner, arrêter, et faire exécuter tous les plans d'amélioration, et pourvoir à la réforme des abus locaux; qu'en conséquence le pays des Lannes obtienne la restauration, ou l'établissement de ses anciens États particuliers, indépendans de ceux de la Province de Guienne, et organisés d'après des bases de justice et d'égalité.

XVIII.

Qu'après que les objets généraux et fondamentaux de la Constitution auront été établis et sanctionnés, les États-généraux s'occupent de l'Impôt ; et que, dans cette vue, les Députés du tiers demandent :

Que les Impôts devant toujours être proportionnels aux besoins de l'État, variables suivant les circonstances, ne soient consentis que pour un terme limité, et borné à l'époque pour laquelle les États-généraux auront indiqué le retour de leur prochaine Assemblée ; passé lequel terme, toute perception cessera de droit, et les Percepteurs seront poursuivis comme concussionnaires.

Que le déficit des Finances soit mis en évidence, et le montant de la dette nationale déterminé et consolidé.

Que les sommes annuellement nécessaires pour toutes les dépenses de l'État, soient arrêtées.

Que les dépenses particulières de chaque Département soient fixées, dès le commencement de chaque année, en raison de son importance ; qu'elles soient assises sur des fonds assurés, et irrévocablement affectés à chacun des Départemens, de manière que les forces de terre et de mer soient constamment tenues sur un pied respectable ; que tous les objets d'administration intérieure soient menés de front, et que le Trône jouisse de la splendeur qui lui est dûe.

Qu'il soit rendu, tous les ans, un Compte public des revenus de l'État, de ses dépenses, du montant des dettes payées, et de celles qui resteront à acquitter, tant en capitaux, qu'en rentes et intérêts, que les Ministres soient responsables de leur administration, et poursuivis, en cas de malversation, suivant la rigueur des Ordonnances.

XIX.

Que les Impôts soient répartis, d'une manière égale et proportionnelle, sur les facultés des individus des trois Ordres, sans distinction de Privilégiés et non-Privilégiés, sur le produit net de toutes les Terres et des Maisons, sur celui des Fiefs et Seigneuries, sur les Dîmes de toute espèce, sur les Capitalistes, le Commerce et l'Industrie ; et qu'il n'y ait qu'un Rôle unique pour la Capitation.

XX.

Que les Deniers publics soient versés directement, des mains des Collecteurs des Villes et des Campagnes, dans la Caisse des Trésoriers nommés par les États-Provinciaux, pour être par ceux-ci versés directement au Trésor Royal.

XXI.

Que les taxes distinctives, qui avilissent certaines classes de Citoyens, soient abolies ; qu'en conséquence, la Corvée pour les grandes routes soit faite à prix d'argent, et supportée par tous les individus des trois Ordres, sans distinction, Privilégiés et non-Privilégiés, en proportion des facultés ; et que, pour les chemins vicinaux, le règlement en soit fait par les États-Provinciaux, mais néanmoins la charge répartie sur tous les individus des Communautés intéressées, aussi sans distinction.

XXII.

Que les sommes destinées pour Dons, Pensions et Gratifications, dans chaque Département, soient fixées ; qu'à cet effet, on ne dispose, à l'avenir, que de la moitié des Pensions qui viendront à s'éteindre, jusqu'à ce qu'on ait atteint la fixation qui sera faite ; qu'au surplus, l'état des Pensions, Dons et Gratifications, sera rendu public, énoncera les motifs de leur obtention, et le nom de ceux à qui elles auront été accordées.

XXIII.

Que pour la perception des divers droits du Domaine, du Contrôle et Insinuation des actes, il soit formé, le plutôt possible, un Tarif précis, à la portée de l'intelligence de tous les Redevables, et dans une proportion plus équitable, que celle qui existe aujourd'hui, de manière que les Préposés à cette perception ne puissent s'en écarter, ni commettre des injustices et des vexations de l'espèce de celles sans nombre dont on se plaint journellement, sans s'exposer à être rigoureusement punis ; et qu'en attendant la confection de ce Tarif, il soit permis aux Parties lésées de se pourvoir devant les Juges ordinaires, auxquels la compétence et le droit d'en connoître seront attribués.

XXIV.

Qu'il soit statué que les Redevables desdits droits et autres quelconques, ne puissent être recherchés, après un terme de deux ans, depuis leur ouverture ; mais sous prétexte de fausses déclarations, de supplément de droits ou d'omission, le tout à peine de dommages-intérêts solidairement contre le Régisseur et les Préposés, en cas d'exécution et d'indue exaction.

XXV.

Que tous les droits de Traites, dans l'intérêt du Royaume, soient supprimés et remplacés, par un seul et unique droit à la frontière, combiné d'après les rapports politiques avec les Nations étrangères, Tarif que la Sénéchaussée des Lannes réclame en son particulier, pour faire cesser les gênes, les entraves, les vexations et les injustices que le commerce éprouve, par la multiplicité des Bureaux intérieurs, la complication des droits qui y sont perçus, l'obscurité et l'arbitraire des différents tarifs particuliers, l'application injuste de certains droits à des territoires qui n'y sont pas soumis, tels que la Traite d'Arzac, dont le tarif n'est pas même autorisé, la Patente du Languedoc, la Comptablie de Bordeaux perçue au Bureau de Saint-Esprit-lès-Bayonne, et ailleurs, sur certaines marchandises et autres droits que les Préposés des traites se permettent d'appliquer, d'après de simples Lettres de la Compagnie des Fermes.

XXVI.

Que les titres de tous droits que perçoivent des Seigneurs Ecclésiastiques, Laïques et autres, sur les routes, les rivières, places publiques ou ailleurs, pour quelque raison et de quelque manière que ce soit, soient vérifiés par-devant les Juges Royaux des lieux ; et que tous ceux qui ne seront point duement autorisés, soient supprimés ; comme aussi que tous les Droits Seigneuriaux insolites, tels que ceux de corvée, banalité, ban-vin, et autres semblables, qui ne seront pas légitimement établis, soient supprimés.

XXVII.

Qu'il soit permis aux Provinces et pays intéressés, de rache-

ter tous droits de Péage, Cize et Octrois engagés par le remboursement du prix d'engagement, lequel ne devra avoir lieu
qu'autant que les conditions et charges desdits engagements
auront été remplies.

XXVIII.

Que l'uniformité, depuis si long-temps désirée d'un seul
poids, d'une seule mesure, et d'un seul aulnage dans tout le
Royaume, soit enfin établie.

XXIX.

Que les abus de la Justice Civile et Criminelle soient réfor-
mées ; que les formes de la procédure soient simplifiées, notamment celle des saisies réelles et décrets ; que les degrés de
Juridiction soient réduits, et que les Présidiaux, Sénéchaux
et Juridictions Consulaires soient autorisés par ampliation, ou
nouvelle attribution, à juger en dernier ressort jusqu'à la
somme ou valeur qui sera trouvée convenable par les États-
généraux ; que les Juges de Police jugent sans appel et sans
frais, jusqu'à concurrence de vingt-cinq livres dans les villes,
et douze livres dans les campagnes ; toutes matières de police,
et celles de peu de conséquence.

XXX.

Que les Justices soient rapprochées des Justiciables, en sup-
primant toutes commissions particulières, évocations au Conseil, et tribunaux d'exception, et que le nombre de Juges des
Sénéchaux, dont la Juridiction sera par ce moyen plus considérable, soit augmenté.

XXXI.

Que la vénalité des charges, tant de Judicature que de Municipalité, soit abolie.

XXXII.

Que les Jurandes et Maîtrises dans les villes, si elles sont jugées bonnes et utiles, soient maintenues, suivant leurs statuts
revêtus des formes prescrites ; sinon qu'elles soient supprimées sans exception, et que la liberté devienne générale dans
tous les Corps et Métiers du Royaume.

XXXIII.

Que les États-généraux prennent en considération l'éducation de la jeunesse, objet si important et si négligé; que dans cette vue on ordonne l'exécution de toutes les fondations et des établissements qui ont pour objet l'enseignement et l'instruction de la jeunesse dans les villes et campagnes.

XXXIV.

Que la portion congrue des Curés et des Vicaires secondaires, soit augmentée; qu'en expliquant les articles V et VI de la Déclaration du 13 Août 1766, il soit ordonné que la dîme des terres défrichées depuis cette Déclaration, sera fixée au vingtième, après l'expiration des quinze années, qui sont la durée de l'exemption accordée par cette Loi.

XXXV.

Que les grains de semence soient prélevés sur le total du produit, avant de percevoir la dîme.

XXXVI.

Que tous pacs et prémices sur la portion du Propriétaire et du Cultivateur, soient abolis, sans préjudice aux possesseurs de ces pacs et prémices d'en demander le remplacement sur la dîme.

XXXVIII.

Que les règlements faits pour la résidence des Evêques dans leurs Diocèses, soient exécutés selon leur forme et teneur.

XXXVIII.

Qu'il soit pris des mesures efficaces pour la suppression de la mendicité, et pour l'exécution des règlements, concernant l'administration des Hôpitaux.

XXXIX.

Qu'en exécution des articles XX et XXIV de l'Edit de 1771, les conservateurs des hypothèques soient tenus de donner des extraits des oppositions avec les noms des Opposants, avant et après l'expédition des lettres de ratification, lorsqu'ils en seront requis; que lesdites lettres ne puissent être expédiées qu'après quatre mois depuis l'affiche du titre translatif de propriété faite à l'Auditoire, et à la porte de l'Eglise, de la situation des biens vendus, et la prise de possession de fait.

XL.

Que Sa Majesté rentre en la possession des Domaines de la Couronne, aliénés sans avoir rempli les formes prescrites, ainsi que de ceux qui ont été engagés, à la charge du remboursement des prix d'acquisition et d'engagement, pour mettre ces fonds dans le commerce, les vendre et en employer le produit à l'extinction de la dette nationale.

XLI.

Qu'une représentation juste et proportionnelle aux États-généraux, étant la base d'une bonne constitution, il paroît que la Sénéchaussée des Lannes, composée des trois Sièges de Dax, Saint-Sever et Bayonne, bornée à une seule députation, est insuffisamment représentée, en raison de son étendue, de ses contributions et sa population, qui passe trois cent mille âmes ; et que d'après ces considérations, elle doit obtenir, dans les proportions admises pour base de la convocation aux États-généraux, au moins trois députations.

XLII.

Que tous les priviléges, franchises et exemptions accordés au pays des Lannes, et dans lesquels il a été confirmé successivement par tous les Rois, depuis Charles VII, à raison de la fidélité inviolable de ses Habitants, et la stérilité notoire de son sol, soient maintenus, ainsi que les priviléges particuliers des Villes et Communautés ; en observant que les Peuples dudit Pays ne renoncent momentanément à ceux relatifs aux impôts pour les besoins de l'État, qu'autant que tous les autres Pays, Villes, Corps et Communautés de la Nation, feront le même sacrifice.

Finalement, l'Ordre du Tiers-État du pays des Lannes s'en remet, sur les objets qui n'auroient pas été prévus au présent Cahier, et ceux des instructions et demandes particulières qui seront remis à ses Députés, à ce que lesdits Députés estimeront en leur honneur et conscience, pouvoir contribuer à la gloire du Roi, à la prospérité du Royaume, et au bonheur de ses Peuples.

Fait et arrêté en l'Assemblée générale du Tiers-État, par nous Commissaires soussignés, le trente-unième Mars mil sept cent quatre-vingt-neuf.

Ainsi signés : DUCOS, Avocat, *Commissaire* ; RAMONBORDES, Avocat, *Commissaire* ; FORSANS, Avocat, *Commissaire* ; VERGES , *Commissaire* ; LAMARQUE, *Commissaire* ; LAFITTE, *Commissaire* ; DUSAULT, *Commissaire* ; MERICAMP, *Commissaire* ; DUCOURNAU, *Commissaire* ; HIRIGOYEN, *Commissaire* ; POYDENOT, *Commissaire* ; et TAUZIN, *Commissaire*.

Ne varietur, ainsi signé de M. DE NEURISSE, Lieutenant-général.

CAHIER GÉNÉRAL

Des Remontrances, Plaintes et Demandes du Tiers-État de la Sénéchaussée d'Albret au siége de Tartas, réduit, conformément au Règlement de Sa Majesté, pour étre remis aux Députés de cet Ordre, et par eux porté aux États-Généraux convoqués à Versailles.

—

(A Dax, de l'Imprimerie de René Leclercq, vis-à-vis l'Eglise Cathédrale, 1789).

—

LES DÉPUTÉS DEMANDERONT:

ART. Ier

Le rétablissement des lois fondamentales de la constitution.

II.

Que l'assemblée périodique des États-Généraux soit fixée à des époques certaines et à un terme court.

III.

Que la nation soit véritablement et légalement représentée aux États-Généraux; qu'à cet effet les suffrages soient pris par tête et non par ordre, et dans le cas ou le Tiers-État serait évincé et ou on voudrait opérer par Ordre, les Députés protesteront sans se retirer de l'assemblée.

IV.

Que s'il est nécessaire que l'assemblée se partage et se divise en bureaux, les Députés du Tiers y soient en nombre égal aux Députés des deux ordres réunis.

V.

Que le droit de consentir des lois appartenant à la nation soit exclusivement dévolu à ses représentants librement élus, qu'il ne soit reconnu de lois obligatoires que celles qui auront été sanctionnées par les États-Généraux, et que pour en assurer le dépôt et l'exécution, elles soient envoyées aux Cours souveraines et par elles enregistrées.

VI.

Que nul impôt ni emprunt ne soit légal qu'autant qu'il aura été consenti par la nation dans l'assemblée des États-Généraux.

VII.

Que les États-Généraux ne puissent consentir l'impôt que pour un temps limité jusqu'à la prochaine tenue des États, en sorte que cette tenue venant à ne pas avoir lieu, tout impôt cessera de droit, et les percepteurs poursuivis comme concussionnaires.

VIII.

Que la dette de l'État soit consolidée.

IX.

Que l'impôt ne soit consenti qu'après avoir vérifié la dette et les dépenses de l'État, et que ses lois constitutives auront été fixées.

X.

Que l'impôt consenti soit généralement et également réparti sans distinctions ni priviléges.

XI.

Que la liberté individuelle de tous les citoyens soit inviolable ; qu'en conséquence, les lettres de cachet, les lettres closes et tous ordres qui attenteraient à cette liberté soient à jamais proscrits, et qu'il soit statué que nul ne pourra être jugé, en matière civile et criminelle, que par les juges que la loi lui a donnés.

XII.

Que les commandants militaires et tous les magistrats revêtus de l'autorité du Roi, qui auraient fait arrêter qui que ce soit, et pour quelque cause que ce puisse être, soient tenus de le remettre dans les vingt-quatre heures à la justice ordinaire, sans préjudice, dans le cas d'un emprisonnement injuste, de se pourvoir contre lesdits commandants et magistrats devant leurs juges naturels; que le tribunal des maréchaux de France soit restreint dans les bornes du point d'honneur entre gentilshommes et militaires.

XIII.

Que les bureaux de poste, les lettres et écrits qui leur sont confiés soient déclarés inviolables.

XIV.

La liberté de la presse, à la charge par l'imprimeur d'apposer son nom à la tête des ouvrages, et de nommer les auteurs s'il en est requis; et ceux-ci poursuivis par les lois s'ils attaquent la religion et les mœurs.

XV.

Que les ministres soient personnellement responsables et comptables de leur conduite à la nation assemblée.

XVI.

Qu'en conséquence, il soit rendu tous les ans un compte public des revenus de l'État, de ses dépenses, du montant de ses dettes payées et de celles qui restent à acquitter, tant en capitaux qu'en intérêt; et qu'en cas de malversation, les ministres soient poursuivis selon la rigueur des ordonnances.

XVII.

Que les sommes destinées pour dons, pensions et gratifications dans chaque département soient fixées; qu'à cet effet on ne dispose à l'avenir que de la moitié des pensions qui viendront à s'éteindre, jusqu'à ce qu'on ait atteint la fixation qui sera faite.

XVIII.

Que l'état des pensions, dons et gratifications soient rendu public et énonce les motifs de leur obtention, avec le nom de ceux à qui elles auront été accordées.

XIX.

Que les députés du Tiers aux États-Généraux ne puissent être pris que dans leur ordre.

XX.

Que les membres du Tiers puissent être promus à tous les grades et dignités ecclésiastiques, militaires et civiles.

XXI.

Que la législation civile et criminelle soit réformée, que et surtout il soit donné des bornes à la durée des procès et aux frais énormes qu'ils entraînent.

XXII.

La suppression de tous juges d'attribution, surtout des intendants, de manière qu'il n'y ait que trois degrés de juridiction, savoir : les juges des seigneurs, qui seront nommés à vie, les Sénéchaux et les Parlements (les Cours consulaires exceptées de la suppression).

XXIII.

Qu'en conséquence desdites suppressions, les Sénéchaux soient juges sans appel, tant au civil qu'au criminel, jusqu'à concurrence de deux mille livres, et les juges des seigneurs jusqu'à vingt-cinq livres, à la charge que les Sénéchaux pour juger souverainement seront au nombre de cinq juges, et que les procureurs d'office des juridictions inférieures pourront de leur chef revendiquer leurs justiciables, hors le cas où il seraient intéressés à la cause. Que les juges soient tenus à faire leur domicile dans leur juridiction.

XXIV.

Qu'à l'avenir la vénalité des charges, tant de judicature que de municipalité, soit abolie.

XXV.

Que les officiers municipaux soient élus par les communautés, auxquelles ils seront tenus de rendre compte chaque année de leur administration.

XXVI.

Que les jurats, syndics et tous autres comptables des paroisses de campagne, soient tenus de rendre compte aussi chaque année de leur gestion et administration, les propriétaires forains appelés à cette reddition de compte.

XXVII.

Le reculement des douanes aux frontières.

XXVIII.

L'uniformité d'un seul poids, d'une seule mesure, d'un seul aunage et arpentage dans tous le royaume.

XXIX.

Que par une loi claire et précise, les droits de contrôle et insinuation des actes qui y seront sujets soient fixés, pour que les parties contractantes et les officiers retenteurs puissent facilement les connaître, et qu'il soit fixé un terme raisonnable après lequel les parties non plus que les officiers retenteurs, ne pourront être recherchés, et qu'en cas de contestations, elles soient décidées par les juges royaux.

XXX.

Nos Députés aux États-Généraux demanderont au Roi des États particuliers pour la Sénéchaussée de Tartas; en cas de refus ils devront demander la réunion de cette Sénéchaussée aux États qui seraient accordés au pays des Lannes, à l'exception du pays de Born et des paroisses de Cassen, Angoumer, Vic, Morcens et les juridictions de Sore, Sabres, Lespéron, Pissos, Ichoux, Laharie, Labouheyre, qui désirent par préférence leur réunion avec les États-Généraux qui pourraient être accordés à la Guienne.

XXXI.

Que les deniers publics soient versés directement des mains des collecteurs des villes et des campagnes dans la caisse des trésoriers nommés par les États particuliers, pour être par eux versés directement au Trésor royal.

XXXII.

Que les taxes distinctives qui avilissent certaines classes de citoyens soient abolies; qu'en conséquence la corvée pour les grandes routes soit faite à prix d'argent et supportée par les individus des trois Ordres, sans distinction des privilégiés ou non priviligiés, ni proportion des facultés; et que pour les chemins vicinaux le règlement en soit fait par les États-Provinciaux, bien entendu que la charge sera répartie sur tous les individus des communautés intéressées également et sans distinction.

XXXIII.

Que ces États particuliers soient comptables aux États-Généraux de leur régime et de leur administration, s'il y a des plaignants.

XXXIV.

La recherche la plus exacte et la plus rigoureuse des faux nobles.

Qu'à ces fins il soit déposé dans les greffes des Sénéchaux et corps de ville et dans l'étude du doyen des notaires, un tableau des Nobles reconnus avec inhibition et défenses aux notaires et aux curés des villes et campagnes de donner la qualité à ceux qui n'y seront pas inscrits.

XXXV.

Qu'il soit avisé aux meilleurs moyens à prendre pour assurer l'exécution des lois du royaume, en sorte qu'aucune ne puisse être enfreinte sans que quelqu'un n'en soit responsable.

XXXVI.

Qu'on remette en vigueur les Ordonnances et Règlements concernant la médecine et chirurgie, et qu'on proscrive les charlatans et empiriques qui sont le fléau des campagnes.

XXXVII.

Que les États-Généraux prennent en considération l'éducation de la jeunesse, objet le plus important et le plus négligé; et que dans cette vue il soit donné quelque collége à cette Sénéchaussée.

XXXVIII.

Que l'impôt soit dirigé sur les consommations de luxe, principalement dans les grandes villes. Il présentera le double avantage de peser sur les citoyens les plus riches et les moins utiles, et de faire refouler vers les campagnes la population concentrée dans les grandes villes, à l'enceinte desquelles on donnera de justes bornes.

XXXIX.

Que les États-Généraux prennent en considération la dépopulation, la détresse, la langueur de cette Sénéchaussée. Son sol ingrat, sablonneux, couvert de bruyère, ne produit que du millet, du panis et un peu de seigle. Les Députés sont chargés de demander qu'on prenne tous les moyens possibles pour y appeler la population et le commerce, et y faire diminuer l'énormité des impôts, surtout celui des droits réservés qui porte sur la triste et amère consommation que la détresse arrose de ses larmes et de ses sueurs, et de demander pour ce malheureux pays des bureaux de charité et la suppression de la milice de terre et de mer, qui a dépeuplé ses campagnes désolées où la nature ne produit qu'à regret et à force de bras qu'elle perd chaque jour.

XL.

Que les États-Généraux jettent un de regard commisération sur le pays soumis à la gabelle, et qu'ils en préservent surtout cette Sénéchaussée, attendu la grande consommation de sel qui s'y fait pour les salaisons du menu bétail qui est sa seule ressource, et plus encore pour le peuple qui ne vit que de menus grains, nourriture grossière et fade, dont il ne pourrait faire usage sans le secours du sel.

XLI.

La liberté de la chasse pour chaque propriétaire dans ses domaines.

XLII.

La suppression du franc-fief.

XLIII.

Que l'impôt sur les marchandises qui sont d'un usage journalier, notamment celui sur les cuirs, soit aboli.

XLIV.

Que l'édit de 1778, pour la formation et administration des

communautés, soit remise en vigueur et exécuté dans cette
ville.

XLV.

Qu'il soit permis de racheter à prix d'argent les rentes fon-
cières et obituaires, ainsi que les fiefs, cours et rentes seigneuriales et dîmes inféodées.

XLVI.

Que les corvées seigneuriales et les banalités soient abolies,
comme contraires à la loi naturelle.

XLVII.

Que les États-Généraux soient suppliés de prendre les meilleurs moyens pour détruire la mendicité.

XLVIII.

Que les grains de semence soient prélevés sur le total du
produit avant de percevoir la dîme; et que le décimateur soit
tenu de payer la ruche de l'essaim de dîme des abeilles.

XLIX.

Que la portion congrue des curés et des vicaires secondaires soit augmentée; qu'en expliquant les articles V et VI de la
Déclaration du 13 Août 1766, il soit ordonné que la dîme des
terres, défrichées depuis cette déclaration, sera fixée au vingtième après l'expiration des quinze années, qui sont la durée
de l'exemption accordée par la loi.

L.

Que l'édit des Hypothèques soit rigoureusement observé; et
qu'il soit donné une extension à l'article VIII, pour que les lettres de ratification ne puissent être expédiées qu'après un délai de quatre mois et la prise de possession de fait.

LI.

Que toutes les paroisses annexées qui donnent mille livres
de rente à leur curé soient autorisées à exiger de lui un prêtre desservant, à résidence fixe.

LII.

La vérification de tous les titres des péages, passages, etc...,
par devant les juges royaux.

LIII.

Qu'il soit permis de retirer l'intérêt de l'argent, au taux de l'Ordonnance, sans aliénation du capital.

LIV.

L'abolition du santou et celle de toute décime et avant-cap.

LV.

Que l'octroi que la ville de Bayonne perçoit au Saint-Esprit soit perçu désormais au profit dudit bourg, qui sous tous les rapports est indépendant de la ville de Bayonne; et qu'il soit établi dans ce bourg une municipalité particulière indépendante, à raison de sa grande population.

LVI.

Qu'on s'occupe du desséchement du marais d'Orx et des landes de Bordeaux, dans lesquelles les eaux stagnantes gâtent les paturages et corrompent la salubrité de l'air, et qu'on procure un écoulement sûr et facile aux eaux qui doivent traverser les paroisses voisines de la mer, et notamment le Vieux-Boucau, Contis, Mimizan, etc... Qu'on cherche tous les moyens possibles d'arrêter les progrès des sables depuis Bayonne jusques et y compris Biscarrosse.

LVII.

Qu'il soit permis aux habitants de la côte de la mer, de pêcher avec toutes sortes de bateaux et filets, parce qu'il est reconnu, d'un côté, que la vie des pêcheurs est souvent exposée dans les bateaux prescrits par l'Ordonnance; et de l'autre, que le poisson ne fraie pas sur ces côtes.

LVIII.

Qu'il soit permis à chaque propriétaire de troupeaux de pourvoir ses pasteurs d'une arme à feu pour écarter les loups qui les ravagent journellement; et que, dans l'absence des officiers de la Grande Louveterie, tous jurats de paroisse soient autorisés à commander et faire exécuter des battues pour la destruction de ces animaux, sans y être autorisés par qui que ce soit.

LIX.

Que la nation prenne en considération et sous sa protection

spéciale tous ceux qui, depuis l'époque du 8 mai dernier, ont été victimes des ordres arbitraires.

LX.

Que l'autorité des jurats des paroisses soit augmentée et affermie; qu'ils soient spécialement chargés de la police intérieure de leur paroisse; qu'il soit ordonné sous des peines rigoureuses, à toutes personnes de quelque rang et condition quelles soient, de les respecter dans l'exercice de leurs fonctions et de leur prêter ou faire prêter main-forte s'ils ne sont requis par eux.

Qu'on prenne les moyens les plus efficaces pour attacher de la considération à leur place et de la dignité à leurs fonctions ; qu'à cet effet ils soient décorés par une marque distinctive, et que dans toutes les cérémonies publiques ils aient le pas sur tous les autres habitants. Qu'en se faisant assister par deux anciens de la paroisse, choisis par elle, ils soient autorisés à juger sommairement, sans frais et sans appel, tous les procès dont la valeur n'excédera pas douze livres, et toutes les contestations relatives aux chemins de servitude et au bornage des fonds, ainsi que toutes les querelles particulières, personnelles, de peu d'importance. Qu'il soit défendu à toute personne de quelque rang et condition qu'elle soit, de passer la nuit dans une paroisse sans donner son nom au jurat; et qu'il soit ordonné à tous aubergistes et cabaretiers de faire remplir cette formalité par tous ceux qu'ils recevront chez eux.

LXI.

Nos députés aux États-Généraux ne pourront outre passer le mandat consigné dans le présent cahier, désavouant tout ce qu'ils feraient de contraire à icelui.

Clos et arrêté, le présent cahier de doléances du Tiers-État de la Sénéchaussée de Tartas, tel qu'il a été approuvé dans l'assemblée générale de cet Ordre, après lecture qui a été faite à haute voix. A Tartas, le vingt-trois avril mil sept cent quatre-vingt-neuf.

Ainsi signé : M. CHAUTON, Avocat du Roi, *Commissaire*; LARRÈYRE, *Commissaire;* CAZENAVE, *Commissaire;* BATBEDAT, *Commissaire*; BAFFOIGNE, *Commissaire:* CARDENAU, *Commissaire;* DUBOIS, *Commissaire;* SALLEBERT, *Commissaire;* LAVIELLE, *Commissaire;* CASTAIGNÈDE, *Commissaire;* CASSOLET, *Commissaire;* CASSABÉ, *Commissaire*

Paraphé ne varietur, ainsi signé DUPRAT, président.

Députés du Tiers-État :

M. CASTAIGNÈDE; M. LARRÈYRE.

Sic Cabannes .

REGIA SEMPER

Acqs .

Tarusates .

Caput Vasconiæ .

H. Gouillaud.

ARMORIAL.

Explication de la Planche I.

D'azur à une tour d'argent sommée d'un lion issant d'or ; l'écu timbré d'un casque de baron avec ses lambrequins d'azur, d'argent et d'or, qui est de **Cabannes de Cauma**. Légende : *Sic Cabannes*.

Dax.

D'azur à une tour crénelée d'argent, ouverte et maçonnée de sable, sommée d'une autre tour d'argent surmontée d'une fleur de lys d'or et posée à dextre sur une terrasse d'argent coupée et soutenue d'une rivière de même en pointe, et un lion d'or rampant contre la tour à senestre. Devise : *Regia semper*. Légende : Acqs.

Tartas.

Ecartelé au 1er et 4e de sable fretté d'or de dix pièces, au 2e d'azur à la fleur de lys d'or, au 3e d'azur à la demi fleur de lys du même. Légende : Tarusates.

Saint-Sever.

Mi parti d'azur et de gueules, le premier à une fleur de lys d'or en chef et une demi fleur de lys de même en pointe mouvante de la partition ; et le second à deux demi mouchetures d'hermines d'argent posées l'une sur l'autre mouvantes de la partition ; trois autres mouchetures d'hermines de même posées aussi l'une sur l'autre. Légende : Caput Vasconiæ.

D'Abadie d'Arboucave ET DE SAINT-GERMAIN, DE LABEYRIE, DE BALAIX, DE MASLAC, *en Chalosse et Béarn.* — D'or à un arbre de sinople et un levrier de gueules accolé d'argent, attaché à l'arbre par une chaîne de même, au chef d'azur chargé d'un croissant d'argent accosté de deux étoiles d'or.

Abadie d'Arbocave, *en Béarn.* — D'azur fretté d'argent à la fasce d'hermine brochante.

— D'**Abadie de Barrau.** — D'argent à la bande d'azur chargée de trois étoiles d'argent, de deux lions de même.

Adoue de Saillas DE TOURNEMIRE.— De gueules à la fasce ondée d'or chargée d'une tourterelle d'azur becquée et membrée d'argent.

Agramont. — De oro con leon rapante azul.

Aguerre de Ostavat. — De oro con vanda colorada y en ella tres aspas de oro.

Aguerre en Heleta. — De plata con lovo colorado y orla azul englerada.

Aguerre en Vholdi. — De oro con arbol verde y al pie de lobo negro.

D'**Aire** (BERNARD), *conseiller du roi, lieutenant-général, commissaire examinateur et vérificateur du sénéchal de Marsan* (le 2 mars 1705). — Ecartelé : 1 et 4 de gueules à une étoile d'argent ; 2 et 3 d'azur à la levrette courante d'argent colletée.

Aire (Ville d'). — D'azur à un Saint Jean-Baptiste d'argent, à nimbe et ceinture d'or, tenant une croix d'or à oriflamme d'argent, posant sur une terrasse de sinople.

Aire (Le Chapitre d'). — De gueules à un Saint Jean d'argent.

Albret (1389). — Ecartelé au 1er et 4e d'azur à trois fleurs de lys d'or, qui est France ; au 2e et 3e de gueules plein.

D'**Albret de Miossans** (ou MIOSSENS).— Ecartelé au 1er de France et d'Albret, au 2e de sable à deux lions léopardés d'or, armés et lampassés de gueules, qui est Aiguillon, au 3e de Bourbon, au 4e écartelé de Foix et de Béarn. (*Voir P. Anselme,* tome VI, page 219 et seq.).

D'**Albret** (Charles-Phœbus), comte DE MIOSSANS, second fils d'Henry II d'Albret et d'Anne de Pardaillan-Gondrin, fut chevalier des ordres du roy, mareschal de France, gouverneur de Guienne, mort à Bordeaux le 3 septembre 1677, âgé de 62 ans.

C'est de lui qu'émane la pièce suivante tirée des archives de la maison de Borda-Labalut :

Le mareschal d'Albret, chevalier des ordres du roy, gouverneur et lieute-
nant-general pour Sa Maiesté en Guyenne,

Nous faisons expresses inhibitions et deffenses à tous officiers et con-
ducteurs de gens de guerre, tant de cavalerie que d'infanterie, de loger
n'y permettre qu'il soit logé, ni fourragé, dans les biens et maisons de
la campagne du sieur de Borda, mayre perpétuel de Dacqs, en quelque
part qu'ils soient situés. Enjoignant aux consuls des lieux d'y tenir exactement la main sur peine d'en repondre en leur propre et privé nom.
Fait à Dacqs, le 22ᵉ juin 1674.

Le Mareschal D'ALBRET.
Par Monseigneur : DE COMBABESOUZE.

Scellé de cire rouge. — Ecartelé au 1ᵉʳ et 4ᵉ d'azur à trois fleurs de
lys d'or ; au 2ᵉ et 3ᵉ de gueules plein, couronne ducale ; collier de l'ordre
du Saint-Esprit autour de l'écu, et la croix, bâton de maréchal, etc.

Alzate. — De oro con dos lobos negros puestos en palo con orla
coponada de oro y colorado.

D'**Ambres de Voisins-Lautrec.** — L'écusson des marquis
d'Ambres et comte de Lautrec est écartelé : 1º d'Amboise palé de six
pièces or et gueules ; 2º la croix de Toulouse ; 3º de Voisins ; d'argent à
trois losanges de gueules ; 4º Lautrec ; de gueules au lieu d'argent, couronné de même, sur le tout, d'azur au lion d'argent, armé et couronné.
(Lach. des Bois). Ordre du Saint-Esprit, etc., etc.

D'**Andieu de Labarrère,** *à Cazalis.* — De gueules à un vol
d'or (1700).

D'**Anglade** (Messire François), *prêtre, vicaire-général de Lectoure,*
aumônier de la duchesse de Berry (1690 - 1704). — De gueules au
cygne d'argent, bécqué et membré d'or au chef cousu d'azur, chargé de
trois molettes d'éperon d'or ; couronne de comte. Supports : deux lions.

D'**Anglade** (Messire Louis), *chanoine de l'église métropolitaine*
d'Auch (1700). — Mêmes armes. *(Armorial de Montauban).*

d'**Anglade** (Bernard), *écuyer, procureur du roi à la Cour des Aydes de Montauban* (1780). — De gueules au cygne d'argent, becqué et membré d'or, au chef d'azur chargé de trois molettes d'éperon d'or; couronne de comte.

— d'**Angosse**. — D'azur à trois épées d'argent, garnies d'or, posées en pal, les pointes en haut; au chef d'or, chargé d'un cœur de gueules, accosté de deux merlettes affrontées de sable, couronnées d'argent.

Anselme (l'abbé), *prédicateur du roi, abbé de Saint-Sever*, cap. 1724-1729. — D'azur au vol d'argent; l'écu surmonté de la mitre et de la crosse abbatiale.

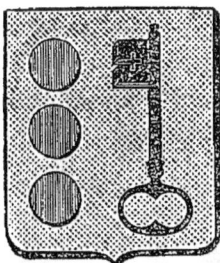

d'**Antin d'Ars** baron de Sauveterre et Boucosse, etc. — D'or à une clef de sable adextrée de trois tourteaux de gueules. Croix de Saint Louis.

d'**Antin de Sarragasan**, d'Orouth, de Saint-Pée, de Hon, *à Gamarde et Acqs*. — Ecartelé au 1er et 4e de gueules, à trois lions naissants d'argent, qui est d'Antin ancien; au 2e et 3e d'argent à trois tourteaux de gueules; sur le tout d'or à la clef en pal couronnée de sable. (*D'Hozier*).

D'**Antin** (Henri DE SAINT-PÉE), *écuyer, lieutenant du roi de la ville et château d'Acqs.* — D'or à trois têtes de lion coupées de gueules 2 et 1 ; écartelé d'azur à trois besans d'argent 2 et 1 ; et sur le tout d'argent à une clef de sable posée en pal. (*D'Hozier* 1698).

Apatc. — De colorado con una cruz de oro pomelada.

Aquitaine *ancienne.* — Fuselé d'or et argent.

Aquitaine *moderne.* — D'or au léopard de gueules.

Arberaz. — De colorado, con diez veneras de plata puestas en palo, en tres ordenes.

Arberats. — De gueules à dix orlettes d'argent placées sur trois rangs et en pal.

D'**Arbo de Casaubon,** DE CASTERA, DE CASTELMERLE, DE TINGON, DE PEDEPEYRAN, DE SAINTE - CROIX, etc., *en Chalosse et Albret, Mugron, Saint-Sever et Gamarde.* — D'**Arbo** (François), DE CASTELMERLE, *écuyer,* seigneur DE CASTERA. — D'or à un lion de gueules écartelé d'azur à un chêne arraché de sinople et anglanté d'or. (*Armorial* 1698).

D'**Arcangues** (Pierre), *écuyer.* — Ecartelé : au 1er d'argent à un arbre arraché de sinople et un lion de gueules passant au pied de l'arbre ; au 2e et au 3e d'azur à une croix d'or ; au 4e de gueules à trois pigeons d'argent rangés sur une terrasse de sable, et sur le tout d'azur à trois chevrons d'or. (*Armorial.* 1698).

D'**Arcangues** marquis D'IRANDA. — Ecartelé : au 1er d'argent à un arbre arraché de sinople et un lion d'argent passant au pied de l'arbre ; au 2e et 3e d'azur à une croix d'or ; au 4e de gueules à trois pigeons d'argent rangés sur une terrasse de même et brochant sur le tout d'azur à trois chevrons d'or.

D'**Arche.** — D'azur à l'arche d'alliance voguant sur une mer ondée et surmontée d'une colombe tenant dans son bec un rameau d'olivier.

Armagnac *en Gascogne.* — D'argent au lion de gueules.

Termes *en Languedoc.* — D'argent au lion de gueules.

D'**Armaignac**, baron DE TERMES et seigneur DE LABEYRIE, *en Armagnac et Chalosse.* — Mêmes armes.

La famille d'Armagnac de Termes, qui possédait la baronnie de ce lieu, près Nogaro, est reconnue descendre des comtes d'Armagnac avec lesquels son blason est identique. Le rameau d'Armagnac de Labeyrie, paroisse de Saint Aubin, doit se rattacher sans difficulté à la maison de Termes, ce dont le lecteur sera convaincu par l'examen des pièces ci-jointes. C'est dans le cours du XVIe siècle que nous trouvons le nom d'Armaignac, *en Chalosse.* Anne de Melet, seigneur de Labarthe (à Mugron), fut marié en 1594 avec demoiselle Marguerite de Marrain, fille de noble Jean de Marrain, seigneur de Saint-Germain, et de noble Catherine d'Armaignac. (*D'Hosier*).

En 1626 - 27, les registres de Montaut mentionnent noble Arnaud d'Armaignac, seigneur de Labeyrie, qui ne laissa point de postérité légitime ; le 16 juin 1646, Claude d'Armaignac, demoiselle habitante de Saint-Aubin ; en 1645, demoiselle Catherine d'Armaignac et noble Hector d'Armaignac, dont on va déduire l'alliance et la postérité.

Noble Hector d'Armaignac, capitaine au régiment de Conti, fut marié à damoiselle Catherine de Bouilh, d'une noble maison de Béarn ; il en eut :

1º Françoise d'Armaignac, damoiselle mariée à M. du Pruret, seigneur de Hauriet, 1641-1642 ;

2º Tabita d'Armaignac, damoiselle mariée en 1655 à Monsieur Pierre Desclaux, avocat à la Cour, à Saint-Sever ;

3º Damoiselle Marie-Claude d'Armaignac, dame de Labeyrie, mariée à noble Isaac d'Abadie de Saint-Germain, seigneur dudit lieu (de la même maison que les d'Abadie d'Arboucave), dont il eut :

Marie d'Abadie, 1668 ; Louis d'Abadie, 1669 ; autre Marie, en 1670 ; Jeanne - Marthe d'Abadie, 1673 ; Jeanne d'Abadie, en 1675 ; Marie III d'Abadie, en 1676.

Il résulte de ce qui précède et des titres ci - annexés que la famille d'Armaignac de Labeyrie s'est alliée aux maisons de Marrain Saint-Germain ; de Melet de Labarthe ; de Pruret, seigneur de Hauriet et Rimbles ; de Bouilh ; Desclaux ; d'Espalungue ; d'Armaignac de Termes ; d'Abadie de Saint-Germain ; de Beyries de Hauriet ; et au XVIIIe siècle aux familles de Cours, de Castellan, de d'Abadie, de Laborde - Lassalle, de Poyferré, etc., etc.

La famille d'Abadie de Saint-Germain a conservé Labeyrie jusqu'à nos jours; les héritiers du marquis Aymard, Elie de Dampierre, l'ont aliénée il y a quelques années.

—

Bertrand - Joseph - Zacharie de Laborde - Lassalle est né le 6 et a été baptisé le 7 septembre 1780 ; il est fils légitime de Messire Joseph de Laborde, chevalier-seigneur de Lassalle, ancien lieutenant des vaisseaux du roi, chevalier de l'ordre royal et militaire de Saint Louis; et de dame Marie-Hippolyte-Rosalie d'Abadie de Saint-Germain ; parrain, Messire Bertrand d'Abadie, chevalier, baron de Bargues, ancien lieutenant des vaisseaux du roi, chevalier de l'ordre royal et militaire de Saint Louis; marraine, dame Marie-Ursule de Cabannes de Compaigne ; ledit enfant a été tenu à la place du parrain par Messire Joseph de Laborde-Lassalle, chevalier de Saint-Louis, ancien commandant du bataillon d'infanterie (de Saint-Sever), qui ont signé avec nous.

LABORDE - LASSALLE, père. CABANNES DE COMPAIGNE. Le chev. DE LABORDE-LASSALLE. TAUZIN, *curé de Saint-Sever*.

—

Le 11 septembre 1649, décéda damoiselle Catherine de Bouilh, veuve de feu noble Hector d'Armaignac, capitaine au régiment de Conti, qui mourut en Catalogne, et fut ladite damoiselle ensevelie en l'église paroissiale de Saint Aubin, en la sépulture de ses ancêtres de la maison noble de Labeyrie. (*Registre de Montaut*).

—

1655 (Saint-Aubin). — Me Pierre Desclaux, advocat en la Cour, habitant de Saint-Sever, et damoiselle Tabita d'Armaignac, de la paroisse de Saint Aubin, ont épousé dans notre église de Saint Aubin en présence de MM. Jean-Pierre de Barry, lieutenant-général de ladite ville, et noble Isaac de Saint-Germain, seigneur dudit lieu; et quantité d'autres amis et parents, et moi, qui leur ai donné la bénédiction nuptiale, le 29 août 1655, avec congé portant certificat de bans faicts par M. de Cloche, curé dudit Saint-Aubin, le tout canoniquement fait.

MONCURQ, *vicaire de Saint-Aubin*.

—

Marie d'Abadie, fille à noble Isaac d'Abadie et damoiselle Marie-Claude d'Armaignac, naquit le 25 février et fut baptisée le 5 mars 1668 ; étant parrain, Messire Isaac d'Abadie, conseiller du roy au Parlement de Pau, et damoiselle Marie d'Espalungue sa femme.

LAGRACE, *présent*.

—

Louis d'Abadie, fils à noble Isaac d'Abadie et Marie-Claude d'Armaignac, est né le 9 janvier 1669, et a reçu l'eau du saint baptême quatre jours après, avec permission de Monseigneur l'évêque, et le 18 du mois suivant ont eu lieu les cérémonies accoutumées, étant parrain et marraine noble Jean-François d'Armaignac, baron de Termes, et damoiselle Marie Campele, sa femme.

Marie d'Abadie, fille à noble Isaac d'Abadie, seigneur de Saint-Germain, escuyer, et damoiselle Marie-Claude d'Armaignac, naquit et fut baptisée le 22 janvier 1670 ; étant parrain et marraine, noble Jean-François d'Armaignac, seigneur, baron de Termes, écuyer, et damoiselle Marie de Bats ; présent, Charles de Beyries, seigneur de Hauriel.

Jeanne - Marthe d'Abadie, fille à noble Isaac d'Abadie, seigneur de Saint-Germain, et à Marie-Claude d'Armaignac, naquit et fut baptisée le 10 août 1673 ; étant parrain Jean-Pierre d'Abadie, et marraine Jeanne de Pruret.

Jeanne d'Abadie, fille à noble Isaac d'Abadie, seigneur de Saint-Germain et à Marie - Claude d'Armaignac, naquit le 22 et fut baptisée le 25 février 1679 ; étant parrain et marraine, noble Louys d'Abadie et Jeanne de Pruret ; ayant tenu pour noble M. de *Bouil*, prestre, archiprestre de *Bouil*.

Marie d'Abadie, fille de noble Isaac d'Abadie, escuyer, seigneur de Saint-Germain et de Labeyrie, et de Marie- Claude d'Armaignac, est née audit Labeyrie, le 29 mai 1676 et fut baptisée le lendemain ; étant parrain et marraine, Messire Michel de Termes, seigneur, abbé de Touiouse, et damoiselle Marie de Lansac, dame de Banos (*Navailles*).

Noble Louis d'Abadie, né le 9 janvier 1659, reçut les cérémonies du baptême le 18 février 1669. *Signés* : LAGRACE, prêtre, DE SEGAS, pbs. ; MONCURQ, pb., *curé de St-Aubin.*

Généalogie des pairs de France Pardaillan, Antin, seigneurs de Sievrac (tome V, page 191).

XII. Sanson de Pardaillan, seigneur de Sievrac ; femme, Jeanne d'Armagnac de Termes, mariée par contrat du 22 juin 1632, était veuve le 9 octobre 1661, lorsqu'elle donna procuration à Jean-François d'Armagnac, baron de Termes, pour assister au mariage de son fils.

— **Armendariz.** — Escarcelado, el primero y postero de azul con castillo de plata; el segundo y terçero de oro con dos vacas coloradas, con esquillas negras puestas en palo.

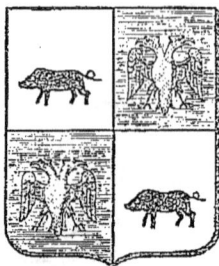

— D'**Arracq de Beyris**, DE VIGNES, DE BROUSTEAU, DE NASSIET, DE MARPATS, DE ROUMEFORT, baron DE SAULT DE NAVAILLES. — D'argent à un sanglier de sable passant écartelé d'azur à un aigle à deux têtes d'or, ayant le vol abaissé. — HENRY DE SAULT, *prêtre, vicaire-général du diocèse d'Aqcs*, 1789. — Mêmes armes.

D'**Arripe** (Pierre-Pascal), baron DE LANNECAUBE. — Armes constatées dans le procès-verbal de sa réception dans l'ordre de Saint-Michel, du 1er décembre 1766. — D'azur au chevron d'or, accompagné en chef de deux tulipes d'argent et en pointe d'un rocher de même.

M. d'Arripe était Conseiller du roi, directeur de la monnaie de Pau, chevalier de l'Ordre et secrétaire contrôleur de la Chancellerie de Navarre au Parlement de Pau (1769); possesseur des terres nobles de Lalongue et Lannecaube qui donnaient entrée aux Etats. (*Voir les archives de Pau et les dénombrements du Trésor*, par B. de Lagrèze).

Arthois (Charles - Philippe) DE BOURBON, *comte* D'ARTOIS, DE FRANCE. — D'azur à trois fleurs de lys d'or, au lambel de gueules de trois pendants, chacun d'eux chargé de trois châteaux d'or.

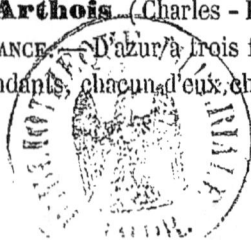

7

D'Artigues de Serres-Gaston, DE VILLENAVETTE, DE SAINT-JULIEN LE BECQUEY, DE SAMADET, DE MANT, DE MONSÉGUR, DE MAUMUSSON, DE HARTANÉ, D'OSSAUX, *en Chalosse, Tursan et Guienne.* — D'azur à deux flèches d'argent posées l'une au-dessus de l'autre en fasce, la première contournée, et un chef de gueules chargé d'un croissant d'argent accosté de deux étoiles de même. Supports : deux lions.

Preuves de noblesse d'Alexandre d'Artigues d'Ossaux pour entrer à l'école militaire.

1er *degré* : Alexandre d'Artigues d'Ossaux, né en 1751.

2º *degré* (père) : Alexandre d'Artigues d'Ossaux, f. Marthe Houllier. 1746.

3º *degré* (aïeul) : Jean-Jacques d'Artigues d'Ossaux, f. Marie de Mamousse. 1688.

4º *degré* (bisaïeul) : François-Louis d'Artigues d'Ossaux, écuyer, seigneur de Serres-Gaston, Saint-Julien, f. Marie de Labadie de Gauzies. 1659.

Preuves de Saint-Cyr (autre branche).

1er *degré* : Demoiselle Sébastienne d'Artigues. 1775.

2º *degré* (père) : Jean-Baptiste d'Artigues d'Ossaux, f. Marie Lahtère. 1771.

3º *degré* (aïeul) : Jacques d'Artigues de Fonté, f. Isabeau de Larreillet. 1730.

4º *degré* (bisaïeul) : Jean-Jacques d'Artigues d'Ossaux, f. Marie de Mamousse. 1688.

5º *degré* (trisaïeul) : François-Louis d'Artigues d'Ossaux, f. Marie de Gauzies. 1659.

La famille d'Artigues d'Ossaux a continué ses services militaires dans la seconde moitié du dix-huitième siècle, et l'un de ses membres était, en 1780-1790, lieutenant de nos seigneurs les maréchaux de France à Saint-Sever, cap., charge occupée dans la même ville par la famille du Haget. 1698-1770.

D'**Artigues** (Bernard), *chevalier de Saint-Louis, major du bataillon de Thorigny dans le régiment royal-artillerie*, 1689-1721. — D'argent à un chevron d'azur, accompagné en chef de deux étoiles de même, et en pointe d'un lion de gueules.

D'**Artiguenave** (Henri) seigneur de Vielle. — De sinople coupé ondé d'argent à un lion naissant d'or armé et lampassé de gueules (A. G.).

D'**Aspremont,** vicomte d'Orthe. — Écartelé au 1er et 4e d'or, au lion de gueules, au 2e et 3e de sable, à un ours d'or, sur le tout, de gueules à la croix d'argent.

Astier (de Saint-). — D'argent à trois aigles de sable, posées en chef 2 et 1 et en pointe, trois cloches du même émail posées de même, bataillées d'or.

D'**Aydie** (Odet), chevalier, sire de Lescun, *amiral de Guyenne, comte de Comminges, chevalier de Saint-Michel, capitaine du Château-Trompette et des villes de Bordeaux, Bayonne, Dacqs, Bazas, Saint-Sever, Libourne, Blaye, La Réole; comte de Fronsac, grand-sénéchal de Guienne.* Marié à dame Marie de Lescun, 1465, 1486. — De gueules à quatre lapins d'argent, courant l'un sur l'autre; parti de gueules au cœur d'or.

D'**Aydie**. — De gueules à quatre lapins d'argent, 2 et 2.

Aydie. — *(Alias).* De gueules à trois conils d'argent courant en fasce l'un sur l'autre.

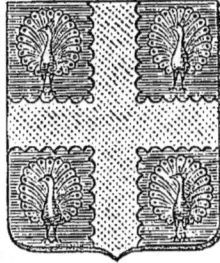

Bachelier de Beaubourg, DE LAFONTAINE, DE GENTS, DE MONTIGNY, DE TALAMON, DE BENESSE, MISSON, ROSTAING, BIAS, MIMIZAN et CASTÉJA, *à Reims et Acqs*. — D'azur, à la croix engrellée d'or, cantonnée de quatre paons rouants d'argent affrontés. Croix de Saint-Louis.

Bachelier de Gemtes (Pierre), *écuyer, directeur général des fermes du Roy au département d'Acqs*. — D'argent à la croix patenotrée de gueules, cantonnée de quatre paons rouants d'argent (*sic*) au naturel. (*D'Hozier, Armorial général, le* 20 *septembre* 1698).

Barry (Jean-Baptiste DE), seigneur de PUYO, vicomte DE LANAUX, *chevalier de Saint-Louis* (1789, 1815). — D'azur à trois éléphants d'or posés 2 et 1, couronne de vicomte.

Barry (Jean-Pierre DE), *écuyer, prêtre, conseiller du roi, lieutenant-général au siège de Saint-Sever et vicaire-général d'Aire*. — D'azur à trois éléphants d'or, les deux du chef affrontés (1699).

Basin de Besons (Armand DE), *évêque d'Ayre*. — D'azur à trois couronnes d'or. (1698. *D'Hozier*).

Basquiat (DE) seigneur D'ARTIGON ET COYTON, baron DE TOULOUZETTE ET DE LA HOUSE. — De gueules à la bande d'argent chargée de trois croisettes du champ, à l'orle de dix billettes d'argent. Ordres de Malte, de Saint-Lazare, du Mont-Carmel et de Saint-Louis ; couronne de baron ; cimier un lion naissant.

Basquiat de Mugriet (DE). — De gueules à la bande d'argent chargée de trois flanchis du champ à la bordure crénelée du second émail, qui est de Basquiat, écartelé d'argent au coq de gueules perché sur un rameau de sinople et regardant un soleil naissant d'or mouvant du chef dextre de l'écu, qui est de Garnit.

Basquiat (Benoît DE), *écuyer*, seigneur DE MUGRIET. — D'azur à la bande d'or accompagnée de six merlettes de même posées en orle.

Bassabat, *en Gascogne*. — D'or à trois corneilles de sable.

Batbedat (Barthélemy), *de Vic.*—D'azur à une croix d'or (*Ar.G.*).

Batbedat (Bernard). — De gueules à trois bandes d'or (*Arm. G.*).

Batz (Jean-Pierre DE), *écuyer*, seigneur DE DIUSSE *en Béarn.* — D'azur à un chevron d'or accompagné de trois chicots du même, au chef d'argent chargé d'un lion naissant de gueules.

Batz (Antoine DE), *écuyer*, vicomte D'AURICE, baron DE LAMOTHE, LE LUY, ESCOUBÈS, etc. — Comme les précédents. (*D'Hozier*, 1698).

Batz (Noble PUYO DE), *écuyer*. — Mêmes armes.

Batz (Jean baron de), *chevalier*, seigneur D'ARMENTIEU, baron DE SAINTE-CROIX. — D'azur au chevron d'or accompagné de trois chicots du même en pal, 2 et chef et 1 en pointe, au chef d'argent chargé d'un lion issant de gueules.

N.-B. Les vicomtes de Diusse, d'Aurice, les chevaliers de Batz de Saintrailles ont la croix de Saint-Louis.

Batz de Trenquelléon (DE) DE MIREPOIX. — De gueules au saint Michel d'argent terrassant un dragon au naturel, au 2 d'azur au rocher de cinq coupeaux d'argent, sommé d'un lion d'or.

Baure (DE), *à Orthez* (1641). — Ecartelé au 1 et 4 de gueules au rateau d'argent en pal, au 2 et 3 d'azur à une clef d'or et une biche passante de même.

Baure (DE). — Ecartelé au 1 et 4 d'argent à trois mouchetures d'hermine de sable, au 2 et 3 d'argent à trois faces de gueules.

Baylenx de Poyanne (DE). — Ecartelé au 1 et 4 d'or au levrier rampant de gueules, colleté d'argent, qui est Baylenx ; au 2 et 3 d'azur à trois canettes d'argent, qui est Poyanne.

Bayonne (Ville de). — De gueules au château d'or, deux léopards couronnés au pied du château, derrière lesquels deux arbres de sinople chargés de sept fruits d'or posés en pal. Devise : *Nunquam polluta.* *(Blason anglais).*

Alias. — De gueules à la tour d'or crénelée, ondée au naturel sous le pied et le chef d'azur à une fleur de lys d'or. (Concession de Charles VII). L'écu soutenu de deux lions et deux arbres de sinople chargés de sept fruits d'or, posés en pal derrière les lions.- Devise : *Nunquam polluta*.

Alias. — D'azur à la tour crénelée et talusée d'argent, ondée au naturel sous le pied, sommée d'une fleur de lys d'or ; deux arbres de sinople chargés chacun de sept fruit d'or et posés en pal derrière les lions. Devise : *Nunquam polluta*. *(Armorial Guibbert)*.

Beaumont (Cristophe DE). — De gueules à la fasce d'argent chargée de trois fleurs de lys d'azur.

Beauveau le Riveau (chevalier DE), *lieutenant des vaisseaux du Roy au département de Bayonne*. — D'argent à quatre lions cantonnés de gueules, lampassés et armés d'or (1699).

Beauveau le Riveau (René-François DE), *évêque de Bayonne* (1702). — Mêmes armes.

Bedorède de Montolieu, DE SAINT-LAURENT, DE POY, DE NORTON, DE GAYROSSE, D'HARLAN, *en Albret et Lannes*. — Marie-Magdeleine de Poudenx, veuve du sieur DE BEDORÈDE, *écuyer*, seigneur DE GAYROSSE, porte comme le seigneur DE SAINT-LAURENT, *en Gosse* : d'argent à un lion de gueules. *(Armorial*, 1699).

Bedoyère (Huchet DE LA), d'argent à trois huchets de sable 2 et 1, écartelé d'azur à six billettes d'or. Croix de Saint-Louis et de la Légion-d'Honneur.

Bellaing de Poyanne (MOREAU DE). — D'azur à la bande d'argent chargée de trois mouchetures d'hermines posées en pal. *(D'Hozier, Armorial)*.

Belsunce (DE CASTELMORON DE). — D'argent à l'hydre de sinople.

Belsunce (FERRIER DE), *écuyer*, vicomte DE MEHARIN, *bailli royal du pays de Mixe*. — Ecartelé au 1 et 4 d'or à deux vaches passantes de gueules clarinées de même, au 2 et 3 d'argent à un dragon à trois têtes de sinople. *(D'Hozier* 1698).

Belsunce (DE) *en basse Navarre*. — Ecartelé au 1 et 4 de Béarn, au 2 d'azur à un chêne de sinople; au 3 d'azur à une hydre à trois têtes d'argent.

Benac DE BIGORRE, *voir* MONTAUT BENAC.

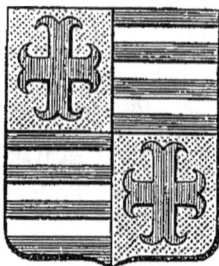

Benquet (Jean DE), seigneur DE MONCLA. — De gueules à la bande d'argent accompagnée de deux cotices d'or. (*Département de Pau. Armorial de 1700. Bibliothèque impériale*, n° 188).

Benquet (DE), *en Armagnac et en Chalosse.* — Ecartelé au 1 et 4 d'or, à la croix ancrée de gueules ; au 2 et 3 d'azur aux trois fasces d'argent.

Cette famille a donné son nom à la terre de Benquet, située en Chalosse, et l'a possédée de temps immémorial, jusqu'au 1er juin 1585, qu'elle passa à noble Rolland de Chaumeron, écuyer, qui épousa Anne de Benquet, héritière de cette maison, en qui la branche aînée a fini.

Une branche établie à Arblade-Brassal, en Armagnac, devint chef du nom et armes ; c'est la descendance de cette branche qu'on va traiter.

L'époque de sa séparation, faite depuis environ cinq siècles, ne peut se fixer. Les guerres et les dévastations auxquelles l'Armagnac a été si souvent exposé, le pillage et l'enlèvement des archives publiques et privées, jettent sur les générations anciennes de la noblesse de cette contrée une obscurité qu'il est très difficile de percer.

Ce mémoire a été dressé sur les originaux déposés aux archives du château d'Arblade-Brassal.

I. — *Noble Odon de Benquet, seigneur d'Arblade-Brassal.*

Il fut témoin, avec ces qualités, aux coutumes données le 31 may 1343 aux habitants de la nouvelle bastide de Barcelone, en Armagnac, par noble et puissant seigneur Pierre de Gière, sénéchal d'Armagnac et de Fezensac, commissaire-député par Jean, comte d'Armagnac.

II. — *Géraud Ier, de Benquet, seigneur d'Arblade-Brassal.*

Par acte du 1er juin 1377, il restitua à Pierre de Gaura les biens et l'hérédité de Bertrand de Gaura, son père, et ce, sous le fief accoutumé, en présence de Bellus de La Pailhère, damoiseau. Il était marié à noble Claire de Camortères et, le 9 septembre 1378, il fit donation de certains droits à Risclo, conjointement avec elle, en faveur de noble Géraude de Camortères ; et, en reconnaissance de cette donation, ladite Géraude et noble Auger de Laur, son mari, s'engagèrent à payer toutes leurs dettes, à les faire absoudre des excommunications par eux encourues, faute de payement, et leur donnèrent certains meubles, par acte du 17 du même mois.

Il bailla à nouveau fief, à Dominique Fabro, fils de Bernard, des biens abandonnés lors de l'incendie et destruction du lieu d'Arblade par les ennemis ; l'acte est du 29 décembre 1379. Il insinua, le 24 octobre 1392, l'acte de vente consenti par Jean Sorbé de Barcelone à Guillaume Doat. On ne lui connaît d'autre enfant que Géraud II, qui suit.

III. — *Géraud II, de Benquet, seigneur d'Arblade-Brassal.*

Il était encore mineur, le 21 décembre 1399, que noble Odon d'Arblade, son procureur et légitime administrateur, fit un bail à nouveau fief de deux pièces de terre sous le fief de cinq deniers Morlans.

Il eut de grandes discussions avec ses vassaux à raison des droits qu'il prétendait d'eux, au sujet desquels il y eut même des voies de fait. Sur les prétentions respectives des parties, il fut rendu une sentence arbitrale le 23 avril 1432, et elles transigèrent définitivement le 4 juin 1433, en présence de noble Jean d'Averon, seigneur du Lin.

Ce seigneur était marié avec Audine de Caillau, comme il paraît par son testament du 9 décembre 1444, dans lequel il reconnaît avoir reçu cent écus d'or pour sa dot et lui en lègue de plus vingt-cinq autres ; il nomme pour ses exécuteurs testamentaires : noble Bernard, chevalier, seigneur de Bergonhan, Leberon de Laur, seigneur de Camortères, et Jean, seigneur de La Pailhère ; ses enfants sont : 1o Géraud, l'aîné, marié le 3 juillet 1439 avec Bourguine de Bernède, dont il n'eut point d'enfant ; elle était fille de noble Jean de Bernède, seigneur d'Arblade-Comtal, et de noble Honorée de La Leougue. On lui constitua 600 florins. Furent présents à ce contract : noble Jean, seigneur de La Pailhère, et Jean de Lavardac, co-seigneur de Sion ; 2o Pierre, à qui son père légua 200 écus d'or.

Géraud, dit le jeune, qui a continué la postérité.

IV. *Géraud III de Benquet, dit le Jeune, sgr d'Arblade-Brassal.*

Il fut d'abord écuyer du comte d'Armagnac, ensuite homme d'armes des Ordonnances du roy. Il se distingua en Guienne dans la guerre contre les Anglais, dont il fit prisonnier un de leur chef, sous les murs de

Bordeaux, et le conduisit au château de Sion, appartenant à noble Jean de Lavardac, son parent et ami, et il avait convenu de la rançon avec ce capitaine, nommé Jean de Hyragoyen. Un nommé Jean d'Aberon l'ayant fait évader, il fut reprendre ce larron en Béarn, de l'agrément des officiers du comte d'Armagnac, et le mit à Nogaro, sous leur garde; mais ils le laissèrent échapper, ce qui était d'autant plus préjudiciable au service du roi, que ce capitaine était instruit des projets de l'Angleterre et qu'on aurait pu en tirer beaucoup de lumières. Tous ces faits sont insérés dans une requête qu'il présenta à Poton, seigneur de Xaintrailles et de Vileton, maréchal de France, qui, par ordonnance du 13 février 1454, condamna Jean de Camicas, procureur d'Armagnac, Vidalon de Lafargue, châtelain de Nogaro, et Bernard de Robye, receveur d'Armagnac, à lui payer ladite rançon pour avoir laissé évader ce larron. Ces officiers s'étant pourvus au Parlement de Toulouse, l'ordonnance fut confirmée et, par une nouvelle du 23 octobre 1457, le même Poton comdamna ledit Vital de Lafargue à payer audit seigneur d'Arblade 100 écus d'or pour sa cote-part du fait susdit.

Il eut beaucoup de part dans la confiance de Louis XI ; ce prince voulant engager Jean, comte d'Armagnac, à revenir en France, pour le persuader il lui envoya le seigneur d'Arblade en Catalogne, où il s'était retiré, mais il ne put y réussir; et à raison de ce, il eut le malheur d'encourir la disgrâce du roi. Il présenta un mémoire à ce prince dans lequel il exposa sa conduite et les soins qu'il s'était donné pour la réussite de sa mission; et par lettres données à Tours, au mois de janvier 1461, le roy lui redonna ses bonnes grâces. Par ordonnance datée de Lectoure, le 3 juin 1469, Jean, comte d'Armagnac, dont il était écuyer, lui accorda une pension de cent conques de froment, mesure de Vic-Fesenzac, payables par an sur les moulins du comte à Barcelone d'Armagnac.

Pierre de Bourbon, comte de Beaujeu, seigneur d'Armagnac, par commission du 12 janvier 1474, le nomma capitaine et gouverneur des villes et seigneuries de Manciet et d'Eauze, à cause des services par lui rendus à la maison de Bourbon et au comte de Beaujeu. Il donna procuration, le 10 novembre 1471, à Macé-Boutet, marchand, suivant la Cour pour se faire payer par Noël Le Barge, trésorier des guerres du roy, de neuf-vingt livres tournois pour les gages de sa lance pendant les six derniers mois de 1473. Il fut confirmé par le roi dans le gouvernement d'Eause et de Manciet au mois de décembre 1485. Géraud fut marié deux fois.

Il épousa en premières noces noble Jeanne de Toujouse, sœur de noble Lubat, seigneur de Toujouse, à laquelle on constitua 600 florins de France, sous le cautionnement de nobles Bernard, seigneur de Bergonhan, Bernard de Sanguinède, seigneur de Maupas, et Pierre de Bassabat, seigneur de Castets; en présence de nobles Leberon de Laur, seigneur de Camortères, et Pierre de Lavardac, seigneur d'Ayzieu. Ce contrat est du 6 février 1442.

Il eut de ce mariage :

1º Jean, qui suit ; 2º Bernard ; 3º Poton, écuyer de la maison du roi de France; son père lui fit une donation pour le soutenir au service, le 22 août 1476 ; 4º Jean, damoiseau, qui testa, au château d'Arblade, le 30 juin 1513, en faveur d'Auger, son neveu ; 5º Jeanne, qui par son testament du 31 mars 1500, fit un légat à Bernard, son frère, et nomma héritier Auger, son neveu ; 6º Pierre, qui fut exécuteur du testament de Jean son frère ; il était curé d'Arblade, en 1521, qu'il acheta un étang d'Auger de Benquet, son neveu.

Géraud, qui fut marié en secondes noces avec Marie de Mausencomme, fille de noble de Mausencomme et de Jeanne de Meur, qui lui fit donation de certains biens, en Beauce, par acte du 10 décembre 1481 ; il eut de ce second mariage :

1º Jacques; 2º Annette, mariée à noble Bernard de Meycarrère ; 3º Poton ; 4º Mathieu ; 5º Antoine ; 6º Jeanne ; 7º Jean.

V. — *Jean de Benquet, seigneur d'Arblade-Brassal.*

Il était neveu, par sa mère, de Poton de Xaintrailles, maréchal de France, qui lui légua la somme de 400 écus d'or par son testament.

Il fut procédé à sa requête, en 1486, à l'inventaire de l'hérédité de feu noble Géraud de Benquet, seigneur d'Arblade-Brassal, son père, de qui il était héritier; ce qu'il ne voulait accepter que sous bénéfice d'inventaire. Furent appelés à cet effet : noble Jean de Benquet, seigneur de Benquet; Jean, seigneur de Mausencomme ; Pierre, seigneur de Toujouse ; Pierre de Monlezun, seigneur du Vigneau ; Pierre de Mausencomme, maître d'hôtel du seigneur d'Albret, et Marie de Mausencomme, veuve dudit Géraud. Les enfants nommés dans cet acte sont : Poton, qui était en démence; Mathurin, mort jeune; Jean-Antoine; et Jean, en tutelle. Pierre, curé d'Arblade, oncle dudit Jean, y est aussi nommé. Le juge ordinaire du bas Armagnac l'établit tuteur de nobles Jean et Antoine de Benquet, ses frères, fils et héritiers particuliers de Géraud et Marie

de Mausencomme, par acte du 1er mars 1457. Il était déjà gentilhomme
de l'hôtel du roi Louis XI, le 7 août 1479, que ce prince le nomma à la
charge de son échanson. Le 4 novembre 1484, il donna quittance de la
somme de 330 f. pour une année de ses gages, d'un des cent gentilshommes de l'hôtel du roi, ordonnés pour la garde de son corps.

Le roi Charles VIII lui accorda des lettres de protection, sauvegarde
et committimus, datées de Bourges, le 29 août 1485.

Il épousa en première noces, par contrat du 28 avril 1461, Blanche
de Saint-Lane, fille de noble Augier, seigneur de Saint-Lane, et de Blan-
chefleur de Lavedan, à laquelle on constitua 1,000 florins d'or de France.
De ce mariage vint : Jean, mort sans alliance avant le 25 janvier 1545,
que François Ier, qui avait ordonné précédemment de saisir les biens des
hommes d'armes et archers des Ordonnances qui n'avaient point comparu aux montres, défendit de saisir ceux des héritiers de Jean d'Arblade,
archer de la compagnie du grand écuyer, parce qu'il avait été averti que
ledit d'Arblade était prisonnier à Boulogne, lors de son ordonnance, et y
était mort depuis.

Il contracta un second mariage, le 20 août 1464, avec noble Françoise
de Bourouillan, fille de noble Carbonnel, seigneur de Bourouillan, et de
noble Belia de Sebilhaco. On constitua à la future épouse 800 florins
d'or, dont furent cautions : nobles Labat, seigneur de Toujouse ; Bernard de Sanguineda, seigneur de Maupas, et Bernard de Lavardac ; il
eut de ce second mariage : Auger, qui suit ; Jeanne, mariée à noble Jean
de Salles, seigneur de Perchède, qui donna quittance de sa dot, le
26 mai 1498.

VI. — *Auger de Benquet, seigneur d'Arblade-Brassal.*

Il fut marié, par contrat du 14 février 1491, avec noble Agnette d'Armagnac, fille de noble Bernard d'Armagnac, seigneur de Thermes ;
présents : noble Auger de Lavedan, seigneur de Sauveterre ; Bertrand
de Rivière, seigneur de Labatut ; Géraud, seigneur de Saint-Lane ; Bertrand de Bernède, seigneur d'Arblade-Comtal ; Michel de Luppé, seigneur
de Cremens ; Pierre, seigneur de Toujouse, et Carbon de Luppé, seigneur
de Sion. Dont :

1o Jeanne-Marie, alliée avec noble Thibaut de Bassabat, seigneur de
Castets et d'Aunian ;

2o Autre Jeanne, mariée à noble Charles de Saint-Martin, seigneur
d'Urgosse.

Il épousa en secondes noces Marguerite Dangeyroux de Beaupuy ; dont :

Jean-Jacques, mort au service, âgé de dix-neuf ans ;

Georges, qui suit ;

Catherine, mariée à Pierre, seigneur de Nalies ;

Jeanne-Marie, mariée à Bernard de Burosse, seigneur de Lagrasse ;

4° Autre Jeanne, mariée le 26 octobre 1570, à noble Jacques de Forgues, capitaine d'Espas.

Auger de Benquet testa le 25 septembre 1534. Il déclara avoir été marié deux fois : 1° avec damoiselle Agnette d'Armagnac, de la maison des Thermes, de laquelle il avait eu Jeanne, mariée à Thibaut de Bassabat, et autre Jeanne ; 2° avec noble Marguerite Dangeyrous, de laquelle il avait eu Jean (c'est Jean-Jacques, mort au service), Georges et Catherine. Il institue pour son héritier ledit Jean, et lui substitue son autre fils, et à celui-ci, sa fille ; nomment exécuteurs testamentaires noble Bernard, seigneur de Bourouillan ; Auger de Laur, seigneur de Camortères, et Géraud de Ferrabouc, seigneur de Poy.

VII. — *Georges de Benquet, seigneur d'Arblade-Brassal.*

Il fut d'abord archer de la compagnie du roi de Navarre ; il plaidait en 1551 avec Marguerite Dangeyroux, sa mère. Cette dame exposait qu'elle avait porté en dot 800 écus d'or à feu Auger de Benquet, son mari ; que de leur mariage furent procréés : Jean-Jacques, mort au service, âgé de 19 ans ; Georges ; Catherine ; Françoise et Jeanne (les deux dernières mortes sans doute en bas âge). Elle rapporte ensuite le précis de ses actes de mariage. Par acte du 28 janvier 1554, la mère et le fils compromirent leurs différends. Il épousa en premières noces demoiselle Antonie de Botet, fille de noble Amanieu de Botet, seigneur de Beauregard, et de noble Rose de Sédillac, le 15 mai 1554. Le 24 juin 1560, il transigea avec Jeanne, sa sœur, mariée au seigneur d'Urgosse ; dans cet acte, sont nommées les deux femmes et les enfants d'Auger. La reine Jeanne de Navarre, par commission du 29 juin 1571, le nomma gouverneur du bas comté d'Armagnac, et les lettres-patentes lui en furent expédiées le 8 juillet suivant ; il fut confirmé dans cette charge par Henry, roi de Navarre, le 3 octobre 1576. Il acquit la moitié de la haute moyenne et basse justice de la ville de Barcelone, par acte du 10 août 1571.

Il épousa en secondes noces, par contrat du 12 mai 1575, d^lle Eléonore de Barbotan, fille de noble Louis, seig^r de Barbotan et de Laballe.

Il était mort en 1582, que l'inventaire de son hérédité fut fait à la requête de la demoiselle Eléonore de Barbotan, sa veuve, qui convola en secondes noces avec Alcibiade Leblanc, seigneur de Labatut (*vide erratum in fine*).

Il eut de son premier mariage : Rose, Anne ; du second, Rolland, qui suit.

VIII. — *Rolland de Benquet, seigneur d'Arblade-Brassal et Bernède.*

Il épousa, par contrat du 14 septembre 1597, demoiselle Anne de Verdusan, fille de noble Blaise, seigneur de Verdusan, et de demoiselle Elise de Monlezun ; en présence de noble Marguerin de Monlezun, seigneur et baron de Saint-Lary ; François, seigneur de Mausencomme ; Auger de Lavardac, seigneur de Blancastet ; Jean d'Aux, seigneur de Lescout ; Gaspard d'Aydie, seigneur de Betoulia et autres.

Les habitants d'Arblade lui prêtèrent serment de fidélité le 9 janvier 1603. Le roi Louis XIII le nomma à une compagnie de carabins, par commission du 6 décembre 1615. Il mourut en 1616, et eut de son mariage Bertrand, qui suit.

IX. — *Bertrand de Benquet, seigneur d'Arblade-Brassal et Bernède, baron de Couhin et de Tauziède.*

Il épousa par acte du 3 février 1632 demoiselle Françoise de Lié, fille de noble Jean de Lié, seigneur baron de Couhin et Tauziède (à Toulouzette et Montaut), et de demoiselle Jacquette de Lataulade. Il testa le 29 août 1665; fit exécuteurs testamentaires les seigneurs de Verdusan et d'Ayzieu, ses cousins; fit des legs à ses trois filles, institua pour héritier :

1º Alexandre, qui suit ;

2º Catherine, épousa Jean de Resseguier, seigneur de Coutens, Juillac et Caumont ;

3º Marie-Hilaire ;

4º Jeanne, épousa Jean Dufaur, sieur du Colomé, par contrat du 27 juillet 1670.

X. — *Alexandre de Benquet, seigneur d'Arblade-Brassal et Bernède.*

Il fut nommé à une compagnie de cent hommes d'armes de cavalerie légère dans le régiment du colonel Balthazar, par commission du 5 août 1653.

Il épousa, par contrat du 26 novembre 1663, demoiselle Marguerite d'Escodequa de Boisse, fille de feu Messire Hector d'Escodequa de Boisse-Mauvoisin, et dame Marguerite de Ferrand ; l'époux assisté de son père, chargé de la procuration de sa mère, de Messires Léonard de Verdusan ; sieur du Brana ; Odet de Lavardac, seigneur d'Ayzieu, et l'épouse de Messire Blaise, seigneur baron de Verdusan ; de dame Claude de Boisse, dame dudit Verdusan, ses beaux-frères et sœur, et de noble Gaston de Saint-Germé, seigneur d'Aronques.

Cette dame testa le 10 décembre 1671 ; elle fit un legs à demoiselle Catherine de Benquet, sa belle-sœur ; laisse une légitime, telle que de droit, à Blaise et autre Blaise, ses fils, et nomme son mari héritier. Elle mourut bientôt après.

Alexandre de Benquet, par son testament du 3 décembre 1672, légua à Blaise, son fils cadet, la somme de 1,200 livres, et institua pour héritier autre Blaise l'aîné. Il mourut dans le mois. Blaise, l'aîné, a continué la postérité ; Blaise, le cadet, a fait la branche de Benquet établie au Houga.

XI. — *Blaise de Benquet, l'aîné, seigneur baron d'Arblade-Brassal et Bernède.*

Il fut marié, par contrat du 19 février 1688, avec demoiselle Anne de Laroudé, fille de feu noble Abraham de Laroudé, sieur du Pesqué, et de demoiselle Françoise de Garos. Il testa à Toulouse, le 11 avril 1694 ; fit des legs à Jacques-Joseph et Claude-Catherine, ses enfants, et institue son épouse héritière, à la charge de remettre sa succession audit Jacques-Joseph, leur fils, quand il aurait atteint 25 ans, ou plutôt, si bon lui semblait. Elle lui fit ce relâchement par acte du 10 juin 1705.

De ce mariage furent procréés :

1º Jacques-Joseph, qui suit ;

2º Claude-Catherine, mariée à noble N... de Montpezat de Lestelle.

XII. — *Jacques-Joseph de Benquet, seigneur baron d'Arblade-Brassal et Bernède.*

Il servit dans les mousquetaires de la garde du roi ; il transigea avec Blaise de Benquet, son oncle, le 20 avril 1713. Par contrat du 20 novembre 1730, il fut marié avec demoiselle Jeanne-Marie de Cours, fille de Messire François de Cours, seigneur de Montlezun et Laterrade, et de feue Jeanne de Carmentran ; dont :

1º François, qui suit ;

2º Jacques, chanoine et grand-vicaire de Lescar ;

3º Joseph, prêtre ;

4º Marie, religieuse de Saint Ursule, à Gondrin ;

5º Marguerite, mariée à Messire François-Marie de Saint-Pastou, seigneur de Boussat, Mont et Marseillan. Il est mort en 1747.

XIII. — *François de Benquet, seigneur baron d'Arblade et Bernède.*

Il a été lieutenant au régiment d'Auvergne-infanterie, par lettres du 21 octobre 1746.

Marié, par contrat du 24 novembre 1757, avec demoiselle Louise de Deymies Darqués, fille de Messire Louis de Deymies et dame Paule de Labaune de Bascous, dont Jean-Louis, né en 1758 ; Marie-Hyacinthe ; Marguerite ; Claude.

BRANCHE DE BENQUET DU HOUGA.

XIV. — *Blaise de Benquet, second fils d'Alexandre de Benquet, seigneur d'Arblade, et de dame Marguerite d'Escodeca de Boisse.*

Mariée à dame Marie de Pratferré, dont il eut Jacques, Alem et Marie-Louise.

Messire Blaise de Benquet-d'Arblade fait son testament le 8 novembre 1722 ; déclare vouloir être enseveli dans l'église Saint-Pierre du Houga ; déclare être issus trois enfants de son mariage avec dame Marie de Pratferré : deux mâles et une fille, nommés Jacques, Alem et Marie-Louise de Benquet ; donne à Alem, son second fils, la somme de 2,300 livres ; à sa fille Marie-Louise, la somme de 2,500 livres, payables, lesdits legs, en écus d'or ou d'argent, et institue pour son héritier Jacques de Benquet, son fils aîné.

BENQUET-D'ARBLADE. — 1º *Branche aînée.*

XIV. — Jean-Louis, baron de Benquet-d'Arblade, né en 1758, fils de François, émigra pendant la révolution de France et périt à Quiberon, en juillet 1795. La branche s'éteignit en lui.

2º *Branche cadette établie au Houga.*

XI. — Blaise de Benquet eut deux fils de dame Marie de Pratferré de Las-Manautes (1722), Jacques et Alem.

XII. — Jacques de Benquet-d'Arblade, écuyer, marié en 1746 à noble demoiselle Marguerite du Lau de Candale, fille de noble Bernard de Foix de Candale, baron du Lau, lieutenant des maréchaux de France, et de dame Marguerite de Pemolier-Saint-Martin, en eut :

1º Fabien de Benquet, mort sans alliance et capitaine d'artillerie, âgé de 41 ans, le 9 octobre 1788 ;

2º Bertrand, qui suit.

Jacques de Benquet mourut au Houga le 17 novembre 1783.

XIII. — Bertrand de Benquet, écuyer, capitaine au régiment d'Aunis, 1788-90, a laissé de son mariage :

1º Madame de Laroque ;

XIV. — 2º Madame Chauton (de Souprosse), décédée.

3º Madame Gardères, habitant la maison paternelle, au Houga.

Pièces justificatives.

Extrait des articles de mariage de noble B. DE BENQUET *et* FRANÇOISE DE LIÉ (1632).

Saichent tous presens advenir que, aujourd'hui, vingt-troisième febvrier mil six cent trente-deux, dans la maison noble de Tauziède, en la sénéchaussée des Lannes, siége de Saint-Sever, avant midi, par-devant moy, notaire royal soubsigné, et en la présence des témoins bas-nommés, pactes et accords de mariage ont été faits et accordés par parole de futurs et amis de chacune part, entre : noble Bertrand de Benquet, seigneur d'Arblade-Bernède, Salles et autres places, fils légitime et naturel de feu noble Roland de Benquet, seigneur desdits lieux, et de noble damoiselle Anne de Verdusan, ses père et mère, d'une part ; et noble damoiselle Françoise de Lié, fille légitime et naturelle de noble Jean de Lié, seigneur, baron de Couhin et dudit Tauziède, et de noble damoiselle Jacquette de Lataulade, ses père et mère, d'autre part. Lequel sieur de Benquet, assisté de ladite damoiselle de Verdusan, sa mère, femme de noble Alcibiade Leblanc, seigneur de Labatut ; de noble Charles de Barboutan, seigneur dudit lieu, son cousin germain ; et autres, ses parents et amis, que a promis prendre pour femme et légitime épouse et non autre, sa vie durant, ladite de Lié. Et semblablement icelle de Lié, assistée et du vouloir et consentement dudit sieur de Couhin et de ladite damoiselle de Lataulade, ses père et mère ; de noble Isaac de Tauziède (de Lié), seigneur d'Agès, son oncle ; de noble François de Lataulade ; sieur baron d'Urgons, son cousin germain ; de noble Zacharie de Navailles, seigneur baron de Banos et de Dume ; de noble Jean de Navailles, seigneur de Baure et autres places ; ses petits oncles, et autres, ses parents et amis.... Témoins : noble Roland Dabadie, seigneur de Mongeton, habitant de Barcelone ; noble Jean de Barboutan, sieur du Casse ; MM. Pierre de Lagardère, notaire royal ; Louis de Cabiro, sieur de Hauriet ; Pierre de Marsan, homme d'armes ; André de Lalanne, homme d'armes ; Me Etienne de Marsan, advocat en la Cour ; Me Pierre Dubuc, notaire royal ; Me Simon de Burgurieu, aussi notaire royal ; habitants de Barcelone et Bernède, en Armagnac, Saint-Sever et Montaut. Témoins à ce appelés, ainsi signés : Couhin ; Jacquette de Lataulade ; Anne de Verdusan ; Arblade ; Tauziède ; de Couhin ; Banos ; de Barboutan ; Navailles-Baure ; François de Lataulade ; Dabadie ; Marsan ; de Barbotan ; Etienne de Marsan ; de Cabiro ; A. Lalanne ; Burguerieu ; Dubuc et Lagardère, présents, et Dubernet, notaire royal.

———

Erratum. — On a écrit ci-dessus, au VIIe degré, qu'Olympe de Barbotan, veuve d'Arblade, se remaria avec noble Alcibiade Leblanc ; ce n'est pas exact. Anne de Verdusan, belle-fille d'Olympe, convola avec Alcibiade Leblanc, seigneur de Labatut ; fut présente en cette qualité au mariage de son fils Bertrand, en 1632 ; et nous lisons dans la généalogie de Biaudos-Castéja (Chartrier d'Auch), qu'Alexandre de Biaudos épousa le 3 may 1633 damoiselle Françoise Leblanc de Labatut, fille d'Alcibiade Leblanc et d'Anne de Verdusan.

———

L'an mil sept cent quarante-sept, et le dix novembre, j'ai baptisé un enfant, fils légitime de noble Jacques Benquet-d'Arblade et de dame Marguerite du Lau, auquel on a imposé le nom de Fabien ; le parrain a été M. Léon de Foix, fesant pour M. Fabien de Candalle, et la marraine Marie d'Arblade ; la cérémonie a été faite par moi, en présence de Pierre Lacome, Pierre Novenot, et autres, qui n'ont signé de ce requis par moi.

TAPPIE, curé. (*Registres du Houga.*)

———

1783. — Mort de Jacques de Benquet.

L'an mil sept cent quatre-vingt-trois, et le dix-huit novembre, Messire Jacques de Benquet-d'Arblade, mort la veille, âgé de soixante-treize ans, muni de tous les sacrements, a été inhumé dans le cimetière de l'église de Saint-Pierre du Houga, avec les cérémonies accoutumées, faites par moi, en présence de MM. Antoine Lacome, curé de Saint-Griède, et Joseph-Alexis Magné, vicaire du Houga, soussignés avec moi.

LACOME, archiprêtre, LACOME, curé, et MAGNÉ, vicaires.

(Registres du Houga).

1788. — Mort de Fabien.

L'an mil sept cent quatre vingt-huit, et le neuvième d'octobre, le corps de Messire Fabien de Benquet-d'Arblade, ancien capitaine d'artillerie, mort la veille, âgé d'environ quarante ans, muni des sacrements, a été inhumé dans le cimetière de l'église de Saint-Pierre du Houga avec les cérémonies accoutumées, faites par nous, en présence de MM. Maître-Louis Dubosc, prieur de Saint-Orens, de Condom ; et de Jean-Marie Pélicier, directeur et professeur au séminaire de Dax, soussignés.

LACOME, archiprêtre ; DUBOSCQ-PEYRAN, prieur , PÉLICIER, prêtre.

(1673). *Mariage d'Estienne de Pratferré et d'Anne de Saint-Martin.*

Ce jourd'huy, quatrième du mois d'octobre mil six cent septante-trois, après-midi, dans le château de Laclotte, juridiction de la ville d'Astaffort ez Condomois, regnant Louis, par la grâce de Dieu, roy de France et de Navarre ; par devant moi, notaire royal, réservé et pourveu par Sa Majesté dudit Astaffort, habitant soussigné, et présents les témoins bas-nommés ; pactes de mariage sont été faicts et accordés entre : noble Estienne de Pratferré, sieur de Las Maneautes (1), habitant de la juridiction du Feugua ez Armagnac, d'une part ; et damoiselle Anne de St-Martin, fille à feu Me Jacques de St-Martin, vivant, advocat du roy au seneschal et présidial de Lectoure d'autre part, et ce aux conditions que s'ensuit : En premier lieu, ledit sieur de Las Maneautes, de l'avis, consentement et assistance de ses parens et amys, a promis et sera tenu de prendre pour sa femme et légitime espouse ladite demoiselle de Saint-Martin, et avec elle solempniser le mariage ez sainte mère église catholique, apostolique , romaine ; comme réciproquement ladite demoiselle de Saint-Martin, de l'avis, consentement et assistance de Noble Alem de Massas, escuyer, seigneur dudit Laclotte, son beau-frère et d'autres, ses parents et amys, a aussi promis de prendre pour son mari et espoux

(1) Las Maneautes est le nom d'une métairie considérable située dans Loubens, section de Hontans, canton de Villeneuve (Landes).

ledit sieur de Las Maneautes, et avec lui solempniser aussy ledit mariage. Pour les charges et supports dudit mariage ladite demoiselle de Saint-Martin a constitué et promis d'apporter en dot au sieur de Las Maneautes tous et un chacun des biens et droits qui lui sont advenus par le décès du feu sieur son père, que ceux qui lui pourront arriver par le décès de damoyselle Marguerite Soulard sa mère, etc.

Et d'autant que le dit sieur de Las Maneautes, futur époux, est porteur d'une quittance faite en sa faveur, ez date du vingt-septième de septembre dernier, passé par Me Jacques Pratferré, docteur en théologie et curé du lieu de St-Aubin, son frère, portant renonciation de tous les biens et droits qu'il pourrait avoir sur les biens de feus les sieurs et damoiselle ses père et mère, es faveur du dit sieur futur époux, laquelle quittance et renonciation est de main privée, et laquelle le dit sieur curé promet et s'oblige de ratifier et approuver à toutes heures que le dit sieur de Las Maneautes le requerra ; laquelle quittance et renonciation est et demeure au pouvoir de moi susdit notaire, pour être attachée aux présents pactes de mariage.

Tout ce dessus parties ont promis entretenir et ny contredire soubs obligation et hypothèque de leurs biens et droits presents et advenir, qu'ont soubmis aux rigueurs de justice ; et ainsi l'ont promis et juré.

Présents à ce : noble Jean-François de Massas, seigneur de Rouses ; noble Charles de Massas, sieur de Caupène ; et Jean Sentout, clerc du dit Astaffort, habitans signés avec les parties à l'original et moi.

Sur la suscription : (1673) Pour demoiselle Anne de Saint-Martin, espouse de Estienne de Pratferré, sieur de Las Maneautes ; contre noble Alem de Massas, sieur de Laclotte et demoiselle Marie de Saint-Martin.

(Archives d'Arblade).

———

Blaise de Benquet meurt jeune à Toulouse, en 1694 ; sa veuve, dame Marie de Pratferré, est mentionnée dans les Chroniques du diocèse d'Auch, par Dom L.-C. Brugèles. Voici le passage qui la concerne : « La chapellenie fondée dans cette église (Houga), est à présent du patronage de dame Marie de Pratferré, veuve de noble d'Arblade-Benquet du Houga (édition de 1746).

———

(Notes fournies par le docteur Jean-Marie Candellé du Houga).

Confrairie de N.-D. de Goudosse, 1617-1620.

Monsieur le baron de Benquet s'est enrollé le septième jour de septembre mil six cent dix-sept, et a donné pour sa charité ung escu d'or.

Benquet.

M. de Couhin s'est fait enroller et à dit qu'il envoyera son présent.

Le même jour (8 septembre 1617), Madamoyselle Jacquette de Lataulade, femme de Monsieur de Couhin, s'est enrollée en ladite confrayrie et a promis bailler sa dévotion. Jaquete de Lataulade.

Le 25 mars 1623 feust enrollée Marguerite de Chauton, femme de Monsieur de Casault, greffier du sénéchal de Tartas, en la confrérie de Notre-Dame de Goudosse, laquelle donna pour son entrée une livre de cire. De Codroy.

—

Béon (de). — D'or à deux vaches passantes de gueules accornées, accolées, clarinées et onglées d'azur.

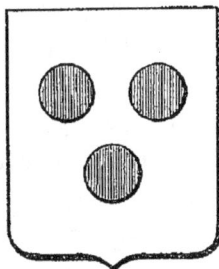

Bernard, seigneur du Banquet, *écuyer des écuries du Roy et capitaine de Monsegue (Monségur) en Bazadois* (1462, 1474, 1489). — D'argent à trois tourteaux de gueules. (*Signature Bernard de Benquet ; manuscrit de la Bibliothèque impériale*).

Betbeder (Jean de), *écuyer, conseiller, secrétaire du Roy*, seigneur de la maison noble de Saucey. (1674, 1689, 1692. *Voir ci-dessous*).

Betbeder (de), *en Guienne*. — Ecartelé au 1 et 4 d'argent au chêne terrassé de sinople, au 2 et 3 d'azur à trois étoiles, à six rais d'or. (*Lainé, Généalogie d'Oro de Pontonx*).

Betbeder (Veuve de J. de), *secrétaire du Roy*. — De gueules à un arbre arraché d'argent et une montagne de sinople en cœur brochant sur le tout. (*Armorial, Guienne*, 1698, 1700).

Béthune-Sully (de) — D'argent à la fasce de gueules.

Beynac. — De gueules au lièvre rampant d'argent.

Beynac *en Périgord*. — Burelé d'or et de gueules.

Beyries (Noble Bertrand DE), *écuyer*, sieur DE HAURIET. — D'argent à un lapin d'azur courant en bande. (*D'Hozier*, 1698).

Bezoles (Alexandre-Xavier DE), *écuyer*, seigneur DE RIMBLES. — D'or à trois membres de griffon de gueules. (*D'Hozier*, 1699).

Bezolles (DE). — D'azur à trois étoiles d'argent 2 et 1, qui est de Bezolles, écartelé d'or à deux vaches passantes de gueules accolées, accornées et clarinées d'azur, qui est de Béarn.

Biaudos. — D'or à un lion de gueules, écartelé d'argent à trois merlettes de sable 2 et 1; supports deux lions; couronne de marquis; cimier un lion issant. (1769, 1858).

Biaudos (DE), DE CASTÉJA, DE LA HARIE, DE BIODOS, de la maison DE PIERROUX, *en Albret, Lannes, Guyenne, Béarn, Acqs*. — Ecartelé au 1 et 4 d'or au lion de gueules, 2 et 3 d'argent à trois merlettes de sable.

Biodos (Louis DE), *écuyer*, seigneur de CASTÉJA CAULLES. — De gueules à trois merlettes d'argent 2 et 1, écartelé d'or à un lion de gueules (*Armorial, d'Hozier*, 1700).

Biscaye (province de). — D'argent à un chêne de sinople et deux loups de gueules courant l'un sur l'autre en pointe, le tronc du chêne derrière leur flanc dextre.

Boileau de Lacaze (marquis). — D'or au cimeterre posé en bande et un chef de gueules chargé de trois ancholies d'argent; couronne de comte; ordres de la Légion-d'Honneur, du Lys, etc. Le marquis de Lacaze, député des Landes en 1825.

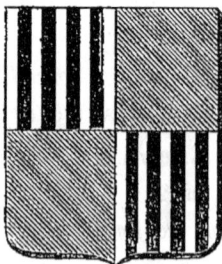

Bompar de Barbotan (DE), comtes DE BARBOTAN, seigneur DE MORMÈS, MAUPAS, CARRITS, LABALLE, BARBOTAN, PELESTÉ, ARCET, *en Armagnac, Chalosse et Albret*. — Ecartelé au 1 et 4 d'argent à quatre pals de sable, au 2 et 3 de sinople plein; ordre de Malte (Saint-Louis).

Borda (DE), seigneur DE JOSSE, BRUTAILS, LESPERON, MONTPRIBAT, SORT, ORO, LABATUT, etc., etc. — Ecartelé au 1 d'or à trois chevrons de gueules, au 2 d'azur à un paon rouant d'argent, au 3 d'azur à trois poissons (truites) d'argent en fasce l'un sur l'autre, au 4 d'or à un levrier de gueules accolé et lié en boucle d'argent; couronne de comte et de marquis, casque de front; supports deux griffons ; croix de Saint-Louis.

Borda (Etienne DE), *écuyer, prêtre et chanoine de l'église cathédrale d'Acqs.* — Ecartelé au 1 de gueules à trois chevrons d'argent, au 2 d'argent à un paon rouant, au naturel, au 3 d'or à trois poissons d'azur, au 4 d'azur à un levrier rampant d'argent (1698, *Armorial. Guienne*).

Borda (Etienne DE), *écuyer,* seigneur DE HEUGARS. — Au 1 d'or à trois chevrons de gueules, au 2 d'azur à un paon rouant d'argent, au 3 d'azur à trois poissons d'argent, les deux en fasce l'un sur l'autre et le troisième contourné, au 4 d'or au levrier de gueules rampant, bouclé d'argent (1698).

DE BORDA (*Originaires de Saubusse et d'Acqs*).

I. — Noble Pierre de Borda a porté les armes pour le service du roy durant longues années dans le Piémont et ailleurs sous le capitaine du Hien son oncle; il a été enseigne de sa compagnie de cent hommes, comme il se justifie par le titre produit sous cote A, du 5 juillet 1545 ; depuis il a été lieutenant dudit sieur du Hien, et comme il se retira de l'armée, il donna sa charge à Etienne de Borda son fils (1547). Il fit son testament le 14 août 1547, par lequel il prend la qualité de noble et écuyer, déclare avoir été marié à demoiselle Jeanne de Lassalle, institue héritier universel Etienne de Borda son fils et nomme pour ses exécuteurs testamentaires le capitaine du Hien de Saubusse et Jean de Borda, prêtre, ses oncles. Cette pièce sous cote A de la production faite sur la filiation d'Etienne de Borda (*Testament* retenu par Damours, notaire royal).

II. — Noble Etienne de Borda a porté toute sa vie les armes au service de cinq rois, savoir : d'Henry II, de François II, sous le règne desquels il a été lieutenant dans la compagnie du dit sieur du Hien, à la place de son père, et sous les règnes de Charles IX, d'Henry III, et d'Henry IV ; il a été capitaine et lieutenant-colonel dans le régiment du prince Strossy, florentin, cousin de la reine mère Catherine de Médicis, et maréchal de camp dans les armées ; a commandé l'infanterie à la prise du Mont-de-Marsan, l'an 1580, et a eu divers emplois considérables, comme il se justifié du tout par les commissions expédiées en sa faveur, produites sous les cotes B, C, D, E, de la production ; par l'*Histoire de France* composée par Dupleix, dans son 4e tome, pages 88, 96, et par 45 lettres qui lui ont été écrites par Charles IX, Catherine de Médicis, Henry III, Henry IV, le roi de Portugal et par les maréchaux de Biron, de Matignon, de Brissac, et autres grands seigneurs du royaume, par lesquelles on peut voir la valeur, l'expérience au faict d'armes et les services rendus par le dit noble Etienne de Borda, qui a eu pour ses enfants, de son second mariage avec Anne d'Ayrosse, trois garçons : Bertrand, Saubat et Etienne, et quatre filles, savoir : Marie, qui a été mariée avec le sieur de Biaudos ; Catherine, avec le sieur de Junca de Norton ; Marthe, avec le sieur d'Antin de Saint-Pée ; et Isabeau, qui fut religieuse ; ce qui se justifie par le testament du dit sieur Etienne de Borda, du 28 juillet 1602, produit sous la cote L. De son premier mariage avec l'héritière Catherine de Cor, il n'eut point d'enfants.

Noble Bertrand de Borda a aussi porté les armes durant sa jeunesse sous Bernard de Poyanne jusqu'à ce qu'il a été pourvu de l'office de maire perpétuel de la ville de Dax dans la possession et exercice duquel il est mort à l'âge de 45 ans ; il avait épousé Catherine de Liers, fille noble de la maison et marquisat de Pouy et Poutonx ; et en secondes noces, Catherine Dupouy, damoiselle, après la mort des enfants issus du premier mariage, *Saubat* fut héritier. Saubat a continué la postérité.

III. — Noble Etienne II de Borda a porté les armes durant sa jeunesse comme Cadet au régiment des gardes, dans la compagnie de Brissac, comme il se justifie par le certificat du dit sieur de Brissac du 9 février 1621, produit sous cote X. Depuis, et le 26 novembre 1654, il a eu une compagnie dans le régiment de M. le maréchal de Gramont, comme il se justifie par le titre suivant :

« Il est ordonné au sieur de Borda, cappitaine de la compagnie de » Hastingues et de Sames, de tenir la dite compagnie en estat de service.

» Et pour cet effet ordonner et faire contraindre les Bayle et jurats des
» dits lieux de lui fournir les armes et munitions nécessaires, sur peyne
» aux dits Bayle et jurats de nous en répondre en leur propre et privé
» nom.

» Faict a Baionne, le 26ᵉ novembre 1654.   » DE GRAMONT. »

Noble Etienne de Borda eut pour enfants, de son mariage avec Françoise de Saint-Martin :

1º Bertrand de Borda, qui exerça l'office de Conseiller au présidial
d'Acqs, fut marié avec Isabeau de Boys ; le contrat de mariage est du
25 mai 1659. Il prend, à l'exemple de ses ancêtres, la qualité de noble
et d'écuyer, et fait voir par cette pièce la filiation produite sous cote D.

2º Noble Jacques de Borda, qui a étudié en Sorbonne, où il fut bachelier ; et 3º Noble Raymond de Borda, qui a porté les armes comme Cadet
au régiment des gardes, et mourut au siége de Valenciennes (1656),
dans une attaque commandée par le sieur Dufayer, son lieutenant.

3ᵉ *Degré*. — Noble Saubat de Borda a toujours porté les armes sous
Bernard de Poyanne depuis l'âge de 21 ans aux siéges d'Aire, Angoulême, Mont-de-Marsan, Mongiscard et autres places, comme cela se voit
par le certificat du dit sieur de Poyanne du 22 mai 1642, produit sous
cote D ; il a été ensuite, et après la mort de son frère (1630), maire perpétuel de la ville de Dax, en l'exercice duquel office il est mort laissant trois
fils de son mariage avec Anne de Molères, damoiselle : 1º Jean, mort en
bas âge, et qui n'est guère connu que par le testament de son père
(14 octobre 1643) ;

2º Jacques François de Borda, écuyer, maire perpétuel de Dax (en
1649) ;

3º Bertrand de Borda, écuyer, qui exerça l'office de président et lieutenant général au présidial d'Acqs, et continua la lignée de la branche
aînée : sur lesquels on reviendra plus tard. Il résulte de la production qui
précède que les Borda étaient maires de Dax sans discontinuation depuis
près de 100 ans ; Etienne en ayant été pourvu en 1571 ; Bertrand son
fils par sa mort, l'an 1610 ; Saubat son frère l'an 1630, et Jacques-François son fils l'an 1649-1667. Il se justifie aussi que depuis 120 ans et plus
ceux de la maison de Borda sont en possession de prendre la qualité de
noble et d'écuyer, et que consécutivement de père en fils et sans inter-
ruption, ils ont tous porté les armes pour le service du roi et de l'Etat,
et ont tous servi Sa Majesté dans les emplois de leurs charges depuis
l'an 1547 jusqu'à l'an 1667. Le jugement souverain et sans appel de

Claude Pellot ayant prononcé sur la noblesse de Bertrand et Jacques-François de Borda, fils de Saubat, et Etienne de Borda, seigneur de Hastingues et Heugars, leur oncle, le 5 mai 1668, nous allons suivre leur postérité par ordre de primogéniture.

IV. — Bertrand de Borda, écuyer, fils aîné de Saubat de Borda, écuyer-capitaine et maire perpétuel d'Acqs, seigneur de Josse, Sort et autres places, et d'Anne de Molères (1643, 1649), fut d'abord maître ez arts à Paris (1643), conseiller du roi, président et lieutenant-général en la sénéchaussée et siége présidial d'Acqs, seigneur de Josse, Sort, Montpribat, Brutails et Sanguinard, épousa, par articles passés au château noble d'Amou, le 14 mai 1656, et reconnus le 3 décembre suivant, damoiselle Anne-Marie d'Amou, fille de feu noble M. Jean d'Amou, baron du dit lieu et de St-Pée, baillif de Labourd, et dame Magdelaine de Massiot. Le dit seigneur de Borda assisté de noble Jacques-François de Borda, son frère, maire royal et perpétuel de la ville d'Acqs ; nobles Alexandre de Biaudos, seigneur dudit lieu ; Charles de Saint-Pée ; sieur de Hon ; Bertrand de Borda, seigneur de Heugars : Monsieur Sauvat d'Esclaux, sieur de Norton et de Nervis, conseiller du roy en ladite cour présidiale d'Acqs ; de noble Jean Bertrand de Biaudos, d'une part ; et la demoiselle assistée de la dame d'Amou, sa mère ; de messire Bernard de Poudenx, seigneur baron du dit lieu ; noble Jean-Hector d'Amou, sieur d'Arsague ; Tobie de Tilh, écuyer ; Germain de Soubrieule, aussi écuyer ; de Baylenx, abbé de Caignotte, — par lesquels articles la mère du futur époux lui fit donation et aux enfants à naître du mariage, de la moitié de ses biens, sous la réserve de l'usufruit sa vie durant ; ladite dame d'Amou constitua à sa fille la somme de 36,000 livres, y compris le legs à elle fait par le dit feu seigneur son père. (*Grosse en papier, signée dudit notaire* CASEAUX).

Bertrand de Borda, conseiller au présidial, fut déchargé du franc-fief avec son frère, Bertrand de Borda, seigneur de Heugars, son cousin, par ordonnance de M. de Sève, intendant de Guienne du 14 décembre 1674 ; en l'année 1662 le président de Borda concourut généreusement de ses deniers à la réédification de l'église cathédrale de Notre-Dame d'Acqs (*Notice de M. Pedegert*), et laissa de son mariage un fils.

5e *Degré.* — Noble Jacques-François de Borda, né à Dax en 1660 et ondoyé le même jour (20 juin), reçut les cérémonies du baptême le 1er mars 1667 ; il eut pour parrain noble J. François de Borda, écuyer, président en l'élection des Lannes et maire perpétuel de la ville d'Acqs, et marraine dame Marie de Gassion, épouse de noble Léonard d'Amou, marquis dudit lieu ; il épousa, par articles des 25 février et 14 juillet 1688, à Bordeaux, demoiselle Anne-Thérèse de Mons, fille de messire Albert-Paul de Mons, conseiller du roi au parlement de Guienne, et de dame Jeanne de Pomiès, son épouse, en présence de messire Jacques de Mons, fils aîné, conseiller du roi en ladite cour du parlement de Guienne, et commissaire aux enquêtes du palais ; messire Nicolas de Lacroix-Maron, écuyer, conseiller du roi en la cour du parlement de Guienne, procureur fondé de Madame d'Amou (mère de J.-F.).

Haut et puissant seigneur Jacques-François de Borda, écuyer, seigneur de Josse, Sort et Montpribat, conseiller du roi, lieutenant-général civil et de police au siége présidial et sénéchal d'Acqs, fut déchargé de la taxe du franc-fief de 3,000 livres, par ordonnance du 15 mai 1693, de M. Basin de Bezons, intendant de Bordeaux. — Etant veuf, J.-F. de Borda, président au présidial de la Sénéchaussée des Lannes, épousa à Bordeaux, le 23 mars 1717, dame Marie-Anne-Elisabeth d'Oro de Saint-Martin, fille de noble Alexandre d'Oro, écuyer, baron de Rion, vicomte de Saint-Martin, et de dame Suzanne de Saint-Martin, baronne de Rion. — De son premier mariage avec Anne-Thérèse de Mons il laissa : noble Etienne de Borda, né en 1692, et Anne-Marie, mariée au marquis d'Oro de Pontonx.

6e *Degré*. — Noble Etienne de Borda, écuyer, conseiller du roi au siége présidial d'Acqs, naquit à Dax le 27 février et fut baptisé le 9 mars 1692 ; son parrain, noble Etienne de Borda, chanoine de l'église cathédrale, et marraine dame Jeanne de Pomiès, veuve de feu Monsieur de Mons, conseiller du roi au Parlement de Guienne ; il fut tenu à sa place par dame Marie-Elisabeth de Saint-Cristau, mairesse ; fut marié en 1717 à dame Marthe de Lacoste, laquelle, dans son testament de 1740, déclare avoir été unie à noble Etienne de Borda, écuyer, conseiller du roi, lieutenant-général au siége présidial d'Acqs, et en avoir quatre enfants, savoir : Jacques-François de Borda, l'aîné ; Marie-Anne, aînée ; Marie-Anne, puînée, et Joseph-Léonard de Borda. Jacques-François a continué la lignée. Marie-Anne de Borda a épousé, vers 1748 ou 1750, M. Guillaume de Larrey, lieutenant assesseur au présidial d'Acqs, veuf en premières noces de dame Marguerite de Borda-Labatut.

7e *Degré*. — Noble Jacques-François de Borda, écuyer, seigneur d'Oro, naquit le 25 mai 1718 ; fut parrain messire Jacques-François de Borda, conseiller du roi, président au présidial ; marraine demoiselle

Marguerite d'Ailhencq, épouse de M. Cyprien de Lacoste, adt ez la cour. En présence des soussignés : de Borda père ; M. d'Ailhencq ; de Borda, président et lieutenant-général parrain ; Lacoste ; de Borda, doyen ; de Maumen, Saint-Genez, Destrac de Saint-Pée, d'Oro Saint-Martin, Destrac de Borda, Castaing et de Pons, curé major d'Acqs. Monsieur de Borda d'Oro fut un savant distingué, membre correspondant de l'Académie royale des sciences de Paris et a laissé des mémoires sur la minéralogie de la Chalosse. Par acte de septembre 1747, il épousa demoiselle Catherine de Saint-Martin Betuy de Saint-Geours, et en eut quatre enfants :

1º Noble N... de Borda, officier de marine, mort jeune ;

2º N... de Borda d'Oro, *idem;*

3º Demoiselle Marie-Louise de Borda, née en janvier 1751 ;

4º Demoiselle Thérèse de Borda d'Oro, née en 1754.

Jacques-François de Borda, écuyer, seigneur de Sort et d'Oro, fut convoqué pour l'assemblée de la noblesse des Lannes en 1789 et prit une part active aux travaux de l'ordre, ayant été nommé le 20 mars 1789 membre de la commission pour la vérification des titres de noblesse. (*Manuscrit de Mormès ; Clergé et noblesse des Lannes,* page 50).

5e *Degré* (*bis*). — (Borda, Charitte et Josse). Noble Jacques-François de Borda, écuyer, seigneur de Josse, Sort, Brutails et Montpribat, etc., fils de Bertrand, épousa en secondes noces dame Marie-Anne-Elisabeth d'Oro (1717) et en eut :

6e *Degré.* — Haut et puissant seigneur Jean-Louis de Borda, écuyer, seigneur de Josse et de Brutails, épousa, par contrat passé à Castelnau le 30 décembre 1757, devant Lafitte, notaire royal de la ville de Navarreins, demoiselle Catherine de Charitte, fille de haut et puissant seigneur Charles de Charitte, chevalier, conseiller du roi en ses conseils, président à mortier au Parlement de Navarre, et de haute et puissante dame Marguerite d'Andouins, son épouse; assisté, ledit futur époux, de sa mère, représentée par haut et puissant seigneur Jean d'Oro, chevalier, seigneur de Saint-Martin ; marquis de Pontonx ; baron de Rion, Laharie, etc., fondé de sa procuration du 28 précédent ; son cousin germain, M. de la Bègue, et Cécile de Borda, ses sœur et beau-frère, et la demoiselle future épouse desdits seigneur et dame ses père et mère, de très haut et très puissant seigneur messire François de Charitte, chevalier, conseiller du roi en ses conseils, président à mortier au même Parlement, son frère ; messire Jean-Louis de Borda, écuyer, seigneur de

Josse, Sort, Brutails et Gourbie, et Catherine de Charitte, son épouse, sont rappelés dans l'extrait baptistère de François de Borda, leur fils, du 28 mars 1763.

7ᵉ *Degré.* — Messire François de Borda, écuyer, seigneur de Josse, né le 27 mars 1763, baptisé le lendemain dans l'église cathédrale de Dax ; parrain messire François de Charitte, président à mortier au Parlement de Navarre, et pour marraine demoiselle Jeanne-Marie-Bernarde de Charitte ; fut présenté en 1782 pour une place de sous-lieutenant de carabiniers et admis sur les preuves de noblesse dressées par Cherin ; servit avec zèle jusqu'à la Révolution ; émigra en Espagne, où il se distingua durant les guerres de la Convention et du Directoire, et donna les plus éclatantes preuves d'intelligence et de courage dans toute sa carrière militaire (voir les *Mémoires de la marquise de la Rochejaquelein,* édition de 1848, pages 498, 499) ; fut récompensé après la restauration de la royauté par la croix de chevalier de Saint-Louis et le grade de chef d'escadron de cavalerie (1816). M. de Borda s'était marié avec Mademoiselle Sallenave sa parente, et choisit pour habitation le Pouy d'Euse, près de l'Adour, dans la paroisse de Saint-Vincent de Xaintes, appartenant à M. Sallenave ; exerça plusieurs années les fonctions de maire et administrateur de cette localité, et mourut après 1840, ne laissant qu'une fille unique ; il avait assisté en 1789 à l'assemblée de la noblesse de Dax, sous le nom de Borda-Josse.

8ᵉ *Degré.* — Dame Amanda de Borda, mariée au baron de Luppé, ancien capitaine de grenadiers, fut en peu de temps veuve et orpheline et se retira dans une maison religieuse de Toulouse, où elle mourut en 1862.

BRANCHE CADETTE DE BORDA-LABATUT.

4ᵉ *Degré.* — Noble Jacques-François de Borda, second fils de Saubat, maire, et de demoiselle Françoise de Molères (1643, 1649). A la tête d'une troupe de volontaires d'Acquois soutient un combat contre les révoltés (*Principalistes*) sous les murs du Mont-de-Marsan (*Minorité et jeunesse de Louis XIV,* 1649, 1654). J.-F. de Borda, écuyer, maire royal et perpétuel de la ville d'Acqs, après la mort de son père (1649) et président en l'élection des Lannes, assisté de demoiselle Françoise de Molères, sa mère, et de MM. Bertrand de Borda, conseiller du roi, président au présidial et lieutenant-général au siège d'Acqs, épousa, par actes du 28 novembre 1658, Marie-Elisabeth de Saint-Cristau, demoiselle, fille de M. Fabian de Saint-Cristau, conseiller du roy audit siège d'Acqs et de demoiselle Gracie du Haa, alors sa veuve, les futurs époux ayant obtenu dispense du quatrième degré de parenté ; assistés de ladite du Haa, demoiselle ; de MM. Jean d'Ayrosse, conseiller du roi au même siége, et de Charles de Saint-Cristau, avocat ez la cour, ses proches parents ; les sommes constituées par contrat à la future épouse sont de 30,500 livres. (Daleau, notaire royal d'Acqs ; expédition faite le 29 mars 1685).

Jacques-François de Borda, maire perpétuel, assista le 14 mai et le 3 décembre 1656 aux articles de mariage de Bertrand, lieutenant-général, son frère aîné :

Du mariage de Jacques-François et d'Elisabeth de Saint-Cristau sont issus trois fils : 1º Bertrand de Borda, écuyer, qui a continué la postérité ; 2º Messire Jacques de Borda, prêtre, curé de la paroisse de Saint-Lon, oncle de Jean-Antoine de Borda-Labatut, institua pour héritier son petit neveu, Jean-Baptiste de Borda, seigneur de Labatut, par testament du 15 octobre 1766 ; 3º Messire Pierre-Joseph de Borda, docteur en théologie et curé de Bastennes, institue pour son héritier noble Antoine de Borda, écuyer, seigneur de Labatut, son neveu, le 17 janvier 1753.

5e *Degré.* — Noble Bertrand de Borda, écuyer, maire royal et perpétuel de la ville d'Acqs, épousa, par consentement et en présence de demoiselle Marie-Elisabeth de Saint-Cristau, sa mère étant veuve, par contrat passé en ladite ville le 9 février 1692, Marguerite de La Lande-Lamothe-Labatut, demoiselle, fille aînée de noble Jean-Antoine de La Lande-Lamothe, écuyer, seigneur de Labatut, baron de Montaut, capitaine au régiment de Lansac, et de demoiselle Marie de Pons ; lesquels lui firent donation alors de la moitié de leurs biens pour en jouir après leur décès, l'autre moitié destinée à leurs autres filles, et cependant 500 livres chaque année par forme de pension. Ce contrat en parchemin, reçu et signé par Dailhencq, notaire royal, et insinué le 23 mai dudit an 1692.

6e *Degré.* — 1º Jean-Antoine de Borda, promu au cléricat en 1729, fils de Bertrand ; 2º noble Jean-Antoine de Borda, écuyer, seigneur de Labatut, épousa, par articles passés sous-seing-privé le 30 juillet 1719, demoiselle Jeanne-Marie-Thérèse de Lacroix, fille de M. Jean-Baptiste de Lacroix, conseiller du roi, banquier, expéditionnaire en cour de Rome, et de demoiselle Marguerite de La Caule.

Présentes et consentantes à ce mariage : dame Elisabeth de Saint-

Cristau et dame Marie de Pons, aïeules du futur époux ; la dot de la future épouse étant de 30,000 livres payables la veille des noces, outre les habits nuptiaux, et sans préjudice de future succession ; cet acte, en papier timbré, signé des parties avec à la fin quittance de 14,700 livres à compte, daté de Bordeaux, le 10 octobre 1719. Signé de Borda fils.

Jean-Antoine de Borda mourut le 10 novembre 1767 laissant pour enfants :

1º Noble Jean-Baptiste de Borda, écuyer, chevalier, seigneur de Labatut, capitaine d'infanterie au régiment de Vivarais, chevalier de l'ordre royal et militaire de Saint-Louis en 1770, fut marié à dame Marie-Philippine de Lons, fille du marquis de Pons, chevalier, lieutenant du roy de la province de Béarn, et n'en eut point d'enfants ; assista le 16 mars et avril 1789 à l'assemblée de la noblesse des Lannes à Dax, et mourut le 13 février 1802, laissant son neveu Jean-Baptiste de Borda légataire universel ;

2º Noble Joseph, chevalier de Borda, servant comme Cadet dans le régiment d'Orléans-infanterie, fut tué d'un coup de canon à l'affaire de Lauffeld, en 1746 ;

3º Messire Joseph de Borda, prêtre, chanoine du Chapitre de la cathédrale de Dax, né en 1727, assista en 1789 à l'assemblée du clergé des Lannes à Dax, émigra en 1791 et mourut à Madrid, le 10 mai 1797, âgé de 70 ans ;

4º Noble Jean-Charles de Borda, chevalier, né à Dax le 4 mai 1733, et baptisé le lendemain dans l'église cathédrale de Notre-Dame, eut pour parrain messire Jean-Charles de Biaudos de Castéja, curé de Saint-Paul, et pour marraine demoiselle Marie de Borda ; commença ses études au collège des Barnabites de Dax et les continua sous les Jésuites de la Flèche, et fut initié aux sciences physiques et mathématiques par M. de Borda d'Oro, son parent ; entra dans le génie militaire et fut admis en 1755 dans les chevau-légers de la garde du roi sur preuves de noblesse dressées au cabinet du Saint-Esprit, par Clérambault ; en 1737 il fit la campagne de Hanovre en qualité d'aide-de-camp de M. de Maillebois ; continua de se livrer à l'étude des sciences et vit ses travaux couronnés par l'Académie en 1756, 1764, et fut successivement dans la marine lieutenant de port, ingénieur ordinaire du roi (1767), major de l'escadre de Toulon en 1778, eut l'honneur d'accompagner le roi Louis XVI à Cherbourg ; capitaine de vaisseau en 1779, chef d'escadre, membre du Conseil de la marine, chef de division des armées navales et au ministère (1786), major général du comte d'Estaing (1778), membre de l'Institut et membre de l'Académie des sciences depuis 1756 (*Almanach royal*, 1788 ; *Histoire des Chevaliers de Saint-Louis*, Th. Anne, tome 2, p. 242) ; se livra à des travaux considérables pour déterminer le méridien terrestre, fut l'un des auteurs du système métrique et l'inventeur du cercle de réflexion et de la méthode des doubles pesées ; chevalier de l'ordre royal et militaire de Saint-Louis en 1776 ; mourut à Paris le 20 février 1799, rue de la Sourdière, no 12, paroisse Saint-Roch, et fut enterré au cimetière du Mont-Parnasse ;

5o Jean-Joseph de Borda-Labatut, chevalier, a continué la postérité ;

6o Jean-Joseph-Crysostôme de Borda-Labatut, chevalier, né en 1744, servit longtemps dans le régiment de Vivarais, assista en 1789 à l'assemblée de la noblesse de Dax avec ses deux frères, fut chevalier de l'ordre royal et militaire de Saint-Louis en 1791 ; étant capitaine au Vivarais, devenu 71e, émigra dans l'armée de Condé en 1792-93, fut tué dans une sortie que fit un détachement d'émigrés à Maestrich contre l'armée de Dumouriez, le 7 mars 1793 ;

7o Demoiselle Thérèse de Borda, fille de Jean-Antoine et de dame Marie-Thérèse de Lacroix, fut mariée à M. Augustin Guinoiseau de Boismarie, écuyer, contrôleur des domaines à Dax, originaire du pays d'Anjou ; l'an 1773, et le 5 juillet, M. Angustin de Boismaric et dame Thérèse de Borda, son épouse, tinrent sur les fonts du baptême à Tartas M. Augustin Darricau, fils de M. Jean-Marc Darricau, seigneur de Saint-Antoine des Traverses, qui fut, depuis, le général baron Darricau. (*Voir ce nom*) ;

8o Marguerite de Borda, mariée le 8 février 1746 à M. Guillaume de Larrey, reçut la bénédiction nuptiale dans la chapelle scigneuriale du Conte, à Labatut, par M. de Borda, curé de Saint-Lon ; elle mourut peu après des suites de couches, et M. de Larrey convola en secondes noces avec Mademoiselle de Borda d'Oro. La famille de Larrey est conuue anciennement à Dax, par ses services dans la robe et dans l'épée ; en 1780-1787, M. de Larrey était lieutenant du roi des villes de Dax et Saint-Sever et le chevalier de Saint-Paul son major ; le fils de Guillaume de Larrey et de Marie-Anne de Borda se transplanta à Saint-Sever cap. et épousa la fille et héritière de noble Martin-Antoine de Marsan, chevalier, abbé séculier de l'abbaye d'Audignon (en Saint-Sever), seigneur du Hauriet et Cucurin, ancien capitaine au régiment d'Auvergne et chevalier de Saint-Louis ; la famille de Marsan possédait à Audignon la caverie de Laborde (1689), qui est toujours habitée par les Messieurs de Larrey ;

9° Demoiselle Jeanne de Borda, née le 14 mai 1736, morte jeune ;

10° Marguerite-Mimi de Borda, demoiselle, a vécu jusqu'à un âge avancé ;

11° Marguerite-Nanette de Borda ;

12° Demoiselle Geneviève de Borda, née le 3 janvier 1737 ;

13° Demoiselle Marie de Borda (Marianne), né au Conte, le 6 août 1737, morte le 8 janvier 1792.

7è *Degré.* — Messire Jean-Joseph de Borda-Labatut, chevalier, né en 1740, entra au service (1756) comme Cadet gentilhomme dans le régiment de Royal la marine, où il servit jusqu'au mois de novembre 1759, époque à laquelle il obtint un emploi dans le régiment de Vivarais. Il a fait deux campagnes en Allemagne, l'an 1761 et 1762, sous les ordres de Monseigneur le prince de Condé, successivement lieutenant, capitaine et commandant dans le régiment de Vivarais (1787, 1789) ; en 1784, chevalier de l'ordre royal et militaire de Saint-Louis ; assiste en 1789 à l'assemblée de la noblesse de Dax ; au commencement de 1792 il émigra en Espagne et entra en 1793 dans la légion royale des Pyrénées, commandée par M. le marquis de Saint-Simon, et il a fait dans ce corps les campagnes de 1793, 1794 et 1795, et a continué son service jusqu'à l'époque du sénatus-consulte qui permit aux émigrés de rentrer en France. M. de Borda se maria le 1er décembre 1785 avec demoiselle Marie-Anne Seize, et mourut en 1826, laissant :

8e *Degré.* — 1° Noble Jean-Baptiste de Borda-Labatut, chevalier, né en 1786, marié en 1822 à demoiselle Josèphe-Françoise-Létice de Captan, fille de noble Frédéric-Joseph de Captan, chevalier de Saint-Louis, et de dame Paule-Camile de Bourdeau de Castera (14 janvier 1822), mourut sans postérité le 29 octobre 1845 ;

2° Dame Marguerite-Charlotte de Borda, née à Dax le 3 novembre 1788, tenue sur les fonts par Messire Jean-Charles (Charlot) de Borda, chef de division des armées navales, etc., fut mariée le 28 décembre 1814 à M. Jean-Arnaud-Vincent de Cabannes, baron de Cauna, maire de la ville de Saint-Sever ;

3° Dame Catherine-Virginie de Borda, née en 1791, mariée à M. Bernard-Augustin baron de Cardenau, maréchal des camps et armées du roi, chevalier de Saint-Louis, officier de la Légion-d'Honneur, commandeur de l'ordre des Deux-Siciles le 2 septembre 1816.

Additions : 1º Une sœur de noble François de Borda-Josse, fille de Mademoiselle de Charitte, a été mariée à Monsieur de Laurens Hercular, dont elle a eu : M. de Laurens, maire de Saint-Pandelon, chevalier de la Légion-d'Honneur et de Saint-Ferdinand ; M. de Laurens, puîné ; dame de Laurens, mariée au chevalier d'Oro de Pontonx et mère du comte Armand de Pontonx et de M. Louis de Pontonx, curé de Saint-Vincent de Xaintes à Dax ;

2º Dame Cécile de Borda, mariée au sieur Bernard de Neurisse, écuyer, baron de Laluque, lieutenant-général au sénéchal de Tartas ;

3º Demoiselle Suzanne de Borda, mariée le 22 janvier 1719 à noble Jean-Luc de Saint-Paul, sieur de Soubrieulle.

3ᵉ Degré. — Noble Sauvat de Borda, écuyer, seigneur de Josse, Sort, Brutails, etc., capitaine et maire perpétuel par autorité royale de la ville d'Acqs, fit son testament en cette ville, le 14 octobre 1643, ordonnant sa sépulture dans l'église cathédrale de Notre-Dame de la même ville, à la direction de la demoiselle sa femme ; et après avoir légué à cette église 75 livres pour y célébrer annuellement une messe haute à l'intention de son âme, à pareil jour de son décès, et fait des legs pour prières aux couvents de la même ville et aux hôpitaux de Saint-Esprit et de Sainte-Eutrope, il déclara être conjoint en mariage avec demoiselle Françoise de Molères, en ayant eu trois enfants vivants, savoir : Bertrand, François et Jean, lesquels seraient apportionnés par ladite demoiselle son épouse avec l'avis de leurs plus proches parents, lui laissant l'administration de leurs dits enfants. Il est nommé Saubat de Borda, écuyer et homme d'armes de la compagnie du seigneur de Poyanne, assisté de noble Bertrand de Borda, capitaine et maire perpétuel de la ville d'Acqs, seigneur de Brutails, Sort, Josse, etc.; et d'Etienne de Borda, ses frères, épousa par actes où ses père et mère ne sont pas nommés, passés en la ville d'Acqs, le 26 décembre 1621, Françoise de Molères, demoiselle, fille de Monsieur Jean de Molères, conseiller du roi et son receveur des domaines en la sénéchaussée des Lannes, et de feue demoiselle Marie de Gaxie, assistée de son père et de l'avis de Messieurs Jean de Gaxie, seigneur de Montpribat et Pimpoy, contrôleur et procureur du roi au siège présidial de ladite ville d'Acqs, et Jacques de Gaxie, curé de Saint-Geours, ses oncles ; elle eut alors donation par son père de tous ses biens à la charge de la substitution apposée au testament de ladite feue mère, et d'acquitter les légats que ladite défunte avait faits en faveur de Marie et Françoise de Molères, ses autres filles puînées, et de leur payer à chacune, pour tous droits, mille écus. Ce contrat en papier, reçu par Gratien Daleau, notaire royal, et de lui signé.

Sauvat institua ledit Bertrand de Borda, maître ez-arts, son fils aîné, alors à Paris, son héritier universel, lui substituant ses autres enfants l'un après l'autre ; et il nomma pour ses exécuteurs testamentaires ladite demoiselle son épouse, et noble Etienne de Borda, écuyer, et Raymond d'Antin de Saint-Pée, écuyer, seigneur de Hon, lieutenant au gouvernement de ladite ville d'Acqs, ses frère et beau-frère. Ce testament, passé en présence de Messieurs Jean de Saphore, chanoine en ladite église cathédrale d'Acqs ; d'Adrien de la Règle, conseiller du roi, lieutenant assesseur en l'élection des Lannes ; Philippe Gabouriant, bourgeois, etc.; et signé Dupuyo, notaire royal. Original en papier. Demoiselle Françoise de Molères assista aux articles de mariage de Bertrand son fils, du 14 mai 1656.

4° *Degré* : BERTRAND (*branche aînée*). — Bertrand de Borda, institué par son père son héritier universel en 1643, étant alors maître ez-arts et à Paris qualifié noble ; il épousa, par contrat du 23 mars 1656, demoiselle d'Amou ; il fut reconnu noble avec son oncle et son frère par jugement de M. Pellot, intendant en Guienne, du 5 mai 1668. Ce Bertrand de Borda, écuyer, conseiller du roi, président et lieutenant-général en la sénéchaussée et siége présidial de Dax, présenta à M. d'Aguesseau, intendant à Bordeaux, le 12 avril 1674, les enfants, au nombre de quatorze, de Charles d'Antin, écuyer, seigneur de Saint-Pée, lieutenant pour le roi au gouvernement des ville et château de Dax, et de demoiselle Marguerite de Castéja, au sujet de la pension accordée par le roi audit sieur de Saint-Pée en 1670, à cause de ses dits enfants. (*Mélanges*, vol. 465, fol. 815. — *Preuves de Jean-Charles de Borda*, 1755). Noble Bertrand de Borda, seigneur de Sort, Montpribat et Josse, président et lieutenant-général au siége présidial d'Acqs, donna au roi en son bureau du domaine de la généralité de Guienne à Bordeaux, le 31 mai 1663, l'aveu des maisons nobles de Sort, Montpribat et Josse dans lesquelles il avait moyenne et basse justice, cens et rentes en deniers. (Cherin, *Preuves de François de Borda-Josse*, 1782).

Monsieur de Borda, conseiller du roi au présidial d'Acqs, donna au roi l'aveu et dénombrement de la terre et seigneurie de Sanguinard ou Montgrué, avec justice, domaine, fiefs et rentes, mouvante de Sa Majesté.

le 22 juin 1690, devant M. de Prugue, au bureau des finances de Bordeaux. (*Titres* de MM. de Lalande d'Olce, baron de Magescq).

—

Le 18 mars 1734 mourut dans la maison seigneuriale du Conte, dame Marguerite de La Caule, veuve de feu Monsieur Jean-Baptiste de Lacroix, vivant conseiller du roy en ses conseils, banquier expéditionnaire en cour de Rome, établi en la ville de Bordeaux, âgée d'environ septante ans, après avoir reçu les sacrements, et fut enterrée le lendemain dans l'église Saint-Romain de Labatut; l'office ayant été fait par moi, Soustra, curé dudit lieu, en présence des soussignés.

De Maniort, pt. Maniort. Soustra, curé.

—

1735. Le troisième janvier mil sept cent trente-cinq naquit dans la maison du Conte Marguerite Geneviève de Borda, fille légitime de noble Jean-Antoine de Borda, seigneur de cette paroisse, et de dame Marie-Treize de Lacroix Borda, conjoints, et fut baptisée le même jour. Parrain, Monsieur Jean de Borda, écuyer; marraine, Marguerite Geneviève de Borda, frère et sœur de la baptisée; le sacrement ayant été administré par moi, en présence des soussignés.

De Maniort, pt. Maniort. Bordelongue, pb.

—

Le 25 du mois de mars 1738 mourut dans la maison seigneuriale du Conte, dame Marguerite de Lalande Lamothe, espouse de noble Bertrand de Borda, seigneuresse de cette paroisse, âgée d'environ soixante-six ans, après avoir reçu les sacrements, et fut enterrée le 26 du courant dans l'église du présent lieu; l'office ayant été fait par moi, Soustra, en présence des soussignés.

De Maniort. Maniort fils. Soustra, curé.

—

Le huitième février mil sept cent quarante-six, Monsieur Guillaume de Larrey, lieutenant assesseur au sénéchal et présidial de Dax, et demoiselle Marguerite de Borda, ont reçu la bénédiction nuptiale dans la paroisse de Labatut et chapelle du Conte, du consentement de Monsieur Darribehaude, curé de Labatut; et ce, par les mains de Monsieur de Borda, curé de Saint-Lon, qui en a le consentement de Monsieur de Labaig, curé major de la ville d'Acqs, après avoir observé les formalités en pareil cas requises; et ce, en présence de Monsieur Bertrand de Larrey, ancien capitaine au régiment de Landes, père, et Monsieur Jean-

Antoine de Borda, écuyer, et de dame Marie de Lacroix Borda, père et mère de la susdite demoiselle de Borda, et autres parents, qui ont signé avec le sieur Dominique de Hiriard, témoin, et moi.

> BORDA, curé de Saint-Lon. LARREY père. LARREY. Marguerite DE BORDA LARREY. DARRIBEHAUDE, curé consentant à la susdite impartition dans la chapelle susdite. DE BORDA-LABATUT. LACROIX DE BORDA.

Lettre du roi Henry III.

Cappitaine Borda, j'ay esté bien ayse quand j'ay sceu que vous alliez avec mon cousin le sieur de Strossi, au voyage de mer que nous luy avons commandé entreprendre pour notre service, pour la congnoissance que j'ay de votre fidélité, expérience de laquelle je vous prie assister mondit cousin autant que vous pourrez et croire que je le recognoistray éternellement comme j'ay commandé à Verac vous fere plus amplement entendre de ma part dont vous le croirez comme si c'estait moymesme. Priant Dieu, cappitaine Borda, qu'il vous ayt en sa sainte garde. Escript à Fontainebleau, le dernier jour de may 1582.

HENRI.

DENONFVILLE.

Au cappitaine Borda.

Lettre de Catherine de Médicis.

Cappitaine Borda, encore que ic soys assurée que vous ne fauldrez à suivre secourir et assister mon cousin le sieur de Strosse en l'occasion pour laquelle il s'en va par de la suivant les commandements que vous en faict le roy mon fils, toutte fois d'aultant que c'est chose qui me concerne, et que j'ay grandement à cœur, j'ay bien voullu vous prier par la presente de vous y employer à bon escient, de croire que vous me ferez plaisir et service tres agreable duquel je mettray peyne de me revancher en tout ce qui se partiendra. — Ainsy que j'ay commandé à mon dit cousin vous exposer plus amplement de ma part, auquel a ceste fois je vous prye adjcuter foy comme à moy mesme. Priant Dieu qu'il vous ayt, cappitaine Borda, en sa garde. Escript à Paris, le dernier jour d'octobre 1582 (1).

CATHERINE.

DENONFVILLE.

Au cappitaine Borda.

---

(1) La date du mois d'octobre n'est pas exacte, quoique écrite dans l'original et dans l'inventaire de 1642. La bataille navale avait eu lieu le 26 juillet 1582: la reine écrivit en même temps que son fils, les derniers jours de *mai* 1582.   (A. C. C.)

Testament de noble Etienne de Borda, mareschal de camp, faict sur la mer dans le navire de la SALEMANDRE, *au retour de l'armée française envoyée aux isles Terseres, soubs Monsieur Strossy ; le dit testament du 1er d'Aoust 1582.*

Le premier jour du mois d'Aoust mil cinq cent quatre-vingt-deux, environ l'heure de dix heures du soir, sur la haute heure de quarante-un degré, presans les tesmoings cy-bas nommés ; moy Estienne de Borda, escuyer, sieur de Brutails et de Lespéron, et maire perpétuel par authorité royale de la ville. de Dacqs (par autorité de la ville royale de Dacqs), capitaine de deux compaignies de gens de pied et mareschal de camp ez l'armée de mer dressée pour le service du roy et la royne sa mère pour Pourtugal, sur la conduite de Monseigneur Destrosse (Strossy) leur lieutenant général ez icelles ; comme estant sur le dernier de mes jours et ez bon sens ez mémoire, ayant recommandé mon âme à Dieu, veux et entends que le contenu de mon testament que j'ay faict et passé auparavant mon partement ez la ville de d'Acqs, passé dans ma maison par sieur Pierre Duboscq, notaire royal ez la presente année, non certain de datte, veux comme dessus qu'il sorte à son plain et entier effet ez irrevocable ; aussy sera pour mémoire comme estant a la rade de Belle-islle j'ai preté cent escus sol aux sieurs Destrossy comme appert par cedulle signée de sa main, qui est dans mon coffre qui est dans le navire nommé *la Catherine ;* aussy dans le dit coffre y a encore cent et huict escus desquels j'en donne cent francqs bourdalais au capitaine Sainct Aulady et cent francqs bourdalais au capitaine Boyer, et cent francqs bourdalais au capitaine Sainct Martin, et cinquante franqs bourdalais à Bernard de...... et François de Peztoliers, mes serviteurs, et quarante francqs a Mes Antoyne et Me Jacques, barbier et apothicaire, et quarante deux francqs restants à Salomon Darrieulat ; et en outre je donne un manteau de sarge de fleurance (florence) noire doublé de taffetas avec une paire de chausses en velours et un pourpoing de taffetas noir et deux chapeaux doublés de taffetas au capitaine Colas, qui est le tout dans le dit coffre ; plus je donne au capitaine Sainct Martin vingt cinq chemises neufves, deux douzaines de chaussons et deux douzaines de coiffes, un accoutrement de satin, le pourpoing gris et les chausses noires trois ou quatre bas de chausses de laine et un pourpoing de buffeton, et deux douzaines de mouchoirs ; aussy je donne au capitaine Lánda une cuirasse avec un casque, un lict, une couverte et six lin-

ceuls ; cn outre je donne cent cinquante livres à une fille de Poille, demeurant en la paroisse de Saubusse, à deux lieües de d'Acqs, et je
donne à une cousine germaine de la dite fille de Poille cent cinquante
livres, qui est fille de Jean Hau et de sa femme, pour luy ayder à la
marier, des cent escus que je deubs prendre du dit sieur Destrosse ;
en outre ce que j'ay donné et légué par mon testament que j'ay faict à
d'Acqs, à Catherine de Laborde, ma niepce, que j'entends qui lui soit
baillé, je lui donne de survie environ mille ou onze cents francs qui me
sont deubs par Monsieur le président de Gourgues, lesquels Monsieur
d'Acqs me faisait cet honneur de les recevoir, que s'il les a receus ou
qu'ils ne soient receus, seront à la dite ma niepce; aussy j'atteste et certifie que le capitaine Saint-Aulady et le capitaine Colas mon lieutenant,
avecq une de mes compaignies, estant dans le navire nommé la *Salemandre*, tant soldats, officiers que mariniers ont faict leur debvoir a la
bataille donnée en la mer par nous vingt sixième juillet, au dit an,
entre l'islle Sainct Michel et Saincte Marie, et ont assisté à ma compaignie au des engagement de Monsieur le comte de Brissac, vice amirail
en la dite armée, et ont pris la route de France suivant le commandement du dit sieur de Brissac, et pour entretenir tout ce dessus, j'ay faict
écrire d'aultre main et signé de mon seing accoutumé, dans le navire de
la *Salemandre*, voulant qu'il y soit adjouté foy et créance comme s'il
était passé par notaire. Présents : Amanieu de Laporte, Jean Hubert,
le dit Laporte habitant de Prechacq, et le dit Hubert de Bourdeaux ;
Saubat de La Peyre de Poillon, Arnaud de La Sègue de Misson, Pierre
de Bellesier, escuyer, habitant du dit Bourdeaux ; Jean Vidal, habitant
à Puy-Normand, Et. Arnaud de Sainct Clément, habitant de Salies, Et.
Arnaud Fronsac, escuyer de la maison de la Nissi ez Medouc, lesquels
se sont soubs signés les jours et an que dessus ; et approuvé par moy
Etienne de Borda cinq ratures. Ainsi signés :

BORDA, *mareschal de camp*.

De Belcier, *temoing* ; Jehan Vidal, *temoing* ; Et. de Fronsac, *temoing* ;
De Laporte, *temoing* ; Arnaud Dupin, *temoing* ; De Lapeyre, *temoing* ;
De Saint Clément, *temoing* ; Jehan Hubert, *temoing*.

Lettre de Matignon, maréchal de France et lieutenant-général pour le roy en Guyenne.

Monsieur de Borda, j'ay esté adverty par ung des gens de Monsieur de
Gourgues, qui estait allé avec l'armée de mer, lequel est arrivé ce

matin, comme vous étiez de retour de votre voiage mallade, et avais auparavant entendu comme vous vous étiez trouvé au combat qui s'estait faict ou vous aviez tres bien faict votre debvoir, et desirant vous voir, je vous prie bien fort, si vostre santé le peult permettre de me venir trouver en ce lieu, ou vous serez le tres bien venu ; et beaucoup mieux sollicité et pressé que la ou vous etes, la presente finira aussy pour le cappitaine Saint-Olary, lequel je prye de faire bien prendre garde à tous les vivres et autres munitions de guerre qui sont dans le navire de la Sallemande ou vous etes venu ! en sorte qu'il ne se puisse rien perdre ni gaster ! Et en attendant de vos nouvelles je me recommanderay bien fort et de bon cœur à vostre bonne grace, priant Dieu vous donner, Monsieur de Borda, en santé bonne vye et longue.

De Bordeaux, le XXIX jour d'aoust 1582.

Vostre entièrement bon et plus affectionné amy,

J. MATIGNON.

Monsieur Monsieur du Borda, Mornac.

Lettre du roy Henry III.

Cappitaine Borda, desirant entendre de vous ce que vous avez veu des choses qui se sont passées au voiage de feu mon cousin le sieur de Strossy, du côté des Terceres et du Portugal, a present que le sieur de Sainte-Souline est prisonnier, et que je le fais amener a Paris a cette occasion, j'ay bien voullu vous faire ceste lettre pour vous dire que vous me ferez service tres agréable, de me venir trouver incontinent la presente receue, la part que je feray. Et m'asseurant que n'y vouldrez faire faulte, je prieray Dieu, cappitaine Borda, vous avoir en sa sainte et digne garde. Escript à Paris, le XXII jour de janvier 1585.

HENRI.

JOMART.

Au cappitaine Borda, maire de ma ville d'Acqs.

NOTA. Les quatre lettres d'Henry III, Catherine de Médicis et le maréchal de Matignon sont transcrites sur leurs originaux. (A. C. C.)

Lettre de Henry IV étant roi de Navarre.

2 de mars 1585.

Monsieur de Borda, d'autant que sur les remuements nagueres advenus, il y a qui voullant donner coulleur et pretexte à leurs entreprises et me rendre odieux parmi les peuples, villes et communautés y ont faict semer et publier que je prenois les armes le premier d'avril prochain, j'ay bien voullu vous rendre certain de mon intention contre telles calomnies et assurer que je n'ay autre but que le service du roy Monseigneur et le repos de cest estat ny autre desir que d'executer les commandements de Sa Majesté, et en cela j'employerai ma vie et tous mes moments et sachant le debvoir et la bonne volonté que portez à son service, je desire que vous la continuiez de plus en plus en cette saison faisant toujours estat assuré de mon affection en tout ce qui vous importera. Priant sur ce le Créateur de vous avoir, Monsieur de Borda, en sa sainte et digne garde.

De Montauban, ce 2 de mars 1585.

Votre entyerement bon et assuré amy.

HENRY.

Monsieur de Borda, cappitaine du chasteau d'Acqs.

Ecrit de la propre main du roy.

Lettre de Henry IV.

Cappitaine Borda, envoyant Frontenac et ce Secrétaire Vicose vers le sieur de Puyanne, j'ay voulu vous fr   ce mot affin que vous continuiez en mon endroit la mesme affection et fidellité que vous avez rendue au service du feu roy Monseigneur comme je m'asseure que vous ferez vous ayant toujours cognu vray et naturel françois et que vous disposerez ung chacun à me rendre la fidellité et obéissance que m'est due étant appelé à cette couronne par ung ordre naturel et légitime, croyez aussy qu'il ne se presentera jamais occasion de le recognoistre que je ne l'employe tres volontiers. Priant sur ce le Créateur vous tenir, cappitaine Borda, en sa sainte garde.

Escript au camp de Saint-Clou, le IV aoust 1589.

HENRY.

Sur la requeste présentée devant nous par Saubat de Borda, escuyer, maire royal perpétuel de la ville d'Acqs, tandante aux fins et pour les raisons en icelle contenue, le descharge du payement des droits deuz au Roy pour la confirmation et exemption des francqs-fiefs en conséquence de la qualité de noble de race de ses prédécesseurs, ainsi que la requeste le contient plus amplement ; veu en la dite requeste titre d'une charge d'enseigne expédié en faveur de Pierre de Borda, aïeul du sieur suppliant par le sieur du Hien, capitaine des bandes françoises dans le Piedmont, l'an 1543, signé du Hien. Testament dudit capitaine de Borda, du 14 aoust 1547, par lequel il est quallifié noble et institue son heritier Etienne de Laborde son fils ; le dit testament signé Damours, notaire royal. Contrat d'acquisition d'une pièce de terre seize à Saint-Paul, du 1er fevrier 1554, par lequel le dit Estienne de Laborde est qualifié escuyer, signé Laugua, notaire royal. Contrat d'acquisition d'un moulin appelé de Joanin, situé en la paroisse de Saubusse, par lequel contrat le dit sieur Estienne de Laborde, autrement dict le capitaine Borda, est qualifié escuyer, le contract du 14 juin 1564, retenu par Desléon, notaire royal, et signé par extraction de Ducasse, de Daguerre, notaires royaux. Contrat de mariage du dit Estienne de Laborde, du 25 may 1564, avec Jeanne du Corn, par lequel il est aussi qualifié escuyer et lieutenant des compagnies de la garde du Roy, soubz haut et puissant prince le seigneur Estrossy, lieutenant colonel des compagnies du Roy ; ez contract signé d'Argoubet, notaire royal. Demission passée le second du mois de mars 1571, par Etienne de La Brosche, de l'office de maire de la ville d'Acqs, ez faveur d'Estienne de Borda, son nepveu, capitaine d'une compaignie de gens de pied des ordonnances du Roy, à cause de sa vieillesse et pour les bons et agréables services à lui rendus, signé d'Argoubet, notaire royal. Lettres de provision de l'office de maire, ez faveur du sieur Estienne de Borda, à lui accordées par Charles IX, le 17 juin 1571 ; signé au reply par le duc de Montmorency, pair et mareschal de France, présid^{ts} Pinart et Sillet. Lettres escriptes au sieur capitaine Borda, père du sieur suppliant, par les seigneurs de Biron, mareschal de France et lieutenant pour le Roy ez Guienne ; de Brissac, aussi mareschal de France ; de Monluc, encore mareschal de France, ez nombre de huict, ez date du 8 juin 1580, 10 juin 1581, 29 d'aoust 1582, 18 septembre au dit an, 29 décembre aussi de la même année, 16 janvier 1584, 12 décembre audit an. Arrest de la cour du parlement de Bourdeaux, dans lequel le sieur Estienne de Laborde se trouve instancé comme partie, et qualifié Borda et escuyer, ez datte du 18 mars 1585 ; signé de Pichon. Les huit lettres mentionnées ez differentes dattes, du 11 juillet 1586, signées desdits seigneurs. Autre lettre escripte au sieur de Borda par le deffunt Roy Henry IV, estant Roy de Navarre, le dernier de mars 1585, signée Henry. Autre lettre encore du dit seigneur Roy apres son advenement à la couronne de France, du 4 d'aoust 1589, signée Henry, et plus bas Renot. Lettres patentes dans lesquelles le sieur de Borda, père du sieur suppliant, est qualifié capitaine et lieutenant du feu seigneur d'Estrossy, colonel de l'infanterie françoise, en date du mois de juillet 1599 ; signée par le Roy à la relation du conseiller Desmart, et au côté Lelièvre, Contentor et Buffet, et scellées du grand sceau à queüe pendantes. Commission de Charles IX, du 28 avril 1568, en faveur du dit sieur de Borda pour conduire sa compaignie à Montreuilh. Autre commission de Charles IX, du 30 d'aoust 1568, en faveur du dit sieur de Borda pour mettre cent hommes sur pied au dela des cent qu'il commandoit. Une lettre de Charles IX écrite au sieur de Borda, du 20 aoust 1566, par laquelle il lui donne des ordres particuliers pour conserver la ville d'Acqs et pays circonvoisins dans le service du Roy. Lettre du Roy de Portugal, en date du 2 novembre 1682, par laquelle il prie le sieur Etienne de Laborde, dit le capitaine de Borda, de vouloir aller en son royaume faire la guerre pour lui sous le prince Strossy. Lettre de Monsieur d'Esserbay, en date du 30 may 1582, par laquelle il qualifie le sieur Etienne de Borda, mareschal de camp, ladite lettre est pour demander un certificat au sieur Etienne de Borda des poudres et boulets qu'on avait chargés dans les navires de l'armée navale destinée pour les Açores. Deux lettres d'Henry III, des 10 de may 1582 et 10 octobre de la même année, portant ordre au sieur de Borda d'aller servir dans l'armée navale, commandée par Monsieur d'Estrossy, en qualité de mareschal de camp. Trois lettres de Cathcrine de Medicis sur même subjet, des 25 mars 1582, 2 octobre au dit an et 29 may de la même année. Extrait de l'Histoire de France composée par Dupleix, par lequel dans la vie d'Henry III, en deux endroits et pages 82 et 96, se voit sçavoir, ez icelle de 82, que le capitaine Borda était commandant de trois cents hommes à la prinze du Mont-de-Marsan avec le sieur de Baylenx, sieur de Poyanne ; et à la page 96 se voit aussi que le dit sieur de Borda était mareschal de camp dans l'armée de Portugal, conduite par le mareschal Estrossy, florentin, parent de la Royne mère. Testament du sieur Etienne de Laborde, fait le 1er aoust 1582 sur la mer au retour des isles, où Monsieur d'Estrossy commandait l'armée française, et dans laquelle le sieur Etienne de Borda servait de mareschal de camp. Vu contrat de mariage du sieur de Borda avec Anne Dayrosse, du 6 may 1586 ; signé Caunègre. Testament du sieur de Borda, du 28 juillet 1602, par lequel appert que de son mariage avec Anne d'Ayrosse il est isseu trois enfants masles et quatre filles, sçavoir : Bertrand, Saubat et Etienne, Marie, Catherine, Marthe et Isabeau de Laborde ; ledit testament signé Larrègle, notaire royal. Procuration de Bertrand de Borda, escuyer, seigneur de Sort, Brutails et autres places, fils aîné du sieur Etienne de Laborde, pour ez son nom resigner ez mains du Roy son estat et office de maire de la ville d'Acqs, pour pourvoir sous son bon plaisir le sieur Suppliant son frère, ez date du 11 septembre 1627 ; signé de Lafitte, notaire royal. Quittance du payement de paulete faict par le dit sieur suppliant à son feu frère, signée par collation Sabarry. Provisions de l'office de maire de ladite ville d'Acqs, expédiées ez faveur du suppliant, second fils du sieur Estienne, du 23 décembre 1627 ; signées sur le reply par le Roy, Sabarry et scellées. Certificat du seigneur de Poyanne portant les services rendus par le dit sieur suppliant aux sieges d'Ayre, Angoulême, Mont-de-Marsan et Mongiscart, par lequel le dit sieur de Poyanne le qualifie escuyer, ensemble comme Etienne de Borda, frere au sieur suppliant et l'autre fils du dit Etienne de Laborde, dit le capitaine Borda, a porté les armes au régiment des gardes de Sa Majesté. Oüy sur ce le commis du sieur Paleologue, receveur des droits de confirmation et exemption des francs-fiefs qui a consenti à la descharge du sieur suppliant et de son frere par la reponse mise au bas de la requeste du suppliant. Nous, conseiller du Roy, lieutenant criminel au siége d'Acqs et commissaire subdelégué par Messieurs les commissaires généraux, depputés par Sa Majesté, ayant égard à la requeste du sieur de Borda et icelle enterinant, attendu sa qualité de noble de race de laquelle il nous a suffisamment apparu ; ensemble des services rendus tant par luy que ses bisayeul, ayeul et père, l'avons déclaré et déclarons exempt et immuné du payement des droits de l'exemption des francs-fiefs ; ensemble Etienne de Borda son frere et iceux renvoyés et renvoyons sans payer aucune finance pour la jouissance des biens nobles qu'ils possèdent. — Fait à Dax, dans notre hôtel, ce cinquième du mois de juillet mil six cent quarante-deux. Ainsi signé : Lalande, commissaire susdit, et de Surjan, greffier.

LALANDE, commissaire susdit.

—

5 May 1668.

Claude Pellot, seigneur de Port David et Sandars, conseiller du Roy en ses conseils, Maistre des Requestes ordinaires de son hostel, intendant de la justice, police et finances ez généralités de Guienne, commissaire députe par lettres patentes de sa Majesté pour la représentation et recherche des titres de noblesse ; sçavoir faisons qu'entre Mestre Nicolas Catel, chargé par sa Majesté de la dicte recherche, demandeur d'une part ; et Estienne de Borda, faisant tant pour luy que pour Bertrand de Borda, conseiller du Roy, président et lieutenant-général au siége présidial d'Acqs, et François de Borda, maire royal perpétuel de la dicte ville d'Acqs, ses neveux, défendeurs d'autre part; veu les dictes lettres patentes, les arrets du Conseil des XXVI fevrier et XXII mars

1666. Vue commission contenant titre d'une enseigne en faveur de Pierre de Laborde de Borda du V juillet 1645 ; testament du dict Pierre de Borda du XIV aout 1547 ; commission pour une compaignie de gens de guerre en faveur d'Estienne de Laborde, surnommé le cappitaine Borda, du XXIX avril 1568 ; autre commission accordée par le Roy au dict sieur de Borda pour adjouter autres cent hommes a sa compaignie, du XXIX aoust 1568 ; lettre du Roy Charles IX contenant la réserve de la compaignie du dict sieur du Borda après le licenciement des troupes, du XVII octobre 1580 ; démission de la charge de maire royal de la ville d'Acqs faite par le sieur Labrosche en faveur du dict Borda, du XVII mars 1571 ; provisions accordées par le Roy Charles IX de la dicte charge de maire en faveur du dict du Borda du XVIII juin, an 1571 ; extrait de l'*Histoire de France* faite par Dupleix sur la vie d'Henry III, contenant la prise du Mont-de-Marsan, duquel se justifie que le capitaine du Borda commandait l'infanterie ; autre extrait de l'*Histoire de France* où le dict sieur du Borda est qualiffié mareschal de camp ; deux lettres ecrites au dict sieur Borda, où il est qualiffié mareschal de camp, des XXVII et XXX may 1582 ; testament du dict du Borda fait dans le navire appelé la *Sallemandre*, dans lequel il se qualiffie noble escuyer et mareschal de camp général, du Ier aoust 1582; un contrat passé entre le dict noble Etienne du Borda du Ier fevrier 1594 ; contrat de mariage du dict noble Etienne du Borda du XXVI may 1564 ; un contrat d'acquisition fait par le dict du Borda du IV juin 1564 ; autre contrat d'acquisition du V novembre 1567 ; un arrêt du Parlement de Bourdeaux du XII mars 1585 ; autre testament du dict noble Estienne du Borda, fait avant partir pour l'armée navalle du IV may 1582 ; deux autres contrats passés par le dict Estienne du Borda, auxquels il prenait la qualité de Messire des XXX juillet 1590 et X may 1599 ; quarante-cinq lettres missives ecrites au dict du Borda, par les Roys Charles IX, Henry III, de la Royne Catherine de Medicis, du Roy Henry IV, de Monsieur le duc d'Anjou, du sieur prince Strossy, de Messieurs de Montmorency, Brissac, Monluc, Biron le vieux, Matignon, mareschaux de France ; une lettre du Roy de Portugal et les lettres de Legitimation accordées par le Roy Henry IV à Gillies du Borda, fils naturel du dict du Borda ; testament de noble Estienne du Borda du XXII juillet 1602, retenu par Larègle, notaire; contrat de mariage d'entre Estienne du Borda du X juin 1624; deux titres expédiés en faveur du dict sieur du Borda, l'un par le sieur de Brissac, cappitaine au régiment des gardes, et l'autre par le sieur mareschal de

Gramont du IX fevrier 1621 et 26 novembre 1624 ; un certificat du sieur marquis de Poyanne des services de noble Estienne et Sauvat de Borda ; contrat de mariage de noble Bertrand du Borda, deffendeur, du XXIII mars 1659 ; une sentence contenant relaxe en faveur du dit du Borda du franc-fiefs du V juillet 1642 avec l'acquiescement du demandeur ; testament de feu noble Sauvat du Borda, vivant maire royal de la ville d'Acqs, faisant mention comme les dicts sieurs Bertrand et François Borda assignés sont ses fils, le dict testament retenu par Dallenc, notaire, avec l'arbre généalogique concernant la dicte production, contredits du dict Catel ; conclusions du procureur du Roy en la commission, et, ouï le rapport du sieur de Fondelin, président en l'election de Condom.

Nous, par jugement souverain et en dernier ressort, de l'avis des officiers soubsignés, sans avoir edgard aux contredits du dict Catel, avons donné acte aux dicts de Borda de la representation de leurs titres, et ordonné qu'ils seront comprins dans le cathalogue des nobles, suivant l'arrêt du conseil du vingt-six mars 1666. Faict à Agen ce cinquième may 1668. Signés : Pellot, Ducros, Bordes, Philippe, Dauzac, Barcoustel et Mellet Fondelin. PELLOT.

Duplicata.   *Par mon dit seigneur,* DEGENNES.

———

Nous, généalogiste des ordres du Roy, certifions à Monseigneur le duc de Chaulnes, pair de France, chevalier et commandeur des ordres du Roy, etc., lieutenant de la compagnie des chevau-légers de la garde ordinaire de Sa Majesté, que Jean-Charles de Borda de Labatut, né le 4 may 1733, et baptisé le lendemain en l'église cathédrale de Notre-Dame d'Acqs, est fils de messire Jean-Antoine de Borda, escuyer, seigneur de Labatut, et de demoiselle Marie-Thérèse de Lacroix, son épouse ; que sa famille, qui a des services militaires, a été reconnue noble en la personne de Jacques-François de Borda, escuyer, son bisayeul, maire royal et perpétuel de la ville d'Acqs, et en celles du frère aîné et de l'oncle de ce bisayeul, par jugement de Monsieur Pellot, intendant en Guienne, rendu le 5 may 1668, sur le veu de leurs titres, remontés à l'année 1545 ; et qu'en conséquence le dit sieur de Borda de Labatut a la qualité requise pour être receu chevau-léger de la garde de Sa Majesté. En foy de quoy nous avons signé le présent certificat et y avons apposé le cachet de nos armes. A Paris, le trentième jour du mois d'octobre mil sept cent cinquante-cinq.

CLAIRAMBAULT.

Testament de A. T. de Mons (1694).

Je soubssignée Anne Therèse de Mons, épouse de Monsieur de Borda, président et lieutenant-général au présidial d'Acqs ; estant Dieu mercy en parfaite santé du corps et de l'esprit, mais considérant qu'il n'y a rien de si certain que la mort, et de si incertain que l'heure d'icelle, et voulant dans le temps qu'elle me doict arriver me trouver libre de tous les soins temporels, j'ai faict mon testament en la maniere qui s'ensuit.

Je veux qu'incessamment après mon décès et aussitôt que faire se pourra, il soict dict pour le repos de mon âme le nombre de mille messes.

Je dis que mon mariage avec le dict sieur de Borda nous avons deux enfants, nés, nommés Anne-Marie-Jeanne, et Etienne de Borda, outre celuy dont ie suis enceinte ; à laquelle Anne-Marie-Jeanne je lègue la somme de 4,000 livres de plus que sa légitime maternelle, et à ma dicte fille et autres enfants puisnez que je puis avoir dans la suitte, je lègue et laisse la légitime qu'ils peuvent avoir par la coutume, en quoy je les institue mes heritiers particuliers. J'institue mon héritier universel le dict Etienne de Borda, mon fils, et ou le dict Etienne de Borda viendrait a décéder sans enfants de légitime mariage je luy substitue le premier enfant masle que je pourray avoir ci-apres, et ou je n'aurais pas d'enfants masles, je substitue au dict Estienne de Borda la dicte Anne-Marie-Jeanne, ma fille ; et ou tous mes enfants nés et à naître mourroient sans enfants de légitime mariage, je leur substitue le dict sieur de Borda mon epoux, premièrement en la somme de 7,000 livres a moy leguées par Madame de Tauzia ma tante, de laquelle je veux qu'il puisse disposer comme bon luy semblera indépendamment de l'option suivante, et en second lieu je substitue le dict sieur de Borda en tout ce que par droit et coutume je puis disposer sur le restant de mes biens et droits, si mieux le dict sieur de Borda n'ayme avoir l'usufruit de mes dicts biens en entier pendant sa vie, auquel cas je laisse et lègue au dict sieur de Borda, mon époux, le dict usufruit de mes biens et droits, soict de libre disposition ou qui doivent faire retour pour en jouir pendant sa vie, et veux que l'option de l'alternative lui soict referée ou du dict usufruit pendant sa vie, ou de la propriété de ce que par droit ou coutume je puis disposer sur les biens et droits de mes père et mère, et en l'un et en l'autre cas, j'entends que le dict légat de 7,000 livres luy soict acquis purement et simplement, comme a esté dict en quel évènement que ce soict : et le cas de substitution arrivant, si Madame de Mons, ma

mère, est pour lors vivante, je luy laisse et lègue la somme de dix louis
d'or, en quoy seulement je l'institue mon heritière ; et au dict cas, aussi
je veux et entends que ce qui devra faire retour a ceux de ma famille et
dont je n'ai pas la libre disposition, soict partagé entre Messieurs mes
frères Jacques, autre Jacques et Geraud de Mons, et ma sœur Suzanne
de Mons, espouze de Monsieur d'Essenault, conseiller au Parlement de
Guienne, par égales portions entr'eux, pour en jouir après le décès du
dict sieur de Borda, s'il choisissait l'usufruit, ou dans l'an de mon décès,
si le dit sieur de Borda choisissait la propriété... Je casse et revoque
tous autres testament, codicilles, donation à cause de mort. Faict ci-
devant, voulant que le présent testament soict le dernier ; je fay mes
exécuteurs testamentaires Messieurs les marquis d'Amou et président
Pomiers, lesquels je prie d'en prendre la charge. Dax, le 14 Décembre
1694.   A. T. DE MONS.

—

Bordenave de Bargues (Jean DE), *écuyer*. — Lozange d'or
et de gueules, parti de gueules à un lion morné d'or et un chef de sable.
(1698, *Armorial*).

Bordes Lassalle (DE), baron DE SARRAZIET. — D'or au lion de
gueules surmonté en chef d'une croix alesée de même, parti de gueules
à neuf lozanges d'argent.

Boric ou BOIRIE (DE), baron de POUY, BOIRIANUS, PODIENSIS. — D'a-
zur au lion d'or gravissant un rocher d'argent et surmonté de trois
étoiles d'or.

Borrit (Cristophe DE), *écuyer*, seigneur DE SAINT-GERMAIN. —
Fascé d'argent et d'azur de six pièces. (*D'Hozier*, 1698).

Borrit (Eustache DE), *écuyer*, seigneur DE POYMIGNAN. — D'azur à
une fasce d'or (*idem*).

Borrit (Pierre DE), *écuyer*, seigneur DE PAYÈRES. — Lozangé d'argent et de gueules (*idem*).

Boyrie (Théophile DE), seigneur DE NARCASTET. — De gueules à une
croix ancrée d'or et une bordure composée d'or et de sinople. (*Armorial
général.*)

Boyrie (Noble Théophile DE), seigneur baron DE NARCASTET ET
RONTIGNON (1710). — D'or au chevron de gueules accompagné en chef
de deux lys du même et en pointe d'un lion rampant au naturel et un

chef cousu d'azur chargé de trois angemmes ou quintefeuilles d'argent rangées en face.

—

Articles de mariage passés entre Christophe de Cabanes, chevalier, conseiller du roi, lieutenant-général d'épée au Sénéchal de Saint-Sever, seigneur et baron de Cauna, fils de feu noble Pierre de Cabanes et de dame Louise de Portets, de ladite ville de Saint-Sever ; et demoiselle Magdeleine de Boyrie, fille de messire Théophile de Boyrie, seigneur de Narcastel et de Rontignon en sa partie, et de dame Marie-Claire de Lassalle. Premièrement, ledit seigneur de Cabanes, de l'avis et assistance de messire Antoine-Augustin de Poyferré, escuyer, seigneur et baron Darricau, Varaines et Magnoas, tant en son propre qu'en qualité de procureur de ladite dame de Portets, fondé par procuration du 25 du présent mois, retenu par Me de Gerard, notaire royal de ladite ville, qui demeurera attachée aux présents, de Monsieur Jean-Baptiste de Cabanes son frère, prêtre et docteur en théologie, absent, et auquel le seigneur de Cabanes a promis faire signer les présents, de messire Elie de Trubesser, seigneur et baron Darbleix son cousin, et dame Jeanne de Trubesser, veuve de messire Pierre de Salettes, seign. et baron de Casteyde ; s'est promis pour mari et futur époux à ladite demoiselle de Boyrie.

Laquelle demoiselle pareillement de l'avis et consentement de ladite dame de Lassalle sa mère, de messire Daniel de Boyrie, seigneur de Lafon de Narcastel, son oncle germain, ci-devant capitaine dans le régiment de la reine, de messire Pol-Jacques de Boyrie, son frère cadet, de Monsieur Daniel de Bordères, son oncle, conseiller du roi au Parlement de Navarre et seigneur de Mazères ; de dame Cécile de Nouguès, épouse dudit seigneur de Bordères, sa tante, et de Jean de Bonnecaze, écuyer abbélayque de Lendresse, etc., s'est promise pour femme et future épouse audit seigneur de Cabanes, et les parties ont promis de se faire impartir la bénédiction nuptiale un mois après que l'une en sera requise par l'autre.

2o En faveur et contemplation dudit mariage, ladite demoiselle de Boyrie a promis et s'est constituée en dot la somme de quatorze mille livres, payables savoir : les dix mille livres pendant le mois d'août prochain, et les quatre mille livres restantes pendant le mois de mars suivant. Et en outre, ladite dame de Lassalle sa mère lui a promis et constitué la somme de mille livres payables pendant ledit mois d'août, sur la portion virile de son augment.

3° A été convenu que lors du paiement des dites sommes montant celle de quinze mille livres, elles seront employées au paiement de ce que ledit seigneur de Cabanes reste devoir du prix de ladite terre et seigneurie de Cauna, et que ladite demoiselle de Boyrie sera subrogée au droit, lieu et place des créanciers qui recevront ledit paiement, comme ledit seigneur de Cabanes la subroge dores et déjà, et à cet effet, les pièces justificatives de leurs créances lui seront remises entre les mains. Et en outre ledit seigneur de Cabanes lui fera quittance, contenant tournadot de toute ladite somme de quinze mille livres pour être rendue et restituée en cas de desavènement dudit mariage sans postérité, savoir : la somme de neuf mille livres à messire Pierre-Daniel de Boyrie, son frère aîné, seigneur de Narcastet et de Rontignon en sa partie, ou à ses hoirs, et la somme restante à ladite demoiselle de Boyrie ou à ceux ayant cause d'elle, suivant la coutume de la province de Béarn.

4° Ledit seigneur de Poyferré, en ladite qualité de procureur de ladite dame Louise de Portets et suivant le pouvoir à lui donné par ladite procuration, en faveur et contemplation dudit mariage, a fait la même donation, et institution, et disposition et autres avantages généralement quelconques qu'elle avait faits en faveur du mariage dudit seigneur de Cabanes, son fils, avec la défunte dame Catherine de Poyferré, dans les articles qui en furent passés le 19 août 1704, retenus par Cazade, notaire, avec toutes les clauses, conditions et réserves y contenues de part et d'autre, qui demeurent en leur force et vigueur pour être exécutées en faveur du présent mariage et des futurs époux, comme si le tout était exprimé en détail dans les présents, et particulièrement la réserve que ladite dame de Portets s'y était faite de la somme de dix-huit mille livres pour légitimer ses autres enfants qui étaient alors à marier. La grosse des articles duquel mariage dudit jour 19 août 1704, a été lue à cet effet et représentée par ledit seigneur de Cabanes.

5° Lesdits futurs époux se sont associés à moitié dans les acquêts qu'ils feront durant et constant le mariage pour en disposer en faveur de tel ou tels de leurs enfants que bon leur semblera, et à défaut d'enfants en faveur de qui ils jugeront à propos.

6° Ledit seigneur de Cabanes, en cas de son prédécès (avec) enfants ou sans enfants, a constitué à ladite demoiselle de Boyrie, par manière d'agencement, la somme de quatre mille livres ; et ladite demoiselle, de sa part, en cas de son prédécès, lui a constitué d'agencement la somme de deux mille livres à prendre sur ladite constitution, et sur ce, qu'elle a droit d'en disposer, et, où elle survivrait audit seigneur de Cabanes y ayant des enfants, elle sera leur légitime tutrice et administeresse sans rendre compte ni prêter reliquat, duquel il lui en fait en tant que de besoin donation.

Il a été convenu que les présents articles seront rapportés au notaire ou rédigés en acte public, toutes et quantes fois que les parties le voudront, et cependant ils seront exécutés comme s'ils étaient dans la dite forme. Et il en a été fait deux originaux qui ont été signés par les parties, les assistants, et Pierre et Jean Dufau, praticiens, de la présente ville, témoins à Pau, le vingt-sept avril mil sept cent dix.

DE BOYRIE ; DE CAUNA ; DE LASSALLE ; Cecile DE NOGUÉS BORDÈRES ; DE TRUBESSÉ CASTEIDE ; VARÈNE ; TRUBESSÉ ; DE BOYRIE ; DE BOYRIE ; BORDÈRES ; BONNECASE ; P. DUFAU, pnt. ; J. DUFAU, pnt. ; B. CABANES frère ; LARHÈDE ; DE PORTETS oncle, *curé de St-Sever*.

Suscription : Du 27 avril 1710. Articles de mariage entre *Xphle* de Cabanes, chevalier seigneur de Cauna, et demoiselle Magdelaine de Boyrie.

Bosc (DU), *en Normandie.* — Champ d'argent, croix échiquetée d'argent et de gueules.

Bosc (DU). — De gueules à la croix échiquetée d'argent et de sable, cantonnée de quatre lions d'or ; croix de St-Louis, couronne de marquis.

Bourdeau, (DE) D'AUDIGEOS, DE CASTERA, *écuyer, conseiller du roy, lieutenant-général au sénéchal de Saint-Sever* (1753). — Écartelé au 1 d'azur, au chevron d'or, accompagné en chef de deux molettes d'éperon et en pointe d'une vire du même ; au 2 de gueules à deux épées d'argent croisées en sautoir, les pointes en haut ; au 3 de gueules à la croix potencée d'argent ; au 4 d'azur, au lion d'argent sommé en chef de deux fleurs de lys d'or, couronne de comte.

Bourouillan (Joseph DE) DE SAINT-OVIDE DE MONTBETON (1700).
— D'azur à la croix d'or, qui est Bourouillan ancien.

Bransux (Magdelaine DE), veuve de N... de Junca du Foas. —
D'argent à un croissant de gueules accompagné de trois bandes de
même. (*Armor. de Guienne*).

(1156). **Brethous** (Seber DE), *procureur de la juridiction de Montgaillard*. — D'or semé de croisettes de sable à un lion d'argent brochant
sur le tout. — (*Armor. de Guienne*).

(886) **Bretoux** (Jean), *prêtre, docteur en théologie et curé de Cam-
paigne*. — De sinople à une croix bretessée d'or (*Armor. de Guienne*).

(972). **Bretoux** (Exanx DE), *juge de la Rivière*. — De sable à tro
bandes d'hermine (*Armor. de Guienne*).

(332). **Bretoux** (Martin-Antoine DE), Bayonne. — D'azur à un
chêne d'or soutenu d'un croissant d'argent et surmonté de deux étoiles d'or.

Bretoux (N...) *marchand-bourgeois de cette ville*. Bayonne. —
D'or à un arbre de sinople sur une motte de même et un chef d'azur
chargé de trois étoiles d'or. (*Armor. de Guienne*).

Bruix (Jean-Louis DE). — D'argent à un arbre arraché de sinople
sur une motte de même et un chef d'azur chargé de trois étoiles d'or
(*Armor. de Guienne*).

Brux (François DE), seigneur DE BRUIX, CLÈDES, baron DE MIRA-
MONT en 1647. — Parti de la première moitié d'or à deux fasces d'azur,
de la deuxième moitié de gueules à deux moutons d'argent.

Brux (DE) — De gueules à la tour ajourée et sommée de trois donjons d'or ; au chef cousu d'azur chargé d'un croissant d'argent accosté de
deux étoiles du même.

Brux (François DE), seigneur du lieu. — Parti le 1 (à dextre) de
gueules à deux faces d'argent ; le 2 d'argent à deux ours de sable passant l'un sur l'autre (*Armor. de Guienne*).

Burguérieu (Jacques), *bourgeois de Saint-Sever*. — D'argent à
un lion passant de gueules. (*Armorial général*).

Buriot (Bernard), *ci-devant juge de Mont-de-Marsan*. — D'or à
une bande d'azur chargée de trois croissants d'argent (*Armor. de
Guienne*).

De Barry, baron de Batz.

C'est l'adveu et dénombrement que met et baille par devant vous, messire François de Lachèze, chevalier, conseiller du roi, président trésorier de France, général des finances, juge du domaine du roi et grand voyer en la généralité de Guienne et commissaire député par Nosseigneurs les présidents trésoriers généraux de France en Guienne pour la réception des foy, hommages, vérification des adveus et dénombrements et liquidation du domaine du roi en l'élection des Lannes et siège présidial de Dacqs, St-Sever et de Bayonne ; la partie de M. Me Louis de Barry, écuyer, seigneur baron de Batz, conseiller du roi et lieutenant-général au siège de St-Sever, demande la vérification du présent adveu et dénombrement contre Monsieur le procureur du roi de nos dits seigneurs les trésoriers de France, comme s'ensuit :

Premièrement : dit le sieur de Barry, baron de Batz, qu'il possède noblement la dite terre seigneurie et baronnie de Batz, ses appartenances et dépendances, dans laquelle il a justice haute, moyenne et basse, avec le droit de créer et establir tous officiers pour l'exercice d'icelle, ainsi qu'appert du titre primordial de la dite baronnie, du sixième mars mil quatre cent soixante-un, qui confronte la dite terre et baronnie avec la terre d'Aubaignan ; d'autre costé avec la terre et baronnie de Samadet ; d'autre costé avec les terres d'Urgons et baronnie de Castelnau, et encore d'autre costé avec les terres et seigneuries de St-Loubouer et Vielle ; plus possède noblement dans la dite baronnie une maison et grange, et une place au bas du bourg ou estait ci-devant le chasteau eyrial, vignes, taillis et un touya entre deux, le tout en un tenant, sauf un chemin publicq entre deux, contenant vingt-deux journades ou environ, appelée à *las Vignes du Seignou* et *du Tournieu*, confrontant du levant, midi et nord à chemin public et chemin de service et à terre, vignes de Guillem Dupoy dit du Chinan, et du couchant avec le ruisseau appelé de Tarabanère et terres du sieur Christophe Dupoy, homme d'armes......

Plus jouit et possède noblement deux moulins avec le droit de banalité, basty l'un sur l'eau appelé le Gabas, moulant à trois meules, appelé le Moulin neuf, et l'autre sur l'eau appelée le Bas, moulant à deux meules appelé le moulin de Bourdettes ; plus jouit et possède dans la dite baronnie de Batz et dépendances la dixme inféodée ; plus appartient au dit sieur du Barry dans la baronnie le jus patronnat de la cure de la paroisse de Batz et ses annexes d'Aubaignan et Serres-Gaston ; plus dit le sieur de Barry, baron, que dans la dite baronnie de Batz, il y a mille quatre cents journades de terre et davantage, sans en ce comprendre les places des maisons qui sont dans le bourg, lesquels sus dits biens fait de fiefs au baron, neuf baquettes par journades ; de plus n'y ayant point de lots et ventes dans la dite baronnie, il est deu au seigneur double fief en cas de vente.

Plus jouit et possède le dit baron de Batz le droit d'herbage et pasture avec le droit de le carnal de la dite paroisse; item les habitants d'Aubaignan font de rente annuelle au dit seigneur de Batz neuf cartes d'avoine, neuf liards par habitant et dix-huit têtes de poules, à raison de l'herbage et paturage que leur bétail va faire au dit Batz.

Item jouit le dit baron de Batz des maneuvres et courvées que chaque habitant de la dite paroisse a accoustume de faire lorsque le dit seigneur en a besoin, tant à bœufs et charrettes que autrement : et telles que de tout temps ont accoutumé de faire aux seigneurs barons du dit lieu avec d'autres droits et devoirs seigneuriaux.

Dit de plus le dit sieur de Barry baron de Batz qu'il a plusieurs vassaux dépendant de la dite baronnie qui lui donnent foi et hommage, ainsi qu'appert du susdit titre primordial et hommages rendus par les seigneurs barons de Batz pour avoir esté adjoints et admis à la dite baronnie, les lieux, villages et fiefs de Tarabannes, à présent possédés par le dit sieur de Barry, de Paumie, possédés par la demoiselle de Cazaud, femme au sieur Dabadie de Pebon, de Serres en Saint-Loubouer possédé par le sieur du Roy, du Jupoux (Jupoy) possédé par le sieur baron de Brocas, de Boubebens possédé par le sieur de Gamardes; de Saint-Antoine de Golany, Villeneuve possédé par le sieur de Barry ; et Mirando possédé à présent par la demoiselle de Ladoüie, femme de noble Pierre de Castaignos sieur de Guibat, tous lesquels susdits seigneurs sont comme a été dit vassaux de la dite baronnie des Batz et lui doivent foi et hommage. Plus jouit et possède le dit baron dans la dite terre de Jüpouy la haute justice, ensemble dans tous les lieux susdits la haute moyenne et basse, excepté Mirando qui s'exerce dans la dite baronnie de Batz. Comme aussi de dit sieur de Saint-Jean possède une maison noble dans le bourg de Batz de laquelle il doit foi et hommage au dit baron : c'est une paire de gants de la valeur de huit sols, ainsi qu'appert du contrat de vente de la dite maison du 17 avril 1632. Lequel présent adveu et dénombrement le dit sieur de Barry certifie véritable, sauf le plus ou le moins, promettant s'il vient quelque autre chose à sa connaissance d'en faire la déclaration au roy ou à ses officiers ; protestant aussi, ou par mégarde ou par oubli, s'il aurait admis de déclarer aucuns droits et devoirs seigneuriaux par lui possédés qu'il n'entend se faire aucun préjudice. Signé : DE BARRY.

Suit la teneur de l'acte d'affirmation du 16 septembre 1679 à St-Sever, signé : de Barry, de Mora. Présent : Burguerieu, président, et de Brethous, notaire royal.

Ordonnance de Vérification.

François Lachèze, chevalier, conseiller du roi, président trésorier de France, général des finances, etc., etc. Veu l'instance pendante devant nous entre le procureur du roy demandeur, en réunion au domaine de Sa Majesté de la terre et baronnie de Batz, justice, fiefs, cens, rentes, biens nobles et tous autres droits et devoirs seigneuriaux en dépendant, et faute par M. Louis de Barry, conseiller du roi, lieutenant-général au siège de Saint-Sever, d'en avoir rendu hommage au roi, fourny, fait vérifier et enregistrer son adveu et dénombrement d'une part ; et le dit M. Louis de Barry défenseur à la dite réunion.

Et autrement demandeur l'entérinement de certaine requeste aux fins de la verification de l'adveu et dénombrement de la dite terre de Batz et maintenu aux droits exprimés en icelui d'autre part, et Pierre de Lahouze seigneur d'Artos, intervenant et opposant à la vérification du dit adveu pour raison du vasselage de la seigneurie de Mirando, demandeur, en ce qu'elle soit distraite d'icelui comme estant un arrière-fief de sa terre d'Artos, d'autre part.

Et le dit sieur de Barry, défendeur à la dite opposition et deboutement d'icelle, et que les dits fiefs soient déclarés arrière-fiefs de sa terre de Batz, d'autre part.

Veu notre ordonnance générale du 26 juin dernier ; veu le contrat d'achat fait par le dit de Barry, de messire Antoine de Poyanne, marquis du dit lieu et de Castelnau, sénéchal des Lannes, de la dite seigneurie et baronnie de Batz ez Tursan avec la dixme inféodée, la justice haute, moyenne et basse, les fiefs, cens, rentes contenues ez rôles qui lui furent remis des moulins moulans, Banaux, avec droit de banalité, courvées et manœuvres, appelés les moulins de Berdolles et de Villeneuve, des vignes, landes, touyas, taillis, bois, barthès, droits d'herbages, pasturages et autres droits et devoirs seigneuriaux, dépendants de la dite baronnie de Batz quelconques, pour la somme de cinquante-trois mille sept cents livres, en date du vingt-neuvième février mille six cent septante-quatre, receu par Lagarde, notaire royal.

Terrier de la dite baronnie de Batz, écrit en papier couvert de parchemin, daté en son commencement du septième février, mille six cent-dix et en sa fin signé Brethoux, arpenteur, produit sous cote O par le dit de Barry.

Autre contract d'achat de la dite terre de Batz, fait par messire Ramond-Bernard de Castelnau, du seigneur de Doazit, dans lequel il est fait mention de la bannalité des moulins, daté de l'an mil trois cent cinquante-quatre; autre contrat de vente du dix-septième avril mil six cent trente-deux, fait par messire Antoine de Castille, gouverneur pour le roi de Tursan, Marsan et Gabardan, bas Albret, marquis de Geaune et Castelnau, à maître Jean de Senjean, greffier du siège de Marsan, de la maison de Monseigne, pour la somme de deux cents livres d'entrée, sous la réservation de la foi et hommage au devoir d'une paire de gants du prix de cent sols à mouvance de seigneurs.

Lettres patentes accordées par Sa Majesté Louis, roi de France, à Jean de Castelnau son chambellan, portant érection de la dite terre et seigneurie de Batz en baronnie, et joint aussi à icelle les lieux, villages et fiefs de Tarabane, Serres, Artos, Jupoy, Bouheben, Goulony et Villeneuve, veut, déclare et ordonne que, dorénavant, le dit Jean de Castelnau et ses successeurs seigneurs du dit lieu de Batz soient reconnus, appelés et réputés barons du dit lieu de Batz, et que les vassaux et autres de quelle qualité qu'ils soient qui tiendront noblement ou roturierement du dit lieu de Batz ou des dits lieux et villages joints à icelui, quand ils feront leurs hommages bailleront leurs dénombrements au dit Jean ou à ses successeurs comme baron de Batz. En date du sixième mars mil quatre cent soixante-et-un ; écrites en parchemin scellées de cire verte, avec les lacs de soie pendants. Enregistrées au Parlement de Paris, le cinquième juin mil quatre cent soixante-quatre.

Copie de l'hommage rendu à Sa Majesté Louis treizième, d'heureuse mémoire, par Jacques de Castille marquis de Geaune, baron de Castelnau, pour raison du marquisat de la ville de Geaune et ses dépendances, comme les baronnies de Miremont, Batz, Buannes, Castelnau, La Serres, Lauret, Poursieugues, Arthos et vassaux, qui en relèvent et dépendent comme Labarthe, Sensac, Puyo, Bruich, Cazautets, Taschoueres, Lanuxe, Theaux, de Banard, Sorbets, Puyo, Pedubats, Jupoy, Bouheben, Golany, Serres près Saint-Loubouer, Paumié, Mirando, Tarabannes ; requête de Jean de Roy, seigneur du dit lieu de Serres, à ce qu'il lui soit donné décharge à la requête du procureur du roi, pour rendre hommage à Sa Majesté de la dite seigneurie de Serres, attendu qu'elle est mouvante du dit sieur de Barry, comme seigneur de Batz, produite sous la cote N.

Autre requête sous la même côte du dit de Barry, en opposition à ce que ses vassaux fassent aucun hommage que devant lui, appointée le 20 septembre dernier, et autres pièces produites par le dit de Barry avec sa requête responsive à celle du dit sieur de La Houze, et à ce qu'il soit procédé à la vérification de l'aveu et dénombrement par lui fourni, main levée de ses fruits et qu'il jouira du contenu au dit adveu, avec défense à toutes personnes de l'y troubler à peine de mille livres, et le dit de La Houze condamné aux dépens de son opposition.

Requête appointée soit montrée au procureur du roi et signifiée à la partie du 20 du courant, avec la signification au pied du 21 du même mois, faite au procureur du dit La Houze ; conclusions du procureur du roi qui déclare n'empêcher l'entérinement d'icelle à la charge néanmoins d'obtenir une renovation des lettres patentes ou de les faire registrer dans le mois au bureau, et qu'en cas de contestation par raison des droits exprimés au dit dénombrement, les parties se pourvoiront au bureau, à peine de nullité, cassation des procédures et de tous dépens dommages et intérêts, et de mille livres d'amende, le tout sans préjudice où il se trouverait par cy après titre contraire en faveur du roi.

Nous commissaire susdit, du consentement du procureur du roi, octroyons acte au dit de Barry de la présentation et remise de son adveu et dénombrement ; icelui déclarons avoir été bien et dhument fait et vérifié, à la réserve néanmoins de l'article concernant l'opposition du dit de La Houze, pour raison de laquelle renvoyons les parties au bureau pour leur être fait droit ainsi qu'il appartiendra ; au surplus, ordonnons que le dit adveu sera enregistré ez registres du greffe du bureau du domaine pour y avoir recours quand besoin sera, et maintenons le dit de Barry en la possession et jouissance du surplus en icelui desquels droits ; à ces fins lui faisons pleine et entière main levée, pourvu qu'ils ne soient saisis qu'à faute de foi et hommage non fait, adveu et dénombrement non fournis et vérifiés. Fait à Dax, en notre hôtel, le 22 décembre 1679. Signé de Lachèze, commissaire. Collationné, signé Castagniere, greffier commis avec paraphe et à côté est écrit épices douze écus, *illec* un paraphe.

Collationné par les conseillers du roi notaires au Chatelet de Paris, soussignés sur l'original en parchemin à l'instant rendu cejourd'hui.

Quinzième septembre, mil sept cent vingt-un.

JOURDAIN. PEAN.

(Extrait des archives de la terre de Saint-Loubouer. A. C. C.)

Cabannes (Raymond DE), écuyer. — D'azur à une tour crénelée de quatre pièces d'argent, maçonnée de sable, et sommée d'un lion naissant de gueules (*D'Hozier*, 13 juin 1698).

Cabannes (Louis DE), écuyer, *fils du précédent* (1676-1710. — Mêmes armes, l'écu surmonté d'un casque de chevalier.

Cabannes (Christophe DE), chevalier, baron de CAUNA et de MAUCO. — D'azur à une tour d'argent sommée d'un lion issant d'or, l'écu timbré d'un casque de profil avec ses lambrequins d'azur, argent et or (*D'Hozier*, 1714).

Cabannes (Clair-Joseph DE), chevalier, baron de CAUNA et de MAUCO, seigneur de BAQUERA et PELAGUE, *mousquetaire noir et ses descendants*. — D'azur à une tour d'argent sommée d'un lion issant d'or. Supports, deux lions; couronne de baron; ordres de St-Louis, de la Légion-d'Honneur et du Lys.

Cabannes (Paul DE), écuyer, chevalier de St-Louis, lieutenant pour le roi de Charlemont. — D'azur à une tour d'argent sommée d'un lion issant d'or (*Armor. de Flandres*. 1698).

Marguerite de DIUSSE, veuve de Jean-Jacques DE CABANNES, écuyer, seigneur de Lanneplan. — D'azur à une tour d'argent sommée d'un lion naissant d'or, lampassé et armé de gueules. (*Armor. de Guienne*), avril 1698.

Cahuzac de Caux (DE). — D'or à trois pals ondés d'azur.

Caillavet ou FILHOL DE CAILLAVET, *en Gascogne*, — D'azur à trois pattes de griffon d'or.

Caillavet. — D'azur à trois serres d'or.

Capbreton (ville de) — D'azur au chevron d'or (*D'Hozier*).

Capdeville (Antoine DE), sieur d'Arricau. — D'or à une bande de sable (*D'Hozier*).

Capdeville (DE), DE BRASSEMPOY, DE POY, D'ARRICAU, D'AYDIE, D'ARGELOUSE, *en Gascogne*. — Ecartelé au 1 d'or au lion de gueules, au 2 et 3 d'azur à la bande d'or accostée de deux étoiles du même, au 4 d'or au cœur de gueules traversé de trois flèches de sable ensanglantées du second émail, deux en sautoir et l'autre en pal.

Caplane de Pimbo (DE), seigneur baron de CAPLANE, LALON-QUET et GARLÈDE. — D'argent au pin de sinople accosté de deux lions grimpants de gueules, au chef d'azur chargé d'un croissant d'argent posé entre deux étoiles d'or (*Montlezun*).

Captan-Beaunom (DE) seigneur de Monein, COUHIN, barons de BOUROUILLAN, *à St-Sever, cap. et Armagnac*. — Ecartelé au premier d'azur au chevron d'or accompagné de cinq besans malordonnés du même posés 2 et chef, et trois en pointe ; au 2 de gueules au cygne d'argent ; au 3 de gueules à trois fasces ondées d'argent ; au 4 d'azur à trois étoiles malordonnées d'or. Couronne de comte ; ordre de St-Louis. — Famille originaire de *La Plume* transplantée à St-Sever cap. au XVIe siècle.

I. Bernard de Captan ou Capdan fut député aux États-Généraux, en l'année 1576 (*Hist. de Gascogne, par J. J. Montlezun*).

I. *bis* — Bernard de Captan ou Capdan, receveur des décimes du diocèse d'Aire et des tailles aux Lannes, vivait en 1610, 1613, 1616, et 1620, fut marié à damoiselle Anne de Beaunom et en eut :

2e *Degré*. — Pierre de Captan Beaunom, né à St-Sever le 25 février 1620, eut pour parrain noble MM. Pierre d'Auzole, seigneur de Horsarrieu et autres places, fut en 1654 receveur des décimes et jurat de la ville de Saint-Sever, qualifié noble en 1654 et 1657, marié en 1644 avec damoiselle Anne de Ladoue, et en 1667-1673 conseiller du roi, lieutenant-général et particulier en la prévôté royale de St-Sever, mourut en 1693, laissant deux fils : Pierre dont l'article suit, et noble Adam-Joseph de Captan, écuyer, seigneur de Monein, marié à dame Romaine-Josèphe de Tauzin, d'où : Demoiselle Catherine de Captan, mariée en 1710 à noble Etienne de Captan, son cousin germain.

3e *Degré*. — Noble Pierre de Captan, deuxième du nom, écuyer, conseiller du roi, premier consul et maire perpétuel de la ville de St-Sever cap., fit construire la fontaine publique où son nom est inscrit, en 1684 ; Pierre, maintenu noble le 28 janvier 1699, et fut marié à dame Catherine Leblanc de Labatut dont il eut deux fils.

4e *Degré*. — Antoine de Captan, écuyer, capitaine de cavalerie au régiment de Condé, chevalier de St-Louis, convoqué en 1702 avec la noblesse de la sénéchaussée de St-Sever dans le rôle de l'arrière-ban, fut marié à dame Jeanne de Montbeton de Bourouillan, héritière du nom, et en eut plusieurs enfants. Le dernier descendant mâle des barons de Captan Bourouillan est mort vers 1855.

4e *Degré* (*bis*). — Noble Etienne de Captan, écuyer, seigneur de Monein, chevalier de l'ordre royal et militaire de St-Louis, capitaine et lieutenant-colonel au régiment de Condé et brigadier des armées du roi de cavalerie, naquit en 1678 et mourut à St-Sever en 1758. De son mariage avec Catherine de Captan sont nés plusieurs enfants, entre autres : Pierre, qui a continué la lignée, et noble Joseph, chevalier de Captan, lieutenant-colonel du régiment de Condé dragons et chevalier de St-Louis, vivait encore en 1790.

5e *Degré*. — Pierre de Captan Monein, écuyer, seigneur de Couhin, capitaine et major au régiment de Condé cavalerie, chevalier de St-Louis à la bataille de Lawfeld ; marié à dame Barbe-Angélique de Cours, fille de noble Pierre de Cours, seigneur du Vigneau et Lussagnet et de dame Angélique de Lasalle Roquefort, dont :

6e *Degré*. — Noble Antoine de Captan, sous-lieutenant de dragons en 1780, eut commission de capitaine en 1786 ; mourut à l'armée de Condé.

6e *Degré* (*bis*). — Pierre-Augustin-Frédéric-Joseph, chevalier de Captan, né en 1769, officier au régiment d'Aunis-infanterie (1787) émigré, fut député en 1814 par le département des Landes pour complimenter le roi Louis XVIII sur son avènement au trône ; chevalier de St-Louis en 1815, a épousé demoiselle Paule-Camille de Bourdeau d'Audigeos de Castera, fille de noble Martin de Castera et de dame Marthe-Josèphe de Commarieu, dont il eut :

7e *Degré*. — 1o Demoiselle Françoise-Josèphe de Captan, mariée le 14 janvier 1822 à Jean-Baptiste de Borda-Labatut, chevalier, sans postérité.

2o Dame Françoise-Josèphe de Captan, mariée le 16 février 1835 à M. Rose-Philippe-Hippolyte vicomte de Galard ; de ce mariage :

8e *Degré*. — 1o M. Hector vic^{te} de Galard ; 2o M. Bertrand b^{on} de Galard.

———

Noble Etienne de Captan, escuyer, brigadier des armées du roi, chevalier de l'ordre royal et militaire de St-Louis, ancien lieutenant-colonel du régiment de Condé-cavalerie, mourut le 19 juin et fut enseveli le 20 juin 1758, âgé de 79 ans. (St-Sever cap.)   CADILLON, *prêtre*.

(1620). Le 25 février 1620 a été baptisé Pierre de Captan, fils de M. Bernard de Captan et Anne de Beaunom; est parrain, Pierre Dauzole, seigneur baron de Horsarrieu et autres places, et Jeanne Dabadie damoiselle ; et a été fait le dit baptême par moi Desest pbre et curé de St-Sever.

DE CAPTAN, SEIGNEURS BARONS DE BOUROUILLAN. — *Branche aînée.*

4º *Degré.* — Noble Antoine de Captan, écuyer, capitaine de cavalerie au régiment de Condé, chevalier de l'ordre royal et militaire de St-Louis, né à St-Sever vers 1676, fut convoqué en 1702 au ban de la noblesse ; exerça les fonctions de syndic de la ville de St-Sever et fournit en cette qualité le dénombrement des droits seigneuriaux et terres nobles possédés par la ville et communauté de St-Sever, le 26 juin 1724 (*Trésor de Pau, B. de Lagrèze*). De son mariage, contracté avec dame Jeanne de Montbeton de Bourouillan, nièce de noble Joseph de St-Ovide Monbeton de Bourouillan, capitaine de vaisseau, chevalier de St-Louis, etc., il eut entre autres Jean-Joseph de Captan Bourouillan, qui a continué la postérité, et demoiselle Catherine-Gérarde de Captan, mariée à noble Jean-Pierre de Batz, écuyer, ancien officier au régiment de Lorraine (1731).

5º *Degré.* — Jean-Joseph de Captan, écuyer, seigneur de Bourouillan, servit comme cornette de cavalerie au régiment de Condé (1735), sous les ordres de son oncle messire Etienne de Captan, lieutenant-colonel du même régiment, fut marié à dame Marie d'Arnaud, dont il eut :

6º *Degré.* — Pierre de Captan, chevalier, baron de Bourouillan, marié à dame Marguerite de Brac (1777, 1780), en eut : 1º messire Pierre-Dominique baron de Captan Bourouillan ; 2º demoiselle Marie de Captan Bourouillan, née à St-Sever en 1780.

Pierre de Captan, baron de Bourouillan, assista en 1789 à l'assemblée de la noblesse d'Armagnac, sur la convocation de son grand sénéchal, marquis d'Angosse. (*Vic. de Bastard*).

7º *Degré.* — Pierre-Dominique, baron de Captan Bourouillan, fut marié à damoiselle Broca-Perras, de la paroisse de Doazit, dont il a eu deux filles.

—

1º Catherine-Gérarde de Captan naquit le 22 de janvier 1709 et fut baptisée le 25 du même mois et an, fille légitime à M. Antoine de Captan, capitaine de cavalerie et chevalier de l'ordre de St-Louis, et de Madame

Jeanne de Monbeton de Bourouillan ; son parrain, M. Pierre de Captan, maire de cette ville, et Marie-Catherine-Gérarde de Gondrain, en son absence dame Catherine-Leblanc de Labatut.

LEBLANC DE LABATUT. PORTETS, *curé.*(St-Sever).

2º Demoiselle Marie de Captan de Bourouillan est née et a été baptisée le 10 août 1780 ; elle est fille légitime de messire Pierre de Captan, chevalier, seigneur, baron de Bourouillan, et de dame Marguerite de Brac de Captan ; parrain, Messire de Planter ; marraine, dame Marie d'Arnaud de Bourouillan ; à la place du parrain a tenu messire Jean-Pierre de Batz, chevalier, qui ont signé avec nous.

ARNAUD DE BOUROUILLAN, DE BATX, le chevalier de CAUCABANE, CAPTAN DE BATZ, FAUSIN, *curé de St-Sever.*

———

.... (*) Noble Pierre Charles-Henri-Sever de Bourdeau est né le 10 et a été baptisé le 11 may 1780; il est fils legitime de messire Pierre-Martin-Charles de Bourdeau, seigneur de Castera et Balazin, et de dame Marthe-Josèphe de Commarieu ; parrain, messire Pierre de Commarieu, chevalier, seigneur de......... (*) inspecteur-général des domaines de la couronne, limites et colonies......... (*) habitant de la ville de Paris, à la place duquel a tenu noble Bernard de Busquet, seigneur d'Arrimbles, conseiller du roi, maire titulaire de la présente ville ; marraine, dame Marie-Barbe-Agathe de Laporte de Spens, qui ont signé avec nous et le père.

BOURDEAU DE CASTERA père ; DE LAPORTE DE SPENS ; BUSQUET ; DESPENS-DESTIGNOLS ; LAPORTERIE, lieutenant particulier ; DE BATZ ; DE MARSAN DE CUCUREIN ; DUPOUY-MONICANE fils ; LAMARQUE.

———

Le 26 juin 1781 naquit, et fut baptisée le 28, demoiselle Marie-Paule-Camille de Bourdeau de Castera, sœur de Pierre-Charles-Henri qui précède, aujourd'hui, douairière de Captan et habitant le château de Castera.

———

Le 26 octobre 1707 naquit Louise de Captan, fille de noble Joseph Adam de Captan et de dame Josèphe-Romaine de Tauzin ; parrain et marraine : noble Antoine de Captan, capitaine dans le régiment de Condé-cavalerie, chevalier de St-Louis ; Madame Louise de Lartigue-Pelesté. Présents : noble Daniel de Bonnehé, de Tauzin, chevalier de St-Louis, et noble Pierre Captan

———

(*) Trois mots maculés.

M. Jean de Captan de St-Sever, marié en 1636-1640 à demoiselle Jeanne de Cabannes, à Lamothe ; le même Jean de Captan, noble et seigneur de Monein, assiste en 1655 à une assemblée des jurats et habitants de St-Sever pour voter un emprunt ; assiste en 1667 au mariage de Jeanne de Captan, damoiselle, avec noble Joseph de Batz d'Aurice. Du mariage de Bernard de Captan, receveur des décimes, avec Anne de Beaumont (1620), sont nés trois fils :

1° Jean de Captan, receveur des décimes, marié à Magdelaine de Tauzin, mort avant 1667, dont la fille épousa M. de Batz.

2° Noble Jean de Captan, seigneur de Monein, marié à demoiselle Jeanne de Cabannes, de la paroisse de Lamothe.

3° Noble Pierre de Captan-Beaunom, conseiller du roi, lieutenant-général en la prévôté, marié à Anne de Ladoue (1650-1693), qui a continué la postérité.

Jacques de Captan naquit le 17 et fut baptisé le 18 de l'an 1751 ; fils légitime de messire Jean-Joseph de Captan Bourouillan, ci-devant cornette dans le régiment de Condé-cavalerie, et de dame Marie-Arnaud. Parrain, M. Jacques-Arnaud, pour lequel a tenu messire Pierre-Simon-François de Caucabane, écuyer ; marraine, dame Catherine de Captan de Laborde.

CAUCABANE.   BROCA, *présent*.   ARNAUD.

Catherine de CAPTAN-LABORDE.   CAPTAN BOUROUILLAN, p.

—

Messire Antoine de Captan, chevalier de l'ordre royal et militaire de St-Louis, ancien capitaine au régiment de Condé-cavalerie, est mort le 14 février 1755, âgé de 84 ans, et a été enseveli dans l'église des Jacobins (St-Sever).

—

Cadroy (Jean), *à Aire*. — De gueules à une croix ancrée d'argent. (*Armor. de Guienne*).

Caradoc de Howden, *en Angleterre*. — D'argent au chevron d'azur chargé de trois gerbes de blé d'or accompagnées de trois hures de sanglier de sable, 2 en chef et 1 en pointe.

Cardenau de Bayle (DE), *de la paroisse de Gamarde*. — De sinople à un cygne d'argent becqué et membré d'or (*Armor. de Guienne*, p. 1208 (1700).

Cardenau (Jean DE), *curé de Vicq et Cassens*. — D'azur à cinq étoiles d'or posées en sautoir (*Armor. de Guienne*, p. 1187, 14 août 1700).

Cardenau (DE), *à Thil.* — D'azur au dextrochère armé d'argent tenant une épée du même montée d'or et accompagnée de trois étoiles, une en chef et deux en pointe d'or; franc quartier des barons titrés de l'armée brochant au neuvième de l'écu , qui est de gueules à l'épée en pal d'argent. Croix de St-Louis, Légion-d'Honneur, Ordre des Deux-Siciles.

Carmentran (Jean-Michel DE), *à Labastide* (22 janvier 1699), maintenu noble. — Bernard de CARMENTRAN, *lieutenant du juge de Haigemau.* — D'azur à trois demi vols d'argent (*D'Hozier*).

Carrère DE VERDUN ET DE ST-ANDRÉ, DE LOUBÈRE. — D'azur au pal abaissé d'argent sommé d'un croissant du même cotoyé de deux lions, celui de dextre sommé d'un chevron d'or. Ordres de St-Louis, du Lys, Légion-d'Honneur.

Cassolet (N...), *bourgeois de Peyrehorade.* — D'azur à trois coqs d'or. (*Armor. de Guienne*).

Castelbajac (DE), *en Bigorre.* — D'azur à la croix d'argent abaissée sous trois fleurs de lys d'or.

Castelnau (DE), *évêque de Périgueux.* — Ecartelé au 1 et 4 de gueules à la tour ouverte, crénelée et sommée de trois pièces d'or ; au 2 et 3 d'or au lion de gueules.

Castelnau (DE) *Chalosse.* — Ecartelé au 1 et 4 de gueules à la tour d'argent maçonnée de sable, sommée de trois donjons crénelés de même ; au 2 et 3 d'azur au lion d'argent armé et lampassé de gueules.

Castelmerle (N.... DE) — D'argent à deux fasces de sable (*D'Hozier*).

Caucabanes (Jean-Pierre DE), écuyer. — Parti au 1 d'azur à trois besans d'argent 2 et 1 coupé d'argent à trois barres de sable, et au 2 d'azur à un lion d'or. Bordeaux, 1698, 1700 (*Armor d'Hozier*).

Caumia (DE) comte de BAILLENX. — Ecartelé au 1 et 4 d'azur à la tour d'argent maçonnée ouverte et ajourée de sable, au 2 et 3 d'argent à trois flammes de gueules rangées en fasce. Ordre de St-Louis.

Caumont-Laforce (DE) *en Guienne.* — D'azur à trois léopards d'or couronnés, lampassés et armés de gueules.

Caumont (Jean DE), écuyer, seigneur de TALENCE (26 février 1698, à Mont-de-Marsan). Ecartelé au 1 et 4 d'argent à un loup carnier de gueules armé de sable, au 2 losangé d'argent et de gueules, au 3 d'argent à six coquilles, 3 en chef de sinople et 3 en pointe d'azur (*D'Hozier. Armor. de Guienne*).

Caumont-Lauzun (DE) — Tiercé en bande : d'or de gueules et d'azur.

Caupenne-d'Amou (Léonard DE), chevalier marquis dudit lieu, *lieutenant du roi en Guienne.* — Ecartelé au 1 d'azur à trois panaches d'argent 2 et 1, au 2 aussi d'azur à trois larmes d'argent 2 et 1, au 3 d'or à deux vaches passantes l'une sur l'autre de gueules accolées et clarinées d'argent, au 4 de gueules à deux clefs d'argent posées en pal (*D'Hozier*, 1698.)

Caupenne-d'Amou (Jean), chevalier, seigneur de St-PÉE. — Mêmes armes.

Caupenne (DE), d'ETCHAUX, d'AMOU, DE BONNUT, d'ARSAGUE, DE St-PÉE, *en Chalosse et Labourt.* — D'azur à six plumes d'autruche d'argent posées en sautoir.

Casamajor (DE), de GESTAS, de RIVEHAUTE, de JASSES, de MAGASTON, abbés d'Orion, barons de Lahontang, marquis de Charitte, *en Bearn et Lannes.* — D'azur à trois épées d'or en pal aboutées d'un trèfle du même : celle du milieu en pointe vers le chef, les deux autres vers la pointe.

Cès (Bernard DE), écuyer, *conseiller du roi, vice sénéchal des Lannes,* baron de Caupenne, etc (1699-1706). — Ecartelé au 1 et 4 de gueules à deux chiens d'argent courant l'un sur l'autre, au 2 d'argent à une fasce ondée de gueules, au 3 d'azur à un chevron d'or (*D'Hozier. Armor. de Guienne*).

Cès (Jean DE) *prêtre et curé d'Horsarrieu.* — Ecartelé au 1 et 4 d'azur à un lion d'or, au 2 et 3 d'azur à trois étoiles d'or 2 et 1, et au 3 de gueules à deux croissants d'argent rangés en fasce (*Armor. de Guienne*).

Cès-Orsarrieu (Bernard DE), *conseiller du roi et son procureur au sénéchal de St-Sever.* — D'azur à un mont d'or duquel coulent plusieurs ruisseaux d'argent (*Armor. de Guienne*).

Chambre (DE), baron d'URGONS, seigneur de St-GENÈS et PEYROS, à *Tartas.* —D'or à une fasce d'azur surmontée d'un lion de gueules, naissant à demi corps et accompagné en pointe d'une fleur de lys aussi de gueules. Croix de St-Louis

Les titres produits par cette famille justifient les filiations suivantes :

1er *degré*. — Job Chambre étant venu du royaume d'Ecosse (*a*) en garnison en la ville de Tartas, s'y établit et y épousa Mathine de Curclosse, fille de Bertrand de Curclosse, suivant une déposition des principaux habitants de la dite ville, en date du 2 novembre (*b*) 1451. Il est qualifié homme d'armes dans une donation de plusieurs parties de terres que lui fit le 30 mai (*c*) 1461 Charles d'Albret, comte de Dreux, vicomte de Tartas, « per los agradables servicis que la feytz les temps passatz, espere que fara dessi en avant, » et fit son testament le 17 janvier (*d*) 1464, par lequel il institua ses héritiers universels les enfants qu'il avait eus de son mariage, et qui furent :

2. Jean Chambre dont on va parler.

2. Mérigon Chambre.

2e *degré*.—Johanot, dit aussi Jehanot et Janet c'est-à-dire Jean Chambre, fut marié par contrat du 7 décembre (*e*) 1484, avec Catherine de Mongran, fille de N... de Mongran, et de noble femme Brunette de Castilhon, et sœur de Paulin de Mongran, qui en faveur de ce mariage lui constitua en dot cent écus d'or. Son testament du 28 octobre (*f*) 1517, dans lequel il est qualifié, escuder vesin de Tartas, porte qu'il voulait être enterré dans l'église de Ste-Catherine de Tartas, et en la chapelle

a. Prouvé par l'acte rapporté à la note suivante. — *b. c. d.* Original.
e. f. Original. — *g.* Copie collationnée sur l'original dans le même temps.

de St-Berthomieu, à lui appartenante ; par cet acté où il est dit que sa femme ne vivant plus, il fit son héritier universel le fils unique qu'il en avait eu, savoir :

3e *degré*. — Bertrand Chambre, qualifié dans ce même acte escuder, et auquel il substitua ses deux enfants, savoir :

4. Blaise Chambre qui suit.

Guillaume Chambre, écuyer, lieutenant du gouverneur et sénéchal d'Albret, suivant la commission qu'il en obtint le 6 septembre (*g*) 1560.

4e *degré*. — Blaise Chambre, lieutenant principal au siège et ressort de Tartas, se distingua par son zèle dans le temps des guerres de la religion, et fut assassiné par les hérétiques suivant un livre intitulé : *Responce des vrais catholiques François à l'avertissement des catholiques Anglois pour l'exclusion du roi de Navarre de la couronne de France*, imprimé en 1588, fol. 60. Cet article est conçu en ces termes : « Il ne faut que se représenter les assassins faits de sang-froid par son commandement (le roi de Navarre) et advenu en la ville de Tartas contre Chambre, son lieutenant général, de là en la ville du Mont-de-Marsan, contre Fos, un des principaux de ladite ville, et Orthes, receveur des décimes d'Aire, qui tenoyent le cœur des catholiques à leur dévotion. » Sa veuve vivait encore le 4 décembre (*h*) 1585 ; elle s'appelait demoiselle Vincente de Sanguinet (sœur de Jean du Sanguinet, lieutenant du sénéchal d'Albret au siège de Tartas) et fut mère des enfants qui suivent :

5. Thomas de Chambre continue la descendance.

5. Joseph de Chambre, écuyer, est ainsi qualifié dans le testament qu'il fit à Craonne le 16 juin (*i*) 1594, par lequel il déclara que le mardi précédent, étant en son devoir au faict des armes, sous la charge de monsieur le maréchal de Biron, de la compagnie duquel il était, il avait été outrageusement blessé d'un coup d'arquebusade au travers du corps en une attaque que les ennemis firent sur l'armée du roi et il institua son héritier universel Thomas de Chambre, écuyer, son frère aîné, à la charge de payer 350 écus d'or à Jean de Chambre, écuyer, son cousin, étant aussi au pays de Picardie, à la dite armée.

5. Jeanne de Chambre était mariée le 4 décembre (*j*) 1585, avec Fortis du Souil, dit de Fortisson (dont la postérité a pris le nom), seigneur et baron de Roquefort et de Balirac, gouverneur du Mont-de-Marsan.

5. Catherine de Chambre épousa noble Pierre d'Estoupignan, sieur de

h. Prouvé par un acte du même jour. — *i.* Original.
j. Prouvé par un acte du même jour.

Tingon, de Bouillon, etc., prévôt royal de la ville de St-Sever et mourut avant le 11 juillet (*k*) 1617.

5e *Degré*. — Thomas de Chambre, écuyer, conseiller du roi, lieutenant général, civil et criminel au siège de Tartas, reçut une lettre de Catherine de Navarre, sœur du roi, le 21 mars (*l*) 1590, qui annonce la confiance que cette princesse avait en lui ; elle est conçue ainsi :

« M. Chambre, je suis bien aise que ceux du conseil du roi, monseigneur et frère à Bordeaux, ayent terminé les différents qui estoient entre vous et le sieur de Bordenave, et que vous entreteniez les règlements par eulx faits sur cela. Je ne désire rien tant sinon de veoir que ung chacun se comporte en bonne amitié et société et notamment vous aultres qui avez la justice en main ; en ce faisant, asseurez-vous que me trouverez tousiours disposée à vous faire plaisir, et d'aussi bon cœur, que je prie Dieu, Monsieur Chambre, qu'il vous tienne en sa garde. De Pau, le vingt-et-unième jour de Mars 1590. (Signé) Votre bone amye Catherine de Navarre. »

Il épousa par contrat du 31 janvier 1598, demoiselle Jeanne de Mérignac, fille de Joseph de Mérignac, écuyer, co-seigneur d'Armantieu, et de demoiselle Françoise de Gamardes, et mourut avant le 22 août (*m*) 1635, ayant eu pour enfants de son mariage les trois qui suivent :

6. Pierre de Chambre continue la filiation.

6. Bertrand de Chambre est auteur de la seconde branche.

6. Pierre de Chambre, prêtre, docteur en théologie, archiprêtre et curé de Tartas.

6e *degré*. — Pierre de Chambre, conseiller du roi, lieutenant-général, civil et criminel au siège de Tartas, charge dont il obtint les provisions le 21 février (*n*) 1631, avait épousé par contrat du 27 septembre (*o*) 1627, dans lequel il est qualifié lieutenant particulier au siège de Tartas, demoiselle Marie de Boys, fille de M. Me Nicolas du Boys, avocat en la cour, et de demoiselle Peironne Coyfard, et fut maintenu dans sa noblesse en (*p*) 1668. Sa femme fit son testament le 11 août (*q*) 1651, par lequel elle désigna sa sépulture dans la chapelle dédiée à saint Joseph, que son mari avait fait construire dans l'église des Pères de l'Observance Saint-François de la ville de Tartas ; elle déclara aussi par cet acte, qu'elle avait l'honneur d'être Prieure des Dames de la Miséricorde et Charité de

---

k. Original, titres de MM. de Capdeville. — *l.* Original.

m. Prouvé par un acte original du même jour. — *n.* Cette date est énoncée dans l'ordonnance de M. de la Bourdonnaye, rapportée sur le 8e *degré*. — *o. p. q.* original.

ladite ville, et que de son mariage étaient issus plusieurs enfants, entre lesquels étaient alors vivants :

7. Nicolas de Chambre qui suit.

7. Pierre de Chambre.

7. Joseph de Chambre.

7. Pierre de Chambre.

7. Thérèse de Chambre, dont on ignore la destinée.

7e *degré.* — Nicolas de Chambre, écuyer, baron d'Urgons, conseiller du roi, lieutenant-général en la sénéchaussée de Tartas, par provisions du 7 janvier (*r*) 1658, épousa par contrat du 13 juillet (*s*) 1660, demoiselle Claire de la Lande de Montaut, fille de noble Pierre de la Lande, baron de Montaut, de Labatut, etc., et de demoiselle Marthe Dappatte, et mourut avant le 31 décembre (*t*) 1691, ayant fait son testament le 15 avril (*u*) 1684, par lequel il voulut être enseveli dans sa chapelle et aux pieds de la tombe de la défunte dame sa mère, en l'église des Pères Cordeliers de la grande Observance Saint-François de Tartas ; il déclara par cet acte que de son mariage il avait alors neuf enfants, vivants ; savoir :

8. Pierre-Joseph de Chambre, écuyer, conseiller du roi, lieutenant-général au siège de Tartas, marié par contrat du 31 décembre (*v*) 1691 avec demoiselle Madeleine d'Amou, fille de Léonard d'Amou, marquis d'Amou, de Saint-Pé, etc., et de demoiselle Marie de Gassion, et maintenu dans les qualités de noble et d'écuyer, par ordonnance de M. de la Bourdonnaye, intendant de Bordeaux, rendue le 4 juillet (*x*) 1703. Il mourut sans enfants.

8. Pierre-Marie de Chambre, prêtre, docteur en théologie, archiprêtre et curé de Tartas.

8. Jean de Chambre, qui va suivre.

8. Pierre-Thomas de Chambre, prêtre, docteur en théologie, archiprêtre d'Auribat et curé de Laurède.

8. Bertrand de Chambre.

8. Mathieu de Chambre, lequel était capitaine dans le régiment de Gatinois, lors du testament militaire qu'il fit le 17 juillet (*y*) 1706. Il fut tué au service.

8. Joseph de Chambre.

8. Et Josèphe de Chambre, morte sans alliance.

r. Original. — *s. t.* Délivrée en 1695. — *u.* Prouvé. — *v.* Prouvé par un acte original. — *x.* Original. — *y.* Original, copie collationnée dans le même temps.

8e *degré.* — Jean de Chambre, écuyer, baron d'Urgons, seigneur de Saint-Genès et de Peyros, fut nommé garde de la marine en 1683, enseigne en 1692, et prenait la qualité de lieutenant de vaisseau du roi et de chevalier de l'ordre militaire de Saint-Louis, lorsqu'il épousa, par contrat du 17 juin (a) 1713, demoiselle Catherine-Ursule d'Urtubie de Garro, fille d'André d'Urtubie, seigneur et baron de Garro, lieutenant-colonel du régiment de Labourt, et de demoiselle Marie de Saint-Martin : de ce mariage sont issus plusieurs enfants qui suivent :

9. André de Chambre continue la filiation.

9. Cécile de Chambre.

9. Marie-Anne de Chambre fut mariée par articles accordés sous-seings-privés le 9 mai (b) 1741, avec noble Louis de Merignac, écuyer, seigneur de Malet, fils de noble Pierre-Joseph de Merignac, aussi écuyer, seigneur de Malet, et de demoiselle Elisabeth de Lupé.

9. Françoise de Chambre épousa aussi, par articles sous-seings-privés du 19 août (c) 1748, noble Bernard du Pin, écuyer, seigneur de Juncarot, etc., fils de noble Sever du Pin, aussi seigneur de Juncarot, et de demoiselle Jeanne de la Marque.

9e *degré.* — André de Chambre, écuyer, baron d'Urgons, seigneur de Saint-Genès, de Peyros, etc., né le 29 mai (d) 1714, a servi dans les mousquetaires depuis 1731 jusqu'en 1736 ; il épousa, par articles sous seings-privés du 9 juin (e) de cette même année, demoiselle Marie-Monique de Rol de Montpellier, fille de Jean-Louis de Rol de Montpellier, écuyer, seigneur et baron de Lassé, etc., et de demoiselle Anne de Mimiague, et de ce mariage sont issus les enfants qui suivent :

1. Pierre de Chambre, écuyer, né le 12 juin 1743, fut reçu page de la petite écurie du roi en conséquence des preuves de sa noblesse admises par Sa Majesté, le 25 juin 1758.

2. Louis de Chambre, chanoine de l'église collégiale de Saint-Loubouer, diocèse d'Aire, naquit le 17 janvier 1746.

3. Henry de Chambre, écuyer, naquit le 7 décembre 1748.

4. Jeanne de Chambre, religieuse au couvent de Sainte-Ursule de Dax, naquit le 13 mars 1737.

5. Catherine-Ursule de Chambre naquit le 17 mars 1740.

6. Marthe de Chambre naquit le 15 mai 1750.

7. Sophie de Chambre naquit le 29 janvier 1754.

a. b. c. Original.

d. Extrait baptistère délivré en forme. — *e.* Original.

SECONDE BRANCHE.

6e *degré*. — Bertrand de Chambre, écuyer, conseiller du roi, lieutenant-général criminel du siège de Tartas, second fils de Thomas de Chambre, auteur du 5e degré de cette généalogie, et de Jeanne de Mérignac, épousa, par contrat du 27 novembre 1641, demoiselle Catherine de Maurian, fille de noble Jacques de Maurian, seigneur de Carsen, et de demoiselle Marie de Chélosse, et eut de ce mariage :

7. Bertrand de Chambre qui suit.

7. Et Pierre de Chambre, prêtre, docteur en théologie.

7e *degré*. — Bertrand de Chambre, écuyer, conseiller du roi, lieutenant-général criminel au siège de Tartas, fut marié, par contrat du 10 mai (*f*) 1675, avec demoiselle Quitterie de Nolibois, fille de M. Pierre de Nolibois, avocat en la cour, et de demoiselle Jeanne de Bédora ; ils firent un testament mutuel le 10 octobre (*g*) 1703, par lequel ils voulurent être enterrés dans les sépultures de leur maison en l'église de Saint-Jacques de la ville de Tartas, et ils déclarèrent aussi par cet acte que de leur mariage étaient issus les enfants qui suivent :

8. Bertrand de Chambre continue la descendance.

8. Joseph de Chambre, prêtre, docteur en théologie, curé de Béga, naquit le 12 mars 1677.

8. Pierre de Chambre, prêtre et curé de Saint-Martin, né le 26 janvier 1678, mourut le 27 août 1704.

8. Alexandre de Chambre, né le 21 janvier 1680, mourut le 10 décembre 1756.

8. Pierre de Chambre, jésuite, né le 5 août 1681, mourut à Poitiers, le 16 avril 1757.

8. Pierre de Chambre, religieux carme, né le 20 juillet 1685, mourut à Bordeaux, en 1743, dans l'octave de Pâques.

8. Pierre-Joseph de Chambre, barnabite, né le 27 juillet 1687, mourut sur la fin du mois de juin 1743.

8. Joseph-Ambroise de Chambre, prêtre, docteur en théologie, curé de Laurède, archiprêtre d'Auribat, né le 3 mars 1692, mourut le 25 février 1736.

8. Joseph de Chambre, barnabite, né le 2 mars 1693, mourut à Montargis en 1723.

8. Josèphe de Chambre, religieuse au couvent de Sainte-Claire de la

f. g. Original.

ville de Tartas, naquit le 21 juillet 1686 et mourut le 22 août 1704.

8. Marie de Chambre, abbesse dudit monastère de Sainte-Claire de Tartas, née le 9 septembre 1688, mourut le 16 novembre 1739.

8. Marie de Chambre, religieuse dans le même monastère que ses deux sœurs, née le 8 mars 1691, morte le 24 mai 1728.

8. Marie-Quitterie de Chambre, née le 29 août 1696, fut mariée par articles du 7 juillet 1713, avec Jean-François de Batz, seigneur d'Armantieu, conseiller du roi, lieutenant-criminel en la sénéchaussée de Tartas.

8e *degré*. — Bertrand de Chambre, écuyer, conseiller du roi, lieutenant-criminel au siège de Tartas, épousa par articles accordés sous-seings-privés (*h*) demoiselle Cécile de Saint-Martin, fille de noble Jean-Jacques de Saint-Martin, écuyer, seigneur de Betuy, etc., et de demoiselle Suzanne de Labat, et fit son testament le 2 juin (*i*) 1721, par lequel il voulut être enterré dans l'église de Saint-Jacques de la ville de Tartas, et dans le tombeau ordinaire de sa famille, et déclara que de son mariage étaient issus :

9. Jean-Jacques de Chambre qui suit :

9. Jean de Chambre, prêtre et curé de Pey, né le 20 avril 1714.

9. Elisabeth de Chambre, née le 13 octobre 1712, mariée à Louis du Pont et morte le 29 juin 1750.

9. Hélène de Chambre, religieuse à Tartas, née le 10 avril 1718.

9e *degré*. — Jean-Jacques de Chambre, écuyer, conseiller du roi, lieutenant-général criminel au siège de Tartas, né le 21 septembre (*j*) 1711, servit d'abord dans les gardes du roi, et épousa par articles sous-seings-privés du 27 juin (*k*) 1735, demoiselle Claire Larremar, fille de M. Barthélemy Larremar, avocat en Parlement, et de demoiselle Marie-Arnaude de Bédora ; et de ce mariage sont issus sept enfants :

1. Jean-Alexandre de Chambre, écuyer, lieutenant au régiment de Belsunce, naquit le 8 décembre 1739.

2. Louis-Marie de Chambre, écuyer, naquit le 15 août 1742.

3. Jean de Chambre, écuyer, naquit le 7 avril 1744.

4. Bertrand de Chambre, écuyer, naquit le 12 septembre 1745.

5. Pierre-François de Chambre, écuyer, naquit le 27 mai 1750.

6. Cécile de Chambre naquit le 19 août 1738.

---

h. Ces articles n'ont point de date, mais suivant une note de la famille, ils furent arrêtés le 22 juillet 1710. — *i*. Expédition délivrée en 1735. — *j*. Extrait baptistère délivré en forme. — *k*. Original.

7. Térèse-Elisabeth de Chambre, naquit le 5 février 1741.

Vu et vérifié par nous, chevalier, conseiller du roi en ses conseils, Juge d'Armes de France.   D'HOZIER.

—

Additions.

1. — *Branche aînée des barons d'Urgons.*

1° Pierre Grat de Chambre, baron d'Urgons, mort à St-Sever en 1794, sur l'échafaud révolutionnaire.

2° Le 25 Ventôse an onze mourut Marie-Anne de Chambre, âgée de soixante-treize ans, née à Tartas, veuve de feu Louis Mérignac, et fille de feu Jean Chambre et de Ursule d'Urtubie Garro.   CHAMBRE, *maire.*

—

L'an 1822 et le 2 décembre mourut à Tartas demoiselle Jeanne (Sophie) de Chambre d'Urgons, âgée de soixante-huit ans, fille de feu M. André de Chambre, baron d'Urgons, et de Dame Marie-Monique de Roll.   DU POY, *maire.*

—

L'an 1819 et le 5 octobre mourut à Tartas M. Henry de Chambre d'Urgons, évêque d'Orope, âgé de soixante-et-onze ans (ancien curé de Carcarès, et chanoine de la cathédrale de Metz), fils de feu Messire André de Chambre, baron d'Urgons, et de dame Marie Monique de Roll Montpellier.   DU POY, *maire.*

—

2. — *Seconde branche.*

Le quatre prairial an onze mourut Louis Chambre, âgé de dix ans, né à Tartas, fils de feu Jean Chambre (ancien capitaine au corps royal du génie), et de feue Etienette Eléonor de St-Martin.   CHAMBRE, *maire.*

—

L'an 1809 et le vingt-quatre du mois de février, est décédé à Tartas, sieur Bertrand Chambre (ancien capitaine au régiment de l'île de France), âgé de soixante-quatorze ans, fils de feu Jean-Jacques Chambre et de Claire Larremar.   BUCHET, *maire.*

—

L'an 1814, et le quatre du mois de janvier, est décédée à Tartas, Thérèse-Elisabeth Chambre, âgée de soixante-treize ans, fille de feu Jean-Jacques Chambre et Cécile Larremar. BUCHET, *maire.*

—

ETATS MILITAIRES. (*Hist. des chev. de St-Louis*).

De Chambre, lieutenant au régiment de cavalerie de Lafeuillade. décoré en 1695. — (tome I, page 153).

Ingénieur ordinaire : De Chambre, chevalier de St-Louis en 1760. — (page 521).

Chambre, au régiment de Vierzet, décoré en 1762 (page 552).

Etats militaires de 1787, corps royal du génie Guienne : chef de brigade ; Chambre, capitaine ; le chevalier de Chambre à Bayonne :

1786 — Chevalier de Chambre, capitaine des chasseurs des Ardennes.

1787, 1792. — De Chambre, chev. de St-Louis, capitaine au régiment de l'île de France (Bertrand).

—

Champagne (Thibaut comte DE), roi de Navarre (1249). — Ecartelé au 1 et 4 de gueules aux chaînes d'or posées en orle, en croix et en sautoir, qui est de Navarre ; au 2 et 3 d'azur à la bande d'argent accompagnée de deux doubles cotices potencées et contre potencées d'or de treize pièces, qui est de Champagne.

Chanceaulme de Clarens. — D'azur à trois heaumes de chevalier d'argent.

Chauton de Souprosse. — D'azur au chevron d'or accompagné de trois tortues de même posées 2 et 1.

Chauton (Arnaud DE), *capitaine au régiment de Hainaut, bourgeois de Tartas* (1700). — De sable au sautoir d'argent. (*Arm. de Guienne*).

Chastenet de Puységur. — D'azur au chevron d'argent accompagné en pointe d'un lion léopardé de même au chef d'or.

Cist-Lagilière (N.... DE), *ci-devant habitant à Mont-de-Marsan.* — D'azur à six burelles d'argent (*Armor. de Guienne*).

Cist (Jean DE), *bourgeois et assesseur de la communauté, ci-devant jurat du Mont-de-Marsan.* — D'or à deux lions affrontés d'azur (*Armor. de Guienne*).

Cloche (DE), écuyers, sieurs de MAULÉON, seigneurs barons d'Arthos et de Lahouze, Cadrieu, Fargues et autres lieux. — Ecartelé au 1 et 4 de gueules à deux soufflets d'argent la pointe en bas, au 2 et 3 de gueules à une cloche d'argent bataillée d'or.

Cette famille s'est alliée aux maisons de Prugues, de Cabannes, de Batz-d'Aurice, de Campet, de Basquiat, d'Artigon et autres.

Cloche de Fargues (Mathieu DE), *prêtre et docteur en théologie, curé de Fargues.* — Ecartelé au 1 de gueules à deux soufflets d'argent la pointe en bas, au 2 d'azur à un agneau d'argent attaché à un pilier du même et trois fleurs de lys d'or rangées en chef, au 3 d'azur à un lion d'or lampassé et armé de gueules, au 4 de gueules à une cloche d'argent bataillée d'or (*D'Hozier. Arm. de Guienne*).

Cloche (Jean DE), écuyer, sieur de FARGUES. — Ecartelé au 1 de gueules à deux soufflets d'argent le manche en haut, posés en pal, au 2 d'azur à un agneau d'argent attaché par le col à un pilier de même et avec un cordon aussi d'argent, au 3 d'azur à un lion d'or lampassé et armé de gueules, au 4 de gueules à une cloche d'argent bataillée d'or (*D'Hozier*).

Collonges (Agnès DE), veuve de noble Charles DE PAUSADER, seigneur DE BACHEN. — D'or à un cerf de gueules. (*D'Hozier*, 1700).

Colombots (DE). — D'argent à deux colombes affrontées d'azur posées sur une terrasse de même, au chef d'azur chargé d'une fleur de lys d'or.

Comeau de Crancey. — D'azur à fasce d'or accompagnée de trois étoiles d'or à six raies cométées d'argent.

Compaigne (DE), *à Dax.* — D'or au lion de gueules (1700).

Compaigne (Etienne-Barthelemy DE), écuyer, chevalier de St-Louis, ancien major au régiment de Lorraine, capitaine d'une compagnie de gentilshommes à l'école militaire de Paris (1704, 1735, 1755).

— D'or à une rose de gueules chargée d'une bande de sable, qui est de Compaigne, de Roquefort ; accolé d'azur à une tour d'argent crénelée de quatre pièces sommée d'un lion naissant de gueules, qui est de Cabannes. Couronne de comte ; supports, deux lions au naturel ; ordre de St-Louis.

Cornulier (DE). — D'azur au massacre de cerf d'or surmonté d'une moucheture d'hermine d'argent.

Corn d'Ampare, *en Quercy*. — D'azur à deux cors de chasse d'or, liés, enguichés et virolés de gueules et contreposés.

Cospéan. — Ecartelé 1 et 4 d'azur à trois bouteilles d'or, 2 et 3 d'or à la croix alezée de gueules.

DE **Cours**, DE LASBARTHES, DE LASSALLE, DE LATRILLE, DE LATER-RADE, DE MONLEZUN, DE St-GERVASI, D'ARRICAU, DE GONTAUD, DE SARRAZIET, DU VIGNEAU, DE LUSSAGNET, etc., etc. — D'argent à un pin de sinople et un lion de gueules rampant contre le fût ; parti au 2 d'argent à trois bandes de gueules (1698). Croix de St-Louis.

De Cours de Lasbarthes. — Arrêt de la commission chargée de vérifier les titres de noblesse en Languedoc, qui déclare Flotard de Cours seigneur de Lasbarthes issu de noble race.

Dans les analyses des pièces produites pour obtenir cet arrêt, se trouvent les noms suivants : Jean de Cours, seigneur de Lassalle, gouverneur de Port Sainte-Marie, en 1562 ; François de Cours, 1569 ; Marc-Antoine de Cours, 1585 ; Carbon et François de Cours, gouverneur de Nérac, 1622 ; Flotard de Cours, fils de Carbon de Cours, marié à Marguerite de Pechepeyrou, 1656 ; mort de Carbon de Cours, 1663. (*Cabinet d'Hozier*).

Dans les pièces fugitives pour servir à l'*Histoire de France*, tome III, page 42 (*Généralité de Toulouse ; jugements de la noblesse de Languedoc, par M. de Besons. Bas Montauban,* 733, COURS).

I. — François Cours, écuyer, seigneur de Lassalle, épouse le 15 avril 1569 Serène de Lupé d'Arblade, qui le fit père de :

II. — Marc-Antoine Cours, seigneur de Lassalle, marié le 24 mars 1685, à Claude de Las, qui le rendit père de :

III. — Carbon Cours, seigneur de Lassalle, qui épousa le 17 février 1626 Anne de Gous, et en eut :

IV. — Flotard de Cours, seigneur de Lassalle, qui épousa le 9 septembre 1656 Marguerite Pechepeyrou.

———

Aujourd'huy, le dix du mois de ventôse an VI de la République française, à dix heures du matin, par devant moi Jean Fautoux, agent municipal de la commune de Cauna, sont comparus Joseph Cabanes, domicilié de la commune, assisté de Charles Cours, domicilié de Mormès. département du Gers, Louise Cabanes, sœur du nouveau-né, âgée de onze ans, ont déclaré que Marie-Pierre Compagne, son épouse en légitime mariage dudit Cabanes, est accouchée hier, 9 du présent mois et an, dans la maison appelée le Château, d'un enfant mâle auquel il a donné le prénom de Charles Cabanes. En foi de quoi j'ai rédigé le présent acte que ledit Charles de Cours et Louise Cabanes et Joseph Cabanes, père de l'enfant, ont signé avec moi au bas du présent, les mêmes jour, mois et an que dessus. *(Registre de Cauna*, 1798).

Il s'agit ici du chevalier de Cours, major et chevalier de l'ordre de St-Louis, connu sous le nom de major de Cours Monlezun (du régiment Dauphin), 1770, sous aide-major du royal Comtois.

———

Demoiselle Louise-Marie-Emilie de Cabanes est née le 4 et a été baptisée le 5 may 1786 ; elle est fille légitime de messire Clair-Joseph de Cabanes baron de Cauna et Mauco, et de dame Marie-Perine de Compaigne ; parrain, messire Louis de Carrère, seigneur de Loubère, à la place duquel a tenu messire Benoît, chevalier de Basquiat ; marraine, dame Louise de Cabanes Pomiés, à la place de laquelle a tenu dame Marie-Hippolyte-Rosalie d'Abadie de Saint-Germain de Laborde-Lassalle, qui ont signé avec nous et le père.

De Laborde-Lassalle ; Tausin, *curé de St-Sever ;* d'Abadie de Saint-Germain ; le chevalier de Basquiat ; Cabanes de Cauna, père.

———

L'an 1732 et le 7 décembre naquit demoiselle Marguerite de Benquet, fille légitime à M. Jacques de Benquet d'Arblade, et à dame Jeanne-

Marie de Cours, mariés, et fut baptisée le 8 du même mois et an ; parrain et marraine, M. Frix de Cours, et dame Marguerite de Florence de Monlezun, et fut appelée ladite demoiselle Marguerite, baptisée par M. le curé du Lin, soussigné. LALANNE.

L'an 1734 et le 3 mars naquit Marie de Benquet, fille légitime à M. Jacques-Joseph de Benquet, et dame Jeanne-Marie de Cours, mariés, seigneur d'Arblade-Brassal y habitant au château , et fut tenue sur les fonts par noble Marc-Antoine de Cours de Monlezun, et Marie Pratferré d'Arblade du Houga ; baptisée par moi. CADROY, *curé.*

L'an 1735 et le 10 novembre naquit Louis de Benquet, fils légitime à M. Jacques de Benquet, et à dame Jeanne-Marie de Cours de Montlezun, seigneur d'Arblade ; parrain et marraine : M. Louis de Cours de Montlezun, et Eléonore de Montfort ; baptisé par moi, curé d'Arblade , ez présence de M. de Monlezun, aïeul de M. de Benquet, M. Pf. de Mau, et Dutaret et autres, les dames d'Arblade et Dutaret.

CADROY, *curé d'Arblade-Brassal.*

L'an 1736 et le 21 décembre naquit Frix de Benquet, fils légitime à noble J. de Benquet, seigneur d'Arblade-Brassal, et à noble dame Jeanne-Marie de Cours de Monlezun, son épouse ; parrain et marraine, noble M. Frix de Cours de Monlezun, son oncle, et noble dame Marie de Barbotan, mariés, habitants dans leur château de Labale. Présents à la cérémonie Messieurs de Benquet, deux frères ; Caubios et Garbène, le chevalier ; baptisé par moi, soussigné, le 26 dudit mois et an.

LATERRADE DE COURS, *parrain ;* BARBOTAN DE LATERRADE ; CADROY, *curé.*

L'an 1747 et le 9 mai naquit François de Benquet, fils légitime de noble Jacques-Joseph de Benquet, seigneur baron d'Arblade, et à dame Jeanne-Marie de Cours de Montlezun, baptisé le 10, présenté par noble François de Cours Montlezun et dame Marguerite de Candale, épouse de noble de Benquet du Houga, tenant à la place de demoiselle de Benquet, sa belle-sœur. Présents : Bertrand et Jean Sousbie, Pierre Lignac et Jean Piguères ; baptisé par moi. CADROY, *curé d'Arblade.*

L'an 1760 et le 1er juin j'ai baptisé, dans l'église de St-Martin-d'Arblade-Brassal, Frix de Benquet, fils légitime à messire François de Ben-

quet, baron d'Arblade, et à dame Louise Daymier Darquès, né le 30 mai
dernier ; parrain, messire Frix de Monlezun ; marraine, dame Pauline
de Labaune de Bascous Darquès ; témoins, Jean Labeyrie et Bernard
Lafargue, qui n'ont signé ; le parrain et la marraine signés avec moi.

DE LABAUNE, DARQUÈS ; LACOME, *curé d'Arblade.*

—

L'an 1761 et le 8 septembre, M. l'abbé Sarrade, vic. de Mormès, a
baptisé dans l'église de Saint-Martin d'Arblade-Brassal, Marie-Hyacinthe,
fille légitime de messire François de Benquet, baron d'Arblade, et à
dame Louise Daymier, née la veille ; parrain, messire Joseph de Benquet, tonsuré ; marraine, Marie-Hyacinthe Daymier, dame de Cours,
tenue à son nom par demoiselle Marie-Anne de Cours, en présence de
sieur Pierre Dazéma, avocat en Parlement, et de Jean Labeyrie, qui
n'ont signé. LACOME, *curé d'Arblade-Brassal.*

—

DE **Cours** (Antoine-Hector), *écuyer*, seigneur DU VIGNEAU et DE
LUSSAGNET. — D'argent à un lion de gueules couronné de même, rampant contre un pin de sinople ; le tout sur une terrasse de sinople ; parti
d'argent à trois bandes de gueules.

DE **Cours-Gontaud** (le chevalier), *à Mont-de-Marsan.* — D'ar-
gent à un pin de sinople et un lion de gueules rampant contre le fût.
Couronne de marquis ; supports, deux lions couchés ; croix de Saint-
Louis.

DE **Cours** (Jean-François), écuyer, seigneur de PAULIAC. — D'azur
à un lion d'or écartelé de gueules à une meule à aiguiser d'argent (*Arm.
de Guienne,* fº 302, n. 60).

DE **Cours** (François CARBON), écuyer, seigneur de LATRILLE. —
Parti au 1 d'argent à un pin de sinople et un lion de gueules rampant
contre le fût de l'arbre ; au 2 d'argent à trois bandes de gueules bordées
de sable (*Guienne*).

François Carbon de Cours, sieur de Latrille, habitait en 1670 la juridiction du Houga ; en 1698 il fut maintenu dans sa noblesse par l'Intendant de Bordeaux (*Arch. d'Auch*). Ses descendants ont formé les branches de Cours-St-Gervasi, Cours-d'Arricau, de Laterrade, C. de Monlezun.

Daleman. — D'azur au chevron d'or accompagné en pointe d'une gerbe du même, et en chef de trois étoiles d'argent placées en demi-orle.

Dalon (Raymond), *chevalier, conseiller du roi en tous ses conseils, premier président au Parlement de Navarre.* — D'or à deux cœurs vuidés et entrelacés de gueules, au chef d'azur chargé de trois étoiles d'or. (*Armorial d'Hozier*).

DE **Dampierre** DE SAINTE-AGATHE, DE MILLENCOURT, D'YSENGRE-MEL, DE SELINCOURT, DE PLASSAC, LEVIGNEAU, *en Picardie, Saintonge et Lannes.* — Henry DE **Dampierre**, *écuyer.* — D'argent à trois losanges de sable. Supports, deux lions; cimier, un lion naissant. (*Nobiliaire de Picardie et Armorial d'Hozier*).

DE **Dampierre** (de Cugnac), *en Guienne.* — Gironné d'argent et de gueules. Ordre du Saint-Esprit.

Dargoubet (N...), seigneur DE SERRES. — D'azur à une gerbe d'or. (*Armorial de Guienne*).

Darrieau. — Ecartelé au 1 d'azur à la pyramide d'argent, au 2 de gueules à l'épée haute en pal d'argent, qui est des barons de l'empire, au 3 de gueules au vol d'argent, sur lequel broche un cœur d'or, au 4 d'azur au pont d'or, adextré d'une tour de même, cantonné à senestre d'un foudre d'or, le tout soutenu d'une rivière d'argent.

Le 1er rappelle la campagne d'Egypte, à laquelle prit part le général Darricau.

Le 3e cœur ailé, signifie zèle, dévouement.

Le 4e, Pont de Hall, en Prusse, enlevé par le 32e, sous le commandement du général Darricau, campagne de Prusse, 1808. Après Iéna, fait d'armes très remarquable, relaté dans la grande histoire de M. Thiers, tome VII, pages 160, 163.

I. Jean-Roger Darricau, baron de Traverse, aide-major du pays de Born, marié à Mademoiselle de Chambre, fut père de :

II. Jean-Marc Darricau, baron de Traverse, marié avec dame Catherine de Neurisse, dont il eut : 1o Jean-Baptiste, 2o Pierre, et

III. Augustin, baron Darricau, né en 1773, chevalier de Saint-Louis, grand officier de la Légion-d'Honneur, lieutenant-général du 31 juillet 1811 (*Almanach royal de* 1818), père de :

IV. Le baron Charles Darricau, ancien intendant militaire, directeur de la comptabilité au ministère de la guerre.

IV (*bis*). Le chevalier Rodolphe Darricau, capitaine de vaisseau, gouverneur de l'île de la Réunion.

—

L'an 1766 naquit à Tartas Jean-Baptiste Darricau, fils de Monsieur Jean-Marc Darricau, seigneur de Saint-Antoine des Traverses, et de dame Catherine de Neurisse.

—

Extrait des registres des actes de naissance de la ville de Tartas (1773).

L'an 1773, et le 5 juillet, est né et a été baptisé le 7, Augustin, fils légitime de Monsieur Jean-Marc Darricau, baron de Traverse, et de dame Catherine de Neurisse. Parrain, M. Augustin de Boismarie, écuyer ; marraine, dame Thérèse de Borda.

Mademoiselle de Neurisse était fille du sieur Bernard de Neurisse, baron de Laluque, lieutenant-général au sénéchal de Tartas et de dame Cécile de Borda.

—

Jean-Roger Darricau, né en 1707, mourut le 3 mai 1758 au château de Biscarosse, aide-major du pays de Born (commandement supprimé par une ordonnance royale de 1778), épousa Mademoiselle de Chambre, qui mourut en 1757.

—

Une note de Jean-Marc Darricau contient ce qui suit :

1. Mademoiselle de Chambre (en anglais Chambers) était la fille aînée

de la maison de Chambre de Mimizan, distinguée autrefois par son ancienneté et le rang qu'elle tenait. C'est la maison originaire de tous les de Chambre de Tartas.

2. Jean-Marc Darricau, né en 1739, épousa Mademoiselle Catherine de Neurisse le 26 décembre 1760.

Mademoiselle de Neurisse était fille de Bernard de Neurisse, baron de Laluque, lieutenant-général au sénéchal de Tartas, et de dame Cécile de Borda.

Augustin Darricau, général de division, baron de l'empire en 1808, grand officier de la Légion-d'Honneur, officier de la Couronne de fer, chevalier de Saint-Louis, a été marié à dame Marthe-Françoise, née Ebingre, baronne Darricau, survivante, dont il a eu :

4e *Degré*. — M. Daniel-Charles, baron Darricau, conseiller d'Etat, ancien directeur de l'intendance militaire et des services administratifs, grand officier de la Légion-d'Honneur, aujourd'hui directeur de la comptabilité au ministère de la guerre.

Son frère, Rodolphe-Augustin Darricau, est capitaine de vaisseau, gouverneur de l'île de la Réunion.

—

Etats de service du frère aîné du général Darricau.

Darricau (Pierre), fils de Jean-Marc Darricau, baron des Traverses, et de Catherine de Neurisse, fille de Bernard de Neurisse, baron de Laluque, né le 18 août 1764, à Tartas (Landes).

Lieutenant de la compagnie du Guet de la paroisse de Mimizan, division des milices gardes-côtes de la Teste de Buch, le 1er août 1779.

Lieutenant dans la garde constitutionnelle du roi, le 24 mars 1792.

Licencié le 5 juin 1792.

Capitaine au 3e bataillon des Landes, le 12 janvier 1793.

Passé à la 40e 1/2 brigade le 21 octobre 1793.

Aide-de-camp du général Grandjean à l'armée des Pyrénées occidentales, le 1er fructidor an III.

Retiré dans ses foyers le 19 prairial an IV.

Adjoint au chef d'état-major de la 15e division, le 27 prairial an VII.

Aide-de-camp du général Launay, le 1er germinal an IX.

Chef de bataillon au 16e léger, le 26 vendémiaire an XIII.

Tué d'un coup de feu à Eylau, le 8 février 1807.

CAMPAGNES : 92, 93, an II, an III, an IV, à l'armée des Pyrénées occi-

12

dentales ; an VII, armée d'Italie ; 1806 , 1807, grande armée. Servait à sa mort dans le régiment du colonel Harispe (corps du maréchal Augereau).

Décoration : Membre de la Légion-d'Honneur, le 14 mars 1806.

Etats de service du général baron Darricau.

Baron Darricau (Augustin), fils de Jean-Marc Darricau, baron de Traverse, et de Catherine de Neurisse, né le 5 juillet 1773, à Tartas (Landes).

Capitaine au premier bataillon des volontaires des Landes, le 17 octobre 1791 ; capitaine à la 70ᵉ 1/2 brigade, le 18 mars 1794; capitaine titulaire dans cette 1/2 brigade, devenue 75ᵉ, le 16 mars 1796.

Nommé chef de bataillon par le général en chef de l'armée d'Orient, le 8 septembre 1799 ; nommé chef de brigade commandant la 32ᵉ, par le général en chef de l'armée d'Orient, le 24 avril 1801.

Confirmé dans ce grade, le 5 juillet 1802.

Général de brigade, le 14 février 1807.

Employé au 1ᵉʳ corps de la grande armée, le 30 avril 1807.

Passé à l'armée d'Espagne, en octobre 1808.

Général de division, le 31 juillet 1811.

Commandant la levée en masse du département des Landes, le 9 février 1814.

Commandant la subdivision des Pyrénées-Orientales et de l'Ariège, le 31 août 1814.

Commandant la subdivision des Pyrénées-Orientales de l'Aude et de l'Ariège, le 15 janvier 1815.

Commandant les vingt-quatre bataillons de fédérés tirailleurs de la garde nationale de Paris, le 15 mai 1815.

Mis en non activité, le 8 août 1815.

Compris comme disponible dans le cadre de l'état-major général, le 30 décembre 1818.

Mort à Dax (Landes), le 6 mai 1819.

Blessures : blessé d'un coup de feu à la jambe droite, le 9 messidor an III, à Melogno ; blessé d'un coup de feu à la jambe gauche à la reprise de Dego, le 26 germinal an IV ; blessé à la cuisse droite devant Alexandrie, le 22 ventôse an IX ; blessé d'un coup de feu à l'avant-bras droit, à la bataille de Vittoria, le 21 juin 1813.

Baron de l'Empire, en 1808 ; a fait les campagnes suivantes : 1792-1793, à l'armée des Alpes et au siége de Toulon ; ans II, III, IV et V, en Italie et en Allemagne ; ans VII, VIII et IX, en Suisse et en Egypte ; an XIV, 1806, 1807, à la grande armée ; de 1808 à 1813, en Espagne ; 1814 et 1815, en France.

—

Actions d'éclat.

A la reprise de Dego, il fut un des trois qui sautèrent les premiers dans la redoute, le 26 germinal an IV. En Egypte, dans une charge contre les Arabes, il en tua un d'un coup de sabre et coupa le bras à un autre, le 7 vendémiaire an VII. A la bataille devant Alexandrie, le 22 ventôse an IX, après avoir eu un cheval tué sous lui et reçu une blessure grave, il resta à la tête de son bataillon, qu'il ramena en bon ordre au camp. S'est constamment distingué par de hauts faits d'armes et par des actions d'éclat, mis à l'ordre du jour de l'armée, notamment dans la campagne de 1805, pour avoir soutenu un combat contre la majeure partie des forces du prince Ferdinand d'Autriche, à Aslach, entre Ulm et Albeck, lui avoir fait 3,000 prisonniers et avoir traversé une ligne de 6,000 hommes de cavalerie, pour les ramener au camp.

Le 20 octobre 1805, pour avoir enfoncé à la baïonnette une colonne russe de 6,000 hommes qui s'étaient jetés à Diernstein, sur les derrières du duc de Trevise. En 1806, à l'occasion de l'affaire de Hall (Prusse), où, s'étant élancé le premier sur le pont, il eut un cheval tué sous lui et fut à l'instant suivi par ses soldats, qui attaquèrent l'ennemi à la baïonnette, le culbutèrent et le chassèrent hors de la ville ; 3,000 prisonniers et 6 pièces de canon furent le résultat de cette attaque, et le régiment resta maître de la ville, malgré les efforts des 22,000 hommes qui formaient la réserve de l'armée prussienne, commandée par le prince Eugène de Wurtemberg. Le 20 janvier 1809, pour avoir pris d'assaut la ville de Zamora. En 1810, pour avoir défendu Séville, avoir marché au devant de l'ennemi et avoir défait avec 1,500 hommes un corps de 6,000 hommes d'élite que commandait Ballesteros. En 1812, pour la prise d'assaut de Chinchilla, et pour sa conduite lors de la retraite des Anglais à Samanas. En 1813 et 1814, continua de servir avec la même distinction à l'armée d'Espagne. Il commandait une division à la bataille de Vittoria, le 21 juin 1813, où il fut blessé d'un coup de feu au bras gauche ; et aux combats des 10, 11, 12 et 13 décembre, où il reçut deux fortes contusions. Il commandait également une division à la bataille de Toulouse, le 10 avril 1814, sous les ordres du maréchal duc de Dalmatie.

Décorations : Membre de la Légion-d'Honneur, le 11 décembre 1803 ; commandant de la Légion-d'Honneur, le 7 janvier 1806 ; grand officier de la Légion d'Honneur, le 14 février 1815 ; chevalier de Saint-Louis, le 29 juillet 1814.

En foi de quoi, le présent certificat a été délivré pour servir et valoir ce que de raison. Fait à Paris, le 26 juin 1863.

Le Conseiller d'Etat, directeur de la comptabilité générale et archives de la guerre.

(Sceau du Ministère).   DARRICAU.

Pour extrait : HERBIEUX.

Vérifié : *Le sous-chef*, V. SAUSSINET. — *Le chef*, E. FROSTÉ.

(Délivré sans frais.)

———

Desperiers de Lagelouse. — D'azur au lion d'argent surmonté en chef de deux croissants du même. Croix de Saint-Louis.

Despruets, *en Béarn.* — D'azur à une chapelle d'argent sur une terrasse d'or ombrée de sinople.

Despujeaux, *à Pouillon.* — D'azur au mont d'argent surmonté d'un chevron d'or supportant deux colombes affrontées d'argent au chef de gueules chargé de trois étoiles d'argent.

Destoues PÈRE (Jean), *avocat en Parlement.* — Palé d'or et d'hermine. (*Armorial de Guienne*).

Destrac (Jacques), *écuyer*, seigneur DE MEES et MONTBRUN, *habitant de Hastingues* (1689, 1698). — D'azur au chevron d'or accompagné en pointe d'un lion rampant de même et en chef de trois étoiles 1 et 2 malordonnées.

Dibarrart d'Etchegoyen. — Ecartelé au 1 d'azur à l'agneau pascal d'argent surmonté de trois étoiles d'or, au 2 d'azur à une tour d'argent accostée à dextre d'un lion d'or à senestre d'un lion d'argent, au 3 d'or à trois pals d'azur, au 4 d'argent à un arbre de sinople, au pied fiché dans un cœur de gueules et accosté à senestre d'un lion du même.

Doat de Perchède. — D'azur à trois hérons d'argent becqués et membrés de gueules.

Dolivet, *à Bayonne*. — D'azur à la croix de Lorraine fleurdelysée d'or et un arbre de sinople sur une terrasse de sable. (*Dict. de La Ches. Des Bois*).

Dombidau de Crouseilles. — D'argent à l'arbre de sinople et un lion de gueules passant au pied de l'arbre, au chef de gueules chargé de trois étoiles d'argent rangées en fasce.

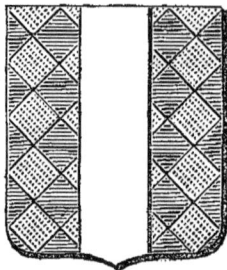

ARMORIAL GÉNÉRAL. — *Généralité de Pau* (Cabinet des titres, n° 371, pag. 130, n° 438. — 20 liv. Daniel **Martin** sieur de **Domec**, porte losangé d'or et d'azur à un pal d'argent.

Paris, le 20 septembre 1701.   *Signé* D'HOZIER.

I. Noble Jacob de Martin, marié à demoiselle Eléonore de Badet (par articles du 5 juillet 1648), a eu plusieurs enfants, entre autres, noble Daniel de Martin, qui continue la descendance.

II. Noble Daniel de Martin, seigneur de Domec, de Lucq et de Belluix de Morlanne, sieur de Betbeder, mousquetaire du roi Louis XIV. — C'est en sa faveur que ce prince anoblit la maison de Belluix, par lettres patentes données à St-Germain en Laye, le... mars 1676. — Marié à demoiselle de Lapuyade en eut huit enfants, garçons et filles, et notamment Noble Jacques de Martin qui continue la descendance.

III. Noble Jacques de Martin, seigneur de Domec, de Lucq, de Belluix de Morlanne, seigneur de Betbeder, écuyer, capitaine des bandes béarnaises, marié à demoiselle Jeanne de Lapuyade, a pour enfants :

1. Noble Pierre de Martin, né le 5 avril 1738, qui continue la postérité.

2. Noble Jean Aubin de Martin, le 1er mars 1740.

3. Noble Philippe de Martin, le 13 juin 1743.

4. Noble Jean de Martin Domec, le 23 février 1745.

5. Demoiselle Jeanne de Martin Domec, le 26 octobre 1749.

IV. Noble Pierre de Martin, seigneur de Domec, de Lucq et de Belluix de Morlanne, écuyer, capitaine des bandes béarnaises, maire de Morlanne après la révolution, décoré du Lys, marié en premières noces à demoiselle de Salles Duprat, et en secondes noces à demoiselle Mar-guerite-Josèphe de Broucaret.

Du premier mariage : Noble Bernard de Domec, 16 janvier 1769. Noble Joseph de Domec, le 10 mars 1770. Noble Jacques de Domec, le 9 mars 1771. Noble Antoine de Domec, le 1er août 1772. Noble Jean de Domec, le 13 juin 1773. Noble Jean Domec, le 18 janvier 1775. Demoiselle Jeannne-Sophie de Domec, le 18 janvier 1779.

Du second lit : Noble Jean Domec, né le 18 octobre 1788, qui continue la postérité.

Demoiselle Marie-Jeanne-Elisabeth de Domec, née le 4 avril 1791.

5e *Degré*. —Noble Jean de Domec, marié à demoiselle Bey, de Porto-Rico (Antilles espagnoles), a pour enfant :

Don Simon Feliciano Domec, 10 mars 1814, qui continue la descendance.

6e *Degré*. — Don Simon Féliciano Domec, marié à Mademoiselle de Cazeneuve, a pour enfants :

7e *Degré*. — Don Alberto Pedro José Domec, né le 19 juin 1844, descendant et représentant direct de la famille.

Don Juan Victor Miguel Domec, né le 6 juin 1840, décédé.

———

INVENTAIRE ET EXTRAITS DES TITRES ORIGINAUX.

1er *Degré*. — Jacob (1648).

Sçaichent tous presents et advenir que comme ainsi suit que mariage ait été faict et contracté entre noble Jacob de Martin, habitant à Morlanne, et demoiselle Eléonore de Badet, fille unique en secondes noces de noble Jacques de Badet, seigneur de Castera, et demoiselle Anne de Neys, et que par le contrat d'icelui, retenu à Lucq, le cinquième juillet 1648, lesdits sieurs de Badet père et fils ont baillé, donné, cédé, renoncé et transporté en vertu dudit partage, auxdits conjoints, toute la maison, métairie et domaine noble appelé de *Domec*, consistant en maison, grange, etc., situé au lieu de Lucq, avec le droit d'entrer aux Etats et tous autres honneurs, directes, fiefs.

Les sieurs de Badet cèdent en faveur desdits conjoints toute la propriété de la maison et domaine de Belbeder, situé au lieu de Lucq, avec tous droits d'honneurs, libertés, exemptions, franchises, noblesse, bourgeoisie, noms et habitations.....

Item cèdent et transportent tous droits sur la maison, domaine et biens de Belhuix de Morlanne, situées tant audit lieu qu'aux lieux de

Casteyde, Poms et autres villages ; une chapelle et droit de préséance dans l'église de Morlanne ;

Item les noms, droits et titres d'abbaye de Morlanne, avec plusieurs fiefs et droits de paille sur la dixme, avec une exemption et entière liberté et affranchissement de tous fiefs, devoirs et redevances au seigneur médiat dudit lieu.

Item les sieurs de Badet donnent, cèdent en faveur dudit mariage le droit de présentation et nomination qui leur compète par héritage de leurs ancêtres, d'une prébende fondée en l'église de Sainte-Agathe du Casterot de Pardies, fruits et revenus consistant dans la quatrième partie de la dixme de Noguères et Manos.

Fait au dedans de la maison noble de Castera, le 5 octobre 1650. Présents : Isaïe de Berducan, de Vieelle Ségur, Bertrand Berger d'Argaignon, Pierre de Lacoste de Lucq, et de moi Jean d'Arthes, notaire public de Castetis. *Signé* ARTHES, *notaire.*

—

2e *Degré.* — Daniel.

Louis, par la grâce de Dieu, roi de France et de Navarre, à tous présents et à venir salut. Notre cher et bien aimé Daniel de Martin, sieur de Domec, servant près de nous dans notre compagnie des mousquetaires, nous a fait dire et remontrer avec le sieur Jacob de Martin, sieur de Domec son père, qu'ils possèdent, etc..... Lettres patentes du mois de mars 1676, données à Saint-Germain en Laye, et qui anoblissent la maison de Belluix en faveur de Daniel de Martin sieur de Domec et de ses descendants.

—

3e *Degré.* — Jacques.

Nous soussignés, sur le partage qui doit être fait à la médiation des parents, et en conséquence de leur ordonnance portant qu'il est nommé des experts pour procéder à l'estimation des biens situés tant aux lieux de Morlanne, Casteyde et Lucq, appartenant à l'hérédité de feu noble Daniel de Martin, père et mari des soussignés...... Fait à Morlanne le dix-huitième aoust mille sept cent-neuf. Signé : de Martin Domec, de Lapuyade, de Martin, D. Martin, D. Martin, de Martin, D. Martin, de Martin ; Jacques de Martin, seigneur de Domec, capitaine des bandes béarnaises est un des signataires de l'acte précédent ; ce fut lui qui fournit en 1735 le dénombrement des biens et métairies nobles (*Voir* p. 186).

—

Commission de capitaine.

Louis-Antoine Arnaud, duc de Gramont, pair de France, souverain de Bidache, sire de Lesparre, chevalier des ordres du roi, lieutenant-général de ses armées, gouverneur et lieutenant-général pour Sa Majesté en ses royaumes de Navarre et pays souverain de Béarn, gouverneur particulier du château de Pau, des ville, château et citadelle de Bayonne et de la citadelle de Saint-Jean de Piédeport, colonel du régiment des gardes françaises.

Au sieur Domec, salut. La compagnie commandée par le sieur Lapuyade dans le régiment des bandes béarnaises étant vacante par le décès dudit sieur Lapuyade, et étant nécessaire de la remplir, nous avons cru ne pouvoir faire un meilleur choix que celui de votre personne par le louable rapport qui nous a été fait de votre bon sens, prudence, profession de la religion catholique, apostolique, romaine, zèle et affection pour le service du roi et expérience en l'art militaire. A ces causes, Nous, en vertu du pouvoir à nous donné par Sa Majesté et sous son bon plaisir, vous avons commis et ordonné, commettons et ordonnons par ces présentes pour capitaine de ladite compagnie de Lapuyade pour par vous la commander, l'assembler, la tenir complète du nombre suffisant de soldats bien armés et équipés, la faire marcher et agir lors et où il vous sera de par nous ordonné pour le service de Sa Majesté, aux honneurs, autorités, prérogatives, prééminences, exemptions, payes, profits et émoluments y attachés, tels et semblables qu'en jouissait le sieur Lapuyade et qu'en jouissent ceux qui sont pourvus de pareilles charges; mandons au sieur de Hiton, major et inspecteur dudit régiment, qu'après avoir pris de vous le serment au cas requis, il vous reçoive et installe en l'exercice de ladite charge, vous fasse jouir des droits y attachés, reconnaître, obéir et entendre de tous ceux qu'il appartiendra, en témoin de quoi nous avons fait expédier ces présentes signées de notre main, scellées du sceau de nos armes et contresignées par notre secrétaire. Fait à Paris, le cinq février mil sept cent trente huit.

Le duc DE GRAMONT.

(Sceau).   Par Monseigneur :   DUFOURCQ.

—

Le quinzieme septembre de l'année mille sept cent trente-huit, au lieu de depart, s'est presenté le sieur de Domec, qui a presté en nos mains le serment porté en l'autre part; en consequence l'avons receu et installé dans l'employ de capitaine des bandes bearnoises.   HITON.

(Copié sur son original, 1er juillet 1863. A. C. C.)

—

3ᵉ et 4ᵉ *Degré*. — Jacques et Pierre 1738.

Extrait des registres de l'église Saint-Laurent de Morlanne.

L'an mil sept cent trente-huit et le vingt-cinquième jour du mois d'avril, est né au présent lieu de Morlanne : noble Pierre de Martin, fils légitime de noble Jacques de Martin, sieur de Domec de Lucq, et dame Jeanne de Lapuyade, son épouse, et a été baptisé le même jour par moi, soussigné, dans l'église paroissiale Saint-Laurent dudit présent lieu. Parrain et marraine ont été messire Pierre de Fortisson, chevalier, seigneur, vicomte de Saint-Maurice, Cazalis et autres lieux, un des deux cents chevau-légers de la garde ordinaire du roi, et dame Jeanne de Salettes, baronne de Casteyde, Juren et Saint-Médart, et a été présenté par Jean de Carpan, régent dudit lieu, qui a signé avec moi. *Signé sur le registre.* CARPAN, JOANDET, LOUBAT, *prêtre.*

—

4ᵉ et 5ᵉ *Degré*. — Pierre et Jean du premier lit 1773.

L'an 1773 et treizième jour du mois de décembre, est né au présent lieu de Morlanne : noble Jean de Domec, fils légitime de noble Pierre de Domec, écuyer, capitaine au régiment des bandes béarnaises, et dame Claire de Salles Duprat, son épouse, dudit lieu, et a été baptisé le même jour, par moi, soussigné, dans l'église Saint-Laurent du dit lieu. Les parrain et marraine ont été noble Jean de Baradieu, seigneur d'Arribe et de Parenties, en sa partie, et dame Marie de Lapuyade Bauré, son épouse, et a été présenté par noble Jacques de Martin Domec, et dame J. de Lapuyade Domec, dudit lieu, lesquels ont signé avec moi.

Signé : DE LAPUYADE DOMEC, CASTAING, FOIX, *curé.*

—

L'an 1788 et le 18 octobre est né noble Jean Domec, fils légitime de noble Pierre Domec, écuyer, et dame Marguerite-Josèphe de Brocaret dits de Morlanne, et a été baptisé le 19 dudit mois, par moi soussigné, dans l'église Saint-Laurent dudit lieu. Les parrain et marraine ont été, sieur Jean Valentin de Brocaret, pensionnaire du roi, et dame Marie-Charlotte Testart Despuiseau, grand père et mère du baptisé, de la ville de Pau, et a été présenté par noble Jacques Domec, lesquels ont signé avec moi. Signés sur le registre : Jacques Domec fils, Testart, Broucaret, Castaing, Foix, *curé.*

—

L'an 1791 et le 4 avril est née au présent lieu de Morlanne, demoiselle Marie-Jeanne Elisabeth de Domec, fille légitime de M. Pierre Domec,

maire, et dame Marguerite-Josèphe Brocaret, dudit lieu, et a été ondoyée dans la maison étant en danger de mort, par Anne Dugros, dite
de Lapeyre, sage-femme, et les cérémonies lui ont été suppléées par
moi soussigné, dans l'église St-Laurent dudit lieu. Les parrain et marraine sont Jacques Domec fils, et demoiselle Marie-Jeanne-Elisabeth
Broucaret, qui ont signé avec moi.

Signés sur le registre : Domec, Marie-Jeanne-Elisabeth Broucaret, P.
Cazeaux, *curé*.

———

Extrait du trésor de Pau, par B. de Lagrèze.

Lucq.— Dénombrement de Jacques de Martin, seigneur de Domec, de
Lucq, pour les métairies nobles, situées au Lucq, et maison de Belhuix,
située à Morlanne, du 20 septembre 1735, avec l'arrêt de vérification.

Lettre de M. d'Andouins, sous-préfet d'Orthez en 1814.

« Orthez, 13 août 1814.

» *Le sous-Préfet du 3ᵉ arrondissement des Basses-Pyrénées, à M. de
Domec de Morlanne.*

» Je vous préviens, Monsieur, que sur ma proposition, son Altesse
royale, Monseigneur le duc d'Angoulême, vous a accordé la décoration
du Lys. » J'ai l'honneur, etc., *Signé :* D'ANDOUINS. »

———

Nous soussignés, Teuler Laborde, maire de Morlanne, et Duprat La-
gardan, conseiller municipal, reconnaissons que Albert-Pierre-Joseph de
Domec est le seul descendant de noble Jean Domec de Morlanne, son
grand'père, et que Pierre de Martin, sieur de Domec, de Lucq et de Belluix de Morlanne, connu sous le nom de Pierre de Domec, et qui fut
maire de Morlanne après la Révolution, est son bisaïeul. Dans les actes
de naissance de notre commune on trouve les noms de plusieurs des
membres de la famille de Martin Domec.

Morlanne, le 19 avril 1863.   J. DUPRAT, TEULER, *maire.*

locus sigilli.

———

Douazit (la ville de). — D'azur à trois tours d'or 2 et 1.

LE **Doux de Melleville**. — *Alias* LE DOULX DE MELLEVILLE
D'OUTREBOYS. — D'azur à trois têtes de perdrix d'or.

LE **Doux de Montigny** — D'azur au lion d'or accosté de deux
bras armés chacun d'une épée d'argent.

Drouillet de Sigalas. — D'or au chêne de sinople planté
d'or, senestré d'un lion contre rampant de gueules, armé, lampassé et
couronné d'azur, le tout soutenu d'une terrasse d'azur.

Ducasse (Jean), *juge d'Arzacq.* — D'argent à un chêne de sinople.

Ducourmau (Jean-Marie) DE PÉBARTHE, *écuyer, seigneur haut
justicier de Hauriet, curé de la ville de Saint-Sever cap.* (1789). — D'azur
à neuf cœurs d'argent posés 4, 3 et 2 et accostés de deux lions affrontés. (*D'Hozier, Bibliothèque imp.*)

Ducourmau (Joseph), sieur DE BRASSENX. — D'azur à trois coqs
d'or posés 2 et 1. (*Armorial d'Hozier,* 1700).

Du Brocq, *à Bayonne.* — Parti au 1 d'azur à la licorne saillante
d'argent, au 2 de gueules à trois pals d'argent (*Extr. de l'arm. d'Hozier*).

Dufaur de Gavardie, *en Armagnac et Landes.* — D'azur au
chevron d'or, aux trois étoiles d'argent posées 2 en chef et 1 en pointe.

Dufourg (ou Dufourcq), bourgeois DE PARIS, *habitant de Saint-
Sever cap.* 1700, 1728. — D'azur au four d'argent maçonné de sable,
surmonté d'un hibou du même, casque taré de front, cimier et lambrequins; supports, deux levrettes.

Dulivier (Louis), *receveur des deniers de Bayonne.* — D'or à une
roue dentelée d'azur (1700).

Dupeyron (Elie), *écuyer, seigneur* DE MAURIN. — D'or à un lion
passant de gueules (1698, 1700).

Duprat, *maire de Tartas, en* 1700. — D'azur à un lion d'argent.

Du Prouilh. — Ecartelé au 1 et 4 de gueules à la botte d'argent,
au 2 et 3 d'azur à trois croissants d'argent. Couronne de marquis.

Dupuy de Sauvescure, seigneur DE CANDRESSE. — Ecartelé
d'or au 1 et 4, trois poissons d'azur en fasce, au 2 et 3 trois écrevisses
de sinople en pal 2 et 1. Couronne de comte.

Dupouy (N...), *curé de St-André de Seignanx*. — D'argent à un sautoir d'azur chargé de cinq roses d'or. (*Armor. de Guienne*, p. 1184).

Dusault, *évêque d'Acqs*. — De sable à l'aigle éployée et couronnée d'argent, au vol abaissé.

Duvacquier (Pierre), *écuyer*, seigneur D'AUBAGNAN, *capitaine de dragons*. — D'argent à trois grenades de sinople. (*D'Hozier*, 1700).

Antoine seigneur de Noailles, comte d'Ayen, chevalier de l'Ordre du roi, gentilhomme ordinaire de sa chambre, gouverneur de Bordeaux et lieutenant du roi en Guyenne (1504-1562), épousa Jeanne de Gontaut de Biron, dame d'honneur de la reine, et eut de ce mariage :

1º

FRÈRE	SŒUR
Henri de Noailles, comte d'Ayen, chevalier des Ordres, lieutenant-général d'Auvergne, épousa Jeanne Germaine d'Espagne de Panassac (1554-1648), etc.	Marie de Noailles, sœur d'Henri, épousa Joseph de Lart de Goulard, seigneur d'Aubiac et Birac, et eurent de ce mariage pour fille unique et héritière :

2º Henrie-Renée de Lart de Goulard, mariée à Agesillan de Narbonne, fils de Bernard de Narbonne, marquis de Fimarçon, chevalier de l'Ordre du roi.

3º François de Narbonne, fils aîné, seigneur d'Aubiac et Birac, épousa Claire de Narbonne-Clermont.

4º Marie de Narbonne épousa Noble Jean Dahons, baron de Hontanx.

5º Barthélemy Dahons, baron de Hontanx, épousa Madeleine de Fortisson.

6º Jean Dahons, baron de Hontanx, a épousé Marie-Odette de Prugue.

7º Jean-François-Marie Dahons, baron de Hontanx, né le 15 août 1751. (*Titres de Monval*).

La famille Daon ou Dahons, maintenue noble avant 1700, possédait Lussagnet et Hontanx en 1573 ; ses membres ont assisté aux assemblées de la noblesse de Marsan, en 1768 et 1789. (*Blason inconnu*). A. C. C.

D'**Eliceyri de Lantabat**. — Trae las armas de plata con árbol verde y sobre el un cuervo negro (*Biscaye*).

D'**Eliceyry**. — D'argent à un arbre de sinople terrassé du même et surmonté d'une colombe essorante d'argent.

D'**Etchaux**. — D'azur à trois fasces d'or.

Etchegaray (Michel), *capitaine de frégate, lieutenant-colonel, chevalier de Saint-Louis et officier de la Légion-d'Honneur*, né à Saint-Jean de Luz en 1773, mort à Saugnac (Landes) le 25 décembre 1829. — Parti au 1 d'azur à trois chevrons d'argent chargés d'une ancre de même, au 2 d'argent à l'arbre de sinople et un levrier de gueules rampant sur le fût de l'arbre, coupé en pointe de gueules à la croix de la Légion-d'Honneur ; l'écu surmonté d'une toque de chevalier et la croix de Saint-Louis sous la pointe de l'écu.

D'**Esclaux de Soube**, seigneur DE NERBIS, *à Mugron*. — Tiercé en fasce, au 1 d'azur, à une étoile d'or, au 2 d'or à une fasce d'azur, au 3 d'azur à une canne s'essorant au naturel sur une rivière d'argent. Couronne de marquis.

D'**Esclaux de Mesplès**. — Parti au 1 d'azur à deux fasces d'or surmontées d'une étoile enjambée d'une canette s'essorant de sable sur une rivière d'argent, qui est d'Esclaux, au 2 d'or à trois tourteaux de gueules chargés chacun d'un croissant d'or, qui est Mesplès (*La Chesnaye Des Bois*).

D'**Esclaux Mesplès** (Paul-Joseph), baron DE NAVAILLES, première baronnie du Béarn, *conseiller du roi et son premier avocat-général au Parlement de Pau*. — Tiercé en fasce, au 1 d'azur à une étoile d'or, au 2 d'or à une fasce de gueules, au 3 de sinople à une canne au naturel sur une rivière d'argent, parti d'or à trois tourteaux de gueules chargés chacun d'un croissant d'or. (*D'Hozier*, 1700).

D'Escoubleau de Sourdis. — D'azur et de gueules à la bande d'or brochant sur le tout.

Espagne Montespan. — D'argent au lion de gueules armé et lampassé d'azur, accompagné de sept écussons de sinople posés en orle et chargés chacun d'une fasce d'or.

Espivent de la Villeboisnet, *en Bretagne.* — D'azur à trois croissants d'or montant deux en chef et un en pointe, accompagné d'une molette d'éperon à six pointes de même en abîme.

Mgr **Espivent** (L.-Marie), *évêque d'Aire.* — Mêmes armes ; couronne ducale ; devise : *Fide et caritate.* Chev. de la Légion-d'Honneur.

D'Esperies. — D'or à un poirier de sinople fruité d'argent, accosté de deux étoiles d'azur et soutenu d'un croissant de gueules.

D'Estoupignam, seign^r. de Bouillon, Fombaré, Couhin, Projean, Balazin, Pelarqué, Tingon et autres places. — D'azur à trois pommes de pin d'or.

Ste-Ursule de Laborde, veuve de Mathieu d'Estoupignan, écuyer, lieutenant du roi de la citadelle de Tournay, seigneur de Couhin et Projean. — Mêmes armes.

Lettres-patentes de Louis XIV portant commission de lieutenant du roi de la citadelle de Tournay pour trois ans, pour le sieur d'Estoupignan.

Louis, par la grâce de Dieu roi de France et de Navarre, à notre cher et bien-aimé le sieur d'Estoupignan, capitaine à nostre régiment royal d'infanterie, salut. La charge de nostre lieutenant au gouvernement de la citadelle de Tournay estant à présent vacante par la promotion du sieur Vincent à celle de nostre lieutenant au gouvernement de la citadelle de Lille, et estant nécessaire à nostre service de remplir au plus tôt ladite charge d'une personne capable et expérimentée et qui ayt toutes les qualités requises pour la bien exercer, Nous avons jeté les yeux sur vous pour la conoissance que nous avons de vostre valleur, courage, expérience en la guerre, vigilance et bonne conduite, fidellité et affection à nostre service, dont vous avez donné des preuves en plusieurs charges et employs de guerre qui vous ont été confiés, mesmes dans les fonctions de capitaine dans nostre dit régiment royal, ce qui nous fait espérer que vous nous servirez utilement dans cet employ. A ces causes et autres a de nous mouvantes, Nous vous avons commis, ordonné et estably, commettons et ordonnons, et establissons par ces présentes, signées de nostre main, nostre lieutenant au gouvernement de ladite citadelle de Tournay en l'absence et soubs l'autorité du gouverneur dudit Tournay et pendant le temps de trois années, exercer ladite charge et jouir et user aux honneurs, autorités, prérogatives et prééminences qui y appartiennent, telles et semblables dont jouissent ceux qui sont pourvus de pareilles charges, et aux appointements qui vous seront ordonnés par nos Estats ; à cet effet vous avons donné et donnons pouvoir de commander aux gens de guerre françois et estranger qui y font et feront cy-après garnison, leur ordonner pour cette fin ce qu'ils auront à faire pour nostre service, les faire vivre en bonne discipline et police, suivant nos règlements et ordonnances militaires ; faire severement châtier ceux qui oseront y contrevenir, avoir l'œil à la garde et sûreté de ladite citadelle, et generallement faire pour la conservation d'icelle tout ce que vous verrez estre nécessaire et à propos de ce faire, vous avons donné et donnons pouvoir, commission, autorité et mandement spécial par cesdites presentes ; mandons et ordonnons auxdits gens de guerre de vous reconoistre, obéir et entendre en tout ce que vous leur commanderez et ordonnerez pour nostre service et pour la sureté de ladite citadelle en nostre obéissance, le tout en l'absence et soubs l'autorité comme dict est du gouverneur dudict Tournay, sans difficulté, sur peine de désobéissance, car tel est nostre plaisir. Donné à Versailles le septième jour d'aoust, l'an de grâce mil six cent soixante-quinze, et de nostre règne le trente-troisième.   LOUIS.

Par le Roy :   LE TELLIER.

(Extrait des archives de la maison de Castaignos d'Estoupignan).

Fanget (DE). — Ecartelé au 1 et 4 d'argent à quatre pals d'azur, au 2 et 3 d'or au cerf passant de sable.

Ferragut de Batz. — D'azur à un fer de lance en pal d'argent, la pointe en haut.

Fleuriau d'Armenouville. — D'azur à un épervier d'argent membré, longé et grilleté de même, perché sur un bâton de gueules, au chef d'or chargé de trois glands, feuilles et tiges de sinople.

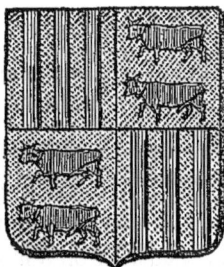

Foix de Candale (DE), DE DOAZIT, DE LAROQUE, DU LAU, DU HORT, *en Guienne*. — Ecartelé au 1 et 4 d'or à trois pals de gueules, au 2 et 3 d'or à deux vaches passantes de gueules accolées, accornées et clarinées d'azur, qui est de Foix-Béarn. Couronne de marquis ; ordres de Saint-Jacques de l'Epée et de Saint-Louis.

I. Gaston de Foix II du nom, comte de Candale, Captal de Buch, comte de Benauges, baron de Curson, vicomte de Meille, fut marié en secondes noces avec dame Isabelle d'Albret, dont il eut :

II. François de Foix Candale, baron de Doazit, par donation de Gaston, son frère aîné, du 14 avril 1516, chevalier de l'ordre de Saint-Jacques de l'Epée, commandeur de Bessaut, ambassadeur pour le roi François Ier aux îles Britanniques, épousa demoiselle Anne de Marsan, fille de Jean de Marsan, seigneur de Montgaillard, et de Catherine de Laminsans, et mourut en 1533, laissant :

François de Candale, sous la tutelle de sa mère en 1534, mourut sans alliance. Jean de Candale, baron de Doazit et du Lau, qui suit. Odet de Candale, vivant en 1533. Françoise de Candale. Odette de Candale, épouse de Carbon de Lupé, seigneur d'Arblade le Comtal.

III. Jean de Foix Candale, baron de Doazit et du Lau, épousa, le 11 avril 1545, Anne de Pardaillan, fille de Blaise de Pardaillan, chevalier, seigneur de Lamothe-Gondrin et de Jeanne de Saint-Lary ; testa le 1er décembre 1552. Le seigneur de Pardaillan était tuteur des enfants de sa fille en 1557, 1560, 1561, savoir : Hilaire de Candale, fille qui testa le 30 avril 1603, et Jacques de Foix, qui suit.

IV. Jacques de Foix Candale, baron de Doazit et du Lau, épousa, le 6 juillet 1566, Jeanne de Belcier, fille d'Antoine et d'Anne de Lubersac ; mourut le 9 juillet 1595, laissant : 1o Sarran de Candale de Foix, baron de Doazit, qui a continué la filiation ; 2o Pierre, baron du Lau, qui suivra ; 3o Odette de Candale épousa Jacques, baron de Meritens de Lago ; 4o Diane de Candale, épousa Jacques, baron de Louvie, en Béarn ; 5o Isabeau, épousa Henri de Talasac, baron de Bahus, en Chalosse.

V. Sarran de Foix Candale épousa, le 14 août 1666, Denise d'Ausole, fille du seigneur de Lamothe et de Xaintrailles, dont il eut Jean-François, baron de Doazit.

VI. J.-F. de Foix de Candale, baron de Doazit, épousa Louise de Vidart, à Tartas, qui était veuve, en 1666, laissant :

VII. Joseph-Henri de Foix Candale, baron de Doazit, épousa Marie de Senaut, fille de M. de Senaut, baron d'Isseran en Bourdelois, dont il eut quatre fils, et mourut en 1682, laissant :

VIII. Léon de Foix Candale, baron de Doazit, épousa, en 1710, Marie-Romaine de Lafaysse, fille de Pierre, seigneur de Lafaysse, et de Marie-Thérèse de Foix de Candale du Lau.

IX. Bernard de Foix de Candale, baron de Doazit et d'Issan, appelé le marquis de Candale, épousa, en 1749, Marie-Romaine de Charitte, fille de messire Charles de Charitte, président au Parlement de Navarre, et de dame Marguerite d'Andouins Castelnau, à Navarrenx.

X. Demoiselle Hippolyte-Euphrasie de Foix de Candale, morte à Saint-Girons de Hagetmau, le 19 juillet 1856, âgée de 80 ans, la dernière du nom de Foix Candale.

BRANCHE DES BARONS DU LAU.

5° *Degré.* — Pierre de Foix de Candale, fils de Jacques, baron de Doazit, fut baron du Lau et seigneur de Laroque. Femme, Jeanne de Sarraute, mariée le 14 mai 1617, et veuve en 1649, était fille d'Arnaud de Sarraute, seigneur de la Hille et du Vigneau, près Mont-de-Marsan, et de Jeanne de Frère de Hourdos, près Nérac, dont il eut : 1° Jean, baron du Lau, qui suit ; 2° et 3° Henri et Jacques de Candale, morts jeunes ; 4° Françoise de Foix Candale du Lau, mariée (vers 1650) à noble Jean-Jacques de Laborde, seigneur de Saint-Loubouer, capitaine au régiment de Lamothe-Houdancourt, mourut en 1694, laissant : 1° Marie de Laborde Saint-Loubouer ; 2° Victor de Laborde Saint-Loubouer, écuyer, capitaine en Picardie.

VI. Jean de Foix de Candale, baron du Lau, capitaine de cavalerie en 1675, maintenu dans sa noblesse le 7 juillet 1667, épousa, le 11 septembre 1670, Jeanne de Pechpeyrou, fille de François, marquis de Beaucaire, et de Françoise de Lafond, de Jean de Saint-Projet, dont il eut : 1° Bernard, baron du Lau, qui suit ; 2° Marie-Thérèse de Foix de Candale du Lau, mariée au seigneur Pierre de Lafaysse, fils de Louis de Lafaysse, seigneur de Perode, et de Jeanne de Lartigue, en 1690 ; 3° Fabien, dit l'abbé de Candale, mort en 1742 ; 4° Léon, dit le chevalier de Candale, commandant d'un bataillon au régiment d'infanterie d'Eu ; 5° Jean-Baptiste, chevalier du Lau, capitaine au régiment d'Eu, major de Trèves, lieutenant du roi de Sarrelouis, eut le bras droit emporté au combat de Parme, en 1734 ; 6° Marie-Anne de Foix Candale, religieuse à Saint-Sever ; 7° Marguerite de Foix épousa Jean, comte d'Apremont, des vicomtes d'Orthe ; 8° Marie-Thérèse de Foix Candale, mariée à noble Léonard de Lataulade, seigneur de Laas, capitaine de grenadiers au régiment de Navarre ; 9° Marguerite de Foix Candale épousa, le 2 février 1711, Jacques de Lomagne, vicomte de Terride, seigneur de Barinque.

VII. Bernard de Foix Candale, baron du Lau, de Duhort et Loubens, lieutenant des maréchaux de France, épousa, le 3 février 1712, Marguerite de Pemolier de Saint-Martin, fille de Bertrand de Pemolier Saint-Martin, seigneur de Saint-Martin, Bedorède et Inis, conseiller, secrétaire du roi et d'Etiennette d'Urtubie, dont huit enfants.

VIII. Bertrand Léon de Foix Candale, baron du Lau et de Loubens, dit le comte de Foix Candale, chevalier de Saint-Louis, a été capitaine au régiment d'Eu, ci-devant du Maine-infanterie, et a quitté le service. Le second, Fabien, dit l'abbé de Candale, est chanoine de Metz. Jean-Baptiste, dit le chevalier de Candale, est capitaine au régiment de cavalerie du marquis de Beaucaire, son cousin. Antoine de Candale, mort jeune. Le cinquième, Léon, dit le chevalier de Foix, cornette de cavalerie, puis lieutenant d'infanterie, a été réformé. Le sixième, Paul de Foix Candale, dit l'abbé du Lau, est chanoine de la cathédrale de Metz. Le septième, André Donat. Le huitième, Jacques, dit le chevalier du Lau, capitaine au régiment de Bourbonnais. L'aînée des filles, Marguerite, a épousé, en 1746, Jacques de Benquet, seigneur d'Arblade, d'une noble et ancienne famille de sa province. Géraud de Benquet était évêque de Bazas au mois de mars 1786. La deuxième fille est Marguerite de Foix Candale, dite Mademoiselle de Candale, née en 1731, religieuse à Pau.

—

Noble Pierre de Lafaysse, fils de M. de Lafaysse et de demoiselle Marie-Thérèse du Lau de Candale, naquit le 13 décembre 1696 à Saint-Sever. Parrain, noble Pierre de Marsan ; marraine, dame Angélique de Capdeville, et ont tenu : noble Gabriel de Marsan et demoiselle Ursule de Capdeville. (*Registres de Saint-Sever*).

Noble Pierre de Lafaysse, âgé de 30 ans, et marié à dame Marie-Thérèse de Candale, mourut en sa maison de Lafaysse le 19 décembre

1696 et fut enterré dans la sépulture de ses ancêtres, dans l'église de Lamothe, après avoir reçu tous les sacrements de l'Eglise. Le tout a été fait par moi, curé.

PORTETS, curé de Lamothe. DEMORA, curé de St-Sever, présent. DESPANS, présent. DU COURNAU, présent. (Lamothe. *Regist.* 19 *décemb.* 1696).

—

D'APREMONT DE FOIX CANDALE.

Cejourd'hui, vingt-septième novembre 1714 après-midi, en la paroisse de Sainte-Marie de Gosse, maison de M. d'Apremont, ont été présents en leur personne messire Bernard de Candale de Foix, chevalier, seigneur baron du Lau et Duhort, lieutenant de nos seigneurs les maréchaux de France, habitant de la paroisse de Duhort ; messire Jean d'Apremont, chevalier, colonel du régiment des milices d'Albret, fils légitime de feu messire Louis d'Apremont, aussi chevalier, et de dame Claude Dupriret, ses père et mère ; et dame Marguerite de Candale de Foix, épouse dudit seigneur d'Apremont, habitants de la présente paroisse ; pactes et accords de mariage, etc., etc.

La bénédiction nuptiale leur aurait été impartie dans la chapelle du Lau par le curé de Duhort, le 20 du courant ; 3,000 livres de dot. Témoins, Mᵉ Bernard Morel, prêtre, docteur en théologie, curé de Sainte-Marie ; noble Jean de Beaulieu, écuyer, habitant de Saubusse.

27 novembre 1714.   DE BORDUS, *notaire royal.*

—

Le 21 février 1708, après la publication de deux bans de mariage à la manière accoutumée et dispense de l'autre, donnée par Messieurs les vicaires généraux, en l'absence de l'évêque, la bénédiction nuptiale a été impartie à M. Joseph d'Estoupignan, écuyer, seigneur de Couhin, et à demoiselle Marguerite (a) du Lau de Candale. Présents, Messieurs d'Estoupignan, Balazin (b), de Pelarqué (c) et du Lau de Candale, écuyer, qui ont signé avec les parents et moi.

D'ESTOUPIGNAN. DU LAU DE CANDALE. D'ESTOUPIGNAN, pr. DU LAU DE CANDALE. D'ESTOUPIGNAN, pr. DE BARRY, vicaire général.

Dans *Les Grands Officiers de la Couronne* (P. Anselme), on lit en la généalogie de Foix Candale que Marie de Candale, huitième enfant de Jean et de Jeanne de Pechpeyrou, née le 12 janvier 1684, baptisée le 18,

---

(a) Marguerite de Candale du Lau était évidemment fille de Jean de Foix Candale, baron du Lau, et de Jeanne de Pechpeyrou, mariés en 1670, et sœur de la vicomtesse de Terride et de Madame d'Apremont.

(b c) Il y avait alors Monsieur d'Estoupignan, seigneur de Balazin, et un autre d'Estoupignan, seigneur de Pelarqué.   C. C.

fut reçue aux demoiselles de St-Cyr, dans le parc de Versailles, en 1695.

9º Marguerite de Candale, née le 20 décembre, baptisée le 22 1685, fut reçue à St-Cyr en 1695.

Auteurs à consulter : Le P. Anselme; La Chesnaye Des Bois, dans sa *Généalogie des vicomtes de Lomagne et Dissertation sur la maison de Foix.* in-12, 1756.

Les armes de la maison d'Estoupignan, de Couhin, de Projean, et Balasin, sont : — D'azur à trois pommes de pin d'or.

Les armes de la maison de Lomagne-Terride sont : — Au 1 et 4 d'argent au lion de gueules, au 2 d'azur à un treillis de quatre pièces d'or cloué de même, au 3 de gueules à trois besans d'or. Devise : *Adiudat Diou a Tarride.*

—

Je veux avant de continuer, noter ce qui concerne Antonin de Laborde, que dans le mois de Juillet 1705, M. le vicomte d'Aurice, conseiller au Parlement de Guienne, ayant fait passer la terre de Doazit au décret, envoya une trentaine de sergents et recors pour s'en mettre en possession. M. le chevalier de Candale, dernier garçon de sa famille, et encore jeune homme, leur fit fermer les portes, qu'ils n'osèrent pas forcer; mais ils se mirent en chemin pour aller enlever la moisson dans quelques métairies du côté de Caupenne. M. de Candale prétextant aussitôt une chasse, quoiqu'il fut armé de ses pistolets, monte à cheval en veste, ramasse quelques paysans qu'il savait résolus et court avec sa troupe après les sergents qui, se voyant poursuivis, se réfugient dans la basse-cour d'une métairie appelée au Basque, sur le bord du grand chemin de Larbey. Ce fut là le champ de bataille. M. le chevalier de Candale menaça les sergents et leur commanda de mettre bas les armes. Non-seulement ils refusèrent de les rendre, mais ils firent leur décharge sur lui. Son cheval fut tué entre ses jambes, et lui-même si cruellement blessé, que ce fut un miracle, ou pour mieux dire une chose inespérée, de le voir, deux ans après, entièrement remis, ayant eu son bras gauche brisé et les deux cuisses rompues. Les paysans, à la vue de ce triste spectacle et voyant leur conducteur terrassé, firent leur décharge à leur tour et en tuèrent cinq sur place, et poursuivirent les autres par les taillis, champs et vignes, tuant ceux qu'ils pouvaient joindre et les jetant dans les fossés. Ce qu'il y a de positif, c'est que peu de cette troupe de sergents et de recors se retirèrent chez eux sans qu'on ait su ce qu'ils devinrent, à la réserve des cinq restés sur le champ de bataille, que la justice de Saint-

Sever et de Doazit vinrent visiter successivement. Il est vrai que quelques jours après les chiens du voisinage du Basque apportèrent chez eux des lambeaux de cadavre qu'ils trouvaient dans les fossés. Un de ces recors contrefit le mort jusqu'à l'arrivée de la justice, et il fut traduit aux prisons de Doazit, où il resta deux ans, puis on le laissa échapper. Cette action resta impunie, et ne s'en dit plus rien que si elle avait été entre des souverains. M. de Candale s'en fut quelques années après au service et mourut de la fièvre avec un transport au cerveau, à Hesdin. Il était intime ami d'Antonin de Laborde, qui se trouvait heureusement encore au service cette année là, car il n'aurait pas manqué de se trouver à cette action s'il eût été dans le pays. (*Manuscrit de Peboué*).

———

Serment de fidélité presté par les habitants de Montaut à François de Candalle, écuyer, seigneur de Doazit.

In nomine Domini, amen. Conegude cause cie a tots los presents et abendors, que en l'an de Nostre Seinhor qui se condabe mil cinq cent et sieys, et lo vingt et sept jorn deu mes d'octobre, regnant lo tres crestian gran excellent prince et nostre Soubirens senhor Loys, per la gracy de Dieu, rey de France, constituats personnallement en presency de my notary public et deus tesmoins aci escriuts. En la capere et oratory de Madona Sancte Cathaline de Montaud, en la diocese d'Ayre et prevostat de Sent Sever, lo noble escuder Francés de Candalle, a quy estant present, a ben feyt amassar et agréguar en ladite capere et oratory tots los besins et habitants deu loc et bayliage de Montaud et aqiu los tots ensemble en la mayor partide, delor lo medixs noble escuder Francés de Candalle dixo et prepausa las palaures qui seguen : Veyats bones gens es Vertat que haud et potent senhor Gaston de Foyx Captal de Buch, conte de Candalle et vostre senhor de la meytat per indebys de la baronie, terre et senhorie de Doazit, mon fray noagoayres (naguères) me a donat Valhat cedit quittat resignat renuntiat et transportat, ladite meytat integrement per indiby, de lad. baronie, terre et senhorie de Doazit ab totes sas appérthenences et deppendences ainsi que pluns clarement jo vos fére apparer per instrument publicq de lad. donnation fuisso feyt et retengud per Mestres Pees de Sabalete ei Jacmes de Fontunios, notarys reyaux entot la dugat de Guayne, sous la date mil cinq cent et sieys, et lo sedzième jorn deu mes daost et sayerat deu sayel (scellé du sceau), de mon dit senhor lo conte de Candale mon dit fray, etc., etc.

Fait en la chapelle Ste-Catherine de Montaud, audit lieu diocèse d'Aire, prevosté de St-Sever, ledit jour 25 octobre de l'an 1506. Tesmoins sont les nobles escuyers Bernard de Vielar, seigneur en sa partie de Montaud, N. et Arnaud Guillem de Bearn, escuyers, habitans de Castelnau et de Dume et de Doazit, Arnaud Guillem de Man, de St-Sever.

Le *vénérable et discret maître*, PIERRE DE LA SALLE, prêtre, habitant de Montaud ; ARNAUD DUPOY, appelé *Chicot* ; JOHAN DE LASSUS DE DOAZIT, à ces causes appelés et requis.

Signé de JOHAN DE POYSÉGUR, clerc du diocèse d'Ayre, notaire public par autorité royale en la Sénéchaussée des Lannes.

(Extrait des archives de Borda-Labatut ; titres de la baronie de Montaut, fait sur son expédition originale en parchemin).

4 juillet 1863.   A. C. C.

Fortisson (DE). — *Alias* DU SOUIL, DE FORTISSON, DE CAZALIS, DE TAXHAUZIN, DE BALIRAC, DE ROQUEFORT, TURSAN , DE SAINT-MAURICE. — D'azur à deux tours rangées d'argent. Devise : *Deus Fortitudo mea.* Cri : *Fortis sum.* Ordres : croix de commandeur de Saint-Louis.

Fos (Noble Jean DE), sieur DU RAU et DE CASTAIGNET, *à Gamarde.* — D'azur à un chevron d'argent accompagné de trois roses du même (1698).

Fouquet de Belle-Isle. — D'argent à l'écureuil de gueules. Devise : *Quo non ascendam.*

France de Noyelles (DE), D'HEZÈQUES, *en Artois.* — Fascé d'argent et d'azur ; l'argent chargé de six fleurs de lys de gueules, 3, 2, 1.

Fromentières (DE). — De gueules à deux fasces d'argent.

Galard-Magnas (DE). — D'or à trois corneilles de sable becquées et membrées de gueules.

Garric d'Uzech. — D'or au chêne de sinople fruité d'or au chef d'azur chargé de trois étoiles d'or.

Garric d'Uzech. — D'or au chêne de sinople englanté d'or, au chef d'azur chargé de trois fleurs de lys d'or.

Garnit (DE), seigneur DE MUGRIET (1640, 1660). — D'argent au coq de gueules perché sur une branche de sinople et regardant un soleil naissant d'or mouvant du chef dextre de l'écu.

Alias. — D'argent au coq au naturel. (*Vitrail de l'église de St-Sever*).

Gascogne (la province de). — Ecartelé 1 et 4 d'azur au lion d'argent, au 2 et 3 de gueules à la gerbe d'or, liée d'azur.

Gelas de Voisins (DE), DE LEBERON, D'AMBRES ET LAUTREC. — D'azur au lion d'or armé, lampassé et couronné de gueules. Ordre du Saint-Esprit.

Genestet de Chayrac. — D'azur au lion d'argent accompagné en pointe d'un croissant du même.

Gérault de Langalerie. — De gueules à tour d'argent, accompagnée de trois molettes d'éperon de même, deux en chef et une en pointe.

Gigault de Bellefonds (DE). — D'azur au chevron d'or accompagné de trois losanges d'argent, deux en chef et un en pointe. Ordres du Saint-Esprit, de Saint-Louis, de Malte (1688, 1693, 1714).

Gillet de Lacaze (DE), marquis DE LACAZE, *premier président au Parlement de Pau* (1768, 1789). — Ecartelé au 1 et 4 d'azur au lion d'or, au 2 et 3 d'argent à l'arbre de sinople.

Goislard (DE), comte DE MONSABERT. — D'azur à trois roses d'or 2 et 1. Supports, deux griffons ; couronne de marquis, et pour cimier une Thémis tenant un glaive d'une main et de l'autre une balance. Légende : *Patriæ impendere vitam*. Ordres de Saint-Louis, du Lys, de Charles III d'Espagne.

Gombault de Razac, seigneur DE PONTENX et GASTA. — D'azur au chevron d'or chargé de deux lions affrontés de gueules accompagnés en chef de deux étoiles d'or et en pointe d'une merlette d'argent.

Gourgues (DE). — D'azur au lion d'or armé et lampassé de gueules.

Grailly, *captal de Buch.* — D'argent *alias* d'or à la croix de sable chargée de cinq coquilles d'argent.

Grailly (DE). — D'argent à la croix de sable chargée de cinq coquilles d'argent. (*P. Anselme*).

Gramont-Guiche de Bidache, DE LOUVIGNY, D'ASTER, D'AURE, etc., etc., *en Bigorre, Navarre et Labourd.* — Ecartelé au 1 d'or au lion d'azur armé et lampassé de gueules, qui est de Gramont ; au 2 et 3 de gueules à trois flèches posées en pal d'or empennées et armées d'argent ; au 4 d'or à une levrette de gueules accolée et bouclée d'azur à la bordure de sable chargée de huit besans d'or, qui est d'Aure ; et sur le tout de gueules à quatre otelles d'argent adossées et posées en sautoir, qui est de Comminges.

Gramont (Ch. DE), *évêque d'Aire.* — Ecartelé au 1 et 4 d'or au lion rampant d'azur, qui est Gramont ; au 2 et 3 d'argent au chef danché d'azur, qui est Mucidan.

Gratelou, *en Bourgogne,* et **Gratelou,** *à Dax et Bordeaux.* — De gueules au loup rampant d'or et un bras d'argent mouvant de senestre qui de la main lui gratte le dos.

Grossolles-Flamarens (DE). — D'or au lion de gueules naissant d'une rivière d'argent et un chef d'azur chargé de trois étoiles d'or.

Gueheneuc, *en Bretagne.* — D'azur au lion léopardé d'argent, surmonté de deux macles de même.

Guienne. — De gueules au léopard d'or armé et lampassé de gueules.

Guichené ou **Guichaner** (François DE), *écuyer,* seigneur DE BOULOC, *capitaine dans le régiment de Guiche.* — D'azur à un chevron d'or accompagné de trois étoiles du même. (*D'Hozier*).

Guyon de Bellevue (DE), *en Agenois.* — D'argent à un aigle de gueules le vol abaissé, accompagné en chef de deux étoiles d'azur et en pointe d'une montagne de sinople mouvante de la pointe de l'écu. (*D'Hozier*).

Hébrard. — De gueules au lion d'or armé de sable, à la bande de même chargée de trois étoiles d'or brochant sur le tout.

Le cinquième janvier 1641 nasquit Bernard-Louys de Lafaysse, fils légitime de M. de Lafaysse et de Mademoiselle Louyse de Cabanes, qui avait été donné à baptesme à M. Hébrard, de la paroisse de Donzenac, en Limosin, et à Mademoiselle Anne de Sanguinet, sa grand'mère ; et parce que le dict sieur Hébrard ne vint point dans le pays l'on fist baitiser le dict Bernard-Louys par procureur, et ce par moi. DELACOUR, *curé*.

(Registre de Lamothe, 1641).

Messire Pierre-Hébrard de Payrac, seigneur dudit Payrac, sénéchaussée de Gourdon, en Quercy, était marié à dame Marie-Anne de Beaumont (1760-1775). *(Titres Roques de Payrac).*

Hitton. — D'or au lion de gueules.

Harispe. — D'azur au cheval d'or passant terrassé de sable et surmonté de trois étoiles d'argent en chef.

Haitse. — D'argent à un chêne terrassé de sinople, au sanglier de sable brochant sur le fût de l'arbre.

Hocquart. — De gueules à trois roses d'argent.

DU **Haget.** — D'or à un hêtre de sinople accosté de quatre épées posées en pal les pointes en haut et les poignées garnies d'or.

DU **Haget**, seigneur de MONCUBE. — D'azur à quatre épées d'argent, au milieu un palmier d'or. Supports, deux lions ; couronne de comte ; ordres de St-Lazare et de St-Louis.

Haussez. — D'azur à trois merlettes d'argent coupé de même à la feuille de scie de gueules, ses dents tournées à senestre.

Hanivel de Pontchevron, *en Bretagne, Normandie, Beauvoisis, Isle de France, Orléanais et Guyenne.* — De gueules au saumon d'argent en fasce, au chef d'azur chargé de trois étoiles d'or.

D'**Holhassary de Gamont** (Jean-Louis), écuyer, commissaire général, ordonnateur des guerres, commandant à Schelestat (Bas-Rhin), chevalier de St-Louis, etc. — D'argent à un arbre de sinople arraché, une épée en fasce brochant sur le fût, sa poignée à senestre, et un sanglier ou loup passant à dextre à mi-corps, la lame de l'épée dans sa bouche. Croix de St-Louis ; couronne de marquis ; supports, deux lions.

Haraneder. — D'argent au prunier de sinople fruité de pourpre, le tronc de l'arbre servant de stangue à une ancre de sable.

Haraneder (Jean DE), PONTIL, BAYLE, *de St-Jean de Luz.* — Coupé au 1 ondé d'argent à un navire équipé de sable, les mâts et les cordages de même, voguant à pleines voiles qui sont d'argent, le pavillon et les guidons de même, le corps du navire enrichi d'or ; et au 2 parti de gueules et d'azur, le gueule chargé d'un lion d'or couronné d'une couronne de vicomte du même, et l'azur chargé d'une crosse en pal d'argent. (*D'Hozier*).

D'Ibarrart d'Etchegoyen, *en Espagne, France et Béarn.* — Coupé d'argent à trois chevrons de gueules superposés, et d'or au lion de gueules armé et lampassé du même.

D'Isle de Lalande, seigneur DE LACLOTTE et DE LAMOTHE, seigneur DE LASSALLE, *en Albret et Guienne.* D'azur à trois chevrons d'or senestrés en chef d'une étoile du même. Couronne de marquis ; supports, deux lions tenant une épée.

Junca de Laurède. — Fascé d'argent et de gueules. (*Armor. de Guienne*).

DE **Jullien de Lassalle** (Joseph), écuyer, seigneur DE LASSALLE, ESTARRE et directe DE MALEBAT, *à Roquefort de Marsan*, 1789. — Parti au 1 d'azur à trois fleurs ou juliennes d'or, qui est de Jullien ; le 2 coupé au 1 d'argent à la nuée d'azur ; au 2 de gueules au lion d'or. Couronne de comte ; supports, deux aigles au naturel.

DE **Jullien** (Jean-Jacques), écuyer seigneur DE LASSALLE (1789). — Mêmes armes.

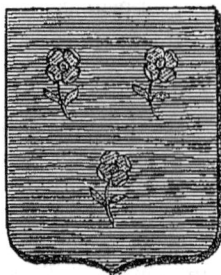

DE **Jullien de Lassalle**, *en Albret et Marsan*. — D'azur à trois juliennes d'or 2 et 1. Casque de front ; cimier, un aigle déployé, et l'écu entouré de ses lambrequins d'azur et d'or.

Joantho (DE), *en Soule et Béarn*. — Parti au 1 de gueules au niveau d'argent, surplombant un cœur du même, qui est de Joantho ; au 2 coupé le 1 d'or plein, sommé d'un chef d'azur chargé de trois étoiles d'or rangées, qui est de Neurisse ; le second d'azur à une tour d'argent accostée à dextre d'un lion d'or et à senestre d'un lion d'argent qui est d'Etchegoyen.

Gratian de Joantho est inscrit sur un censier gothique du douzième siècle. (*Archives de Mauléon*).

Dans une montre de Béarn Foix et Gascogne, sous le comte de Foix, en 1376, on lit au chapitre des Bascos et Navarre : 1° Lo senhor de Luxe ; 13° Mossen Rodigo Duris mors es ; 14° Johanto Duturbie mors es ; 15° Lo basco de Sens Palay dit Hurtubie. (*Montlezun*, tome VI, pages 193, 194, 189 et seq.)

Les anciens titres de la maison de Joantho d'Aroue n'étant pas dépouillés, nous donnons seulement les degrés de filiation dès 1680.

1er *Degré*. — Bernard de Joantho du Gehaut, né le........ marié le 4 septembre 1685 à demoiselle Marie d'Olhassary de Gamont de la noble famille d'Olhassary de Gamont d'Aroue, laquelle a eu plusieurs alliances avec les Bela de Cheraute, rois de Hongrie.

2º *Degré.* — Arnaud de Joantho son fils, né le 22 octobre 1690, baptisé le 29 janvier 1691. Son parrain fut Arnaud-François d'Olhassary de Gamont ; sa marraine Gratianne de Joantho, dame de Landuich. Fut marié le 1er mai 1714 avec demoiselle Magdeleine d'Abbadie, dont il a eu treize enfants.

3e *Degré.* — Jean-Pierre de Joantho, cinquième né des précédents, baptisé le 13 août 1723. Son parrain était Monsieur d'Appiseiche d'Etcharry, et sa marraine Maytène d'Abbadie.

Il fut, de 1764 à 1789, écuyer, conseiller, secrétaire du roi près le Parlement de Navarre, payeur des rentes à l'Hôtel-de-Ville de Paris, caissier des Etats de Bretagne ; il épousa, par contrat du 30 juillet 1766, passé devant Laroche Fleury, notaire à Paris, demoiselle Catherine-Françoise de Jarday, fille de noble Françoise de Jarday de Benjamin et de Françoise de Claessen. A ce contrat signèrent les sieur et dame du Coudray de Boissy, cousins germains du futur ; Jean Haran de Borda, écuyer, fermier général ; M. de Bitaut et sa sœur, alliés du futur. Et du côté de la future, en qualité de cousins, Jacques-Bertrand de Scepeaux de Beaupréau, Elisabeth et Rosalie de Scepeaux de Beaupréau et François-Philippe-Amédée Mouchard de Chaban, ami et cousin, et Anne-Françoise Mouchard de Chaban, épouse de Claude de Beauharnais de Roches-Baritault, aussi cousine. Lequel Claude était oncle du général Alexandre Beauharnais ; un autre cousin germain de Madame de Joantho, était Monsieur de Montjourdain, dont la mort héroïque a été chantée par M. de Lamartine dans ses *Girondins,* dans l'exposition royaliste (A. Nettement). La chanson que M. de Montjourdain composa la veille de monter sur l'échafaud révolutionnaire est bien connue, et M. de Beauchêne, dans sa *Vie de Louis XVII,* a dit que M. de Montjourdain arracha le bonnet rouge au Dauphin, dans la journée du 10 juin, etc. M. le comte de Malartic, gouverneur de l'île de France, lieutenant-colonel, chevalier de St-Louis, etc., était l'oncle de dame Françoise de Jarday de Joantho. — Jean-Pierre de Joantho eut deux fils et trois filles ; le second, Louis, s'est marié à demoiselle Antoinette-Sylvestre de Sacy, fille du savant orientaliste, pair de France, etc., etc.

4e *Degré.* — Marie-Arnaud Mendi de Joantho du Gehant, fils aîné de Jean-Pierre, receveur de l'enregistrement et des domaines, fut marié à demoiselle Sophie d'Etchegoyen, fille de noble Jean-Louis d'Etchegoyen, prévôt de l'armée de France en Portugal, lieutenant de la maréchaussée de la généralité d'Auch et Béarn, à la résidence de Bayonne, comme il

conste de l'extrait de naissance du 12 mars 1774 et baptême de Mme Sophie d'Etchegoyen de Joantho. Signé Lacroix de Ravignan, maire de
Bayonne. Le parrain de Sophie était Pierre de Casaunau ; la marraine,
demoiselle Suzanne d'Etchegoyen, sa sœur ; sa mère était Mademoiselle
de Neurisse de Dax, de la branche des seigneurs de Messanges. Du mariage d'Arnaud de Joantho et de Sophie d'Etchegoyen est né un fils qui
continue la descendance, et dame Zoé de Joantho, mariée à Monsieur de
Goyeneche (décédée).

5e *Degré*. — Adolphe de Joantho du Gehant, né le 22 juillet 1807,
marié en août 1837, à dame Clotilde-Ernestine de Cauna, troisième fille
du baron Jean-Arnaud-Vincent de Cabanes de Cauna, et de dame Marguerite-Charlotte de Borda-Labatut, dont il a trois enfants : 1º Demoiselle Berthe de Joantho ; 2º Louis de Joantho ; 3º Tristan de Joantho du
Gehant.

Note sur la maison d'Etchegoyen de Bayonne.

Les restes de la maison seigneuriale d'Etchegoyen se voient à Cambo
et ses seigneurs furent représentés à l'assemblée des nobles du Labourd,
en 1789. Le seigneur d'Etchegoyen, présent à l'assemblée de la noblesse
de Labourd, en 1789, était du nom de Dibarrart d'Etchegoyen (*alias*
Hirigoyen), branche représentée par le comte Isidore d'Etchegoyen, député de Dax, et les enfants de feu M. Adolphe d'Etchegoyen, habitant
de St-Pandelon, fils tous les deux d'un ancien sous-préfet de Dax.

Un membre de cette famille était officier dans la garde d'Henri IV,
après lequel la lignée subit une lacune. Néanmoins, ils reparaissent avant
1660 et des lettres patentes de Louis XIV à l'occasion de son mariage
les rétablissent dans leur ancienne noblesse.

Le frère de Madame de Joantho ;

2e *Degré*. — Jean-Louis-Bernard, baron d'Etchegoyen, officier dans
les gardes Wallonnes, en Espagne ; revient en France ; a été gentilhomme de la Chambre de Charles X, décoré de six à huit ordres, banquier, etc.; s'est marié à dame Célinie O'Connel, dont le père, Irlandais
(proche parent du libérateur), était lieutenant-général en France et a
commandé en chef au siége de Port-Mahon. Il a eu :

3e *Degré*. — M. Adolphe d'Etchegoyen, mort à 26 ans ; Eugène, marié à Mademoiselle Paschalie Dibarrart d'Etchegoyen n'a pas laissé d'enfans ; Daniel d'Etchegoyen, comte O'Connel, deuxième fils du baron, n'a pas laissé d'enfants, de Mademoiselle Adolphine de Louvéncourt de Sainte-Aldegonde ; Dame Bonnite d'Etchegoyen, mariée au baron de Paraza, de Toulouse ; Zoé d'Etchegoyen, mariée au comte de Boustillo, secrétaire d'ambassade.

La descendance est continuée par :

Noble Charles d'Etchegoyen, député à la Législative en 1851, marié en 1850 à demoiselle Valentine de Valençay de Talayrand, fille de M. le duc de Valençay et de Mademoiselle de Montmorency, duchesse de Montmorency. — Ils ont deux fils.

Branche cadette.

M. Benjamin d'Etchegoyen, frère puîné du baron Jean-Louis, a été marié à demoiselle Aimée O'Connel, dont il a eu :

3e *Degré*. — M. Henry d'Etchegoyen, marié à Mlle Avenant, a laissé un fils.

4e *Degré*. — Guillaume d'Etchegoyen.

Demoiselle Célinie d'Etchegoyen, fille de Benjamin, s'est mariée à M. le comte de Sénarpont, seigneur de Dampierre, en Normandie, près de Dieppe. Un ancêtre de M. de Senarpont enleva définitivement Calais aux Anglais sous le commandement du duc de Guise. 1558.

(*Notes fournies par la famille*).   A. C. C.

Laas (DE), DE GESTÈDE, DE CAMON. — Écartelé au 1 et 4 d'or, au lion de gueules, 2 et 3 d'azur à la levrette rampante d'argent.

Labadie de Villeneuve et ST-JUSTIN. — De gueules à la montagne d'argent accostée de deux lions affrontés et contre rampants d'or, au chef cousu d'azur chargé d'une colombe essorante d'argent.

Labadie (DE) D'AYDREN, DE GAUZIES, DE VIELLE, DE BOMBARDÉ, etc.
— Mêmes armes ; l'écu surmonté d'un casque de front.

Labadie, *à Gamarde* (1670, 1671). — De gueules à la bande d'argent chargée de trois étoiles du champ.

Labaï de Viella, *en Armagnac.* — Ecartelé au 1 d'or à deux vaches passantes de gueules, accolées, accornées et clarinées d'azur ; au 2 d'or au lion de gueules ; au 3 d'azur à deux balances d'or l'une sur l'autre ; au 4 de gueules chargé d'une tour en berry et castillée d'or ; sur le tout d'argent à deux sangliers de sable, qui est Labaï de Viella.

Labarrière (DE), seigneur de LACASSAGNE. — Ecartelé au 1 d'argent à la cloche de sable, au 4 de gueules aux deux fasces d'argent, au 2 d'azur au chef cousu de gueules chargé d'une étoile d'argent, au 3 d'azur à trois besans d'or posés 2 et 1.

Labarthe de Termes, *en Languedoc et Armagnac.* — D'or à quatre pals de gueules.

La Borde Lissalde (DE). — *Alias.* LABORDE NOGUÈS. — Ecartelé au 1 et 4 d'or au chevron de gueules accompagné en pointe d'un lion rampant du même, au 2 et 3 d'argent à un arbre de sinople accosté de deux lions affrontés d'azur, et accompagné en pointe d'un croissant de même.

La Borde. — Ecartelé au 1 et 4 d'azur au chevron d'or accompagné en pointe d'un lion naissant de même, au 2 et 3 d'azur à trois pommes de pin d'or posées 2 et 1, et un croissant d'or brochant sur les deux quartiers d'en bas, proche la pointe de l'écu. (*Armor. Universel.* J. d'E.)

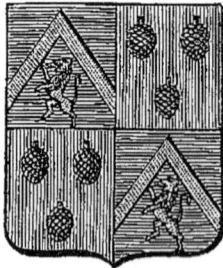

Laborde (Joseph DE), écuyer, sieur DE LASSALLE. — D'azur à un chevron d'or accompagné en pointe d'un lion du même, qui est de Laborde ; écartelé de gueules à trois pommes de pin d'or 2 et 1, qui est d'Estoupignan. Devise : *Dieu est mon ayde, rien ne craindray.* Croix de St Louis.

Laborde (Joseph DE), écuyer, sieur D'ARCET et MEIGNOS. — D'azur à un chevron d'or accompagné en pointe d'un lion de même (*Armor. de Guienne*, 1698).

Laborde (N.... DE), sieur DE JOUANCHET, *ci-devant officier dans la cavalerie*. — De sable à trois poisson d'or posés en fasce.

DE **Laborde** D'ARBRUN ET ST-LOUBOUER.—Ecartelé au 1 et 4 d'azur au chevron d'or accompagné en pointe d'un lion de même ; au 2 et 3 d'azur à trois pommes de pin d'or posées 2 et 1, et un croissant d'or brochant sur les deux quartiers d'en bas, proche de la pointe de l'écu. Croix de St-Louis.

1. — Noble Cristophe de Laborde s'était uni en mariage avec Jeanne de Pruret, damoiselle ; le contrat fut retenu le 28 janvier 1560 par de Peyraquiau, notaire royal.

Si la perte des titres de famille due au désordre des temps et aux accidents des guerres, ainsi qu'on le voit dans un mémoire présenté en 1668 par noble Jean-Jacques de Laborde, seigneur de Saint-Loubouer, petit-fils du précédent, en décharge des droits de franc-fiefs et maintenue de sa noblesse, et suivi d'un arrêt conforme de MM. les commissaires généraux députés par le roi, à Fontainebleau, en date du 10 octobre 1696, ne permet pas de fournir des détails précis sur la famille de Laborde antérieurement à l'année 1560, divers documents existant encore démontrent cependant que les divers membres étaient depuis longtemps pourvus de charges ; ainsi, un des frères de Christophe, *Jean-Jacques* était lieutenant particulier au siége de Saint-Sever, et il se démit de ses fonctions en faveur de M. Pierre de Batz, de la famille de Batz-d'Aurice, gendre de Christophe ; un de ses neveux était procureur du roi au siége de Saint-Sever, et le 2 mars 1613 on voit sa femme, Marthe d'Embidonnes, figurer comme marraine de Jean-Jacques de Laborde ; un autre de ses neveux, *Jean* était lieutenant criminel au même siége, et le 10

juin 1616, Saubade de Barry, sa femme, fut marraine de Pierre-Paul de
Laborde ; un autre de ses neveux, *Gabriel de Laborde*, était conseiller
au même siége, et le 21 décembre 1622 on voit sa femme, Jeanne de
Marsan, être marraine de Bertrand de Laborde. On lit également dans le
Gallia Christiana : « Abbates sancti Gerontii VII... Laborde, de 1550 à
1600. — Duo Hujus nominis et familiæ abbates exstiterunt. »—Et dans
l'*Histoire de Gascogne*, de Montlezun, tome VI, p. 185 : « Arrière-ban
de la sénéchaussée des Lannes au siége de Saint-Sever : Jacques de
Laborde (Borda) abbé de Saint-Guirons et son chapitre, 40 livres. »

Noble Cristophe de Laborde avait été élevé lui-même par ses ancêtres
à toutes sortes d'exercices illustres (*Mémoire précité de* 1668), et après
avoir travaillé de son épée pendant les guerres civiles causées par la
rebellion du comte de Montgommery, voyant la ville de St-Sever exempte
de ces troubles et de ces afflictions, il ne voulut pas rester inactif et il
obtint de Sa Majesté, le 27 janvier 1580, la charge de conseiller au siége
de Saint-Sever.

Du mariage de Christophe avec Jeanne de Pruret issurent Catherine de
Laborde, qui épousa en 1595 M. Pierre de Batz, devenu lieutenant par-
ticulier au siége de Saint-Sever par la démission en sa faveur de Jean-
Jacques, frère dudit Christophe et fut ensuite conseiller.

Sever de Laborde, auteur des branches de Laborde, seigneurs d'Arbrun,
Moncube et Saint-Loubouer.

Après le décès de Jeanne de Pruret, Christophe épousa en secondes
noces Catherine de Cloche, et après la mort de celle-ci, Marguerite d'Estoupignan.

Du second mariage naquirent Jean, qui fut l'auteur de la branche de
Laborde-Lassalle, qui forma plus tard le rameau de Laborde-Lissalde et
Laborde-Noguès à Bayonne ; et Bernard, qui fut l'auteur de la branche de
Laborde-Meignos. Ce dernier, par suite d'un arrangement de famille in-
tervenu le 16 février 1610, joignit à la seigneurie de Meignos qu'il tenait de son père, la seigneurie d'Arcet que ledit Christophe avait léguée,
entre autres choses, par son testament, à Simon-Pierre de Laborde, un
de ses fils, et que celui-ci avait à son tour léguée à ses frères, par son
testament du 10 mai 1608.

Il résulte d'une note manuscrite de 1630, que du troisième mariage
de Christophe avec Marguerite d'Estoupignan, naquirent Simon-Pierre
de Laborde, Catherine, Jeanne et autre Catherine et Françoise (*Archives de l'Auteur*). Parmi les autres enfants de M. de Laborde, on trouve :

Pierre, conseiller au siége de St-Sever, fils de Mlle de Cloche, qui figure, le 10 juin 1616, comme parrain de Pierre-Paul de Laborde ; Jean de Laborde, sieur du Bon, dont la femme, Marthe d'Onnès, fut marraine le 20 avril 1624 de Henri de Laborde ; Catherine de Laborde, qui épousa Zacharie de Cloche, avocat à la Cour ; et Anne de Laborde, qui épousa Bertrand de Lesplaces, homme d'armes.

2e *Degré*. — Sever de Laborde, fils de Cristophe et de Jeanne de Pruret, fiança le 1er février 1601 et épousa, le 16 septembre 1602, Catherine de Sorbier, damoiselle, fille de feu M. Arnaud de Sorbier, conseiller au siége du sénéchal de St-Sever, et de Jeanne de Marsan.

Sever succéda à son père dans la charge de conseiller et fut pourvu de cet office par le roi Henri IV, le 6 avril 1605. De son mariage avec Catherine de Sorbier sont issus plusieurs enfants :

Jean l'aîné, qui a continué la postérité.

Pierre, qui fut sieur d'Abany.

Bernard, qui fut tué au service du roi.

Jean-Jacques de Laborde, capitaine au régiment de Lamothe-Houdancourt, écuyer, seigneur de Saint-Loubouer, qui sera ci-après l'objet d'une notice particulière.

Pierre-Paul de Laborde, écuyer, capitaine au même régiment de Lamothe-Houdancourt, prisonnier de guerre au château de la ville de Tolosa (Espagne), en 1646, et qui périt le 16 mars 1652 d'un coup de mousqueton, après dix campagnes au service du roi.

Henri, qui eut pour parrain Henri de Sarraute, fils de Pierre de Sarraute, ancien seigneur de Laminsans, Levigneau et St-Julian, oncle à la mode de Bretagne dudit Sever. Il fut sieur de Pilo, caverie de Castera, paroisse d'Audignon, épousa Jeanne-Anne de Barry et fut lui-même conseiller au sénéchal.

Marie de Laborde, qui épousa Antoine du Cournau, homme d'armes de la ville de Grenade.

3e *Degré*. — Noble Jean de Laborde, fils aîné de Sever de Laborde et de Catherine de Sorbier, épousa Marthe de Castaignos, damoiselle. Le contrat de mariage fut retenu le 29 juillet 1630 par Labat, notaire royal,

Jean de Laborde fut pourvu, comme l'avaient été son aïeul et son père, de l'office de conseiller au siége de St-Sever ; ces fonctions ne l'empêchèrent pas de se dévouer autrement au service de son pays. Durant les guerres civiles causées par les principalistes, il remplit glorieusement la charge de maire de la ville de St-Sever (*Mémoire précité*) et obtint le titre de major de cette ville ; en 1652, il fit reconstruire les murs de la ville qui tombaient en ruines, ainsi que l'atteste encore un fragment d'inscription latine que l'on voit sur les murs du jardin de la maison de Mlle Bustaret, où on lit : ..... *De Sort, Curâ et Vigilancia domini de Laborde Regis consiliarii et hujus urbis majoris præpositi.* En 1653, il suivit l'armée du roi en qualité de commissaire de l'artillerie, sous le commandement de Monseigneur le marquis de Poyanne et de M. le chevalier d'Aubeterre, au siége de Cauna et ailleurs où le service du roi faisait aller l'armée. Après les guerres, il reprit ses fonctions de conseiller, qu'il a exercées jusqu'à son décès.

Du mariage de Jean de Laborde avec Marthe de Castaignos naquirent :

Catherine, qui fut religieuse chez les Ursulines du couvent de Saint-Sever.

Sever de Laborde, fils aîné.

Jeanne de Laborde, qui épousa Daniel de Cloche, avocat ez la Cour.

Antoine, Jean-Jacques, Pierre, Pierre-Paul, Marguerite, Françoise, Joseph, Thérèse.

4e *Degré.* — Noble Sever de Laborde, écuyer, seigneur de Moncube, d'Arbrun et d'Escoubès, fils aîné de Jean et de Marthe de Castaignos, épousa Josèphe d'Estoupignan, damoiselle, en 1675. De ce mariage naquirent :

Jean de Laborde, fils aîné.

Thomas de Laborde, écuyer, qui embrassa la carrière des armes, devint commandant de bataillon du régiment de Gondrin et fut chevalier de l'ordre royal et militaire de St-Louis.

Pierre-Paul et Jean Sever, dont on ignore la destinée.

Joseph, qui était d'abord entré au service militaire, se retira pour embrasser la carrière ecclésiastique, fut docteur en théologie, archiprêtre et curé de la paroisse d'Arthez en Béarn, ainsi que cela se voit dans la transaction passée le 20 août 1728 entre Messire Joseph de Laborde, prêtre, docteur en théologie, archiprêtre, et noble Jean de Laborde, écuyer, sieur d'Arbrun, son frère aîné.

Noble Sever de Laborde fut convoqué à l'arrière-ban de la noblesse de la sénéchaussée de St-Sever comme seigneur de la caverie d'Escoubès, en 1689-1693, et son testament de cette époque porte le cachet de ses armes en cire rouge : D'azur à un chevron d'or accompagné en pointe d'un lion naissant du même ; casque de chevalier, orné de ses lambrequins d'azur et d'or.

Il eut aussi : Cécile, Marthe, Louise et Françoise de Laborde.

5e *Degré*. — Noble Jean de Laborde, seigneur d'Arbrun, fils aîné de Sever et de Josèphe d'Estoupignan, épousa, en 1706, Catherine de Saint-Genès, damoiselle. De ce mariage naquirent :

Jean Sever l'aîné, qui continue la postérité.

Noble Pierre de Laborde d'Arbrun, qui prit du service dans le régiment de Bourbonnais. On lit dans le *Journal historique* de ce régiment, par M. de Roussel, p. 83, année 1743 : « Le premier mouvement de M. de Laborde, qui servait en qualité de volontaire aux grenadiers et qui est aujourd'hui capitaine factionnaire, fut de foncer baïonnette au bout du fusil sur les ennemis ; sa compagnie, qui le suivit, les étonna à un tel point que, nous croyant soutenus, ils s'en allèrent beaucoup plus vite qu'ils n'étaient venus et se jetèrent dans une des redoutes qui étaient entre la place et le pont du Danube, croyant par cette position nous empêcher de sortir. Mais M. de Chabannes ne leur laissa pas le temps de s'y établir ; passant rapidement le fossé de la place avec ses grenadiers, les uns sur quelques poutrelles qui restaient et les autres dans l'eau ; il joignit les ennemis dans cette redoute, les en chassa, balaya entièrement la communication, et se rendit auprès de M. le prince de Conti avec treize hommes qui lui restaient de sa compagnie ; le reste avait été tué ; il était lui-même blessé. M. de Laborde, plus heureux, avait reçu sept coups de feu dans ses habits ; un seul l'avait touché fort légèrement. M. de Chabannes, rendant justice à sa bravoure, le présenta au prince, qui lui fit donner une lieutenance. » Et à la page 108, année 1761 : « Un mois avant cette affaire, M. de Laborde, capitaine au régiment, avait été détaché avec 80 hommes dans une grosse anse sur le Weser ; ayant reçu l'ordre de se rendre à Lemel, village qui est sur la même rivière, il y trouva deux bataillons du corps sous les armes en présence des ennemis qui les fusillaient de l'autre côté du Weser. M. de Laborde devait se rendre à Munden par les hauteurs ; mais au lieu de suivre la route qui lui avait été indiquée, il côtoya la rive gauche du Weser qui était guéable en plusieurs endroits, et arrêta par sa fermeté les ennemis qui voulaient passer cette rivière pour tomber sur nos deux bataillons. Le feu fut si vif de part et d'autre, qu'il eut neuf hommes de son détachement tués ou blessés ; son cheval, celui de M. de Freten, son lieutenant, furent tués d'un coup de biscaïen. M. de Laborde, détaché dans plusieurs autres occasions, et notamment dans la campagne de 1760, où il a eu jusqu'à deux mille hommes à ses ordres, s'est toujours acquitté avec autant de succès que d'intelligence des différentes commissions dont il a été chargé ; il commandait dans la même année deux cents hommes du régiment et cent volontaires, avec lesquels il a facilité la prise du château à Bentheim, où nous avons fait cent prisonniers qu'il a conduits à Wesel.»

Pierre de Laborde fut chevalier de l'ordre militaire de St-Louis et nommé en 1769 lieutenant-colonel d'infanterie.

Simon de Laborde, qui fut religieux de l'ordre de St-Benoît, et quatre filles.

6e Degré. — Jean Sever de Laborde, écuyer, fils aîné de Jean de Laborde et de Catherine de Saint-Genès, avait lui-même embrassé fort jeune l'état militaire ; il était lieutenant d'infanterie lorsqu'il se retira. A l'âge de 23 ans, il épousa Marguerite de Brethous, damoiselle, ainsi que cela se voit par les registres des actes de l'état-civil de la ville de Saint-Sever, où l'on trouve : « Le 27 novembre 1727, mariage de noble Jean Sever de Laborde d'Arbrun, fils de défunt noble Jean de Laborde d'Arbrun, âgé de vingt-trois ans, et demoiselle Marguerite de Brethous. » De ce mariage naquirent : Le 20 septembre 1738, demoiselle Marguerite de Laborde d'Arbrun, et, le 12 janvier 1740, Jean-Pierre de Laborde. On trouve, en effet, dans ces mêmes registres, à la date du 13 janvier 1740 : « Naissance de Jean-Pierre de Laborde, fils légitime de noble Jean Sever de Laborde, écuyer, seigneur d'Arbrun, et de dame Marguerite de Brethous.

7e Degré. — Noble Jean-Pierre de Laborde, fils de Jean Sever et de Marguerite de Brethous, seigneur d'Arbrun, Moncube, et devenu seigneur de St-Loubouer, comme donataire d'abord et ensuite comme légataire de demoiselle Marie de Laborde, sa parente, dame de St-Loubouer, petite-fille de Jean-Jacques, seigneur de St-Loubouer, ainsi qu'on le dira plus bas, avait, comme plusieurs de ses aïeux, embrassé la carrière militaire dès qu'il avait eu l'âge de porter les armes. En l'année 1761, à l'âge de vingt ans, il fut nommé capitaine dans le régiment d'Auvergne. Malheureusement, quelques années après il reçut à Minden une blessure grave au genou, qui le força à se retirer du service militaire.

Il épousa demoiselle Marie-Anne-Raymonde Dubergier de Favars, fille de Messire Dubergier de Favars, conseiller dans la grand'chambre du Parlement de Guienne, seigneur de Saint-Sauveur, et se retira à St-Loubouer.

De ce mariage naquit, ainsi qu'on le voit dans les registres de la Mairie de St-Sever, à la date du 29 janvier 1777, noble Raymond-Jean-Antoine de Laborde d'Arbrun, fils légitime de Messire Jean-Pierre de Laborde, seigneur de Saint-Loubouer, Arbrun et Moncube, ancien capitaine au régiment d'Auvergne, et de dame Marie Dubergier de Favars.

Du même mariage naquirent : Marie-Anne-Marguerite de Laborde, mariée à Monsieur d'Ayrens, chevalier de Saint-Louis, morte sans postérité.

Un fils décédé à Milan, au service de la France.

Joseph, chevalier de Laborde d'Arbrun, marié avec Mademoiselle Dosque de Grenade, sur l'Adour, représenté aujourd'hui par : M. Léon de Laborde, marié avec Mlle Marthe de Marquessac ; Onezime de Laborde, marié avec Mlle Caroline Boyer ; Henri de Laborde, marié avec Mlle de Grateloup de Montfort-Chalosse.

Bernard de Laborde-Barsac, marié avec Mlle de Borrit, représenté aujourd'hui par MM. Melchior et Henri de Laborde.

8e *Degré*. — Noble Raymond-Jean-Antoine de Laborde d'Arbrun St-Loubouer, fils aîné de Jean-Pierre de Laborde et de dame Marie-Anne-Raymonde Dubergier de Favars, s'est marié avec demoiselle Jeanne-Catherine-Amélie Duvigneau.

De cette alliance sont issus :

Demoiselle Jeanne-Ernestine de Laborde St-Loubouer.

Demoiselle Marthe-Angélique de Laborde, qui a épousé M. Jean-Pierre Farbos de Luzan, est décédée à la survivance de six enfants : Charles, Jules, Joseph, Amélie, Marie, Angélique de Luzan.

9e *Degré*. — Martin-Barthélemy-François-Xavier-Marie de Laborde d'Arbrun St-Loubouer, avocat, juge suppléant près le Tribunal civil de St-Sever, ancien maire de cette ville, membre du Conseil général des Landes, marié avec Mlle Jeanne-Emma Gaüzère.

Jean-Baptiste de Laborde d'Arbrun, frère du précédent, lieutenant au premier régiment de chasseurs de France (cavalerie).

Branche de Laborde Saint-Loubouer.

3e *Degré*. — Noble Jean-Jacques de Laborde, écuyer, fils de Sever et de Catherine de Sorbier, dont il a déjà été parlé, embrassa la carrière militaire dès qu'il fut en âge de porter le mousquet ; il fut capitaine au régiment de M. le maréchal de Lamothe-Houdancourt, et en 1644, il commandait pour le roi le château d'Arbacqua, en Catalogne. En 1651, il servait encore en qualité de capitaine dans le régiment de M. le marquis de Poyanne, et malgré les offres de ce dernier, il fut forcé, par les nombreuses blessures qu'il avait reçues, de se retirer.

En 1649, il avait épousé noble demoiselle Françoise de Candale, de la maison de Foix Candale du Lau (*voir ce nom*). Le contrat de mariage fut retenu le 24 mai 1649 par Candellé, notaire royal.

De cette union naquirent :

Une fille, Marie de Laborde, qui épousa Pierre de Parrabère, sieur de Patz, homme d'armes de Geaune ; desquels est issue demoiselle Françoise de Parrabère, qui épousa Jean Dabadie, capitaine au régiment du roi, sieur de Bedoucat, ainsi que cela se voit dans le contrat de mariage de celle-ci, retenu le 29 janvier 1693 par Garrelou, notaire royal.

Marie Dabadie, fille de Jean et de Françoise de Parrabère, épousa noble Pierre de Bruix, écuyer, seigneur baron de Miramont, ainsi que le tout est prouvé par divers actes intervenus entre ledit sieur de Bruix et noble Victor de Laborde, seigneur de St-Louhouer, au sujet du règlement de la dot promise par feus nobles Jean-Jacques de Laborde et Françoise de Candale, seigneurs de St-Loubouer, à Marie de Laborde, épouse du sieur de Parrabère.

4e *Degré.* — Du mariage de noble J.-J. de Laborde et Françoise de Candale est également issu un fils : Noble Victor de Laborde, écuyer, seigneur de St-Loubouer, qui fut capitaine au régiment de Picardie et succéda à son père.

Il obtint, le 10 octobre 1696, l'arrêt dont il a été parlé plus haut, par lequel MM. les commissaires-généraux, députés par le roi pour l'exécution des édits concernant le recouvrement des francs-fiefs, qui, statuant sur le mémoire présenté en 1668 par Jean-Jacques son père et les pièces à l'appui, les déchargèrent de la taxe qui lui avait été imposée.

Il épousa dame Marie de Caucabanes, fille de noble Jean-Pierre de Caucabanes et de dame Anne de Cabannes, vivants en 1675, et en eut trois enfants :

Messire Bernard-Henri de Laborde, seigneur de St-Loubouer l'aîné.

Messire Alexandre de Laborde. En effet, dans l'acte de naissance du 20 novembre 1738 de Marguerite de Laborde, fille de noble Jean Sever de Laborde et de dame Marguerite de Brethous, on voit figurer noble Alexandre de Laborde, écuyer, chevalier de l'ordre royal et militaire de St-Louis, ci-devant commandant la garnison française de Fontarabie.

Marie de Laborde.

5e *Degré.* — Le 19 août 1740, Messire Bernard-Henri de Laborde, seigneur de Saint-Loubouer en sa partie, fit rédiger les articles de son mariage avec demoiselle Marie de Lartigue, fille légitime du sieur Arnaud Lartigue, seigneur de la caverie de Touzents, et de demoiselle Marguerite de Cist de Largilère ; il était assisté de messire Alexandre de Laborde son frère, de demoiselle Marie de Laborde, sa sœur ; de dame Jeanne-Marie de Caucabanes de Lassalle, sa tante ; de messire Bernard de Candale, chevalier, seigneur baron du Lau et Duhort, son oncle, et parrain, et autres ses parents et amis ; et la demoiselle de Lartigue était assistée de ses père et mère, de M. Jean-Marie Lartigue, prêtre, docteur en théologie, chanoine de Saint-Loubouer, son oncle paternel ; Catherine Lartigue Duron, sa tante ; messire Fabian (de Cist) de Baché, chevalier de l'ordre royal et militaire de St-Louis, ci-devant major de Marchiennes, son oncle ; maître Étienne de Barros, chanoine de Pimbo ; dame Magdelaine de Barros de Barry, sa marraine ; sieur Arnaud Lartigue du Canon, son parent et autres ses parents et amis. Et au bas on lit les signatures suivantes : Laborde St-Loubouer, de Lartigue, Lartigue, de Cist de Largilère ; le chevalier de Saint-Loubouer ; Lartigue, chanoine de St-Loubouer ; de St-Louvoy ; Le Lau de Candale ; Baché ; Brux, chanoine ; Miramont fils ; Lartigue de Canon ; de Caucabannes de Lassalle ; l'abbé de Candale ; Barros, chanoine ; St-Martin Candale ; Ducos ; Ducos ; de Barros de Barry ; de Ducos Dubern ; Dubern ; Dufeuga ; Marie Dufeuga ; Françoise Parrabère de Talasac.

—

Bernard-Henry de Laborde étant décédé sans enfants à la survivance de demoiselle Marie de Laborde, sa sœur l'institua son héritière ; demoiselle Marie de Laborde, dame de St-Loubouer, fit à son tour, le 7 avril 1772, une première donation au profit de son parent messire Pierre de Laborde-Arbrun, et suivant son testament à la date du 23 février 1777, elle institua pour son héritier ledit messire Pierre de Laborde, écuyer, seigneur de St-Loubouer-Arbrun, ancien capitaine au régiment d'Auvergne, et fit des legs particuliers à MM. de Bruix, Miramont, frères, ses parents ; le même Pierre de Laborde St-Loubouer assista, en 1789, à l'assemblée de la noblesse des Lannes, à Dax.

—

Baptême au bourg de Cauna,

Marguerite de Cabanes, fille légitime de M. Louis de Cabanes, écuyer, et de dame Marie de Prugo, mariés à Caunar, naquit le treizième novembre 1725, fut baptisée le quatorze dans l'église N.-D. de Caunar ;

fut parrain, M. Jean-Joseph de Carrère, sieur de Loubère, écuyer ; marraine, dame Marguerite de Prugo, épouse de M. de Cis, sieur de Baché, habitante du Mont-de-Marsan. Présents : Messire Alexandre de Navailles, pr. et abbé de St-Loubouer, et M. Fabian de Cis, sieur de Baché, ancien major de Marchiennes, chevalier de l'ordre royal et militaire de St-Louis, aussi habitant du Mont-de-Marsan ; dame Françoise de Cabanes, épouse dudit sieur de Loubère, qui requis de signer, ont tous signé avec moy qui ai fait l'office. En foy de ce

P. CAVARÉ, curé de Caunar. Marguerite DE PRUGUE, bac. DE VIOS. LACHAPELLE. BACHÉ. Françoise DE CABANES-LOUBÈRE. DE NAVAILLES, *abbé de St-Loubouer.* DE LOUBÈRE. Jeanne DE CABANES.

Marie-Jean-Pierre de Laborde-Lassalle, fils légitime de messire Joseph de Laborde, chevalier, seigneur de Lassalle, ancien lieutenant des vaisseaux du roi, chevalier de l'ordre royal et militaire de St-Louis, et de dame Marie-Hippolyte-Rosalie d'Abbadie de St-Germain, est né le premier de novembre mil sept cent quatre-vingt-cinq, [et le lendemain a été baptisé. Parrain et marraine ont été messire Pierre de Laborde, chevalier, baron de St-Loubouer, ancien capitaine au régiment d'Auvergne, et dame Marie-Anne du Bergier de Laborde St-Loubouer, à la place desquels ont tenu messire Bertrand-Louis de Laborde-Lassalle, et demoiselle Jeanne Moreau, qui ont signé avec nous.

DE BORDENAVE, *vic.* Jeanne MOREAU. LABORDE-LASSALLE, LABORDE-LASSALLE père. (*Reg. St-Sever.*)

Mariage du Haget d'Aubagnan.

Le second jour du mois de février mil sept cent vingt-trois, après la publication des bans et autres formalités en tel cas requises, ont reçu la bénédiction nuptiale : M. Pierre d'Aubagnan et demoiselle Marie-Magdelaine du Haget, en présence de messire Bernard de Candale, chevalier, seigneur et baron du Lau, lieutenant de MM. les maréchaux de France ; de noble Victor de Laborde, escuyer, seigneur de St-Loubouer ; de noble Pierre de Lataulade, capitaine au régiment de Navarre, et autres, qui ont signé avec les parties contractantes.

AUBAGNAN. DU HAGET. PORTET, *curé.* CANDALE DU HAGET. LE LAU DE CANDALE. RAYNAL. CASTELNAU-JUPOY. Le chev. DE LATAULADE. S. St-LOUBOEY, pt. DU HAGET.

On lit dans le *Trésor* de Pau de M. de Lagrèze ou Inventaires des dénombrements des archives :

« St-Loubouer : Dénombrement de Bernard-Henry de Laborde, pour le tiers de la seigneurie de St-Loubouer, du 15 janvier 1751, avec l'arrêt de vérification. »

En 1684, Sainte de Laborde était veuve de feu messire Mathieu d'Estoupignan, vivant lieutenant du roy dans la citadelle de Tournay, ainsi que cela résulte d'un acte d'obligation fait en sa faveur le 16 septembre 1684, devant St-Genez, notaire, par noble Sever de Laborde.

Le 17 septembre 1656, a été baptisée Saincte et Ursule d'Estoupignan, fille de noble Thomas d'Estoupignan, escuyer, et de Cécile de Laborde, damoiselle. Les parrain et marraine : Noble Guy de Ponsan, sieur de Lartet, et Saincte et Ursule de Laborde, damoiselle ; ladite fille naquit le 16 juillet 1656. Fait par moy. De Cloche, *curé.*

Le même jour et an que dessus a été baptisé Bernard-François d'Estoupignan, fils de noble Thomas d'Estoupignan, escuyer, et de Cécile de Laborde, damoiselle. Les parrain et marraine : Jean-François de Lassalle et de Bordes, baron de Sarraziet, et Jeanne-Marie de Laborde, damoiselle ; ledit enfant naquit le 30 novembre 1651. Fait par moy, 1651.
De Cloche, *curé.*

Le 31 mai 1655 a été baptisé Marc-Antoine de Laborde, fils à M. de Laborde, capitaine, et à damoiselle Saubade d'Estoupignan. Les parrain et marraine : M. de Laborde du Bon, et damoiselle Jeanne de Giron, veuve à feu M. de Coudroy. Par moy. De Cloche, *curé.*

Le 23 avril 1656 a été baptisé Charles de Laborde, fils de noble Bernard de Laborde, escuyer, et de Saubade d'Estoupignan, damoiselle. Les parrain et marraine : Noble Charles d'Estoupignan, escuyer, et Quitteyre de Marreing, damoiselle. Fait par moy. De Cloche, *curé.*

Le 26 juin 1657 a été baptisé Joseph de Laborde, fils de M. Bernard de Laborde, escuyer, et de mademoiselle Saubade d'Estoupignan. Les parrain et marraine : M. Joseph de Madaunes, et Magdelaine de Laborde, damoiselle ; ledit enfant naquit le vingt-troisième du présent mois et an que dessus. Fait par moy. De Cloche, *curé.*

St-Sever. — M. de Laborde, conseiller au siége royal de St-Sever, s'est enrollé et a donné au plat seize sols.

8 septembre 1617 (Gondosse). — Sever-Laborde.

———

Le 25 février 1620 a été baptisée Jeanne de Laborde, fille de M. Jean de Laborde, conseiller du roy et lieutenant-général criminel au siége de St-Sever, et damoiselle Saubade de Barry. Est parrain : Cristophe de Laborde; et damoiselle Jeanne Dabadie, marraine. Par moy.

DEZEST. pr., *curé de St-Sever.*

———

Extrait du testament de J.-Jacques de Laborde, avocat au Parlement, marié à damoiselle Saranzine du Basquiat, 8 avril 1623. [In nomine Patris et Filii et Spiritus Sancti. Amen.

Cejourd'huy huitième jour d'avril, veille des Rameaux, 1623, estant dans ma maison à Saint-Sever, ayant, par la grâce de Dieu, mon âme et entendement libres, prévoyant l'incertitude de l'heure de la mort corporelle, j'ai dressé ma déclaration de dernière volonté, pour éviter bruit entre ceux qui me survivront s'il est possible, leur souhaitant toute sorte de paix en Dieu et bon accord entre eux. Premièrement, etc., je fais mon dit héritier Jean-Jacques de Laborde, mon filleul et petit-fils, et s'il décède en âge pupillaire ou sans enfants, je lui substitue sa sœur, ma petite-fille Anne de Laborde, fille de ladite demoiselle Saubade de Barry ; et sy Dieu les appelle et qu'ils décèdent tous deux sans enfants, je substitue ma fille Marguerite et mon filleul son fils, Jean-Jacques de Lespès et ses autres enfants, s'il était décédé, etc. Et parce que feu mon fils Christophe a laissé un fils naturel qu'il m'a recommandé, etc..... Et afin que le présent soit valable comme testament de père envers ses enfants, je l'ai escript et signé de ma main le jour susdit, à huit heures du matin, et pour le mettre à effaict, je supplie mon nepveu de Lartigue assister ma femme et ma belle-fille. Ainsi signé.

(*Titres de Cabannes.*) J.-J. DE LABORDE.

———

Le 10 juin 1616 naquit Pierre-Paul de Laborde, fils du sieur Sever de Laborde, conseiller, et de demoiselle Catherine du Sorbier. Parrain : Pierre de Laborde, conseiller ; marraine : Saubade de Barry, femme de M. Jean de Laborde, lieutenant criminel, cousin germain de Sever père.

(*Livre manuscrit de Laborde.*)

Le 4 juin 1619 naquit Cristophe de Laborde, fils de Sever et de Catherine de Sorbier. Fut parrain : Christophe de Laborde, cousin germain de Sever.   (*Ibidem.*)

Le 23 mai 1638 naquit Marc-Antoine de Laborde, fils de noble Jean de Laborde, conseiller, et de Marthe de Castaignos. Parrain : M. Marc-Antoine de Bordenave, avocat ; marraine : Marguerite de Laborde, femme de M. Arnaud de Lespès, tante à la mode de Bretagne de Jean père. (Jean était fils de Sever).   (*Ibidem.*)

—

Branche collatérale issue de Jean-Jacques, frère de Cristophe Ier.

1er *Degré.* — Sieur Jean-Jacques de Laborde, avocat au parlement, avait été conseiller au sénéchal et résigna sa charge de lieutenant particulier en faveur de M. Pierre de Batz, mari de demoiselle Catherine de Laborde, sa nièce (1585). Marié à damoiselle Saransine de Basquiat ; il fit son testament le 8 avril 1623, et ne vivait plus en septembre 1624.

Ses enfants furent : 1º Cristophe de Laborde, bourgeois de St-Sever, décédé avant son père, laissant un enfant naturel ; 2º damoiselle Marguerite de Laborde, mariée à M. Arnaud de Lespès, homme d'armes, seigneur de Prous, dont elle eut plusieurs enfants, entre autres :

Noble Jean-Jacques de Lespès, seigneur de Prous.

Anne de Lespès, damoiselle, mariée par contrat du 7 mars 1630, à M. Cristophe de Cloche, avocat ez la Cour, fils de Me Bertrand de Cloche, avocat ez la Cour, et de damoiselle Barbe de Lafitte.

                                                (*Titres de Cabannes.*)

Catherine de Lespès, damoiselle, mariée en 1640 à noble Jean de Cabannes, avocat au Parlement, fils de Bernard de Cabannes, avocat du roi, et de damoiselle Jeanne de Tucquoy.

2º *Degré.* — Jean de Laborde, conseiller du roi et lieutenant-général criminel au siège de St-Sever, mentionné en 1616 et 1620, ne vivait plus lorsque son père J.-Jacques testa, ou du moins les dispositions testamentaires du 8 avril 1623 ne nomment que Jean-Jacques, son fils, et damoiselle Saubade de Barry, son épouse, dont il eut pour enfants :

1º J.-Jacques de Laborde, dont l'article suivra ;

2º Anne de Laborde, damoiselle, légataire en 1623 de Jean-Jacques, son aïeul ;

3º Jeanne de Laborde, damoiselle, née en 1620.

3e *Degré*. — Jean-Jacques de Laborde, héritier en 1623 de son aïeul, fut d'abord avocat ez la Cour du Parlement de Bordeaux, et plus tard, en 1650, il est qualifié procureur du roi au siége de St-Sever, et comparaît en cette qualité, en 1652 et 1657, aux assemblées des principaux habitants de la ville de St-Sever, où figurent aussi Jean de Laborde, conseiller du roi audit siége, et autre Jean de Laborde, ses parents. Il épousa le 3 novembre 1634, à Lamothe : Demoiselle Jeanne de Cabannes, fille jumelle de feu noble Raymond de Cabannes, homme d'armes de la compagnie du seigneur de Poyanne, et de damoiselle Anne de Sanguinet, sa veuve.

Le 18 janvier 1641, M. de Laborde assista aux funérailles de damoiselle Louise de Cabannes, sa belle-sœur, en l'église St-Hippolyte de Lamothe, et sur le registre manuscrit de la paroisse sont inscrits les parents et amis de la défunte dans l'ordre qui suit :

« M. de Cabanes la Demoiselle ; Madamoyselle de Cabanes, sa mère ; Madamoyselle de Laborde, sa sœur ; M. de Laborde ; M. de Larthigue ; Madamoyselle de Lamothe ; M. de Cabanes, avocat, le Jusne (Jean) ; Madamoyselle de Batz la Médécine ; M. Pol de Cabanes ; Madamoyselle de Capdan ; Madamoyselle de M. Pol de Cabanes ; M. de Cabanes de Cauna ; M. de Lachapelle. »

Le 3 février 1656 il est présent aux funérailles de sa belle-mère, damoyselle Anne de Sanguinet de Cabannes, ainsi qu'il suit.

M. de Sanguinet, curé de Saint-Yaguen ; M. le curé de Lamothe ; M. de Laborde, procureur du roy ; Mademoiselle de Lamothe ; M. de Cabannes (Paul) ; M. de Cabannes le Jeusne ; M. de Captan ; M. de Cabannes ; M. de Cabanes, avocat, le Vieux ; M. Dufourc ; Madamoyselle de Cabanes de Cauna ; M. Dupoy. M. de Laborde, procureur du roi, vivait encore en 1670, mais décéda avant 1688, laissant de son mariage :

1º Noble Joseph de Laborde, sieur de Pedeboulan, qui continue la postérité ; — 2º Noble Jean-Jacques de Laborde, capitaine, écuyer, seigneur de Pedeboulan, vivait en 1657 ; — 3º Noble Arnaud de Laborde-Pedeboulan, écuyer, chevalier de l'ordre royal et militaire de St-Louis, capitaine et major des dragons d'Asfeld, vivait en 1660, 1696, 1704 et 1705.

4e *Degré*. — Noble Joseph de Laborde, écuyer, seigneur de Pedeboulan, fut marié à dame Catherine de Prugue, dont il eut Jean-Marie de Laborde, qui a continué la postérité, et Armand de Laborde. — Il était mort avant la naissance de ce dernier, comme le prouve l'acte suivant des registres de Saint-Sever :

« Le 17 décembre 1698 naquit Armand de Laborde, fils posthume et légitime de feu noble Joseph de Laborde, sieur de Pedeboulan, et de Catherine de Prugue. Parrain : Armand de Laborde, écuyer, capitaine de dragons dans le régiment d'Asfeld, et demoiselle Jeanne de Lartigue. »

5e *Degré.*—Noble Jean-Marie de Laborde, seigneur de Pedeboulan, fut successivement cornette de cavalerie en 1695 ; capitaine au régiment de Sommery-dragons, et chevalier de l'ordre royal et militaire de Saint-Louis en 1720. En 1724, Jean-Marie de Laborde-Pedeboulan, écuyer, contracta mariage avec noble demoiselle Marie-Anne de Castelnau-Brocas, dont il eut :

6e *Degré.* — Messire Jean de Laborde-Pedeboulan, écuyer, vivait en 1750-1760. Ayant eu le malheur de tuer en duel un gentilhomme de ses voisins, il fut obligé de quitter la province et alla se marier en Touraine. De cette alliance sont issues trois filles, entre autres :

7e *Degré.* — Dame de Laborde-Pedeboulan, mariée à M. Castera, de la commune de Peyre, en a eu sept fils, dont plusieurs se sont distingués dans l'état militaire.

Note. — Cristophe de Cabannes, chevalier le 6 mai 1703, est institué héritier de M. de Cabannes, gouverneur de Charlemont. D'après une sentence du sénéchal de Tartas, il fut obligé de remettre à MM. de Laborde et Lafaysse la tierce des avitins situés à Lamothe, et les deux tierces des biens situés à Cauna. Total, 9,000 livres, dont il paya 4,500 à noble Jean-Marie de Laborde-Pedeboulan, et les autres 4,500 à messire Léon de Foix de Candale, baron de Doazit. Celui-ci, marié à dame Marie-Romaine de Lafaysse, arrière petite-fille de Louise de Cabannes et de Bernard-Louis de Lafaysse, mariés à Lamothe en 1634.

BRANCHE DE LABORDE-LISSALDE.

États de service du général de Laborde-Lesgo.

Laborde, dit Laborde-Lesgo (Louis), fils d'André et d'Etienne Dubroq, né le 28 décembre 1741, à Bayonne (Basses-Pyrénées) ; enseigne au régiment de Belsunce-infanterie, le 14 février 1757.

Lieutenant dans Champagne-infanterie, le 17 juillet 1757.

Sous-aide-major le 17 janvier 1766.

Rang de capitaine le 10 septembre 1769.

Aide-major le 23 septembre 1771.

Capitaine en second de grenadiers dans le régiment d'Austrasie-infanterie à la formation du 13 juin 1776.

Capitaine-commandant le 27 mars 1779.

Lieutenant-colonel du régiment de Perche-infanterie, le 1er mars 1788.

Emigré le 5 février 1792.

Nommé maréchal de camp par ordonnance royale du 16 août 1820 (avec rang du 31 décembre 1796).

Retraité dans ce grade (maréchal de camp) par ordonnance du 12 novembre 1820.

Lieutenant-général honoraire par ordonnance du 11 avril 1821.

Décédé le 31 mai 1826.

Campagnes. — A fait toutes les campagnes de la guerre de Sept Ans, celle de 1769 en Corse et sept campagnes dans l'Inde.

A été blessé dans l'Inde, s'est distingué à la bataille de Goutlour, en perçant le centre de la ligne anglaise (Inde).

Chevalier de Saint-Louis le 10 mai 1782; Commandeur de Saint-Louis le 20 août 1823.

Emigré le 5 février 1792, a fait la campagne en 1792 à l'armée des princes ; envoyé en mission en Suisse par le comte de Provence ; major du régiment de Vioménil ; major de brigade au régiment des chasseurs nobles ; a reçu le brevet de maréchal de camp le 21 décembre 1796 ; a cessé de servir le 27 septembre 1797.

En foi de quoi le présent certificat a été délivré.

Fait à Paris le 26 juin 1863. DARRICAU.

Délivré sans frais au Ministère de la Guerre.

Ce militaire est inscrit dans l'*Almanach royal* de 1816 : Etat-major général de l'armée, pag. 492 : — 31 décembre 1796. M. Laborde-Lergo, chevalier de Saint-Louis, maréchal de camp.

(Voir l'*Histoire des Chevaliers de St-Louis*, par M. Th. Anne. (A. C. C.)

—

Lacarre. — Ecartelé au 1 et 4 de Navarre, 2 et 3 d'argent au lion d'azur lampassé et vilané de gueules. Ordre de Malte.

Lacarre (DE), *à Auch*. — Ecartelé au 1 d'argent à la croix fleurdelysée d'argent, au 2 de Navarre, au 3 de gueules au lion couronné d'or, lampassé de gueules, au 4 de Béarn.

Lachèze (Jean DE). — Bandé d'or et d'azur de six pièces. (*Armorial général*).

Lacroix, baron de RAVIGNAN. — D'azur à la croix d'or cantonnée de quatre roses du même.

Ladoue (DE), écuyer, seigneur de MIRANDO, de TRABAYS et LAFFITAU, etc. — Ecartelé au 1 d'argent au lion de sable, au 2 d'azur à trois larmes d'argent 2 et 1, au 3 d'azur à trois rivières d'argent ; au 4 d'argent à la merlette de sable. Croix de Saint-Louis.

La Fargue-Cassemer (CASSABER), seigneur dudit lieu et de LASSALLE, *conseiller du roi au Parlement de Navarre*. — Ecartelé au 1 d'argent à deux chiens courants de gueules passant au trot l'un sur l'autre ; au 2 d'azur à quatre bandes denchées d'argent ; au 3 d'azur à trois chevrons d'or ; au 4 de sinople à la tour crénelée d'argent, ajourée et maçonnée de sable (une porte cintrée et deux jours) ; sur le tout d'azur au chêne d'argent (casse bere ?) accosté à senestre d'un chien d'arrêt du même dressé contre le fût. — (27 juillet 1697, Béarn-Pau. *Armor. d'Hozier*).

Laffite (Louis DE), écuyer, chevalier de l'ordre royal et militaire de Saint-Louis, et capitaine dans le régiment royal. — D'azur à un lion d'or. (*Armor. de Guienne*).

Laffite (Bertrand DE), écuyer, sieur de TAMAREN. — Mêmes armes.

Lagarrigue, *en Béarn*. — De gueules à trois têtes de lion d'or, 2 et 1.

Lagoueyte (Nicolas DE), *maire de la ville de Dax*. — Ecartelé au 1 et 4 d'or à deux lions affrontés de gueules tenant un pin de sinople, au 2 et 3 d'azur au chevron d'or accompagné de trois molettes de même posées 2 et 1. (*Armor. de Guienne*).

La Goeyte du Pin (N... DE), *habitant de la paroisse de Missole*. Mêmes armes.

Laborde (Jean-Urbain), écuyer, seigneur de La Cassaigne , *ci-de-vant capitaine au régiment de Picardie*. — Ecartelé au 1 et 4 d'azur au lion d'or lampassé et armé de gueules ; au 2 et 3 de sable à une aigle d'argent becquée et membrée de gueules. (*Armor. de Guienne*).

Lahet. — Ecartelé 1 et 4 de gueules à deux poissons d'or posés en pal, 2 et 3 de Béarn.

Lalande (marquis de). — D'argent au pin de sinople terrassé du même, accosté à dextre et senestre de deux lions d'or dressés contre le fût, au chef de gueules chargé de trois étoiles d'or.

Lalande (Jean-Bertrand de), écuyer, seigneur d'Escanebaque. — Fascé d'argent et de gueules de six pièces, à un chef de gueules chargé d'un pigeon d'argent, parti d'or à une demi-aigle de sable à deux têtes mouvantes de la partition (1698).

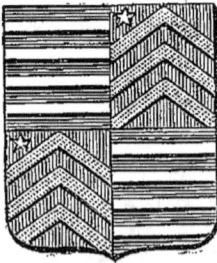

La Lande (de), baron d'Olce et de Magesq, seigneur de Monto-lieu. — Ecartelé au 1 et 4 d'azur à quatre fasces d'argent, qui est de Lalande ; au 2 et 3 de gueules à trois chevrons d'or avec une étoile d'argent au premier canton, qui est d'Olce en Basse-Navarre. Ordre de Saint-Louis. Devise : *Deus adjutor in adversis.* (V. Bouton).

Lalande (Jacques de), écuyer, seigneur de Tastes, de Laloubère. — De gueules à trois bandes d'argent et un chef cousu d'azur chargé d'un lion passant d'or. (*Armor. de Guienne*, Bazas, 1700).

Lalande (Pierre DE), *conseiller du roi et son lieutenant général à l'amirauté de Bayonne.* — D'azur à trois fasces d'argent (1698).

Lalande (André DE), sieur d'ARCONDAU. — De gueules à trois .fasces d'argent (1698).

Lalande-Lamothe (Jean-Antoine DE), seigneur de MONTAUT, *capitaine au régiment de Lansac.* — Ecartelé au 1 et 4 d'azur à quatre fasces d'argent, au 2 d'or à une jumelle de sable accompagnée en chef d'une tête de more tortillée d'argent, et en pointe d'une aigle à deux têtes de sable; au 3 de gueules à une croix pommetée d'or. (*Armorial,* 1698).

La Lande (Bernard DE), écuyer, baron de MAGESQ. — D'azur à quatre fasces d'argent (1699).

Lalande (Jean DE), écuyer, seigneur de SAINT-CRICQ. — Mêmes armes.

Lalande, de LUC, de BERIOTS. — Mêmes armes. Devise : *Deus adjutor in adversis.*

Lalande (DE), écuyers, seigneurs de GAILLAC, FABARS, St-CRIQ, barons de MONTAUT et de HINX. — Mêmes armes.

—

1er *Degré.* — Noble Augier de Lalande, écuyer, marié à Catherine de Marrac, damoiselle, par contrat du 15 septembre 1513, est nommé ainsi que sa femme au contrat de mariage de Pierre, son fils, du 13 mars 1540.

2e *Degré.* — Noble Pierre de Lalande, écuyer, seigneur de Gaillac, épousa par contrat du 13 mars 1540 damoiselle Condexine de Sovart. Sa filiation est aussi justifiée par le testament de Catherine de Marrac, sa mère, du 14 août 1566 ; qualifié écuyer dans le contrat de mariage de Pierre, son fils, du 19 novembre 1586.

3° *Degré.* — Noble Pierre de Lalande, seigneur de Montaut en 1588, épousa le 19 novembre 1586 demoiselle Anne de Poysegur, qui fit son testament le 8 avril 1595, dans lequel est mention de Pierre de Lalande, écuyer, son mari, et de Pierre, son fils ; Pierre et A. de Poysegur sont nommés au contrat de mariage de leur fils du 17 novembre 1614.

4ᵉ *Degré.* — Noble Pierre de Lalande, troisième du nom, nommé au testament de sa mère du 8 avril 1595, se qualifie écuyer, seigneur, baron de Montaut, dans son contrat de mariage du 17 novembre 1614 avec damoiselle Marthe d'Apatte. Le roy lui accorda l'état et la charge de capitaine du Château-Neuf de Bayonne, par brevet du 11 novembre 1627. Pierre de Lalande, baron de Montaut, St-Criq du Gave, Fabars et Labatut, et dame Marthe d'Apatte, sa femme, assistent au contrat de mariage de leur second fils Etienne, le 1ᵉʳ décembre 1654, et lui donnent la terre et seigneurie de Habas, avec la justice, fiefs, cens et rentes et autres devoirs seigneuriaux.

Pierre de Lalande mourut en 1665. Ses cinq enfants sont :

1° Noble Jean de Lalande, seigneur de Saint-Criq, mort en 1700 ;

2° Etienne de Lalande ;

3° Etienne de Lalande de Fabars, qui a continué la postérité ;

4° Noble Jean-Antoine de Lalande-Lamothe, seigneur de Labatut, baron de Montaut, marié en 1669 avec mademoiselle de Pons, en eut : Marguerite de Lalande-Lamothe, dame de Labatut, mariée en 1692 à noble Bertrand de Borda, écuyer ; mourut en 1738. Dame Claire de Lalande de Montaut, mariée en 1660 à messire Nicolas de Chambre, écuyer, baron d'Urgons, lieutenant-général à Tartas.

5ᵉ *Degré.* — Noble Etienne de Lalande de Favas, écuyer, seigneur dudit lieu, capitaine-commandant pour le roi du Château-Neuf de Bayonne, par brevet du 3 février 1664 ; marié par contrat du 1ᵉʳ décembre 1654 à demoiselle Jeanne de Bayle, fille de M. Fr. de Bayle, conseiller du roi au présidial d'Acqs, et de demoiselle Claude de Pruilh, sa femme, habitants de Labatut ; en eut deux fils : Noble Jean-Baptiste de Lalande-Favas, écuyer, chevalier de l'ordre royal et militaire de Saint-Louis, lieutenant-colonel du régiment d'infanterie de Chambo, testa à Dax le 20 avril 1752, et mourut le 23. François de Lalande a continué la postérité.

6ᵉ *Degré.* — Noble François de Lalande, écuyer, seigneur de Lassalle, garde du roi, épousa à Gaas, le 5 janvier 1696, demoiselle Catherine de Biaudos-Castéja, fille de noble Louis de Biaudos, écuyer, et de dame Marguerite de Carrère : Présents ses père et mère ; Jean-Antoine de Lalande, écuyer, seigneur de Labatut, son oncle; messire Antoine d'Aspremont, écuyer, lieutenant-colonel du régiment de Clérambault, et dame Marguerite, de Biaudos-Castéja, son épouse, ses beaux-frères et belles-sœurs ; de noble Jean et autre Jean de Biaudos, seigneur de Cas-téja et de Rostaing, etc.; François de Lalande, écuyer, seigneur de Favas et St-Criq, assigné en 1697 pour justifier de sa noblesse, produisit ses titres devant M. de Labourdonnaye, et obtint un jugement qui le maintenait dans sa qualité de noble et d'écuyer, ainsi que sa postérité née et à naître. Le 13 juillet 1704 : François de Lalande, seigneur, baron de Hinx, St-Criq et Fabas, testa le 24 mai 1719 et mourut en 1721, laissant deux fils.

7° *Degré*. — Louis de Lalande, écuyer, chevalier de Hinx, assiste au mariage de Louis, chevalier de Saint-Criq, son frère.

Noble Louis de Lalande, écuyer, chevalier de St-Louis, seigneur de St-Criq, baron de Hinx, épousa demoiselle Etiennette de Haraneder, fille de messire Dominique de Haraneder, écuyer, seigneur de la maison de Lehobiague ou Mauco à St-Jean de Luz et de celle de Mamisson à Siboure, et de feue dame Geneviève de Roquetton, sa femme, 1729. Le contrat fut signé par Jean Pons de Haraneder, écuyer, conseiller, secrétaire du roi; frère Salvat d'Urtubée, baron de Garro, beau-frère de la demoiselle ; Perrauton de Haraneder, vicomte de Macaye ; Alexis, chevalier de Haraneder, ses frère et oncles paternels ; Louis de Lalande, écuyer, chevalier de Hinx frère ; Jean-Charles de Biaudos, seigneur d'Albo-Castéja, son oncle ; Jean de St-Martin, vicomte d'Echau, son cousin ; de Ch. de Belsunce, vicomte de Meharin, beau-frère de Dominique de Haraneder. Louis de Lalande, par son contrat de mariage, se constitua entre autres biens la terre et seigneurie de Saint-Criq, avec haute, moyenne et basse justice, etc., etc.

8° *Degré*. — Pierre Lalande, chevalier de St-Criq, âgé de 12 à 13 ans en 1757.

Marie-Anne de Lalande, née en 1743, âgée de 14 ans en 1757 ; mariée à M. du Martin, baron de Benquet ; morte à Bordeaux sans enfants en 1817.

Noble Dominique de Lalande, baron de Hinx, né le 14 octobre 1740, fut capitaine des dragons de Jarnac en 1775 ; major des dragons de Monsieur le comte d'Artois et chevalier de St-Louis en 1786, et enfin colonel de cavalerie ; assista à l'assemblée de la noblesse des Lannes en 1789, émigra en Espagne, où il eut le grade d'officier général, fut fait prisonnier de guerre, et mourut à Dijon, sous l'Empire. La terre et seigneurie de St-Criq avait été vendue en 1760 à M. de Labarrère, grand-prévôt de la maréchaussée. (*Manuscrits de la Biblioth. impér.*)

Extraits des registres de la paroisse de Saint-Jean de Luz (avril 1729).

MARIAGE SAINT-CRIQ HARANEDER.

Le 27 avril 1729, après la publication d'un ban faite le dimanche de Quasimodo, en notre église paroissiale (24 avril de la présente année) et la publication de trois bans faite les trois dimanches ou fêtes à la messe paroissiale de l'église de Hinx, comme il est constaté par le certificat de M. le curé de Hinx, signé Planter, sans opposition, ni empêchements civils ni canoniques. Vu la dispense de deux autres bans accordée par M. notre vicaire-général le 26 de ce mois, signé Quesson ; le mariage a été célébré avec la bénédiction nuptiale par M. l'abbé de Castéja, prêtre, docteur en théologie et curé de St-Paul, diocèse d'Acqs, par moi curé de St-Jean de Luz, commis et prié : Entre messire Louis de Lalande, écuyer, seigneur de St-Criq, baron de Hinx, et chevalier de l'ordre militaire de St-Louis, habitant de la paroisse de Hinx au diocèse d'Acqs ; et demoiselle Etiennette de Haraneder-Moko, héritière de Mokorenea et Mamissonea, ma paroissienne ; en présence de messires Lalande du Camp, frère de l'épouse ; vicomte d'Echaux, de Borda, de Chambre, ses parents ; de Dominique Haraneder, père de l'épouse ; Jean-Peris de Haraneder, conseiller du roi, son grand-père ; vicomte de Macaye ; vicomte de Belsunce ; Alexis, chevalier de Haraneder ; lesquels ont signé avec moi, curé, l'époux et l'épouse.

Etiennette HARANEDER. LALANDE-SAINT-CRIQ, baron DE HINX. SAINT-MARTIN D'ECHAUX. CASTÉJA. Jean-Peris D'HARANEDER. DE BORDA fils. D'HARANEDER (Jean-Peris). BELSUNCE. Le chev. D'HARANEDER (Jean-Perits). Le chev. de BELSUNCE. MACAYE. Chev. DE SAINT-CRIQ. DULIVIER, *procureur du roy.* LASCOSSE-HABURU. HARISTEGUY, *curé.* Al. DE HARANEDER.

Naissance du baron de Hinx.

Le dix-septième jour du mois d'octobre 1740, a été baptisé par moi, curé, Dominique de Lalande, fils de messire Louis de Lalande, écuyer, seigneur de St-Criq, baron de Hinx, et de dame Etiennette de Haraneder, héritière de Mokorenea, sa femme, né lejourd'hui. Le parrain a été messire Dominique de Haraneder, écuyer, et la marraine dame Etiennette de Bereau, lesquels ont signé avec moi.

> D'HARANEDER (Jean-Pierre). Jean PERIS. PERVERTEGUY, *curé*.
> E. BEREAU-HARANEDER.

Baptême Lalande-Saint-Criq (août 1744).

Le six du mois d'août 1744, a été baptisé par moy, Pierre de Lalande, fils de messire Louis de Lalande, écuyer, seigneur de St-Criq et baron de Hinx, et de dame Etiennette de Hanareder, héritière de Mokorenea, sa femme, né aujourd'huy. Le parrain a été messire Pierre de Haraneder, vicomte de Macaye ; faisant pour lui absent : messire Alexis de Haraneder ; et la marraine damoiselle Catherine de Haraneder, tante maternelle de l'enfant, lesquels ont signé avec moi, curé.

> Le chevalier D'HARANEDER. PERVERTEGUY, *curé*.
> Catherine DE HARANEDER.

Le 7 octobre de l'année 1738 a été baptisée par moi, vicaire, Etiennette de Lalande, fille de messire Louis de Lalande, écuyer, seigneur de St-Criq et baron de Hinx, et de dame Etiennette de Haraneder, sa femme, héritière de Mokorenea, née le cinquième de ce mois, à trois heures du matin. Le parrain a été Pierre de Haget, et la marraine Marie Mertine Chimeldegay, deux pauvres de la paroisse. Lesquels n'ont point signé pour ne le savoir de ce faire interpellés. Par moi :

> HARRIAGUE, *vicaire*.

Le 24 juin 1742 a été enterrée Maria Etiennette (Estonta) St-Criq, fille de M. le baron de St-Criq, décédée la veille en bas âge.

> J. HARISTEGUY.

Le 7 décembre 1742, le même jour, a été ondoyée par moi, curé soussigné, une fille de M. le baron de St-Criq et de Mme Jean Peritz de Haraneder, sa femme, dans notre église, avec la permission par écrit de M. de Vinatier, vicaire-général de Mgr l'évêque, sans les cérémonies, qu'on a différées.   PERVERTEGUY, *curé*.

Le vingt-septième jour du mois d'avril de l'année mil sept cent quarante-trois ont été suppléées, par moi soussigné, les cérémonies du baptême de Marie-Anne de Lalande, fille de messire Louis de Lalande, écuyer, seigneur de St-Criq et baron de Hinx, et de dame Etiennette de Haraneder, héritière de Mokorenea, sa femme, née le 7 décembre dernier et ondoyée le même jour, etc. Le parrain a été messire Domini-que-Jean-Peritz de Haraneder, écuyer, et marraine demoiselle Marie-Anne de Haraneder, père et fille, qui ont signé.

DE HARANEDER Jean PERITZ. Marianne DE HARANEDER. PERVERTEGUY, *curé.*

———

Le 18 août 1676 a été passé le contrat de mariage entre Jacques Du-bosq, seigneur du Tillet et demoiselle Claude de Lalande, fille d'Etienne de Lalande, écuyer, seigneur de Habas, baron de Hinx, et de dame Jeanne de Bayle, par devant Darrigan, notaire à Habas. De cette union est sorti, au premier ou second degré, Monsieur Dubosq, ingénieur, com-mandant, gouverneur de la ville de Navarrenx, qui a laissé quatre filles, dont l'une fut mère au dernier siècle de M. Forestier de Habas, dont le fils et les petits-enfants subsistent dans cette localité.

« L'extrait du testament de noble Jean-Baptiste de Lalande-Favas, chevalier de St-Louis en 1752, déclare ledit sieur testateur qu'il lui est dû une rente constituée de deux cents livres au capital de quatre mille li-vres, par M. de Faure, conseiller au présidial de cette ville et ancien avocat du roi; laquelle somme de quatre mille livres de principal il donne et lègue à demoiselle Catherine Dubosq, fille de M. Dubosq, in-génieur, son petit-neveu, voulant néanmoins que la rente dudit princi-pal cède en faveur de Mme Saint-Laurent sa sœur et du sieur Dubosq, c'est-à-dire cent livres pour chacun pendant la vie, et après le décès de ladite dame de Saint-Laurent, la somme de cent livres de rente annuelle à elle léguée sera au profit de la dame Laclau, sa petite nièce, aussi sa vie durant, et après le décès desdits sieur Dubosq, dame Saint-Laurent et dame Laclau, ladite rente de deux cents livres appartiendra à mon héritier bas nommé; et comme l'institution héréditaire est le fonde-ment et l'ordre de tout bon testament, ledit sieur testateur a créé, nommé et institué pour son héritier général et universel M. le baron de Hinx, son neveu. » LAVIELLE, *notaire.*

———

Demoiselle Marie-Anne de Lalande-Favas, mariée à M. de Vios (Tartas). Le 17 du mois de novembre 1710 a été baptisé Pierre-Joseph de Vios, né le jour avant, fils légitime de M. Elie de Vios, avocat en Parlement, et de demoiselle Marie-Anne de Favas conjoints. Parrain, M. Pierre-Joseph de Vios, maire alternatif de la présente ville ; marraine, demoiselle Jeanne de Bayle, ayant été tenu à baptême par dame Claire de Montaut. Présents, les témoins soussignés. Par moi :

DE VIOS père. DE VIOS grand-père. DE VIOS, avocat. CHAMBRE. DE VIOS, prêtre. CHAMBRE, archiprêtre et curé de Tartas.

———

Le 4 octobre 1712 a été baptisée Marthe de Vios, née le 1er dudit mois, fille légitime de M. de Vios, avocat en Parlement, et de demoiselle Marie-Anne de Favas conjoints. Parrain, messire François de Favas, haron de Hinx, St-Criq et autres places ; marraine, demoiselle Marthe de Vios. Présents, les témoins soussignés. Par moi :

CHAMBRE, archiprêtre et curé de Tartas. LACHAPELLE, présent. DE VIOS père. Marthe DE VIOS.

———

Le 9 octobre 1713, les cérémonies du baptême ont été faites à Catherine de Vios, ayant été baptisée avant à cause du danger de mort, née le 5 dudit mois, fille légitime de M. Hélie de Vios, avocat, et demoiselle Marie-Anne de Favas conjoints. Parrain, M. Pierre de Vios, prêtre, et marraine, dame Catherine de Castetja. Présents, les soussignés. Par moi :

DE VIOS père. BERNÈDE. LAFORET. CAMBRIÉ.

———

Le 28 septembre 1714 a été baptisé Bernard de Vios, né le 26 dudit mois, fils légitime de M. Elie de Vios, avocat ez la Cour, et de demoiselle Marie-Anne de Favas conjoints. Parrain, M. Bernard de Lachapelle ; marraine, dame Claire Lalande de Montaut. Présents, les témoins soussignés. Par moi :

CHAMBRE, curé de Tartas. CAMBRIÉ, prés. LACHAPELLE, parrain.

———

Le 19 juin 1716 naquit Marthe de Vios, fille légitime de M. Elie de Vios et de demoiselle Marie de Favas conjoints. Parrain, M. Jean de Vios ; marraine, demoiselle Marthe de Vios, et a été baptisée le 22 dudit mois et an que dessus. Par moi :

MAURIAN, prêtre. DE VIOS, parrain. LAFORET.

Le 18 février 1718 a été baptisée Claire-Josèphe de Vios, née le 16, fille légitime de M. Elie de Vios, avocat en Parlement, et dame Marie-Anne de Fabas conjoints. Parrain, Joseph de Vios, et marraine, Marie-Claire de Fabas, épouse de feu M. de Saint-Laurent, écuyer. Présents, les soussignés :

> Bernède, *vicaire*. de Vios, *ayant tenu l'enfant pour le parrain*. Vios. du Gay, *présent*.

L'an de grâce 1723 et le vingt-deuxième du mois de novembre, est né Louis de St-Martin-Betuy, fils légitime de noble Jean de St-Martin, écuyer, seigneur de Betuy, et de dame Marguerite de Lalande-St-Criq, a été baptisé le vingt-quatrième dudit mois et an. A été parrain : M. noble Louis de Lalande-St-Criq, baron de Hinx ; a tenu à sa place : Sieur Louis de Lalande-St-Criq, son frère ; marraine : Dame Cécile de St-Martin, veuve à feu M. de Chambre, lieutenant-général criminel ; a tenu à sa place : Demoiselle Cécile de Lalande, sa nièce.

Fait en présence des soussignés. Ainsi signé :

> Postis, *curé major de Dax*. Saint-Martin Betuy *père*. Saint-Criq *à la place du parrain*. Cécile de La Lande *à la place de la marraine*. de Lalande. Dabesse. Marie de Laporte. Castéja de Hinx. Castaings.

Lalanne de Ciz. — D'azur au lion rampant d'or.

Lalanne (de), *évêque de Bayonne, tant pour lui que pour ledit évêché*. — D'azur à un lion d'or écartelé de gueules à deux levrettes d'argent. (*Arm. de Guienne*).

Lalanna. — Escarcelado el primero y ultimo de plata con arbol negro, y al pié del javali negro ; el segundo y tercero partido en palo, el primero de azul con tres veneras de plata puestas en palo, y el segundo de oro con tres fasas coloradas.

Laluque de Neurisse. — D'azur à trois têtes de léopards d'or.

Lamarque, *en Gascogne* (St-Sever, cap.) — Coupé au 1 parti d'or à la tête de cheval de sable et à la bordure dentelée d'azur, et de gueules à l'épée haute en pal d'argent, au 2 d'or à l'arc bandé et sa flèche de sable.

Lamarque (Antoine de), *avocat au Parlement*. — D'hermines à une fasce de gueules. (*Armor. de Guienne*).

La Mothe-d'Isaut, seigneur d'Isaut, de Campeils, de Montané, de Marambat, de Saubens, de Rioulas, etc., *en Comminges et Armagnac.* — Écartelé au 1 et 4 d'or à trois saulx de sinople sur une motte ou terrasse du même, qui est de Lamothe-d'Isaut; au 2 d'azur au lion d'or; au 3 d'argent à trois fasces ondées de gueules surmontées de deux tourteaux du même, qui est de Lambès. (*D'Hozier*).

Langon, *en Guienne et Dauphiné.* — De gueules à la tour crénelée de quatre pièces d'argent, maçonnées, ajourées et partillées de sable. (*Jouffroy d'Eschevannes*).

Langon (de), *bourgeois de Paris à Aire-sur-l'Adour.* — D'or à la tour de sable.

Cette famille, maintenant éteinte, a réuni plusieurs des conditions qui constituaient la noblesse : 1º La distinction honorifique attachée aux bourgeois de Paris et le droit d'armoiries qui en est la conséquence ; 2º les services militaires et la décoration de Saint-Louis ; 3º la possession à Aire de prébendes et bénéfices dont le jus patronat et le droit de présentation étaient de patrimoine héréditaire dans la famille de Langon. 4º des dignitaires ecclésiastiques, etc., etc.

L'ancien Code héraldique régit la noblesse comme la règle des trois unités régit la tragédie. Le législateur du Parnasse n'est plus ; son école est caduque malgré l'impérissabilité des œuvres classiques greco-françaises. Les lois héraldiques n'ont plus de tribunal pour rendre des arrêts, ni de juge d'armes pour réformer la nobilité et les blasons ; et cependant toute notre œuvre s'applique sur l'observation de ces règles. Et lorsqu'un blason manquera pour sa preuve de quelqu'une des conditions de nobilité telles que jugements de maintenue, comparution du possesseur aux assemblées de 1789, 1768, ou 1651 et 1620, nous serons toujours en mesure de le justifier par l'histoire, l'archéologie, la possession de titres et sceaux centenaires, etc., etc. Les blasons de bourgeois, tirés de l'*Armorial* de 1698-1700, sont aussi des monuments historiques acceptés par les auteurs contemporains.

Larralde (de). *Alias* de Larrard, *en Guienne.* — Parti au 1 d'argent à un chevron d'or accompagné de trois coquilles de sable posées 2 et chef 1 en pointe, et un chef d'azur chargé de trois têtes de loup d'argent ; au 2 d'or à un chevron de gueules accompagné en chef de deux merlettes de sable, et en pointe d'un pin de sinople. — *Bordeaux et Nérac.* (*Armor. d'Hozier*).

Larralde (Charles DE), écuyer. — D'azur à trois coquilles d'or, deux en chef et une en pointe ; parti d'azur à trois têtes de loup arrachées d'or, deux en chef et une en pointe, et une bordure d'argent de dix chiens passants de sable 3, 2, 2 et 3. (*Armor.* de 1698).

Larrey (DE), *à Dax et Audignon*. — D'azur à la croix d'argent alaisée, adextrée au sommet d'un pennon et senestrée d'une étoile à trois croissants 2 et 1, posés contre les trois bras de la croix ; le tout d'argent. Couronne de comte.

Larrhède (Jean DE), écuyer. — D'argent chappé de sable.

Lassalle (DE), de ROQUEFORT, de SARRAZIET, de CANENX, de CASTELMERLE, de BORDES, de SOUBZARGUE, de BROCAS, d'OSSAGES, de SAINT-MARTIN, de CERÉS, de BALAZIN, de SAINT-GO, *en Guienne*. — D'or à un lion de gueules, écartelé d'azur à neuf losanges d'argent posés 3, 3, 3. (*D'Hozier, Armor. imprimé*).

Lassalle (Jean-Martin DE), écuyer, baron de Roquefort, seigneur de CANENS, CASTELMERLE, SAINT-GO, *conseiller au Parlement*. — D'or à un lion de gueules lampassé et orné de même, écartelé d'azur à neuf losanges d'or posés 3, 3, 3. (*Armor. de Guienne*).

Lassalle de Bordes (Antonin DE), écuyer, seigneur, baron d'OSSAGES, habitant de Coudures. — (Janvier 1693). — Mêmes armes que *Lassalle-Sarraziet*.

Lasserre de Castelmore (DE). — D'argent au chevron de gueules, deux merlettes en chef et une croix pommetée en pointe.

Lataulade (DE), baron dudit lieu, de LAAS, d'ISSOR, d'OSSAGES, d'URGONS. — De gueules à trois poires d'argent 2 et 1. Couronne de comte ; supports, deux lions ; croix de Saint-Louis en sautoir.

Latour-d'Auvergne, duc de BOUILLON et d'ALBRET. — Ecartelé au 1 et 4 semé de France à la tour d'argent maçonnée de sable, qui est de La Tour, au 2 d'or à trois tourteaux de gueules 2 et 1, qui est de Boulogne ; au 3 cotices d'or et de gueules de huit pièces, qui est de Turenne, et sur le tout d'or au gonfanon de gueules qui est d'Auvergne, parti de gueules à la fasce d'argent, qui est de Bouillon.

Lau-d'Allemans (DU). — D'or au laurier à trois branches de sinople, au lion léopardé de gueules brochant sur le fût de l'arbre, à la bordure d'azur à deux levrettes courantes d'argent.

Laur (DE), baron de LESCUN, *en Béarn*. — D'argent à une tour d'azur surmontée d'un croissant de gueules ; au 2 et 3 de Lons, qui est d'argent au pin de sinople cotoyé à dextre d'une étoile de sable, à senestre d'une once de gueules ; au 4 d'azur semé de fleurs de lys d'or au lion de même brochant ; et sur le tout coupé d'or et de gueules ; en chef au rameau de laurier de sinople mouvant du flanc senestre de l'écu ; en pointe au cœur d'or. (*La Chesnaye des Bois*, 1757).

Laur de Lescun (DE). — Coupé au 1 d'or au laurier de sinople mouvant du flanc senestre de l'écu, qui est de Laur ; au 2 de gueules au cœur d'or, qui est de Lescun.

Laurens (François), seigneur d'HERCULAR. — D'argent à trois lions de gueules. (*Armor. de Guienne*).

Laussat (DE). — D'azur à la tour maçonnée ouverte et crénelée d'argent accostée de deux lions affrontés et surmontée de trois étoiles d'argent. Devise : *He plaa Diou t'ayude.*

Lauverjat, *en Berry*. — D'azur à une fasce d'argent chargée de trois roses de gueules accompagnées de trois écots d'or, 2 et chef 1 en pointe.

Lavalette-Parisot. — Parti au 1 de gueules au lion d'or, au 2 de gueules à l'épervier ou oiseau de proie nud d'argent.

Lavedan, *en Gascogne*. — D'argent à trois oiseaux de sable.

Lavedan-Casaubon, *en Bigorre*. — D'argent à trois chevrons d'azur, accompagnés de trois canettes de sable.

Lavie, *en Béarn et Guienne*. — D'azur à deux tours d'argent en chef accompagnées d'une roue d'or en pointe.

Lebas de Montargis, de GIRANGY, baron de CLAYE, *à Besançon, Paris et Lannes*. — D'or à un lion de gueules accompagné de trois arbres de sinople arrachés, posés 2 en chef et 1 en pointe. (*D'Hozier*).

Leberon, *en Gascogne*. — D'azur au levrier courant d'argent en bande accolé de gueules.

Leblanc (Jean-Marie), écuyer, seigneur de LABATUT (*en Tartas*). — Ecartelé au 1 et 4 de gueules à une botte éperonnée d'or et posée en barre, au 2 d'azur à un chevron d'or accompagné en chef de deux têtes de lions du même, lampassés de gueules, et en pointe d'un cygne d'argent. (*Armor.* 1698).

Leblanc, de LABATUT, d'ARGELOUSE, de NORTON et autres places, vicomtes et barons desdits lieux. — Mêmes armes.

Leugue-Brux (Jean-Christophe DE), écuyer. — Parti au 1 de gueules à deux fasces d'argent, au 2 d'argent à deux onces de sable. (*D'Hozier, manuscrit*).

Léon (DE). — D'azur au lion d'or.

Lequien de La Neufville, *en Guienne*. — Ecartelé au 1 et 4 de sinople à un chien braque d'or passant, colleté de sable et surmonté d'une palme d'argent; au 2 et 3 bandé de vair et de gueules de six pièces. Croix de Saint-Louis.

Lequien de La Neufville (Messire Charles-Auguste), *évêque d'Acqs* (1776-1789). — Mêmes armes. Couronne de marquis; l'écu adextré de la mitre et senestré de la crosse épiscopale.

Lesparda (DE). — D'azur à trois tours en fasces d'argent ouvertes, ajourées et maçonnées de sable; celle du milieu accompagnée de deux fers de lance, une à dextre, une à senestre du même.

Lespès-Benquet (Mathieu). — D'azur à trois pals d'or.

Lespès (Charles DE), sieur du COULOUMAT. — D'azur à une épée d'or posée en pal, accostée de deux pigeons affrontés d'argent. (*Armorial de Guienne*).

Lespès (Mathieu DE), *prêtre et curé de la paroisse de Nerbis*. — D'azur à une pyramide d'argent soutenue d'un croissant d'or et accompagnée en chef de deux étoiles et en flanc d'une pomme de pin à dextre et d'un lion à senestre; le tout d'or. (*Armor. de Guienne*).

Lespès (Bernard-François DE), seigneur de PROUX. — D'azur à une croix ancrée d'or. (*Armor. de Guienne*).

Lespès de Hureaux, *à Bayonne et en Albret*. — D'azur au lion d'or accompagné de cinq coquilles du même posées en orle.

Levis-Ventadour (DE), *duché-pairie*. — Ecartelé au 1 bandé d'or et de gueules de six pièces, qui est Thoine-Villars; au 2 d'or à trois chevrons de sable, qui est Levis; au 3 de gueules à trois étoiles d'or, qui est Anduze; au 4 d'argent au lion de gueules qui est Layre ; sur le tout échiqueté d'or et de gueules, qui est Ventadour.

Lin-Dutaret (DU). — Ecartelé au 1 et 4 d'or à une corneille de sable becquée et membrée de gueules, au 2 et 3 d'azur à une épée d'argent la pointe en bas senestrée d'un écusson d'or.

Linois (Durand DE). — D'azur à la fasce d'or accompagnée en chef d'un croissant et en pointe d'un trèfle du même.

Lobit (N..... DE), veuve de Ch. de MONVAL. — D'argent à trois fasces de gueules surmontées de trois aigles de sable. (*Armor. de Guienne*).

Lobit (N..... DE), *maire de Boucaud*. — D'or à trois corbeaux de sable.

Lobit de Monval (DE), *en Marsan et Lannes*, seigneurs de MONVAL, de MAILLÈRES, BOARET, etc., hauts justiciers de BASCONS. — D'azur à trois seaux d'argent posés 2 et 1, écartelé d'or à un lion de gueules, l'écu timbré d'un casque de chevalier avec ses lambrequins d'azur, argent, or et gueules.

Avant de reproduire l'inventaire des titres de cette famille dressé par D'Hozier en 1750 et remontant à 1495, nous croyons utile d'établir sa table chronologique de 1495 jusqu'à nos jours.

1er *Degré*. — Noble personne Léonard de Lobit et demoiselle Jeanne St-Omer, son épouse, demeurant au lieu de Perquie, en Marsan, nommés en 1495 dans le contrat de mariage de leur fils, qui suit :

2o Noble Philippe-Alexandre de Lobit, capitaine dans les bandes gasconnes, et Anne de Castets, sa femme, 1495, 1530 ;

3o Noble Geraud de Lobit et Marguerite de Lamothe, 1553 ;

4o Noble Jean de Lobit, marié à Sibille de Casade en 1577 ;

5o Noble Jean de Lobit et Marie de Poyferré, 1630 ;

6o Noble Charles de Lobit, sieur de Monval ; Claire de Sebie, 1638 ;

7º Charles de Lobit, sieur de Monval ; Anne de Capdeville, 1673 ;

8º Cristophe de Lobit de Monval ; Marie de Poyferré, 1714 ;

9º Noble Christophe de Lobit, maréchal de camp, chevalier de Saint-Louis, marié à demoiselle Elisabeth de Laeut (et Laëut) de la Guadeloupe, en 1772, fut père de :

10º Noble Etienne Christophe de Lobit de Monval, capitaine de cavalerie, décoré du brassard bordelais et du lys, marié à dame Marguerite du Perier de l'Islefort, fille de noble Raymond du Perier de l'Islefort, capitaine au régiment de Beauvoisis, chevalier de St-Louis, et de demoiselle Burel, de Saint-Domingue, dont :

11º Mathieu-Christophe-Henri de Lobit de Monval, écuyer, marié à demoiselle Félicie-Elisabeth Lamathe, fille de M. Pierre Lamathe, docteur en médecine, premier adjoint au maire de la ville de Dax, et de dame Elisabeth Marnié, dont il a :

12º Christophe-Henry-Georges de Lobit de Monval, écuyer, marié à dame Jeanne-Marie Casaubon, fille de M. Jean Cazaubon, contrôleur ambulant des contributions indirectes, et de Jeanne-Marie-Laure Despujeaux.

Additions. — Du Perier, en Guienne, 22ᵉ degré. Raimond du Perier, chevalier, seigneur de Lillefort, capitaine-commandant au régiment de Beauvoisis, chevalier de l'ordre royal et militaire de St-Louis, pensionnaire du roi, a épousé par contrat passé le 13 janvier 1778, demoiselle Jeanne-Marie Burel, fille de Jean-Toussaint Burel, officier d'artillerie. De ce mariage sont issus : 1º Raymond-Pierre du Perier de Lillefort, né le 24 février 1779 ; 2º Marguerite du Perier, née le 15 novembre 1781, mariée à M. de Monval, et actuellement vivante, 1863.

(Nobiliaire de Guienne, t. II.)

Du Perier porte : Au 1 et 4 d'azur à trois poires feuillées et tigées d'or à un épervier perché sur un bâton en abîme de même ; au 2 et 3 de du Perier, d'azur à dix billettes d'or, 4, 3, 2, 1.

(Ibidem, pages 385, 388.)

Du 11 juillet 1772. *Contrat de mariage de M. de Lobit, chevalier de Monval, et de demoiselle Elisabeth de Laeut.*

Par devant les conseillers du roi, notaires à Rouen, soussignés, sont comparus messire Christophe de Lobit, chevalier de Monval, colonel d'infanterie, lieutenant-colonel du régiment de Navarre, actuellement en garnison à Rouen, chevalier de l'ordre royal et militaire de St-Louis, né en la paroisse de Bretagne, diocèse d'Aire, électeur de St-Sever, province de Guienne, fils majeur de feu messire Christophe de Lobit de Monval, chevalier, ancien officier de cavalerie, et de feue noble dame Marie de Poyferré, stipulant pour lui-même, assisté de messire Jean-François de Cassabé, capitaine de grenadiers au régiment de Navarre, chevalier de l'ordre royal et militaire de Saint-Louis, et de messire Jean-Gabriel de Lobit, chevalier, sous-lieutenant au même régiment, d'une part ;

Et demoiselle Jeanne-Françoise-Elisabeth de Laeut, née à St-Pierre (Martinique), demeurant actuellement à Rouen, chez la Dame sa mère, rue des Carmes, paroisse St-Lo, fille mineure de M. Jean Laeut, ci-devant habitant en l'Isle-Grande-Terre (Guadeloupe), et de dame Marie-Madelaine des Bonnes ; ladite demoiselle agissant sous l'autorité, consentement et agrément dudit sieur son père, pour cet effet représenté par ladite dame Laent, porteresse de son consentement, consigné en la lettre du 14 février dernier, demeurée jointe à la minute des présentes, après avoir été certifiée véritable par M. Jean-Michel Planter, négociant à Rouen, demeurant rue du Bac ; MM. Louis Quesnel fils, Adrien Jorre, Jean-Baptiste Le François, et Jean-Baptiste Laeut neveu, capitaine de navire, dt au Havre, tous à ce présents, lesquels ont signé et paraphé ladite lettre, et encore ladite demoiselle Laeut agissant sous l'autorité, le consentement et agrément de ladite Dame sa mère, dont elle est assistée, d'autre part ; lesquels, pour parvenir au mariage qui, au plaisir de Dieu, sera fait et célébré entre eux en face de la sainte église catholique, apostolique et romaine, ont, de commun accord et mutuel consentement, fait et arrêté les dons, promesses et conventions qui suivent. Fait et passé à Rouen le 11 juillet 1772. Ainsi signés : Jeanne-Françoise-Elisabeth Laeut ; Lobit, chevalier de Monval ; Laeut ; des Bonnes-Laeut ; Laeut ; comtesse de Masnadau ; Cassabé ; Lobit ; Jorre ; Louis Quesnel ; Daubin ; J.-B. Le François ; Captan ; J.-M. Planter ; Baron et Le Breton.

—

Extrait des registres de mariage de la paroisse St-Lo de Rouen, du mardi 14 juillet 1772.

Messire Christophe de Lobit, chevalier de Monval, etc., âgé de quarante-cinq ans, en garnison à Rouen, et demoiselle Jeanne-Françoise-Elisabeth Laeut, âgée de seize ans, ont été solennellement mariés en notre église par M. Le Loüey, vicaire, après la publication d'un ban sans aucune opposition, la dispense des deux autres en date du 10 du présent mois, par M. l'abbé Goyon, vicaire général de Mgr l'archevêque de Rouen, ainsi que la permission de joindre les fiançailles aux cérémonies dudit mariage, qui a été contracté en présence de messire Jean-Gabriel de Lobit, officier du régiment de Navarre, et de messire Pierre Captan, officier-major du même régiment, ses cousins; et du côté de la demoiselle contractante, présence de Madame sa mère, porteresse de la procuration et consentement de Monsieur son père, reçu et passé chez M. Le Breton, notaire à Rouen, le onzième du présent mois; présence aussi de M. Jean-Michel Planter, négociant à Rouen, de la paroisse de St-Denis, et de M. Louis Quesnel, négociant, de la paroisse de St-Jean-Amis, lesquels ont signé avec ledit sieur Le Loüey, vicaire.

Lequel extrait, nous soussigné, prieur-curé de ladite paroisse de St-Lo de Rouen, certifions véritable et conforme à l'original délivré à Rouen ce douzième aoust 1772. MARIUS, *curé de St-Lo.*

Copié exactement, sauf les noms et qualités de M. de Monval et de ses père et mère, que l'acte de célébration répète d'après le contrat de mariage ci-dessus. A. C. C.

—

Extrait des registres de baptême, mariage et sépulture de la paroisse de N.-D. du Mont-Carmel de la ville de la Basse-Terre (Guadeloupe).

L'an mil sept cent quatre-vingt, l'onze mars, a été baptisé par M. l'abbé Coutatn, aumônier du régiment d'Armagnac, un fils né le 19 février dernier de légitime mariage de messire Christophe de Lobit, écuyer, chevalier de Monval, chevalier de l'ordre royal et militaire de St-Louis, colonel en second du régiment d'Armagnac, et de demoiselle Jeanne-Elisabeth Laeut, son épouse. On l'a nommé Etienne Christophe. Le parrain a été M. Etienne Laeut, cousin de l'enfant; la marraine, demoiselle Marie-Magdelaine Desbonnes, dame Laeut, ayeule de l'enfant, lesquels, ainsi que le père présent, ont signé avec nous, et M. l'abbé Coutatn. Ainsi signé sur le registre :

COUTANT, *prêtre et aumônier du régiment d'Armagnac.* MONVAL. E. LAEUT. DESBONNES-LAEUT. A. POCARD, *carme et curé.*

Je soussigné, curé de la susdite paroisse, certifie avoir délivré le présent extrait conforme à l'original.

A la Basse-Terre (Guadeloupe), le 11 mars 1780.

A. POCARD, *carme et curé.*

16

Contresigné et vérifié par M. Jean-Laurent Salmon, écuyer, conseiller du roi au conseil souverain de la Guadeloupe, commissaire délégué au siége sénéchal d'icelle, etc., etc.

A la Basse-Terre (Guadeloupe), le 11 avril 1780.

SALMON, COUCHIN, c.-greffier.

(Sceau.)

Scellé à la Guadeloupe le 12 avril 1780. DAMARET.

1801. BAPTÊME DE M. HENRI DE MONVAL.

Extrait des registres des baptêmes retenus pour les catholiques par ordre de MM. les vicaires généraux de Bordeaux.

Le 8 décembre mil huit cent un, a été baptisé par moi, prêtre soussigné, dans une maison particulière à défaut de temple pour les catholiques, Christophe-Mathieu-Henri Lobit de Monval, fils légitime de messire Etienne-Christophe Lobit de Monval, et de demoiselle Marguerite Duperier Lislefort, ses père et mère, habitants de la ville de Bordeaux, rue Margaux, paroisse St-Christoly dudit Bordeaux. Le parrain a été Mathieu-Christophe-Jules Duboucher, et la marraine Jeanne Burel, veuve Duperier Lislefort. Cet enfant est né le trois de ce mois.

Les témoins ont été Joseph Duperier et Guillaume-Raymond Duperier Lislefort, qui ont signé avec moi. En foi de quoi ainsi signé aux registres : Lobit de Monval; Duperier de Monval; Burel Duperier; Joseph Duperier ; G. Duperier-Lislefort; J. Duperier ; Jules Duboucher; Masson ; Adolphe Caupenne; Laeut Duboucher; Faure, prêtre approuvé.

Je soussigné certifie à tous ceux qu'il appartiendra que l'extrait ci-dessus a été tiré mot à mot des registres ecclésiastiques retenus pour les catholiques, et que foi doit y être ajoutée partout où besoin sera. En foi de quoi :

Le 15 mai 1802. FAURE, *prêtre approuvé.*

1825. *Contrat de mariage de M. Henri de Monval.*

Pardevant, etc., furent présents : M. Mathieu-Christophe-Henri Lobit de Monval, écuyer, procédant avec le consentement exprès de M. Etienne-Christophe Lobit de Monval, écuyer, son père, ancien capitaine de cavalerie, décoré du brassard, ici présent, les deux rentiers et domiciliés de la ville de Dax, assisté de mademoiselle Marie-Elisabeth-Charlotte-Sophie Duboucher, sa tante, et de MM. Jacques-Dominique Desbordes père, avocat, Bertrand-Dominique Joachim, de Bedorède, Achille André de Verges, et d'Etienne-Christophe Desbordes fils, avocat, domicilié de la même ville de Dax, d'une part ; et mademoiselle Elisabeth-Félicie Lamathe, fille majeure et légitime de M. Pierre Lamathe, docteur en médecine, et de madame Elisabeth-Marmié Laurède, domiciliés de ladite ville de Dax ; ladite demoiselle Lamathe, procédant avec le consentement exprès de M. son père et de Madame sa mère, ici présents, et assistance de madame Elisabeth Marnier, veuve de M. Laurède, son aïeule ; Pierre Lamathe, doyen et curé de la paroisse de Castets, son oncle paternel ; de M. Pierre-Théodoze Bergoing, avocat, son parent, et de M. Léon Lefranc, propriétaire et maire de la commune de Benesse, d'autre part ; lesquelles parties ont fait et arrêté les conventions suivantes :

Article 1er. — Lesdits sieurs Mathieu-Christophe-Henri de Monval, et mademoiselle Elisabeth-Félicie Lamathe, avec le consentement de leurs parents respectifs dénommés, promettent de se prendre mutuellement pour époux et de faire incessamment célébrer leur mariage suivant les lois civiles et religieuses, etc., etc.

9e Degré. — M. de Monval, maréchal de camp ; Christophe de Lobit de Monval, né en 1722 (*voir l'Inventaire de d'Hozier*), quatrième fils de noble Christophe de Lobit de Monval, officier de cavalerie, et de noble dame Marie de Poyferré-d'Arricau, embrassa la carrière des armes après une éducation dirigée vers l'état ecclésiastique, et le 19 mars 1743 rejoignit à Strasbourg le régiment de Navarre, où son frère Henri-Etienne-André de Lobit avait servi avec honneur avant d'être reçu mousquetaire noir de la garde du roi. A peine incorporé, Christophe prit part au combat de Dettingen, et fut nommé successivement pendant l'hiver suivant à une enseigne et à une lieutenance. Le 16 novembre 1740, il eut commission d'aide-major dans le régiment de Navarre pour tenir rang de capitaine, et le même jour brevet d'aide-major du cinquième bataillon de nouvelle levée du régiment de Navarre. Ces pièces signées Louis, et plus bas Le Voyer-d'Argenson.

—

Le 19 juillet 1763, Christophe de Monval reçut commission de lieutenant-colonel du régiment d'infanterie de Beauce, délivrée à Compiègne.

Par le Roy : Le duc DE CHOISEUL.   *Signé* LOUIS.

Le 15 août 1763, brevet de major du régiment de Navarre.

Contresigné duc DE CHOISEUL   *Signé* LOUIS.

Le 19 août 1766, M. de Monval étant major au régiment de Navarre, avec rang de lieutenant-colonel, reçut commission pour tenir rang de colonel. Datée de Compiègne. *Signé* Louis.

Par le Roi : Le duc DE CHOISEUL.

—

Le 1er mars 1780, le roi étant à Versailles, donna le brevet de brigadier d'infanterie à M. de Monval, colonel en second du régiment d'infanterie d'Armagnac. *Signé* Louis.

Plus bas : Le maréchal DE MONTBARREY.

—

Enfin, M. de Monval fut nommé maréchal de camp et armées du roi le 1er janvier 1784, brevet signé Louis, et maréchal de Ségur, et se retira bientôt après.

Campagnes. — 1743-1744, armée de Bohême; campagne de 1746, siége de Mons, siége de Charleroi; bataille de Rocoux, où il se conduisit bravement; campagnes de 1747, 1748, 1749 à 1757; bataille de Hastaubeck, 1758, 1759, 1760; combat de Corbach; major à Gotthingue sous M. de Vaux, 1761, y fait son service d'une manière distinguée; en 1762, major des places de Cassel sous M. le comte de Diesbach, contribue à la défense de la ville.

—

Lettre du comte de D... au colonel du régiment de Navarre.

A Vlticlistien, le 11 novembre 1762.

« J'ay bien des remerciements à vous faire, Monsieur, de m'avoir cédé M. de Monval; c'est un officier de la première distinction, et qui m'a été des plus utiles; il réunit la valeur, l'intelligence et une volonté à toutes épreuves.

» L'on nous dit que les préliminaires signés, il nous restera encore les mauvais temps, les mauvais chemins et de défaut de fourrage à combattre; mais la qeüe est ordinairement le plus difficile à écorcher. J'ai l'honneur d'être avec le plus sincère attachement, Monsieur, votre très humble et très obéissant serviteur. » DE DIESBACH.

—

En 1764, M. de Monval obtient une pension de 800 livres sur l'ordre de St-Louis, étant major du régiment de Navarre.

1766. Le régiment paraît devant le roi à Compiègne.

1768 et suivantes, tient garnison à Rouen.

1777, 1778 et 1779, M. de Monval tient garnison à la Guadeloup étant colonel en second du régiment d'Armagnac.

Le 24 décembre 1784, messire Chistophe de Lobit de Monval, maréchal des camps et armées du roi, chevalier de St-Louis, fait son testament de dernière volonté en la ville du Mont-de-Marsan ; nomme dame Jeanne-Elisabeth Laeut son épouse ; Etienne-Christophe de Lobit de Monval son fils, et déclare que ladite dame Laeut est enceinte. A été retenu par Salles, notaire royal.

—

Pension de madame veuve de Monval.

Avril. Brevet d'une pension de 2,000 livres en faveur de la demoiselle Elisabeth Laent, née le 4 octobre 1758 à St-Pierre, île de la Martinique, et baptisée le 24 décembre suivant dans l'église paroissiale de Notre-Dame de Bon-Port du Mouillage de ladite île, à présent veuve du sieur Christophe-Lobit de Monval, maréchal de camp des armées du roi et ci-devant mestre de camp en second du régiment d'infanterie d'Armagnac. Laquelle pension lui a été accordée sur le trésor royal le 17 mars 1785, en considération des services de son mari, 2,000 liv.

Aujourd'huy 17 mars 1785, le roi étant à Versailles, Sa Majesté voulant donner à ladite demoiselle Elisabeth Laeut une marque du souvenir qu'elle conserve des services dudit feu sieur Christophe-Lobit de Monval son mari, elle lui a accordé et fait don de la somme de 2,000 livres à titre de pension sur son trésor royal, pour par elle en jouir à compter dudit jour 17 mars 1789. *Signé* LOUIS.

Le maréchal DE SÉGUR.

—

9ᵉ *Degré* (suite). — André de Lobit de Monval, 1718, 1789.

Du 16 juin 1767, jugement des maîtres des requêtes ordinaires de l'hôtel du roi ordonnant de reconnaître messire André-Etienne-Henri de Lobit de Monval, écuyer, capitaine de cavalerie, sous-brigadier de la seconde compagnie des mousquetaires de la garde du roi, chevalier de St-Louis, pour écuyer et seigneur engagiste de la terre et haute justice de Bascons et dépendances, et de lui en donner les qualités dans tous les actes ; le même André de Monval, seigneur des fiefs de Monval et Maillères, assista en 1789 à l'assemblée de la noblesse de Dax.

INVENTAIRE des titres que produisent pour la preuve de leur noblesse et de leurs filiations nobles Antoine-Augustin de Lobit de Monval, ci-devant lieutenant dans le régiment de Piedmond-infanterie, et actuellement prêtre, docteur en théologie; Henry-Etienne-André de Lobit de Monval, mousquetaire du roi dans la seconde compagnie; Christophe de Lobit, lieutenant dans le régiment de Navarre, et autre Christophe de Lobit, leur frère, capitaine dans le même régiment.

—

1er *Degré.* — 1er produisant : Antoine-Augustin de Lobit de Monval, prêtre, docteur en théologie, et ci-devant lieutenant au régiment de Piémont-infanterie (1717).

Certificat donné le 25 janvier 1750 par Mgr l'évêque d'Ayre, portant que le sieur Antoine-Augustin de Lobit de Monval, fils de noble Christophe de Lobit, sieur de Monval, et de dame Marie de Poyferré, naquit dans la paroisse d'Arricau, et fut baptisé dans l'église de La Glorieuse, diocèse d'Ayre, au mois de janvier 1717, ayant été nommé sur les fonts de baptême par sieur Antoine-Augustin de Varenne, baron d'Arricau, et par dame Anne de Capdeville. Ce certificat, délivré en conséquence de l'enquête qui avait été préalablement faite du temps de la naissance dudit sieur Antoine-Augustin de Lobit de Monval, est signé Capdeville, vicaire-général; plus bas par Mgr Larrieu, et scellé.

2e produisant : Henri-Etienne de Lobit de Monval, mousquetaire du roy (1718).

Extrait du registre des baptêmes de la paroisse de St-Martin de Bretagne, diocèse d'Ayre, portant que Henri-Etienne de Lobit, fils de noble Christophe de Lobit, sieur de Monval, et de dame Marie de Poyferré, sa femme, naquit le 1er décembre 1718, et fut tenu sur les fonts de baptême par Henri de Lobit et dame Marguerite de Captan. Cet extrait signé de La Gruère, curé de ladite église de Bretagne, et légalisé.

3e produisant : Christophe de Lobit, lieutenant dans le régiment de Navarre (1721).

Extrait du même registre portant que Christophe de Lobit, fils de noble Christophe de Monval et de dame Marie de Poyferré, sa femme, naquit et fut baptisé le 21 octobre 1721, ayant eu pour parrain et marraine Christophe de Capdeville-d'Arricau, et demoiselle Anne de Lobit. Cet extrait signé comme le précédent, et légalisé.

4e produisant : Christophe de Lobit, capitaine dans le régiment de Navarre (1722).

Autre extrait du même registre portant que Christophe de Lobit, [fils de noble Christophe de Lobit de Monval, et de dame Marie de Poyferré, sa femme, naquit le 1er octobre 1722, et fut baptisé le 3 desdits mois et an. Les parrain et marraine : Noble Christophe de Cabannes, seigneur de Cauna, et dame Jeanne de Varennes Saint-Gervasi.

Cet extrait du livre est signé comme les deux précédents.

Lettres de lieutenant dans le régiment de Piemond données au sieur de Monval, à Paris, le 1er janvier 1734. Ces lettres signées Louis, et plus bas Bauyn.

Lettres de lieutenant dans le régiment de Navarre données au] sieur de Monval, au Camp-sous-Tournai, le 19 juin 1745. Ces lettres signées Louis, et plus bas de Voyer-d'Argenson.

Commission de capitaine et brevet d'aide-major dans le régiment de Navarre donnés au sieur de Monval, à Paris, le 1er janvier 1747. Signés Louis, et plus bas de Voyer-d'Argenson.

———

2e *Degré*. — Père et mère : Noble Christophe de Lobit, sieur de Monval ; Marie de Poyferré, sa femme (1714).

Minute des pactes et articles de mariage de noble Christophe de Lobit, sieur de Monval, accordés le 27 janvier 1714, du consentement de demoiselle Anne de Capdeville, sa mère, avec demoiselle Marie de Poyferré, fille d'Antoine-Augustin de Poyferré, escuyer, seigneur de Varennes, baron d'Arricau et de Meignos, par lesquels ladite Anne de Capdeville, conformément au pouvoir qu'elle en avait reçu du sieur de Monval, son mari, institue ledit Christophe de Lobit son héritier universel, se réservant de pouvoir disposer et légitimer Henri de Lobit, son second fils. Ladite minute signée par les parties contractantes et par les parents et témoins.

Testament olographe de dame Marie de Poyferré, veuve de noble Christophe de Lobit, sieur de Monval, fait au lieu de Monval, paroisse de Benquet, siége de St-Sever, le 4 juin 1734, par lequel elle veut être enterrée dans la paroisse de Bretaigne ; elle fait des legs particuliers à Antoine-Augustin-Christophe, autre Christophe, et Marie-Anne de Lobit, ses enfants, et institue son héritier Henri-André de Lobit, son fils puisné. Cet acte signé Marie de Poyferré, et reçu par de Mauco, notaire au Mont-de-Marsan.

Accord fait le 7 mai 1715 entre Léon Destanque, sieur du Hon, et noble Christophe de Lobit, écuyer, sieur de Monval, par lequel il est convenu que ledit sieur de Monval jouirait en pleine propriété de la métairie de Grenade, située dans la paroisse de Campagne. Cet acte reçu par Descorps, notaire au Mont-de-Marsan.

Lettres de lieutenant dans le régiment de Labastie données au sieur de Monval, à Versailles, le 31 janvier 1695. Signées Louis, et plus bas Letellier.

Brevet de cornette dans le régiment d'Avaray-dragons donné par le roi au sieur de Monval, le 11 juin 1696. Signé Louis, et plus bas Letellier.

Testament de noble Charles de Lobit, sieur de Monval, fait le 18 juin 1684, par lequel il veut être enterré dans la paroisse de Bretaigne; il déclare avoir eu de son mariage avec demoiselle Anne d'Arricau quatre enfants, savoir : Christophe, Anne, Henri et Françoise de Lobit; et que noble Antoine de Capdeville, son beau-père, sieur d'Arricau, lui avait payé depuis peu de jours la somme de 150 livres; et il institue son héritier ledit Christophe de Lobit, son fils aîné. Cet acte a été reçu par de Labirard, notaire au siége de Saint-Sever.

———

3e *Degré*. — Aïeul : Noble Charles de Lobit, sieur de Monval; Anne de Capdeville, sa femme (1673).

Contrat de mariage de noble Charles de Lobit, sieur de Monval, fils de M. Charles de Lobit, prêtre, docteur en théologie, promoteur au diocèse d'Ayre, et curé de la paroisse de Betbezé, et de feue demoiselle Claire de Sebie, sa femme, accordé le 20 août 1673, avec demoiselle Anne de Capdeville, fille de noble Antonin de Capdeville, écuyer, sieur d'Arricau, et de demoiselle Jeanne de Lartigue. Ce contrat passé devant du Four, notaire royal au siége de Saint-Sever.

Copie du testament de M. Charles de Lobit, prêtre, curé de la paroisse de Betbezé, fait le 14 janvier 1677, lequel il institue son héritière universelle Christine de Lobit, sa fille. Cet acte signé de Lobit.

Quittance de la somme de 760 livres donnée le 14 juin 1685 à noble Henri de Lobit, sieur de Boerret, par noble Antonin de Capdeville, seigneur d'Arricau, comme fondé de procuration d'Anne d'Arricau, sa fille, tutrice des enfants de son mariage avec feu Charles de Lobit, sieur de Monval, pour les dépens adjugés audit feu sieur de Monval contre ledit Henri de Lobit, son oncle, par arrêt du Parlement de Toulouse du 22 janvier 1684. Cet acte reçu par Balade, notaire au Mont-de-Marsan.

Certificat donné au Mont-de-Marsan le 11 juillet 1674 par le maréchal d'Albret, gouverneur et lieutenant-général pour le roi en Guienne, portant que le sieur de Lobit, capitaine dans le régiment du comte de La Serre, servait alors auprès de lui dans la convocation de la noblesse. Ce certificat signé le maréchal d'Albret.

Congé donné à Paris le 3 septembre 1666 par le sieur d'Horty, capitaine au régiment des gardes-françaises du roi, à Charles de Lobit, dit Monval, pour se retirer dans sa maison et où bon lui semblera, ayant servi cinq mois dans sa compagnie. Ce certificat signé d'Horty.

Certificat donné à Paris le 15 juillet 1663 par le premier capitaine et major du régiment des mousquetaires, dits dragons du roi à cheval, portant que le sieur de Monval avait servi pendant trois ans dans sa compagnie, et qu'il s'était bien acquitté de son devoir. Ce certificat signé dudit major et scellé.

———

4e *Degré.* — Bisaïeul : Noble Charles de Lobit, sieur de Monval ; Claire de Sebie, sa femme (1638).

Copie du contrat de mariage de noble Charles de Lobit, fils de noble Jean de Lobit, conseiller, procureur du roi au siège de Marsan, et de demoiselle Marie de Poyferré, sa femme, accordé le 8 décembre 1638, avec demoiselle Claire Sebie, fille de messire Jean de Sebie, avocat au Parlement de Bordeaux, et de demoiselle Marie de La Salle. Ce contrat passé devant Bauzève, notaire au Mont-de-Marsan.

Déclaration faite le 14 janvier 1678 par noble Charles de Lobit, sieur de Monval, et signifiée à noble Henri de Lobit, son oncle paternel, portant que par le contrat de mariage de feu Charles de Lobit et de demoiselle Claire Sebie, ses père et mère, accordé le 8 décembre 1638, feu Jean de Lobit, son aïeul, procureur du roi au siège de Mont-de-Marsan, avait fait une donation audit Charles de Lobit, son fils aîné, de son dit office de procureur du roi et de la troisième partie de tous ses autres biens ; que par le même contrat de mariage, ledit feu Charles de Lobit ayant fait don de la moitié de ses biens à tel qu'il lui plairait de choisir des enfants qui en proviendraient, avait fait une nomination en faveur de lui, Charles de Lobit, sieur de Monval, par le contrat de son mariage avec demoiselle Anne de Capdeville, du 20 août 1673 ; nonobstant toutes lesquelles dispositions, ledit Henri de Lobit, son oncle, s'était emparé de tous les biens dudit Jean de Lobit, et avait fait pourvoir son fils dudit office de procureur du roi au sénéchal de Marsan, à l'effet de quoi il le sommait de mettre en évidence tous lesdits biens pour en être fait trois parts égales, et de lui payer la valeur dudit office. Cet acte reçu par Mauco, notaire royal au Mont-de-Marsan.

Obligation de la somme de 200 livres tournois faite le 3 juin 1674 par noble Charles de Lobit, sieur de Monval, au profit de noble Henri de Lobit, son oncle, sieur de Boerret. Cet acte reçu par Balade, notaire du Mont-de-Marsan.

Ratification en latin faite le mercredi 8 novembre 1656 par Révérendissime Père messire Don Jean. Augustin Calitius, prévôt général de la Congrégation des clercs réguliers de Saint-Paul, résidant au collége de Saint-Barnabé, établi à la porte orientale de la ville de Milan, d'un accord fait le 20 septembre précédent entre les commissaires députés par le chapitre général de ladite Congrégation, d'une part; noble M. Charles de Lobit, maire de la ville du Mont-de-Marsan, et les jurats et syndics de la même ville, pour l'établissement d'un collége dans ladite ville du Mont-de-Marsan, dans lequel collége les Révérends Pères clercs de ladite Congrégation s'obligent, moyennant la somme de 2,040 livres, que lesdits maire, jurats et syndics seront tenus de leur payer chacun un à perpétuité, de tenir, enseigner et exercer les classes de cinquième, quatrième, troisième, seconde, rhétorique et philosophie, pour l'instruction de la jeunesse. Cet acte passé à Milan, et reçu par Jean-Baptiste Rubeus, notaire impérial et apostolique de ladite ville de Milan, et légalisé.

Bail de bestiaux fait le 31 janvier 1656 à Jean de Miremont par noble Charles de Lobit, avocat en Parlement, maire de la ville du Mont-de-Marsan, comme mari de demoiselle Claire Sebie. Cet acte reçu par de Farbos, notaire royal au bailliage du Mont-de-Marsan.

Mariage entre noble Bernard de Colonques et damoiselle Anne de Lobit, fille de noble Charles de Lobit et de damoiselle Claire de Sebie (10 août 1662) :

Saichent tous que aujourd'huy dixième du mois d'aoust mil six cent soixante-deux, avant midi, en la maison appelée à Piblé, au siége de St-Sever, juridiction de Benquet, pardevant moi, notaire royal soussigné, présents les tesmoings bas nommés, pactes et convention de mariage ont été accordés par parolle de futeurs entre noble Bernard de Colonques, sieur de Salles et abbé séculier de Malausanne, fils légitime et naturel à feu M. Jean-Blaise de Colonques, vivant, conseiller du roy et recepveur des décimes au diocèse de Lescar, et Anne Duroy, damoiselle sa mère; et damoiselle Anne de Lobit, fille légitime et naturelle de

M. Me Charles de Lobit, avocat ez Parlement, et damoiselle Claire de
Sebie ; lequel sieur de Colonques, de l'avis et consentement de ladite
demoiselle Duroy, sa mère, mentionné en sa procuration du dernier de
juillet, en faveur de M. Me Jean-Auger de Colonques, docteur en théologie, prêtre, curé de Malausanne, ici présent, laquelle sera ci-après insérée ; et de l'advis et consentement du mesme sieur de Colonques, de
M. Jean de Laforcade, habitant de Lovigner, ses parents, a promis
prendre pour sa femme et légitime épouse ladite damoiselle de Lobit ;
et réciproquement ladite damoiselle de Lobit, du consentement, authorité et assistance dudit sieur de Lobit et de ladite damoiselle de Sebie,
ses père et mère ; de M. Me Jean de Lobit, conseiller du roy et maître
des requêtes de Sa Majesté de la couronne de Navarre, et son procureur
au siége de Marsan; son aïeul paternel ; noble Henri de Lobit, son oncle,
et damoiselle Jeanne de Bergougnan, sa tante ; noble Adam de Prugue,
sieur de Micarrère, escuyer du roy et à présent maire [de la ville du
Mont-de-Marsan, son oncle ; noble Jean-Marie de Prugue, lieutenant-
colonel de cavalerie ; noble François de La Salle, sieur de Plaisance et
de Cère ; noble Antoine de Marrinh, escuyer ; noble Henry Dartiguenave,
seigneur baron de Vielle ; de Me Ramond de Marreinh, docteur en théologie, archiprêtre et curé de St-Aulalie ; de Me Pierre de Marreinh, docteur en théologie et curé de Vert ; de noble Jean Dartiguenave, escuyer,
et la damoiselle de Prugue, sa femme et autres, ses parents et amis, a
promis prendre pour son mari et légitime espoux ledit sieur de Colonques, lequel mariage lesdites parties ont promis faire solempniser en
face de notre Mère sainte église catholique, apostolique et romaine, à
tous jours et heures que l'une partie sera requise par l'autre, à peyne de
tous despens, dommages et intérêts, etc., etc.

———

8e *Degré.* — Trisaïeul : M. Me Jean de Lobit, conseiller, maître des
requêtes de la maison et couronne de Navarre, et procureur du roi au
siége du sénéchal du Mont-de-Marsan ; Marie de Poyferré, sa femme
(1606-1666).

Transaction faite le 10 avril 1666 entre noble Henri de Lobit et
Charles de Lobit, son frère, veuf de demoiselle Claire Sebie, sur le partage des biens de feus M. Me Jean de Lobit, conseiller, procureur du
roi au siége du Mont-de-Marsan, et demoiselle Marie de Poyferré, sa
femme, leurs père et mère qui, de leur mariage, avaient eu pour enfants
ledit Charles de Lobit, nobles Henri, Joseph, Marie, Isabeau et Made-

leine de Lobit; ladite Marie, mariée par contrat du 9 novembre 1638 avec noble François de Barthenne, sieur du Ho, et avaient donné la troisième partie de leurs biens audit noble Henri de Lobit, leur fils, par son contrat de mariage avec demoiselle Jeanne de Bergoignan. Cet acte reçu par de Ségas, notaire à Villeneuve-de-Marsan.

Testament de Jean de Lobit, conseiller, maître des requêtes de la maison et couronne de Navarre, et procureur du roi au siége du sénéchal de Marsan. Fait le 15 janvier 1660, par lequel il déclare que pour le salut de son âme et de celles de ses feus père et mère, il avait fondé un obit dans l'église de Ste-Claire de la ville du Mont-de-Marsan, par acte du 17 octobre 1659. Il reconnaît que de son mariage avec demoiselle Marie de Poyferré il avait eu plusieurs enfants, et entre autres Charles, Henri, Marie, Isabeau et Madeleine de Lobit. Il ratifie la donation que lui et sa feue femme avaient faite audit Charles de Lobit par préciput de la troisième partie de leurs biens, ensemble de ladite charge de procureur du roi lors de son mariage avec demoiselle Claire de Sebie; il confirme aussi celle que lui et sa dite femme avaient pareillement faite d'une autre troisième partie de leurs biens audit Henri de Lobit, leur fils, par le contrat de son mariage avec demoiselle Jeanne de Bergoignan, et il institue son héritier ledit Henri de Lobit. Ce testament, signé de Lobit, fut souscrit le 19 août de la même année 1660, par acte reçu par Ségas, notaire royal de Villeneuve-de-Marsan.

Provisions de l'état et office de conseiller du roi, maître des requêtes ordinaire de sa maison et couronne de Navarre, et ancien domaine, données par Sa Majesté le 16 décembre 1606 à son cher et bien-aimé Mᵉ Jean de Lobit, son procureur général en la vicomté de Marsan, Tursan et Gavardan et baronnie de Capsieux. Ces lettres signées Henri; sur le repli, par le roi souverain de Béarn, de Lomenie, et scellées.

Copie collationnée par le sieur de Giac, secrétaire du roi en la chancellerie près le Parlement de Guienne, du testament olographe de noble Jean de Lobit, lieutenant au régiment de Navarre ancien, fait le 5 août 1609, par lequel il veut être enterré dans la chapelle de Ste-Croix. Il déclare que de son mariage avec feue demoiselle Sibile Casade étaient issus quatre enfants vivants, savoir : Jean de Lobit, maître des requêtes de la maison et couronne de Navarre; autre Jean Lobit, prêtre, juge métropolitain de la province d'Auch; François Lobit, religieux, cordelier de la grande Observance, et Jeanne Lobit. Il lègue audit François une pension de 30 livres; à ladite demoiselle Jeanne de Lobit la somme de 6,000 livres, payable lorsqu'elle se marierait ; il veut que ledit Jean de Lobit, juge métropolitain, se contente de certains biens dont il lui avait laissé la propriété, et il institue son héritier universel ledit Jean de Lobit, maître des requêtes. Ce testament, signé Lobit, fut suscrit le 13 du même mois, par acte reçu par de Fillol, notaire royal.

Copie collationnée en 1750 par le sieur de Giac, secrétaire du roi en la chancellerie près le Parlement de Guienne, de l'acte de réception de noble Me Jean de Lobit, bachelier ez droits, en la charge de procureur général de Sa Majesté en la vicomté de Marsan, dont il avait été pourvu le 4 décembre 1601, faite le 5 février 1603 par le lieutenant-général en la sénéchaussée de Marsan. Cet acte signé de Prugue, lieutenant-général, et Lamarque, greffier.

6e *Degré.* — 4e aïeul : Noble Jean de Lobit ; Sibile de Casade, sa femme (1577).

Copie collationnée par le sieur Ferrand, notaire, le 18 août 1667, du contrat de mariage de noble Jean de Lobit, habitant de la ville de Ville-neuve-de-Marsan, fils de feu noble Gérard de Lobit, capitaine dans le régiment de Faudoas, accordé le 21 novembre 1577, avec demoiselle Sibile de Casade, fille de feu sieur Arnaud Guillan-Casade, et de demoiselle Anne de Places. Ce contrat passé devant Brousset, notaire royal en la paroisse de Saint-Cricq, en Marsan.

Copie collationnée par le sieur de Giac, secrétaire du roi en la chancellerie près le Parlement de Guienne, du testament olographe de noble Géraut de Lobit, jadis capitaine au régiment de Faudoas, fait le 5 août 1566, par lequel il veut être enterré dans l'église paroissiale du lieu de Villeneuve-de-Marsan ; il déclare que de son mariage avec demoiselle Marguerite Lamothe, il n'avait procréé qu'un enfant nommé Jean de Lobit, qui était en bas âge, et qu'il institue son héritier. Ce testament, signé Lobit, fut suscrit le 29 août de la même année par acte reçu par Brousset, notaire royal.

7e *Degré.* — 5e aïeul : Noble Géraut de Lobit, ci-devant capitaine dans le régiment de Faudoas ; Marguerite de Lamothe, sa femme (1553).

Copie collationnée le 18 septembre 1667 par le sieur Ferrand, notaire royal, du contrat de mariage de noble Géraut de Lobit, ci-devant capitaine dans le régiment de Faudoas, accordé le 6 mars 1553, avec demoiselle Marguerite de Lamothe, fille du sieur Jean-Louis de Lamothe.

Ce contrat passé dans la maison noble de Bannos, devant Ducos, notaire royal.

Copie collationnée par le sieur de Giac, secrétaire du roi en la chancellerie près le Parlement de Guienne, du testament en langage gascon de noble homme Philippe-Alexandre Lobit, ci-devant capitaine dans les bandes gasconnes, fait le 25 mars 1530, par lequel il veut être enterré dans l'église de la paroisse de Perqui, au comté de Marsan ; il déclare que de son mariage avec demoiselle Anne de Castets étaient provenus sept enfants nommés Antoni, Augustin et Pierre de Lobit, tous trois hommes d'armes ; Jean de Lobit, prêtre ; Marguerite de Lobit, religieuse au couvent de St-Claire de la ville du Mont-de-Marsan ; Anne de Lobit, femme de noble personne Hector de Bergognan, homme d'armes, et Géraut de Lobit, lequel Géraut ledit testateur nomme pour son héritier général. Ce testament reçu par Loupte, notaire royal.

———

8e *Degré*. — 6e aïeul : Noble Philippe de Lobit, capitaine dans les bandes gasconnes ; Anne de Castets, sa femme (1495).

Copie collationnée par le sieur de Giac, secrétaire du roi en la chancellerie près le Parlement de Guienne, du contrat de mariage en langage gascon de noble personne Philippe-Alexandre de Lobit, capitaine dans les bandes gasconnes, fils de personne noble Léonard de Lobit, et de défunte damizelle Jeanne Saint-Omer, demeurant au lieu de Perquié, au comté de Marsan, accordé le 1er novembre 1495, avec damizelle Anne de Castets, fille de Léonor Castets, seigneur de Bourdenx, et de damizelle Marguerite Lavie, en présence de noble personne Gabriel Lobit et damizelle Jeanne Brethous, oncle et tante des futurs. Ce contrat passé devant de Verges, notaire royal.

———

Nous, Louis-Pierre d'Hozier, juge d'armes de France, chevalier-doyen de l'ordre du roi, conseiller en ses conseils, maître ordinaire de la chambre des Comptes de Paris, généalogiste de la maison, de la chambre et des écuries de Sa Majesté, de celles de la reine et de Madame la Dauphine,

Certifions que les actes contenus dans le présent inventaire sont conformes à ceux qui nous ont été représentés par lesdits sieurs Antoine-Augustin de Lobit de Monval, Henri-Etienne de Lobit de Monval, Christophe de Lobit, et autre Christophe de Lobit, frères produisants, et qu'en conséquence ils peuvent, sous le bon plaisir de Sa Majesté, jouir de tous les priviléges et exemptions dont jouissent les gentilshommes du royaume. En foi de quoi nous avons délivré le présent acte, à Paris, le jeudi troisième jour du mois de septembre de l'an mil sept cent cinquante.   D'Hozier.

(Sceau).

Par le juge d'armes, Lambinet.

—

Lonjon (de). — D'or à la bande de gueules, et un chef de gueules chargé d'une croix pattée d'argent.

Lons (de). — D'argent au pin de sinople cotoyé à dextre d'une étoile de sable et à senestre d'une once de gueules.

Lucat (Raymond de), seigneur d'Artiguenave. — D'azur à un croissant d'argent (1692, 1702).

Lucmau de Classun (de). — Ecartelé au 1 et 4 de gueules à la montagne de trois copeaux d'argent, au 2 d'argent à un oiseau de sable mis en barre, volant la tête en bas, au 3 d'azur à la merlette d'or.

Lupé (Bernard de), écuyer, seigneur de Lamothe et autres lieux, à *Dax*. — De sable à trois têtes de loup d'argent posées 2 et 1. (*Armor. de Guienne*).

Alias. — **Luppé**. — D'azur à trois bandes d'or.

Lur (Claude-Honoré DE), chevalier, comte de UZA. — D'or écartelé d'azur à un sautoir de l'un en l'autre. (*D'Hozier*, 1698).

Lur-d'Uza de Saluces. — Ecartelé au 1 et 4 de gueules à trois croissants d'argent, au chef d'or ; 2 et 3 d'argent au chef d'azur.

Lustrac (DE), baron de LIAS, seigneur de CANABAZES, CASAULT, LA-MARTINIE, LOSSE, *en Guienne*. — De gueules à trois fasces d'argent, écartelé d'azur à un lion d'or couronné de même, langué et onglé de gueules. (*Armor. de Guienne*).

Marie de FOVERT de SION, veuve d'Armand de Lartigue, écuyer, seigneur de Pelesté et de Maupas. — D'azur à un lion assis d'or, tenant de sa patte dextre une fleur de lys d'argent (1698).

Lyon de Campet (DU), de LEU, de BEZAUDUN, de MALAUZE, de l'ISLE, de GELOUX, de BESLE, de CAZAUX, de VIEILLE SECURE, de VIANNES de GAREINS, *en Béarn et Guienne*. — D'or à un lion d'azur, la langue et les griffes du même.

L'histoire mentionne cette famille depuis 1150.

Arnaud du Lyon, l'un des chevaliers du roi d'Angleterre, reçoit le paiement de ses gages le 18 août 1330. (*Hist. de Montlezun*).

1. Spain Iᵉʳ du Lyon, 1386-1390.

2. Spain II.

3. Spain III.

4. Jean du Lyon s'allie en 1476 à noble dame de Luxe, fille de prépotent senhor Juan de Luexsa et de Marie de Peralte.

5. David du Lyon, seigneur de Campet et Geloux, 1557.

6. Gaston du Lyon, seigneur de Campet, 1573.

7. Jean du Lyon, écuyer, seigneur de Campet et Geloux, 1604.

8. Jacques du Lyon, écuyer, seigneur de Campet et Geloux, 1638.

9. Alexandre du Lyon, écuyer, seigneur de Campet et Geloux, 1663.

10. Pierre du Lyon, écuyer, baron de Campet-Geloux et Gareins, 1682; marquis de Campet par lettres d'érection de novembre 1731.

11. Alexandre II du Lyon, écuyer, marquis de Campet, seigneur de Gareins et Geloux, 1714.

12. Pierre-Gaston du Lyon, marquis de Campet, page du roi, marié en premières noces à demoiselle Pujolé de Juillac, en eut dame Marie-Catherine du Lyon, baronne de Labatut en Tartas, mariée à messire Michel-Joseph de Gourgues, chevalier, président au Parlement, vicomte de Lanquais, baron de Rouaillan, seigneur de Gourgues. (*Etats de Tartas*, 1789).

Le marquis du Lyon, marié en secondes noces à Mlle de Gourgues, en eut un fils qui a continué la postérité.

13e *Degré*. — Noble Laurent-Marc-Antoine du Lyon, marquis de Campet, ancien officier aux gardes-françaises, assista en 1789 à l'assemblée de la noblesse de Dax; chevalier de St-Louis en 1817, membre de la chambre des députés, s'est marié en premières noces avec dame veuve Lenoir, dont il a eu un fils, Gaston du Lion, sous-lieutenant, mort en 1812 dans la campagne de Russie et dame du Lyon de Lacoste, baronne de Tingon.

Le marquis du Lyon épousa ensuite dame Marie-Charlotte Lemarié-d'Aubigny, dont il eut :

14e *Degré*. — Amédée-Hector-Gaston, marquis du Lyon de Campet, marié à dame Laurence de Ferragut, est décédé. Son fils aîné, Marie-Joseph-Gaston du Lyon, officier à l'Ecole militaire, mourut avant son père.

15e *Degré*. — M. Marie-Amédée-Laurent, marquis du Lyon de Campet, est le chef de nom et d'armes de sa maison.

———

Le 25 mars 1658 a été baptisé Antoine du Lyon, et naquit le 23 dudit mois et an fils de noble Jean du Lyon, écuyer, et de Marguerite Dabadie. Les parrain et marraine : Noble Antoine du Cornau, écuyer, et demoiselle Silvie du Lyon. Fait par moi.   DE CLOCHE, *curé*.

———

Le 10 septembre 1661 est né Antoine du Lyon, fils de noble Bernard du Lyon et de damoiselle Quitterie de Basquiat, mari et femme, et a été baptisé le même jour dudit mois et an. Parrain et marraine : Marc-Antoine et Jeanne de Peyres. Fait par moi.   PUYO, *vicaire*.

Le 24 juin 1653 a été baptisé Alexandre du Lyon, fils de noble Jean du Lyon, écuyer, et de damoiselle Marguerite Dabadie. Parrain et marraine : Noble Alexandre du Lyon, sieur de Campet et Geloux, et Françoise de Girard, damoiselle. Fait par moi. ROCHET, *vicaire.*

—

Preuves devant d'Hozier.

Pierre-Gaston du Lion, demeurant dans la paroisse de Campet, en Gascogne, diocèse d'Aire, généralité d'Auch, naquit le 8 août de l'an 1717, et fut reçu page du roi dans sa grande écurie le 8 août de l'an 1731, sur les titres qu'il produisit alors et qui justifient qu'il est fils d'Alexandre du Lion, deuxième du nom, écuyer, seigneur de Gareins, de Geloux et de Campet, lieutenant dans le régiment de Coetquen, l'an 1703, et de Marie-Corisande de Lons ; qu'il épousa le 9 d'avril 1714 fille d'Antoine de Lons, écuyer, seigneur de Lons, de Sauron et des Angles, lieutenant pour le roi dans les provinces de Navarre et de Béarn, et d'Angélique de Miossens ;

Que ledit Alexandre du Lion fit hommage au roi, en son bureau des finances à Auch, le 11 août 1724, à cause de terres et seigneuries de Campet et Geloux qu'il possédait dans la mouvance du duché de Guienne, et qu'il eut pour père et mère :

Pierre du Lion, écuyer, seigneur de Campet, de Geloux et de Gareins, et Ursule de La Salle, mariée le 22 novembre 1682, fille de François de La Salle, écuyer, seigneur de Cauenx, de Castelmerle, de St-Go, etc., et de Jeanne de Castet ;

Que ledit Pierre du Lyon, institué héritier avec Marie-Josèphe du Lyon, sa sœur ; de noble Henri du Lyon, leur frère, écuyer, capitaine dans le régiment de la marine, suivant son testament du 17 septembre 1689, fut maintenu dans sa qualité d'écuyer par ordonnance de M. Bazin de Bezons, commissaire départi dans la généralité de Guienne, du 9 décembre 1699, et qu'il était fils de noble Alexandre du Lion, premier du nom, seigneur de Campet et de Geloux, et de Jeanne de Mesmes, qu'il épousa le 13 février 1663 ; fille de noble Jean-Pierre de Mesmes, sieur de Gareins, et de Jeanne-Louise de Lalande. Ledit Alexandre, fils de noble Jacques du Lion, écuyer, seigneur de Campet et de Geloux, et de Catherine-Sacriste de Malbirade, mariée le 21 août 1635 ; fille de noble Gabriel-Sacriste, seigneur de Malbirade et du Gresset, et de Catherine de Lalande ; que par une transaction du 12 du même mois, ledit Jacques du Lion s'obligea de payer à Clémence et à Suzanne du Lion, ses sœurs, la somme de 5,000 livres à chacune, moyennant quoi Catherine de Ségur, sa mère, lui remit tous les biens dont la disposition lui avait été laissée par son mari nommé :

Jean du Lion, deuxième du nom, écuyer, seigneur de Campet et de Geloux, duquel le mariage avait été accordé le 12 mai 1604 avec ladite Catherine de Ségur, fille d'Etienne de Ségur, seigneur de Trans, et de Clémence Françoise Bouchier ; que ledit Jean du Lion, pour récompense de ses services, fut gratifié par le roi Henri IV, le 31 mai 1608, d'une somme de 1,500 livres à prendre sur les biens saisis des rebelles de l'Armagnac, du Bazadois et du Condomois, et qu'il était fils aîné de noble :

Gaston du Lion, sieur de Campet, et de Marguerite de Pelati, mariés le 15 septembre 1573 ; que ledit Gaston du Lyon eut pour sœur du premier lit Marguerite du Lion, femme de Bertrand de Lane, seigneur de Montolieu ; et pour frères et sœurs du second lit, Bernard, Domenge, Jaquon, Isabeau, Marie et Létice du Lion, et qu'ils étaient enfants de noble:

David du Lion, écuyer, seigneur de Campet, de Geloux et de Cazaux, conseiller, chambellan des roi et reine de Navarre, et leur sénéchal de Marsan, de Tursan, de Gavardan et de la baronnie de Captieux, lequel, en cette qualité, le 12 juin 1557, fit la vérification des priviléges et règlement du Béarn. Il épousa en premières noces, le 20 avril 1526, Eléonore de Bailens, mère de ladite Marguerite du Lion, fille de noble homme Guillaume de Bailens, seigneur de Poyanne, de Gamarde et de Nousse, dont elle reçut pour dot la somme de 3,000 francs bourdelois, outre ses habillements et accoutrements tels qu'ils appartenaient à la maison dont elle était, et à celle où elle entrait. Il fut marié en secondes noces le 26 juin 1631 avec Alice de Bergoignan, mère desdits Bernard, Gaston, Domenge et Jaquon du Lion, et fit son testament le 15 août 1531. Il eut pour frère aîné noble Jean-Brun du Lion, seigneur de Campet, qui mourut sans postérité, de noble Jaquia de Béarn, sa femme, mariée le 15 avril 1515, à la demoiselle de la sérénissime Régine, signoresse du Béarn, et ils étaient enfants de noble et puissant Mossen.

Jean du Lion, premier du nom, chevalier, seigneur de Campet, conseiller, chambellan du roi Louis XI l'an 1468, écuyer d'écurie de Sa Majesté l'an 1475, et capitaine de cent lances de la grande ordonnance l'an 1482 ; et de noble Marguerite de Luxe, dame de Geloux, qu'il épousa le 5 septembre 1476, veuve de Mossen, Giles de Labrit (idest Albret), chevalier, seigneur d'Usa, et fille de noble et prépotent senhor en Juan, senhor de Luexsa. Que ledit : 1° Jean du Lion eut pour frères et sœurs ; 2º Pierre du Lion, archevêque de Toulouse ; 3º Gaston du Lyon, chevalier, seigneur de Bezaudun, vicomte de l'Isle et de Campet, sénéchal de Guienne, des Lannes et de Bazadois, par lettres du 27 avril 1468 ; 4º Anne du Lion, dame d'Aussamont de Podenas, etc., femme d'Etienne de Toleresse, chevalier, sénéchal de Carcassonne ; et 5º Brunette du Lion, mariée le 11 mars 1465 avec noble Jean de Béarn, seigneur de St-Maurice. Que lesdits Gaston et Jean du Lion, qualifiés gens de grande noblesse, dans une transaction qu'eux et ledit Pierre du Lion, archevêque de Toulouse, firent le 29 mars 1488 avec Anne du Lion, leur sœur, lors veuve dudit Etienne de Toleresse, eurent pour père noble Mossen.

Spain du Lion, troisième du nom, chevalier, seigneur de Vieille-Ségure et de Viennes, abbé d'Orthez l'an 1436, fils de Spain du Lion, deuxième du nom, dont le père, qualifié noble et puissant homme :

Spain du Lion, premier du nom, chevalier, gouverneur du comté de Foix et du château d'Orthez, passa une obligation de la somme de 300 écus d'or, de 33 sols tournois chacun, le 4 mars 1386, sous la caution de Mgr Vital du Lion, son fils, évêque de Rieux, au profit du seigneur de Gairosse, pour pareille somme qu'il lui avait prêtée afin de fournir aux dépenses qu'il avait faites pendant qu'il commandait pour le comte de Foix au Château-Neuf du Mont-de-Marsan, et que ledit Spain du Lion donna son aveu le 21 juin 1390 à Gaston, vicomte de Béarn, comte de Foix, à cause de la terre du Leu et de l'abbaye d'Orthez, et de tout ce que lui et Spain du Lion, son fils, possédaient dans le Béarnois, du chef d'Antoinette de Navailles, sa femme, mère dudit Spain du Lion, deuxième du nom, et sœur de Ménaud, seigneur de Navailles.   (*D'Hozier*).

— 🍇

Malartic (le comte DE), gouverneur de l'Ile-de-France, chevalier de St-Louis, député, etc., allié aux familles de Jarday et de Joantho. — Ecartelé au 1 d'or plein et un chef d'azur chargé de trois étoiles rangées d'or ; au 2 et 3 de sable à l'aigle éployée d'or (?) ; au 4 de gueules plein, et sur le tout d'argent à la croix pommetée de gueules, accompagnée au côté dextre du chef d'une molette de sable, et en pointe, au côté senestre, aussi d'une molette de sable, qui est de Malartic d'Armagnac. Croix de Saint-Louis ; couronne de marquis ; l'écu entouré de quatre drapeaux.

Marquessac (DE). — D'azur à trois besans d'argent.

Marsam (Mathieu DE), *prêtre et curé d'Audignon.* — D'argent à un lion de gueules (1698).

Marsam (N... DE), sieur de LAGARDÈRE. — D'argent à un lion de gueules couronné d'or (1698).

Marsam (chevalier DE), seigneurs barons de CAUNA, POYALÉ, MAUCO, POYCOAULT et autres places (1350-1550). — Losangé d'or et de gueules.

Martin du Tyrac (DE), comtes de MARCELLUS, barons de MA-RANSIN, *en Périgord, Guienne et Albret.* — D'azur à une tour d'argent sonjonnée à dextre, maçonnée de sable.

Maurian, *en Gascogne.* — D'argent à la fasce de gueules accompagnée en chef d'une étoile d'azur et en pointe d'un croissant du même.

Maurian (Louis DE), *lieutenant assesseur à Tartas.* — De gueules à une fasce (*sic*) d'argent chargée de deux roses de gueules. (*Armorial de Guienne*).

Melet (Jean DE), écuyer, seigneur de LABARTHE. — Parti au 1 d'argent à un cerf rampant au naturel surmonté d'un lambel de gueules, qui est de Melet ; au 2 losangé de gueules et d'or, qui est de Cauna. (*Arm. de Guienne*).

Melet (DE), seigneur de LABARTHE. — D'azur au cerf passant d'or. (*La Chesnaye des Bois*).

Cette famille, établie à Mugron il y a trois siècles, s'est alliée aux maisons de Gramond, de Ventadour, de Poyanne et de Cauna, de Saint-Julien-d'Arsac, Momuy, de Coudroy, de Poyusan, etc., etc.

1. Noble Bernard de Melet, écuyer, seigneur de Fondelin et de Labarthe, marié en premières noces avec demoiselle Anne Dubernet, en eut François de Melet, qui a continué la descendance, et contracta un second mariage avec Claire de Cauna, damoiselle, troisième fille d'Etienne de Cauna, chevalier, et de Jeanne d'Abzac de la Douze (1578). Il en eut Anne de Melet.

2. Noble Anne de Melet, écuyer, seigneur de Labarthe, épousa par contrat du 20 novembre 1594 demoiselle Marguerite de Marreing, fille de noble Jean de Marreing, seigneur de St-Germain, et de noble Catherine Darmaignac, sa veuve. Il testa le 22 août 1631, et eut pour fils :

3. Noble Jean-Jacques de Melet, écuyer, seigneur de Labarthe, capitaine d'une compagnie d'infanterie au régiment de Poyanne, marié par contrat du 23 mars 1640 avec demoiselle Jeanne de Poyusan, et maintenu dans sa noblesse par ordonnance de M. Pellot, intendant de Guienne,

du 5 mai 1668. Sa femme étant morte sans enfants le 11 mai 1647, il se remaria par contrat du 15 mars 1655 avec Denise de Coudroy, demoiselle. Il testa le 16 février 1683 et laissa :

4. Jean de Melet, écuyer, seigneur de Labarthe, s'allia par contrat du 27 mai 1697 avec noble Magdelaine de St-Julien-d'Arsac, fille du baron de Momuy. De ce mariage naquit entre autres enfants :

5 Pierre de Melet, écuyer, seigneur de Labarthe et de Segas, né le 12 mars 1698, épousa par contrat du 6 avril 1725 Thérèse de Lavigne, damoiselle, dont il eut :

6. Noble Bernard de Melet, seigneur foncier, direct, moyen et bas justicier de Labarthe en 1789.

Noble Thomas, chevalier de Melet, pensionnaire du roi et chevalier de l'ordre de St-Louis (1789).

—

Pièces justificatives.

Marie de Lamolie, fille de M. Jean de Lamolie, juge de Mugron, et de damoiselle Marguerite de Melet, née le 3 mars 1649, a été baptisée le 1er décembre de la même année. Parrain, Dominique de Lamolie, escolier ; et marraine, damoiselle Eléonor de la Basse, oncle et grand'mère de la baptisée.

—

Jean de Lamolie, fils de M. Jean de Lamolie, juge de Mugron et autres lieux, et de Marguerite de Melet, né le 15 mars et baptisé le 14 avril 1633. Parrain, noble Jean de Viau, capitaine au régiment de Poyanne ; et marraine, Jeanne Denise de Codroy, demoiselle.

—

Le 25 janvier naquit et fut baptisé le 17 mars 1658, Jean de Lamolie, fils de M. Jean de Lamolie, juge de Mugron et autres lieux, et de damoiselle Marguerite de Melet. Parrain, M. Jean de Farbost, homme d'armes ; et marraine, damoiselle Jeanne de la Basse, de la paroisse de Baigts.

Marguerite de Lamolie, fille de Me Jean de Lamolie, juge du présent lieu, et de damoiselle Marguerite de Melet-Labarthe, née le 16 mars 1666. Parrain, M. de Lartigue, juge de la ville de St-Sever ; et marraine, damoiselle Marguerite de Navailles-Montaut, dame de Mugron-Lorquen, etc., etc.

Anne de Melet, écuyer, seigneur de Labarthe, fils de Bernard de Melet et de Claire de Cauna, fut marié : 1° avec Isabeau de Rebefier, dont il eut Jeanne Melet ; 2° avec Marguerite de Marreing, dont il eut Jean-

Jacques ; 3° avec damoiselle Eléonore de la Basse, dont il eut Marguerite de Melet (1630-1666), ci-dessus.

Jeanne de Cauna, sœur de Claire et fille comme elle d'Etienne, baron de Cauna et Poyloault (1528-1544), épousa Bertrand de Gabaston, seigneur de Bassillon, gouverneur de Navarrenx. En eut :

Tabita de Bassillon, épousa Bernard de Montaut, baron de Navailles et de Benac (1578). En eut : Philippe qui suit, et Marguerite.

Philippe de Montaut, duc de Navailles, marquis de Benac (1600-1653), épousa Judith de Gontaut, dame de Saint-Geniez et de Badefol, dont il eut :

Philippe II de Montaut-Benac, duc de Navailles, maréchal de France, chevalier des ordres du roi ; damoiselle Marguerite de Navailles-Montaut, dame de Mugron-Lorquen et autres lieux (1592-1672).

Le 20 juin 1672 mourut damoiselle Marguerite de Benac-Navailles, dame de Mugron et de Lorquen, âgé de 80 ans. Son corps fut porté à St-Sever et enseveli dans l'église des RR. PP. Bénédictins de l'abbaye de cette ville. *(Mugron, registre.)*

En 1672, damoiselle Marguerite de Benac-Navailles, fille, sœur et tante des ducs de Navailles, donna 3,000 livres à ce monastère, sous l'obligation de deux obits et quatre messes basses par semaine à perpétuité, et fut ensevelie devant l'autel de Notre-Dame.

(Hist. manuscrite de l'abbaye de St-Sever.)

Marguerite de Montaut-Navailles était fille de Bernard de Montaut, baron de Navailles, et de Tabita de Bassillon, dame de Gabaston, mariés en 1578.

Mérignac (DE), seigneur de MALET. — D'argent écartelé d'azur en sautoir de l'un en l'autre. *(Armorial de Guienne.)*

Lettre de Henry IV.

Monsieur de Mérignac, j'ay eu le plaisir d'entendre que l'un des enfants du sieur de Belsunce recherche de mariage l'héritière d'Urgons, vostre niepce, et vous ay bien voulu faire ce mot pour vous prier de contribuer en qui sera du votre à l'exécution de son desseing, sur la créance que j'ay que ce sera le bien de l'un et de l'autre, comme de ma part je le désire pour leur contentement, ayant de longue main affectionné ledit sieur de Belsunce, duquel le mérite est assez cogneu. Employez-vous-y donc de tout votre pouvoir sur l'assurance que je vous donne que vostre niepce et les siens participeront toujours au bien et avantage que je veux procurer à ceux de cette maison lorsqu'elle y aura pris alliance, et que je vous prie de lui faire entendre. Et sur ce, n'étant la présente à aultre fin, je prieray Dieu qu'il vous ait, Monsieur de Mérignac, en sa sainte et digne garde.

Escrit à Paris le deuxième jour de décembre 1608.

HENRY.

Mons. de Mérignac.   DE LOMENIE.

Ce projet d'alliance ne fut pas réalisé ; le seigneur de Belsunce n'épousa pas Mlle de Mérignac, héritière d'Urgons. La tradition et les titres de la maison de Lataulade établissent qu'un de ses membres épousa Mlle de Mérignac-d'Urgons, ce qui est confirmé par la présence de noble François de Lataulade, sieur baron d'Urgons, au mariage de sa cousine Françoise de Lié de Couhin avec noble Bertrand de Benquet, seigneur d'Arblade, le 23 février 1632.   (*Titres de Benquet.*)

Meritens. — D'azur au levrier d'argent arrêté contre un arbre de sinople.

DE **Mesmes-d'Avaux**, de CAIXCHEN, de LUSSON, de BROCAS, de RAVIGNAN, de PATIENCE. — Ecartelé au 1 d'or au croissant montant de sable ; au 2 et 3 d'argent à deux lions passants de gueules ; au 4 à une étoile de sable au chef de gueules et en pointe coupé et ondé d'azur. Ordres du St-Esprit, St-Louis, de Malte, St-Jacques-de-l'Epée, etc.

Miossens. — Ecartelé 1 et 4 d'azur au lion d'or, 2 et 3 d'or plein.

DE **Momas**, de SOULENX, de CAZALON, de LATRILLE. — D'azur à trois filets d'or posés en bande et accompagnés de deux agneaux pascals aussi posés en bande, l'un en chef, l'autre en pointe, les banderolles chargées d'une croix de gueules.

Preuves de la noblesse d'Antoine de Momas, agréé pour être élevé page du roi dans sa petite écurie, en 1725. (Cabinet d'Hozier).

1er *Degré*. — Antoine de Momas, né en 1709.

2e *Degré* — Père et mère : Louis de Momas, seigneur de Soulenx ; Jeanne-Marie de Jasses, sa femme, mariés en 1705.

3e *Degré*. — Aïeul : Pierre de Momas, seigneur de Soulenx ; Louise d'Esquille, sa femme, mariés en 1683.

4e *Degré*. — Bisaïeul : Bertrand de Momas, seigneur de Soulenx et de Cazalon ; Suzanne de Capdeville, sa femme, mariés en 1638.

5e *Degré*. — Trisaïeul : Gabriel de Momas, seigneur de Latrille ; Jeanne de Lataulade, sa femme, mariés en 1611.

6e *Degré*. — 4e aïeul : Bertrand de Momas, seigneur de Cazalon ; Françoise du Fau, sa femme, mariés en 1571. (*Cabinet d'Hozier*).

———

Charles de Beyries, fils de M. Dominique de Beyries, homme d'armes, et d'Anne de Momas, damoiselle, est né le 1er juillet 1636, fut baptisé par Bernard de Laburthe, chirurgien, à cause du danger. Les cérémonies lui furent appliquées par moy, soussigné, le 9 octobre 1637. Parrain, noble Charles de Lataulade, seigneur et baron dudit lieu, Laas et autres places, et lieutenant pour le roy au gouvernement de Navarrenx, en Béarn ; et marraine Jeanne d'Onnesse, grand'mère du baptisé.

DOMENGER, pbr., vicaire.

———

Bernard de Beyries, fils de M. Dominique de Beyries, homme d'armes, et d'Anne de Momas, damoiselle, né le 19 juin 1637, fut baptisé à la maison, à cause du danger, par M. Darricau, curé de Cazalon, et les cérémonies suppléées par moi, soussigné, le 5-8 même année. Parrain, M. Bertrand de Momas, sieur de Cazalon, et marraine Jeanne de Lataulade, damoiselle, grand'mère du baptisé. DOMINGER, <i>vicaire.</i>

———

Bertrand de Beyries, fils de noble Charles de Beyries, seigneur de Hauriet, et de damoiselle Catherine de Labasse, est né le 17 janvier 1676 et baptisé le 20. Estant parrain, noble Bertrand de Momas, seigneur de Cazalon, escuyer, et marraine damoiselle Marie de Mesmes.

———

Noble Nicolas du Pin, seigneur de Juncarot, capitaine, et l'un des cinquante gentilshommes d'ordonnance de la compagnie du seigneur de Poyanne, épousa (1640) en secondes noces Jeanne de Momas, damoiselle, fille de noble Gabriel de Momas, seigneur de Cazalon, et de dame Jeanne de Lataulade.   (*Titres de Juncarot.*)

—

Jean-Henry, comte de Caumia, seigneur de Baillenx, St-André, etc., épousa par contrat du 18 mars 1749 demoiselle Jeanne de Momas, fille et héritière de noble Antoine de Momas, seigneur baron de Casalon et Soulenx, qui lui apporta les terres de Castagnos et de Soulenx.

(*La Chesn. des Bois. Picamilh.*)

—

De Monbeton de Bourouillan, *en Armagnac.*

1. Noble François de Monbeton, seigneur de Bourouillan, chevalier de l'ordre de St-Louis, et gouverneur des îles de Plaisance en Terre-Neuve. Vu les déclarations, etc.   (*Jugement de maintenue.*)

2. Testament de noble Jacques de Monbeton, seigneur de Bourouillan, père du produisant, reçu par Dupin, notaire (17 mars 1677).

Contrat de mariage de Jacques de Bourouillan avec demoiselle George de Pouy (9 septembre 1642).

3. Testament d'Arnaud de Monbeton et d'Isabeau de Bourouillan, instituant pour héritier leur fils Jacques de Bourouillan (25 avril 1619).

4. Testament de Jean de Monbeton, écuyer, seigneur d'Aquin, qui institue son héritier François de Monbeton, son fils ; lègue à Arnaud de Monbeton, son autre fils, et laisse ses honneurs funèbres à la direction de sa femme Catherine de Viviers (5 avril 1563).

5. Mariage de Jean de Monbeton, fils puîné de Pierre de Monbeton, avec Catherine de Viviers, du 23 septembre 1542. Pierre, trisaïeul du produisant.   (*Nobiliaire de Montauban, Biblioth. impériale.*)

—

Messire Joseph de Saint-Ovide de Bourouillan, capitaine de vaisseau, et ancien gouverneur de l'Ile-Royale, chevalier de l'ordre royal et militaire de St-Louis, est décédé le 4, et a été enseveli le 5 avril 1733 dans l'église de la paroisse.

(*Reg. de l'église de St-Sever, cap.*)   Tauzin, *curé.*

—

DE **Monda-Marsan,** *en Vic-Bigorre.* — D'azur à trois lions naissants d'or, 2 et 1,

DE **Mons,** *à Bordeaux.* — D'azur à trois molettes d'éperon d'or; au chef cousu de gueules chargé d'un lion passant d'or.

La famille de Mons, inscrite en 1500 et 1862 parmi les bienfaiteurs de l'église Saint-Michel, compte au nombre des meilleures de la Guienne; elle était représentée en 1789 par Léonard-Joseph, marquis de Mons, marié : 1° à Adélaïde de La Chabanne, dame du marquisat de Dunes; 2° à Marie-Anne de Verthamon-d'Ambloy.

Du premier lit : N..., marquis de Mons et de Dunes, époux de N... de Gères-Vacquey, dont un fils mort jeune et trois filles, dont une seule a laissé postérité.

Du second lit : Madelaine Anne de Mons, mariée le 1ᵉʳ mai 1809 à Jean-Baptiste de Piis.

Le fils unique du grand Montesquieu avait épousé en 1740 Marie-Catherine de Mons, dame baronne de Soussans. Cette terre appartient encore aux petits-enfants du dernier marquis de Mons.

(*Voir la Généalogie de Borda, le Nobiliaire de Guienne, etc.*)

—

Montault-Benac, *en Bigorre et Guienne.* — Ecartelé au 1 et 4 d'azur à deux mortiers de guerre d'argent allumés de gueules posés en pal, qui est Montault; parti de gueules à la croix pattée d'argent, qui est Comminges; au 2 et 3 d'azur à deux lapins d'or courant l'un sur l'autre, qui est Benac de Bigorre.

Montault-Benac (Philippe DE), maréchal, duc de NAVAILLES. — Ecartelé : au 1 contre écartelé d'or et de gueules, qui est de Gontaud-St-Geniez; au 2 de gueules aux chaînes d'or posées en orle, en croix et en sautoir, qui est de Navarre; au 3 d'or à trois pals de gueules, qui est Foix; au 4 d'or à deux vaches passantes l'une sur l'autre de gueules, accolées, accornées et clarinées d'azur, qui est de Béarn; et sur le tout Montault-Benac et Comminges, comme ci-dessus.

Montauld (ville de). — Fascé d'or et de gueules de six pièces. (Août 1700. *D'Hozier*).

Montesquiou-Montluc (DE). — D'or à deux tourteaux de gueules l'un sur l'autre; écartelé d'azur au loup ravissant d'or. Ordres du Saint-Esprit et Saint-Michel.

Montmorin (DE), marquis de ST-HEREM. — De gueules semé de molettes d'argent; au lion de même. Ordres du St-Esprit et de St-Louis.

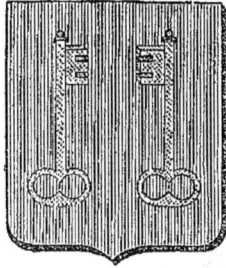

Mont-de-Marsan (ville de). — De gueules à deux clefs d'or posées en pal.

Montolieu (DE). — Coupé d'or et d'azur par une fasce de gueules ; au 1 un lion naissant de gueules ; au 2 une couronne d'or.

Montréal (DE). — D'argent à la croix de gueules chargée en fasce et en cœur d'un léopard lionné d'argent accosté et assailli de deux griffons aussi d'argent.

DU **Moulin** (François), écuyer, seigneur de LABARTHÈTE. — D'azur à une croix de pourpre cantonnée au 1 d'un soleil d'or ; au 2 d'un lion contourné de même, lampassé et orné de gueules, au 3 de trois bandes d'or, au 4 de trois gerbes de blé du même, rangées en pal. (1698. *D'Hozier*).

Mugron (ville de). — D'azur au château d'or.

DE **Navailles de Labatut**, *en Béarn*. — D'azur à un levrier d'argent colleté de gueules, accompagné de trois molettes d'éperon du second émail. Ordres de St-Louis, de St-Jacques-de-l'Epée.

DE **Navailles** (François), seigneur de BANOS, écuyer. — Au 1 et 4 d'azur à un lion d'or, écartelé au 1 et 3 de losanges d'argent et de sable. Ordre de Malte. (*Nobiliaire de Guienne*, tome Ier).

Navailles-Labatut. — Ecartelé au 1 d'azur au lion d'or, au 2 de France, au 3 de gueules à trois flèches d'or ferrées d'argent, la pointe en bas, au 4 d'or à une épée à l'antique posée en pal, qui est de Saint-

Jacques. Cette branche avait conservé la commanderie héréditaire de Bessant, dans les Landes, appartenant à l'ordre de St-Jacques-de-l'Epée ou de la Foi. (*Montlezun*, tome V, p. 688). Croix de St-Louis.

Navailles-Labatut. — Ecartelé au 1 de France de gueules sans brisure, qui est d'Albret; au 2 et 3 d'une levrette rampante sur un fond de gueules qui est de Navailles; au 4 de Foix et Béarn.

Navailles-Bonnas (DE), *à la Reüle*. — Ecartelé au 1 et 4 de gueules au lion d'argent; au 2 et 3 d'or à trois pals de gueules; sur le tout d'argent à l'aigle de sable.

Navailles (Jean-Antonin), baron de LABATUT. — De sinople à l'écu losangé d'argent et de gueules. (*Armorial général*).

Navailles (Galatoire DE), seigneur et baron de MIREPEICH. — De sinople à trois rivières d'argent. (*Armorial général*).

Navarre (royaume de). — De gueules à une escarboucle accolée et pommetée d'or à la double chaîne posée en sautoir, fasce pal de même.

Navarrenx ou **Navarreins.** — D'azur à une fleur de lys d'argent au lambel de gueules.

Nays (DE). — D'or à la croix ancrée d'azur.

Alias. — D'argent à la croix de sable fleuronnée.

Nays (Paul DE), baron de CANDAU. — D'or au noyer de sinople fruité de même, accosté de deux ours rampants, contre-rampants et affrontés de sable. (*La Chesnaye des Bois*).

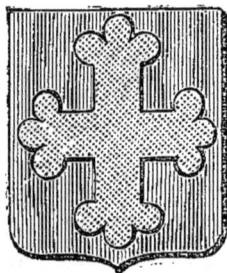

Noaillan (DE), *en Condomois et Marsan.* — De gueules à la croix tréflée d'or.

Noé (DE). — Losangé d'or et de gueules, l'écu en bannière.

DE **Niort.** — Coupé d'argent à trois merlettes de sable, au 2 d'or au chevron de gueules.

L'**Ortès** (Philibert), écuyer, capitaine au régiment royal. — Ecartclé au 1 d'or à deux lions passants de gueules l'un sur l'autre; au 2 de gueules à six losanges d'or posés en deux pals; au 3 d'argent à un arbre de sinople; au 4 fascé d'argent et de gueules de six pièces. (*Armorial de Guienne*).

D'**Oro de Léon**, de St-Martin, de Rion, de Laharie, de Pouy, de Pontenx, *en Guienne*. — Ecartelé au 1 et 4 d'azur à un lion d'or; au 2 et 3 de gueules à trois pals d'or; sur le tout d'argent à l'aigle au vol abaissé de sable, becquée et armée de gueules. Couronne de marquis; supports, deux lions; ordre de St-Louis.

D'**Oro** (Jean-Bertrand-Alexandre), chevalier seigneur dudit lieu et de Léon. — D'azur à un lion d'or écartelé de gueules à trois pals d'or, et sur le tout d'argent à une aigle de sable à deux têtes, becquée et onglée de gueules, (*D'Hozier*, 1698).

N... de Laborde, veuve de N... de Parabère. —D'argent à deux fasces de sable.

Pardaillan-Gondrin (de), marquis de Montespan. — D'argent à trois fasces ondées d'azur, qui est Pardaillan; écartelé d'or au château sommé de trois tours de gueules surmontées de trois têtes de more de sable tortillées d'argent, qui est de Castillon.

Pardaillan (de), vicomte de Panjas et de Juilliac-Betbezer, *en Armagnac et Lannes*. — D'argent à deux fasces de gueules. Ordre du Saint-Esprit.

1er *Degré*. — Bernard de Pardaillan, écuyer, reçut vers l'an 1303 330 livres 18 sols 4 deniers pour ses gages de gendarme; donna quittance à Jean Mousquet, lieutenant des trésoriers des guerres à Agen, le 17 novembre 1340, de 20 liv. sur ses gages et ceux de ses gens d'armes et de pied de sa compagnie. Elle est scellée en cire rouge, deux fasces : S.-B., seigneur de de Pardaillan. On en trouve encore plusieurs autres données au même lieu : de 100 livres le 6 décembre 1340, où il est qualifié capitaine de Malvesin; de 55 livres le 30 janvier; de pareille somme le 13 mars de la même année; de 70 livres le 6 juin 1341, dans laquelle il est qualifié chevalier; de 120 livres le 23 juin; de 200 livres le 13 juillet ; de 80 livres à Toulouse le 19 août ; de 60 livres à Agen le 1er septembre ; de 100 livres le 19 novembre suivant, où il est qualifié Bernard de Pardaillan, chevalier, capitaine de Juillac ; et de 100 livres en octobre 1342, où il est qualifié seigneur de Pardaillan. Il avait 500 livres de pension en 1344 et 1347, où il est qualifié Bernard de Pardaillan, chevalier banneret, capitaine de Condom, dans une quittance de 1,340 livres 19 sols 6 deniers qu'il donna le 1er juillet 1350 à Jean Chavel, trésorier des guerres, sur ses gages et ceux d'un chevalier bachelier, cinquante-six écuyers et cent-vingt sergents de pied de sa compagnie. Elle est scellée comme ci-dessus. (*Cabinet de M. Clérambault*). — Il avait le 18 mars de la même année la moitié du vicomté de Juillac, suivant les lettres du roi du même jour. (*Reg. du Trésor*, no 80). — Femme Ciboie de Mauvaisin, vicomtesse de Juillac, fut mariée par pactes du 24 octobre 1327, dont Esclarmonde de Pardaillan qui suit.

2e *Degré*. — Esclarmonde de Pardaillan, héritière de ses père et mère, mariée à Roger d'Armagnac, vicomte de Fesensaguet et de Laverdenx, fils puîné de Gaston d'Armagnac, vicomte de Fesensaguet et de Valpurge de Rhodès, et petit-fils de Géraud V, comte d'Armagnac et de Mathe de Béarn, fut marié par pactes du 15 décembre 1347, avec clause que ses successeurs porteraient le nom et armes de Pardaillan.

Bertrand, seigneur de Pardaillan, qui suit.

Lebours de Pardaillan, écuyer, reçu avec deux autres à Maisiers le... janvier 1398.

3e *Degré*. — Bertrand, seigneur de Pardaillan, vicomte de Juillac, transigea le 10 décembre 1369 pour le lieu de Rochefort ; fut témoin du contrat de mariage de Louis de Lasseran et de Catherine de Massicomme le 20 janvier 1422. (*Extrait des Titres de Montlezun*). Et le 19 décembre 1437 de celui de Bertrand de Lupé, seigneur de Gensac, et de Pelegrine de Goth. Il avait donné le 10 avril 1425 quittance à François de Merly, trésorier des guerres, de 320 livres sur ses gages et sur ceux de treize écuyers de sa chambre. Il y est qualifié Bertrand, seigneur de Pardaillan, chevalier banneret. Son sceau est de deux fasces. (*Cabinet de M. de Clérambault*). Il testa le 14 août 1441. Femme Angline d'Antin eut en douaire 4,000 florins d'or au coin de France sur la seigneurie de Mauvaisin, par acte du dernier novembre 1386.

1o Jean de Pardaillan, vicomte de Juillac, qui suit.

2o Jacquette de Pardaillan, mariée par contrat à Betbezer de Pardaillan, diocèse d'Auch (d'Aire), le 22 janvier 1413, à Béraud, troisième du nom, chevalier, baron de Faudoas et de Barbazan, fils de Louis, seigneur de Faudoas, et d'Ondine de Barbazan. Elle fut dotée de 4,000 florins d'or, et il fut stipulé que si Jean de Pardaillan décédait sans postérité, et qu'il y eut des enfants de Béraud et de Jacquette, ils succéderaient aux biens de Bertrand et de Jean de Pardaillan préférablement à ceux que Jacquette pourraient avoir d'un second mariage. (*Chron. de la maison de Faudoas* en 1724, pages 81 et 80).

4e *Degré.* — Jean, seigneur de Pardaillan, vicomte de Juillac. Ce peut être lui qui, se qualifiant Jean de Perdaillan, chevalier, donna le 10 janvier 1413 quittance de 265 livres sur ses gages et ceux de douze écuyers et huit archers à cheval de sa compagnie, à Macé-Héron, trésorier des guerres. Elle est scellée en cire rouge; armes, deux fasces; cimier, une tête de licorne; support, deux figures humaines. Légende : *S. Jehan de Perdeilhan. (Ibidem).*

Femme Jeanne de Faudoas, fille de Louis de Faudoas, chevalier, seigneur de Montégut, de St-Paul et d'Ondine de Barbazan, eut 4,000 florins par acte du 2 février 1411. Son mariage, quoique conclu, n'était pas encore célébré en face de l'église le 23 janvier 1413.

5e *Degré.* — 1. Bernard de Pardaillan; femme Bellotte de Verduzan. Catherine de Pardaillan épousa : 1° N..., seigneur de Lux, en Biscaye; 2° Jean Isalquier, seigneur de Fourquevaux; Marguerite de Pardaillan, qu'une généalogie donne pour femme à N..., seigneur de Lautrec.

2. Jean, baron de Pardaillan, qui suit :

3. Bertrand de Pardaillan, seigneur de Panjas, dont la postérité sera rapportée plus bas.

On trouve vers ce même temps Bernard et Lobord de Pardaillan, écuyers de la compagnie de Bernard de Mechinon, chevalier bachelier, reçus à Port-Ste-Marie le 29 septembre 1428. On trouve encore vers ce même temps Blanche de Pardaillan, mère de Bertrand de Gaillard, lequel l'institua son héritière par son testament de l'an 1401, et Bernard de Pardaillan, homme d'armes sous Poton de Xaintrailles, maréchal de France en 1451.

Jean, baron de Pardaillan, vicomte de Juillac.

Femme Jeanne de Cauna fut mère de :

6e *Degré.* — Bernard, baron de Pardaillan, vicomte de Juillac et Mauvaisin, était l'un des cent gentilshommes de l'hôtel du roi, à 400 livres de gages l'an 1491, et mourut avant 1522.

Femme Jeanne de Caumont-Lauzun; fils de Jean-Adam Nompar de

Caumont, baron de Lauzun, et de Jean de Goth.

Son fils lui laissa la vicomté de Juillac et la moitié de ses biens, meubles, et augmenta sa pension de 24 livres par an.

7e *Degré.* — 1. Jacques, baron de Pardaillan, vicomte de Mauvaisin et de Juillac, testa le 5 août 1522 Il laissa un fils et une fille naturelle mentionnés dans son testament; institua son héritière universelle Anne de Pardaillan, sa sœur; lui substitua Jean de Pardaillan, seigneur de Panjas; à celui-ci Pierre de Pardaillan, seigneur de Mirepoix; à Pierre-Antoine de Pardaillan, seigneur de St-Quentin; et à ce dernier, Jean de Pardaillan, fils de Pons de Pardaillan. Il ordonna sa sépulture dans la chapelle de la Magdelaine du château de Betbezé, et ordonna pour ses exécuteurs testamentaires Bertrand, seigneur d'Estissac; Arnaud de Caumont, seigneur de Lauzun; Jean, seigneur de Larochebeaucourt; Guillaume de Voisins, baron de Montaut, Jean de Pardaillan, seigneur de Panjas, et André Gelas, seigneur de Leberon.

2. Anne de Pardaillan, dame de Beaucaire et de St-Martin, et par la mort de son frère baronne de Pardaillan et vicomtesse de Juillac, épousa en 1524 François de Béarn, baron de Gerderest, fils de Bertrand de Béarn, seigneur de Gerderest, sénéchal de Béarn, et de N... d'Andoins. Elle eut de ce mariage Gabriel de Béarn, baron de Pardaillan, vicomte de Juillac et de Mauvaisin, mort sans postérité, et testa le 8 février 1546.

3 et 4. Jeanne et Marie de Pardaillan, religieuses en la ville de Condom, mentionnées dans le testament de Jacques, leur frère, du 5 août 1522, qui leur faisait une pension de 24 livres, qu'il augmenta de 16 livres, et leur légua cent écus.   (*P. Anselme*).

———

Pascau (N...), *médecin à Aire.* — De gueules à trois tours d'or posées 2 et 1. (*Armor. de Guienne*).

Pasquier de Franclieu. — D'azur au chevron d'or accompagné en chef de deux têtes de more de sable tortillées d'argent, et en pointe de trois fleurs appelées paquerettes, terrassé au second émail, celle du milieu supérieure.

Pechpeyrou de Comminges. — Ecartelé 1 et 4 d'or au lion de sable couronné de gueules, qui est de Pechpeyrou; au 2 et 3 d'argent à la croix pattée de gueules, qui est de Comminges.

Perissault (DE), seigneur de PAYROS. — D'or à trois étoiles d'azur 2 et 1. Couronne de comte; supports, deux lions; croix de St-Louis.

DES **Periers,** de MENTHES et de LAGELOUSE.—D'azur au lion d'argent accompagné en chef de deux croissants du même. Croix de Saint-Louis.

DE **Peyrecave-Pomès** et **Peyrecave-Lamarque,** seigneurs de BESSABAT. — D'or à un chêne de sinople accosté au pied de de deux canes essorantes et affrontées de sable, un chef d'azur chargé de trois étoiles d'or.

Petit-Thouars. — D'azur à un haubert d'or.

DE **Pichard de Saucats,** baron de TOULOUZETTE, MIREMOND, POY, PATIN et MONTAUT (1700-1716). — D'azur à trois poissons d'argent en pal, le dernier naissant d'une rivière du même, ombrée de sinople, mouvante du bas de l'écu.

DU **Pin de Juncarot.** — D'azur à deux lions affrontés d'or au chef d'argent chargé d'un pin de sinople.

1er *Degré.* — Pierre du Pin, fils de Bernard du Pin, transigea le 6 novembre 1495 avec les très religieux Pères de St-Antoine de Golony et de Viennois pour une messe haute de *Requiem* perpétuelle. Dans la transaction rédigée en latin, Pierre du Pin est qualifié *honorabilis vir*.

2° *Degré*. — Louis Sarransot du Pin, seigneur de Juncarot, fils de Pierre, épousa l'an 1516 Jeannette de Pondarasse ; il acquit l'an 1530, de Jean, comte de Carmain, plusieurs fiefs de la baronnie de Samadet. De son mariage naquirent quatre enfants, dont :

3° *Degré*. — Xans du Pin, seigneur de Juncarot, avocat en la Cour, épousa l'an 1549 Jeanne de Marreing, damoiselle, fille de noble Raymond de Marreing de St-Germain, seigneur de St-Julien, et de Jeanne de Lucat, qui lui donna :

1° Jean, né le 10 novembre 1549, mort le 29 décembre 1555.

2° Jeanne.

3° Autre Jean, qui suit.

4° Autre Jeanne, mariée à Tristan de Labat.

5° Jeanne du Pin, née le 11 mars 1556, mariée le 12 juin 1575 à noble Jean de Cabannes, seigneur de Couhiat, fils de noble Monseigne-Jacques de Cabanes et de Catherine d'Arbins, sa seconde femme.

6° Marthe, née le 30 août 1560, mariée à Nicolas de Sarraute, seigneur de Lassalle.

7° Guillaumette, née le 21 mars 1562, mariée le 16 avril 1581 à Arnaud de Castera.

8° Jean, né le 14 octobre 1565.

9° Arnaud du Pin, écuyer, né le 22 avril 1568, servit dans la compagnie des gendarmes d'ordonnance du seigneur de Poyanne.

10° Viscence, née le 20 septembre 1573.

11° Paul du Pin, né le 4 janvier 1577.

4° *Degré*. — Jean du Pin, écuyer, seigneur de Juncarot, conseiller du roi en la chambre des comptes de Navarre, né le 25 mars 1552, épousa par contrat du 5 novembre 1581 Jeanne de Tuquoy, damoiselle, fille de noble Jacques de Tuquoy, lieutenant-général à la sénéchaussée de St-Sever, et de damoiselle Anne de La Vie, sœur de messire Pierre-Thibaud de La Vie, conseiller du roi en ses conseils, premier président au Parlement de Navarre, et avocat général au Parlement de Bordeaux. De ce mariage vinrent :

1° Jeanne, née le 7 juin 1584, mariée à M. de Lafitau.

2° Jean, né le 3 juin 1585, docteur en théologie et curé de Samadet.

3° Arnaud du Pin, né le 15 mars 1587, épousa Jeanne de St-Julien, et eut pour patrimoine la seigneurie de Buros.

4° Pierre, né le 8 février 1589, mort jeune.

5° Nicolas, qui a continué la postérité.

6° Autre Jean, né le 14 avril 1595, servit dans la compagnie des gendarmes du seigneur de Castelnau, et mourut au siége de Montauban.

7° Jeanne, née le 14 mars 1598, morte le 21 dudit mois.

8° Quiterie, née le 9 mai 1599, mariée à M. de Dejan, seigneur de Lezons, à Pau.

9° Marguerite, mariée à M. Thibaud d'Auga.

10° Autre Jean, né le 13 septembre 1601, mort curé de Samadet l'an 1672.

11° Martin du Pin, né le 4 septembre 1602, entra le 6 janvier 1620 religieux à l'abbaye de Pontaut ; il en était sous-prieur en février 1641 et en janvier 1667.

12° Arnaud, né le 7 mai 1607, fut reçu dans le régiment des gardes du roi, et mourut au siége de Montmélian (en Savoie) l'an 1630.

5e *Degré.* — Noble Nicolas du Pin, seigneur de Juncarot, le Begué et Cantiran, né le 27 avril 1590, un des cinquante gentilshommes d'ordonnance du roi, épousa en premières noces, le 16 janvier 1629, Janne de Castera, dont il eut :

1° Jeanne-Marie du Pin, née le 15 novembre 1629, mariée le 30 janvier 1661 à noble Etienne de Barros, seigneur de Labéroge, dont la descendance s'est éteinte.

2° Jean du Pin, seigneur de Cantiran, né le 24 août 1631, et mort en 1686 sans avoir été marié.

Nicolas ayant perdu Jeanne de Castera le 20 mai 1634, épousa en secondes noces, par contrat du 9 février 1640, Jeanne de Momas, damoiselle, fille de noble Gabriel de Momas, seigneur de Casalon, et de dame Jeanne de Lataulade. Il en eut :

1° Martin, qui suit.

2° Bertrand, né le 2 avril 1642. Il était jésuite à Bordeaux en l'année 1660, et mourut recteur à Tulle en septembre 1688.

3° Marguerite, née le 8 août 1644. Elle eut pour parrain Pierre-Thibaud de La Vie, son oncle, et pour marraine dame Marguerite de Maillard, femme dudit Thibaud.

4° Styne, née le 23 septembre 1645, morte en bas-âge. Elle avait pour parrain M. de Lafitau, son oncle, et pour marraine Styne de Momas (Anne), sa tante, veuve de M. de Beyries, seigneur de Hauriet. Elle était jumelle avec Anne, qui épousa par contrat du 1er janvier 1667 son cousin, noble Jean de Marreing de St-Germain, seigneur de St-Julien, dont elle eut Bertrand, enseigne des gardes du corps de S. A. R. Mᵍʳ le duc d'Orléans, régent de France.

5° Sever du Pin, né le 3 janvier 1647, mort curé de Samadet le 6 septembre 1714.

6° Jeanne, née le 24 mars 1648, reçue religieuse au couvent de Ste-Claire, à Dax, était en 1676 abbesse à Mont-de-Marsan sous le nom de Johanna VII. (*Gallia Christiana*, tome Iᵉʳ).

7° Marie du Pin, née posthume le 8 février 1650. Elle fut mariée à noble Jérôme de Bergeron (Vergeron), seigneur de Baigts et de Narosse, par contrat du 10 avril 1670.

6ᵉ *Degré.* — Martin du Pin, écuyer, seigneur du Juncarot, le Begué et le Cadrieu, né le 23 février 1641, fut reçu mousquetaire l'année 1660. Il épousa le 1ᵉʳ juin 1670 Madeleine-Jeanne-Marie de Brocha, demoiselle, continua de porter les armes comme capitaine et major au régiment de Touraine, major de brigade, etc. En raison de ses longs et honorables services, il obtint du roi l'exemption de logement des troupes d'infanterie, cavalerie et dragons, et l'autorisation de faire apposer sur la porte de sa maison et celle de ses métairies les armes et panonceaux royaux, avec sauvegarde contre la maison du roi, sous peine de la vie. Martin de Juncarot inscrivit ses armoiries à l'*Armorial de Guienne* (1698) parmi les blasons des personnes nobles. De son mariage issurent :

1° Un garçon, né le 5 mars 1671, et mort le 1ᵉʳ juin suivant.

2° Suzon, née en février 1672, et morte en 1674.

3° Marthe, née le 13 mars 1678, et morte en bas âge.

4° Autre Marthe, née le 8 avril 1680, mariée le 4 février 1700 à noble Adrien de Fauret, seigneur de Latrille, dont la descendance est éteinte. (*Voir l'arrière-ban*). Sever, qui suit.

7ᵉ *Degré.* — Sever du Pin, écuyer, seigneur du Juncarot et du Begué, avocat en la Cour, né le 13 septembre 1691, épousa le 4 octobre 1711 Jeanne de Lamarque, fille de Bernard de Lamarque, avocat en Parlement, et de dame Marie de Laborde-Lassalle. De ce mariage sont issus :

1° Jeanne-Marie-Magdeleine, née le 22 juillet 1712, reçue l'an 1735 religieuse de l'ordre de St-Dominique à Prouillan-les-Condom.

2° Jeanne-Louise, née le 24 août 1714, morte fille, le 20 septembre 1760.

3° Bernard, qui suit.

4° Joseph du Pin, né le 24 juin 1716, nommé curé de Samadet le 24 juin 1741, mort le 22 novembre 1789.

5° Anne, née le 2 octobre 1717, morte en septembre 1719.

6° Marguerite, née le 4 janvier 1708, morte fille en 1787.

7° Barthélemie, née le 28 mai 1720, mariée le 1er octobre 1748 à Raymond de Tapiau, conseiller du roi, morte sans postérité en décembre 1768.

8° Marie-Anne, née le 9 septembre 1721, morte le 18 mars 1724.

9° Jean, né le 6 février 1723, mort en bas âge.

10° Françoise, née le 13 mars 1724, morte le 29 du même mois.

11° Charles-Martin du Pin, né le 11 novembre 1727, auteur de la seconde branche.

12° Joseph-Dominique, né le 4 août 1732, mort curé d'Arboucave le 10 août 1811.

8e *Degré.* — Bernard du Pin, écuyer, seigneur du Juncarot et le Begué, avocat en Parlement, né le 12 juin 1715, épousa le 10 septembre 1748 demoiselle Françoise de Chambre, fille de messire Jean de Chambre, écuyer, seigneur, baron d'Urgons, et dame Catherine-Ursule de Garro. De ce mariage vinrent :

1. Joseph-Cyriaque, qui suit.

2. Marthe, née le 18 août 1750.

3. Pierre-Jérôme, né le 30 septembre 1751.

4. Thomas-Félix, né le 7 mars 1753, mort chanoine d'Aire.

5. Nymphe-Françoise, née le 10 novembre 1754.

6. Jeanne-Louise, née le 28 octobre 1755.

7. Charles-Gabriel, né le 5 janvier 1769, mort émigré.

9e *Degré.* — Joseph-Cyriaque du Pin de Juncarot, écuyer, seigneur du Juncarot et du Fauret, né le 10 juin 1749, épousa le 13 décembre 1786 Victoire-Catherine-Duperrieu, fille de messire Pierre Duperrieu de Lamat, seigneur de Taste, conseiller à la Cour des aides et finances de Guienne, et de dame Catherine de Clock. Il en eut :

10e *Degré.* — 1. Demoiselle Catherine-Victoire.

2. Pierre-Marcellin du Pin de Juncarot, écuyer.

3. Dominique-Cyprien du Pin de Juncarot, écuyer, qui continue la descendance.

4. Marthe, morte en bas âge.

5. Thomas-Félix, mort en bas âge.

6. Françoise-Victorine de Juncarot, mariée à M. Jean-Baptiste Ducos de Launou.

7. Dame Louise-Catherine, religieuse à Aire.

—

Pons (Joseph DE), *chanoine official de Dax.* — D'or à une aigle de gueules becquée et membrée d'argent. (*Armor. de Guienne*).

Pontac, *à Bordeaux.* — De gueules à un pont à cinq arches supportant deux tours sur une rivière d'argent ombrée d'azur ; en chef une étoile fleurdelysée d'or.

Portets (DE). — D'or à l'ancre de sable écartelé d'azur à la porte ou tour d'argent. Ordres de St-Louis et de la Légion-d'Honneur.

DE **Poudenx,** de SERRESLOUS, de SOULENX, de ST-CRICQ, de CASTILLON. — D'or à trois levriers de gueules l'un sur l'autre.

Poulhaut. *Alias* POYLOHAUT, POYLOAUT, POUILHOAUT, POYLEHAUT (*Podium Altum*), *en Poitou, comté de Foix, et Lannes.* — Echiqueté, *alias* losangé d'or et de gueules. (*Armor. de Gelliot et autres*).

DU **Pouy de Bonnegarde,** *en Gascogne.* — D'azur à deux vaches rangées d'or, passant sur une terrasse de sinople, accompagnées en chef de trois étoiles malordonnées du second émail, la première accostée de deux croissants d'argent.

DU **Poy de Monicane.** — D'argent au cœur de gueules accompagné de trois croix, deux en chef et une en pointe du second émail.

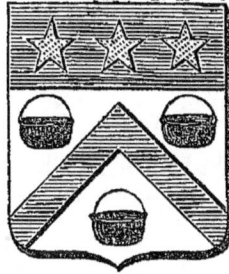

Poyferré de Varenne (Antoine-Augustin DE), écuyer, seigneur baron d'ARRICAU, MAIGNOS et VARENNE. — D'argent au chevron d'azur accompagné de trois marmites de sable 2 et 1, et au chef d'azur chargé de trois étoiles d'or.

—

Du 4 octobre 1706. — YVES-MARIE DE LA BOURDONNAYE, etc.,

Vu l'assignation donnée devant feu M. de Bezons à Antoine-Augustin de Poyferré, seigneur baron d'Arricau et de Varennes, habitant son château d'Arricau, sénéchaussée de Marsan, le 26 août 1699;

Vu la généalogie et les armes du produisant, extrait du compte-rendu à la chambre des comptes de Pau, par Augier de Laroze, receveur général des finances de la reine de Navarre, par lequel il paraît que Cyprien de Poyferré est qualifié de noble et de secrétaire ordinaire du roi et reine de Navarre, et qu'il a reçu dudit sieur trésorier, par mandement de la reine, la somme de 137 livres 14 sols 5 deniers; ledit extrait délivré par Cachalo, garde du trésor à Pau, en date du 1er janvier 1558. Quatre lettres écrites audit Cyprien de Poyferré, bisaïeul du produisant, par le roy Henry, quatrième roy de Navarre, et par la reine Jeanne de Navarre, sur la suscription desquelles le sieur Cyprien de Poyferré est qualifié de secrétaire du roi et de la reine de Navarre. Une procuration donnée audit Cyprien de Poyferré par ladite reine de Navarre, le 22 novembre 1569, dans laquelle il est qualifié de secrétaire ordinaire de la reine. Le contrat de mariage dudit Cyprien de Poyferré avec Marie-Claverie, du 18 octobre 1568, dans lequel il est qualifié de conseiller et secrétaire de la reine et de Monseigneur le prince de Navarre. Contrat de mariage de Marie Claverie, veuve dudit Cyprien de Poyferré, avec Joseph de Prugues, du 30 juin 1594, dans lequel contrat ladite Claverie se dit veuve dudit Cyprien de Poyferré et fait donation de la moitié de ses biens aux enfants d'entre elle et ledit Cyprien; laquelle donation est acceptée par le même contrat par Charles de Poyferré, leur fils aîné, aïeul du produisant. Contrat d'obligation consenti par ledit Charles de Poyferré, en faveur de Jeanne Buttier, en date du 7 janvier 1604, dans lequel il est qualifié d'écuyer sieur de Varenne. Requête présentée au sénéchal des Lannes par ledit Charles, dans laquelle il prend la qualité d'écuyer, sieur de Varenne, avec un appointement au pied, du 19 avril 1612, signé Debarry. Autre requête présentée au Parlement de Bordeaux par ledit Charles de Poyferré, dans laquelle il est qualifié écuyer, seigneur de Varennes, avec une ordonnance au pied, du 16 avril 1612. Arrêt de peine obtenu audit Parlement de Bordeaux par ledit Charles, du 20 avril 1612, dans lequel il est encore qualifié écuyer, sieur de Varennes. Autre requête présentée audit Parlement de Bordeaux par ledit Charles, au pied de laquelle est une ordonnance portant inhibitions avec la commission obtenue sur icelle, du 4 novembre 1620 et 21 avril 1632, dans lesquelles ledit Charles de Poyferré est qualifié sieur de Varennes. Le contrat de mariage d'Augustin de Poyferré, père du produisant, en premières noces avec demoiselle Philippe de Mornas, du 21 décembre 1630, dans lequel contrat ledit Augustin est assisté dudit Charles son père et prennent tous deux la qualité de noble et d'écuyer. Autre contrat de mariage dudit Augustin de Poyferré avec demoiselle Marguerite de Gaptan, du 13 février 1646, dans lequel il prend la qualité de noble, de seigneur de Varennes et de capitaine d'une compagnie au régiment de Champagne. Commission d'une compagnie d'infanterie accordée audit Augustin de Poyferré, le 29 mars 1641. Arrêt de la Cour des Aides de Guienne, du 18 septembre 1655, rendu en faveur dudit Augustin de Poyferré, père du produisant, par lequel il est ordonné que ledit sieur de Poyferré jouira lui et ses enfants nés et à naître de loyal mariage des franchises, libertés, prérogatives, exemptions et priviléges dont jouissent les autres nobles et gentilshommes du royaume. Le contrat de mariage dudit Antoine-Augustin de Poyferré, produisant, avec demoiselle Suzanne de Saint-Angel, du 28 avril 1674, dans lequel il prend la qualité d'écuyer, seigneur de Varennes et baron d'Arricau, et se dit fils naturel et légitime de feu noble Augustin de Poyferré, écuyer. Certificat de M. de Labarre, lieutenant-général des armées du roi, en date du 30 juin 1676, par lequel il est justifié que ledit sieur produisant a servi en qualité d'enseigne dans une compagnie du régiment de Navarre pendant trois années, et tout considéré,

Nous, intendant susdit, attendu l'arrêt de la Cour des Aides de Guienne, qui a maintenu dans sa noblesse Augustin Poyferré, seigneur d'Arricau et de Varennes, père du produisant, du 18 septembre 1655, avons renvoyé les parties au conseil pour leur être fait droit, ainsi qu'il appartiendra.

Fait à Bordeaux, le 4 octobre 1706.

Signé DE LABOURDONNAYE.

—

Antoine-Augustin de Poyferré fut convoqué au ban de la noblesse en 1693 et en 1702. A cette dernière date, il avait un fils au service qui ne vivait déjà plus en 1704 lors du mariage de sa fille aînée, Catherine de Poyferré, avec le chevalier Cristophe de Cabannes. Catherine de Varennes mourut en 1705 sans laisser d'enfants ; sa sœur, Jeanne de Poyferré d'Arricau, fut mariée quelques années après à noble Jean-Pierre de Cours Saint-Gervasi, fils de noble Marc-Antoine de Cours, écuyer, seigneur Du Vigneau. Le château d'Arricau fut possédé depuis lors par la famille de Cours d'Arricau, représentée en 1789 à l'assemblée de la noblesse des Lannes.

—

Pièces justificatives.

Du 19 août 1704. — Articles de mariage de M. Christophe, chevalier de Cabannes, et demoiselle Catherine de Poyferré.

Articles de mariage ont été faits, traités et accordés par parole de futurs entre M. Christophe, le chevalier de Cabannes, fils de feu M. Pierre de Cabannes, avocat ez la Cour, et de demoiselle Louise de Portets, habitants de la ville de Saint-Sever d'une part, et demoiselle Catherine de Poyferré, fille de noble Antoine de Poyferré, seigneur d'Arricau, Maignos et Varennes, et de dame Suzanne de Saint-Angel, estant de présent audit Varennes, d'autre, en la forme et manière qui s'ensuit : c'est à savoir que ledit sieur de Cabannes, du vouloir et consentement de ladite demoiselle de Portets, de MM. de Portets, ses oncles et autres ses parents et amis, a promis de prendre pour sa légitime épouse ladite demoiselle de Poyferré ; laquelle pareillement, du vouloir et consentement dudit sieur de Poyferré et de la dame de Saint-Angel et autres ses parents et amis, a promis prendre pour son mari et légitime époux ledit sieur de Cabannes.

PORTETS-CABANNES. VARENNES. S. DE SAINT-ANGEL. PORTETS, *curé de Saint-Sever.* CASTERAS. Jeanne DE VARENNES. M. DU LYON. M. DE CAMPET-PRUGUE. Ch. DE CABANNES. C. VARENNES. PORTETS, *lieutenant particulier.* E. VARENNES. M. DE VARENNES. M. DE CAPTAN-TAUZIN.

Aujourd'hui, onzième du mois de décembre 1704, avant-midi, dans la maison de Varennes, paroisse d'Audignon, sénéchaussée des Lannes, par devant moi, notaire royal soussigné, présents les témoins bas nommés, se sont personnellement constitués : Noble Cristophe de Cabannes, chevalier, lieutenant-général d'épée au siége de Saint-Sever, d'une part, et demoiselle Catherine de Poyferré, Antoine-Augustin de Poyferré, écuyer, seigneur baron d'Arricau, Varennes et Maignos, et dame Suzanne de Saint-Angel, père et mère de ladite demoiselle Catherine de Poyferré, habitants du présent lieu de Varennes ; lesquels ont dit qu'il a été passé des articles de mariage entre le sieur de Cabannes et ladite demoiselle Catherine de Poyferré, avec l'assistance et consentement de leurs parents et autres, le 19 août dernier, et d'autant que lesdites parties désirent que ces articles soient rédigés en actes publics ; ils ont été mis en la teneur suivante.

Articles de mariage ont été faits, traités et accordés par parole de futurs entre noble Cristophe le chevalier de Cabannes, fils de feu noble Pierre de Cabannes, avocat ez la Cour, et de dame Louise de Portets, habitants de la ville de St-Sever, d'une part, et demoiselle Catherine de Poyferré, fille d'Antoine-Augustin de Poyferré, écuyer, seigneur baron d'Arricau, Varenne et Maignos, etc. (comme ci-dessus). Fait et passé à Varennes. Signés : Ch. de Cabannes, C. Varennes, Portets-Cabannes, Varennes, S. de Saint-Angel, Jean de Saint-Angel, Casteras, Jeanne Varennes, (Candine) Varennes, M. de Captan-Tauzin, M. de Campet-Prugue, et autres. Fait et passé ez présence de noble Cristophe de Monval, écuyer, habitant de la paroisse de Bretaigne, et noble Louis de Cabannes, écuyer, habitant de la paroisse de Cauna, témoins qui y ont signé à l'original avec lesdites parties de ce faire interpellées.

CAZADE, notaire royal.

—

Mont-de-Marsan. — M. Jean de Poyferré, advocat ez la Cour, habitant du Mont-de-Marsan, s'est enrollé et a donné pour sa charité 2 francs. — Saubade de Ladoue, damoyselle, femme dudit Poyferré, s'est eussi enrollée, et a donné 2 francs.

(8 septembre 1617). J. POYFERRÉ. SAUVADE DE LADOUE.

Estienne de Poyferré, archiprestre du Bourg, natif du Mont-de-Marsan, s'est enrollé le même jour et a donné pour sa charité seize sols.

POYFERRÉ.

M. Henry de Poyferré, curé de la présente chapelle de Gondosse, s'est aussi enrollé le même jour et a donné pour sa charité seize sols.

H. POYFERRÉ.

M. de Poyferré s'est enrollé et a donné pour sa charité seize sols.

POYFERRÉ.

Adèle de Poyferré, damoyselle, s'est enrollée et a donné pour sa charité seize sols. Adèle DE POYFERRÉ.

Joseph de Poyferré s'est enrollé et a donné pour sa charité huit sols.

DE POYFERRÉ.

(Extraits du Livre de N.-D. de Gondosse, 8 septembre 1617.)

—

Jean-Marie de Pouyferré de Cère, fils légitime de noble François Pouyferré de Cère, et de dame Marguerite Dupeyré, sa femme, naquit le 1er juillet 1768 et fut baptisé le lendemain. Parrain a été messire Jean-Marie d'Artigue, chevalier de l'ordre militaire de St-Louis, ancien capitaine dans le corps royal d'artillerie ; marraine a été Françoise de Pouyferré, demoiselle. Présents : Noble Benoît de Brassenx, seigneur de Lojusens, et dame Jeanne de Pouyferré-d'Artigue, qui ont signé avec nous.

DARTIGUE. LABEYRIE, *curé.* François de POYFFERRÉ. DE POYFERRÉ-DARTIGUE. BRASSENX. *(Reg. de Mont-de-Marsan.)*

—

Le 14 août 1716 est né au château de Cauna Antoine-Augustin de Cabannes, fils légitime de noble Christophe de Cabannes et de dame Madeleine de Boirie, et a été baptisé le 16 dudit mois, et tenu sur les fonts par noble Antoine-Augustin de Poyferré et dame Jeanne de Poyferré-Saint-Gervasi, qui ont signé avec nous au présent registre.

VARENNE. DE VARENNE DE ST-GERVASI. POMÈDE, *vic.* DE CAUNA.

—

Le vingt-sixième septembre 1746, après la publication d'un ban et avoir veu la dispense des deux autres accordée par Monseigneur notre évêque, avons imparti la bénédiction nuptiale, les cérémonies accoutumées d'hument observées, sans qu'il nous ait apparu d'autre empêchement que celui dont la dispense leur a été accordée par Monseigneur, à M. Thomas de Jusanx de Mugron, ancien officier du régiment de Navarre, et à demoiselle Antoinette-Ursule de Cours-d'Arricau, après le consentement des deux curés respectifs des paroisses de Mugron et d'Arricau. A cette cérémonie ont été présents : Jean Jusanx, prêtre et vicaire à Malausane ; Bernard Surget ; Jean Lespès ; messire Christophe de Cabanes, seigneur et baron de Cauna ; Jean Ignace de Cabanes et Bernard Lamaison, les tous habitants de Mugron et de cette paroisse, qui ont signé avec moy.

DE JUSANX. JUSANX, pbr. *et vicaire de Malausane.* Antoinette-Ursulle DE COURS. SURGET. CABANES-CAUNA fils. CABANES-CAUNA. LESPÈS. CABIRO, pbr., *vicaire.*   (*Extrait des Registres de Cauna.*)

—

Mariage le 10 juillet 1710 entre noble Jean-Pierre de Cours de St-Gervasi et demoiselle Jeanne de Poyferré-d'Arricau.

Articles de mariage, faits et traités entre noble Jean-Pierre de Cours de Saint-Gervasi, escuyer, fils de feu noble Marcq-Antoine de Cours, escuyer, seigneur du Vigneau, et de dame Isabeau de Sarraute, ses père et mère ; et demoiselle Jeanne de Poyferré, fille d'Antoine-Augustin de Poyferré, escuyer, seigneur de Varenne, baron d'Arricau et Maignos, et de feue dame Suzanne de Saint-Angel, ses père et mère.

Lequel sieur de St-Gervasi a promis prendre pour femme et légitime espouse ladite demoiselle de Poyferré, et ce de l'avis et consentement de noble Antoine-Hector de Cours, seigneur du Vigneau, son frère, et de dame Angélique d'Ambrux de Carbonieux ; de noble Jean du Taret, seigneur de Loubens, son cousin, et d'autres ses parents et amis ici présents. Et pareillement ladite demoiselle Jeanne de Poyferré, de l'avis et consentement, et en présence dudit seigneur de Poyferré, son père ; de demoiselle Marie de Poyferré, sa sœur ; dame Marie du Lion, veuve à feu Pierre de Prugue, escuyer, sa cousine par alliance, et autres ses parents et amis ici présents, a promis prendre pour mari et légitime espoux en nom et loi ledit de St-Gervasi, ici présent et acceptant. En contemplation duquel présent mariage, ledit seigneur de Varenne, père de ladite future espouse, a fait don et donation en faveur de ladite Jeanne de Poyferré, sa fille, acceptante; de tous et chacuns ses biens et causes, en quoi qu'ils puissent consister, et en la part où ils pourront être et qu'il aura le jour de son décès, sous la réserve et jouissance d'iceux sa vie durant; comme aussi se réserve ledit seigneur de Varenne la somme de huit mille livres pour doter et légitimer par tous droits, tant paternels que maternels et portion virile, ladite demoiselle Marie de Poyferré, sa fille cadette... En conséquence et considération de quoi ledit sieur de St-Gervasi promet et s'oblige de porter et remettre audit sieur de Varenne lors

de la ratification des présents la somme de vingt-quatre mille livres, savoir : onze mille livres en argent et espèces sonnantes, et treize mille
livres en capital à prendre et se faire payer de madame la comtesse
d'Usa, laquelle dite somme de vingt-quatre mille livres sera employée au
payement et acquittement des debtes dudit seigneur de Varenne, et le
payement s'en faisant, ledit sieur de St-Gervasi sera subrogé au lieu,
place et hypothèque des créanciers qui les recevront, et sera dit et déclaré qu'ils seront faits des deniers propres dudit sieur de St-Gervasi.

Fait et passé, stipulé et accepté par les parties au château noble d'Arricau, le 10 juillet 1710. Signés à l'original : Jean-Pierre de Cours ; Varenne ; Jeanne de Varenne et Levigneau de Cours, avec le certificat du
controlle et insinuation à Ayre, par Sorbets.

S'ensuit l'acte de ratification des articles ci-dessus, le 24e jour d'octobre 1710, avant midi, dans la maison noble de Varenne, paroisse
d'Audignon, sénéchaussée de St-Sever, par devant le notaire royal soussigné, se sont constituées en leurs personnes les parties, parents et
amis présents aux actes précédents : Noble Pierre de Prugue, cousin de
la future épouse, messire Antoine de Bats, vicomte d'Aurice, conseiller
au Parlement de Bordeaux, et autres bas signés ; déclare ledit seigneur
de Varenne qu'il feut donation en faveur de Jeanne de Poyferré, future
épouse de l'agencement qu'il a gagné par le décès de feue dame Suzanne
de St-Angel, son épouse ; et de plus, ledit sieur de St-Gervasi, en adjou-
tant auxdits articles, veut et consent qu'au cas qu'il vienne à décéder
laissant des enfants de leur mariage, ladite demoiselle de Poyferré, future épouse, soit leur mère, tutrice et légitime administreresse, sans
être obligée de rendre compte, etc. ; ledit sieur de Poyferré déclare et
confesse qu'en exécution desdits articles, le sieur de Cours s'étant constitué la somme de vingt-quatre mille livres, il a pris et reçu en argent et
espèces sonnantes avant ces présents la somme de onze mille livres, et
la somme de treize mille livres à prendre sur madame la comtesse d'Usa,
sera employée au payement de ce que le sieur de Varenne doit à Christophe de Cabannes, chevalier, lieutenant général d'épée et seigneur de
Cauna ; et ledit sieur de Cours demeure subrogé, comme ledit sieur de
Varenne le subrogé dors et déjà. Et tout ce dessus, lesdites parties ont
stipulé et accepté par mutuelles et réciproques stipulations et accepta-
tions, et promis le tout tenir et entretenir à peine d'en payer tous dépens, dommages et intérêts, sous obligation de tous biens et causes
qu'ils ont soumis aux forces de justice à qui la connaissance en appar-

tiendra. Et le présent mariage faire et solemniser en face de notre mère sainte église catholique et apostolique romaine, le tout promis et juré en présence des sieurs Joseph Laborde, officier dans le régiment de Gondrin, habitant en la ville de St-Sever, et sieur Pol-Jacques de Boirie, sieur de Routignon, escuyer, habitant de Pau, témoins à ce appelés qui ont signé à l'original avec les parties et autres assistants de ce faire requis par moi.

L'original est controllé à Ayre le 1er novembre 1710.

(Extrait des Titres de Monval.)   Léglize, *notaire royal.*

Poyussan (de), *à Mugron et Dax.* — D'or à un chevron de gueules accompagné en chef de deux hermines de sable et en pointe d'une merlette, et une bordure d'azur de douze besans d'argent.

Famille ancienne alliée au XVIIe siècle avec les maisons d'Estoupignan, de Tingon, d'Estouesse, de Melet, de Labarthe, et au XVIIIe siècle avec les Basquiat de Portets et autres ; a produit de 1600 à 1700 plusieurs hommes d'armes, conseillers, secrétaires du roi, maires de la ville de Mugron, et de 1700 jusqu'à nos jours, des magistrats, des capitouls de Toulouse, des maires de bonnes villes, etc. (*Extrait du cahier des mariages de Mugron. 1628-1646*).

Bernard de Saint-Martin, escuyer, sieur de Bastère, habitant de Garrey au diocèse d'Acqs, et damoiselle Jeanne de Poyusan ont été solennellement conjoints le 26 février 1645, par moi soussigné, en présence de Pierre de Ioge, escolier, Pierre de Lapierre, marchand, et de M. Louis Fortanier d'Arbo, sieur de Peydepeyranx, habitants, ledit Ioge à Dax, et les autres à Mugron.   Lanefranque, *vicaire.*

L'an mil sept cent soixante-trois et le 27 septembre, après avoir dûment publié à la messe de paroisse les bans du futur mariage d'entre M. Jean-Baptiste de Poyusan, ecuier, cy-devant lieutenant au régiment royal, et demoiselle Marie de Basquiat-Mugriet, sans avoir decouvert aucun empêchement ni opposition. Vu la dispense des deux bans obtenue de la cour d'Aire, signée Miresou, vicaire général, et du consentement de M. Me de Tauzin, pbre, curé de Saint-Sever, nous leur avons imparti la bénédiction nuptiale dans l'église de Saint-Sever selon les formes prescrites par la sainte Eglise, en présence de M. Maître Joseph de Basquiat, ecuier, conseiller veteran assesseur, de messire Jean-Pierre de Basquiat, conseiller du roy et son lieutenant général, messire Pierre Ducasse, conseiller, secrétaire du roy, et messire Martin de Marsan, seigneur de Hauriet, chevalier de l'ordre militaire de St-Louis, qui ont signé avec nous et les époux.

> Poyusan, *époux*; de Mugriet, *épouse*; de Marsan, Ducasse, Basquiat-Mugriet; Tauzin, *curé de St-Sever.*

—

Prouères-Théaux (de), seigneur cavier de Barenne, *à Pimbo* (1645-1750). — D'argent à un chêne de sinople accosté de deux lions affrontés de carnation, et un croissant du champ brochant sur le fût de l'arbre. Croix de St-Louis. — Ces armes sont de messire Arnaud de Prouères, écuyer, seigneur de Théaux et Barenne, lieutenant-colonel de cavalerie (dragons) sous Louis XIV. Chevalier de St-Louis.

de **Prugue** (Catherine), veuve de Joseph de Laborde-Pedeboulan. — D'argent à une fasce d'azur accompagnée en chef de trois poires de gueules. (*Armor. de Guienne.*)

de **Prugue** (Jean-Marie), *prêtre docteur en théologie, chanoine théologal et syndic du chapitre d'Aire.* — D'azur à deux lions affrontés d'or, lampassés de gueules supportant une ancre d'argent.

de **Prugue** (Augustin), écuyer. — D'azur à deux lions affrontés d'or, lampassés et armés de gueules, supportant une ancre d'argent. (*D'Hozier*).

DE **Prugue** (Nicole), veuve de N... DE LABEYRIE, *lieutenant criminel au présidial de Bazas*. — D'azur à une ancre d'or sur le bas de laquelle sont deux lions affrontés d'or qui supportent la stangue, qui sont ses propres armes. (*D'Hozier, Guienne*).

DE **Prugue-Caillau fils** (Augustin). — D'azur à une ancre sans trabe d'argent, sur les pointes de laquelle sont posés deux lions affrontés d'or, lampassés et armés de gueules (*D'Hozier*).

DE **Prugue** (François-Adam), écuyer, seigneur de CÉZERON et LAZARINX, *conseiller du roi et maire perpétuel de la ville de Mont-de-Marsan*. — D'azur à deux lions affrontés d'or, lampassés et armés de gueules supportant une ancre d'argent.

DE **Prugue** (Joseph), écuyer, seigneur du BAQUERA. — D'azur à une ancre d'argent sans trabe, sur les pointes de laquelle sont posés deux lions affrontés d'or, lampassés et armés de gueules, et deux étoiles d'or posées au canton du chef.

DE **Prugue**, seigneur de MICARRÈRE, CAILLAU, BAQUERA, MAICHEN, CÉZERON, LAZARINX, MARIN, etc. — Mêmes armes. Ordres de Malte et de Saint-Louis.

Pujoller (Joseph-Marie DE), chevalier, comte de JULLIAC, vicomte d'ARGELOUSE, baron de FIEUX, seigneur de TACHOUSIN, GAILLÈRES et autres places (1745-1757), grand sénéchal des Lannes et chevalier de l'ordre royal et militaire de St-Louis. — De gueules à un porc-épic d'or.

Ravignan (DE). — D'azur à la croix d'or cantonnée de quatre roses du même.

Raymond de Lalande, *en Guienne*. — D'argent à l'arbre de sinople accosté de deux lions affrontés de gueules, au chef du même chargé de trois étoiles d'argent.

Reynal (noble Antoine DE), *gendarme de la garde du roi* (1789), et ses descendants. — D'azur à un croissant d'argent accompagné de trois étoiles du même posées 2 en chef et 1 en pointe ; l'écu timbré d'un casque de chevalier. Croix de St-Louis, médaille de Ste-Hélène, Légion-d'Honneur.

Roger de Caux de Cahuzac, *en Languedoc*. — D'azur à la fasce d'or accompagnée en chef d'une roue d'argent.

Roll-Montpellier. — D'or au mont de sinople de six copeaux, accompagné de deux roses de gueules ; au chef d'azur à un soleil d'or (avec face humaine) à rayons droits.

DUC DE **Roquelaure** (Gaston-Jean-Baptiste), *pair de France, marquis de Lavardenx, etc., lieutenant-général des armées du roi, gouverneur de la Guienne, chevalier des ordres de St-Michel et du St-Esprit, mort en 1683.* — Ecartelé au 1 et 4 d'azur à trois rocs d'argent, au 2 et 3 d'argent à deux vaches passantes de gueules, accornées et clarinées d'azur ; au chef d'azur chargé de trois étoiles d'or, et sur le tout d'azur au lion d'or, qui est du Bouzet-Roquepine. Couronne de duc et l'écu entouré des deux colliers des ordres du roi.

DU **Rou de Lanneplan**, *à St-Sever.* — D'argent à deux lions affrontés de gueules.

Sahuguet D'ESPAGNAC et de THERMES, *en Béarn.* — De gueules à deux épées d'or posées en pal la pointe en bas, accompagnées en chef d'une coquille d'argent et en pointe d'un croissant du même.

Sahuguet (DE) XVIII. — Jules-Charles de JOYEUSE, baron de St-Lambert, seigneur de Ville-sur-Tourbe, vicomte de Warmereville, avait été page de la chambre du roi en avril 1667. Femme Anne de Sahuguet, fille de Daniel de Sahuguet, seigneur de Thermes, lieutenant du roi à Sedan, et de Gabrielle de Poully. (*P. Anselme*, t. III).

N. B. — La famille de Sahuguet d'Espagne, originaire de Béarn, s'est fixée en Champagne et Limousin. (*Borel d'Hauterive*, 1843).

Saint-Angel (DE), écuyer. — D'or à un palmier de sinople supporté par deux lions affrontés de gueules. (23 janvier 1697. *Armor. de Guienne*).

Saint-Jean de la Castelle (Abbaye de), ordre de Prémontrés, diocèse d'Aire. — D'azur semé de fleurs de lys d'or, écartelé de gueules à un château d'argent composé de trois tours, celle du milieu plus élevée que les autres.

Saint-Jean de Jérusalem (Ordre de). — De gueules à la croix pattée d'argent à huit pointes.

St-Jean-Pied-de-Port. — De gueules au saint Jean-Baptiste de carnation tenant une croix d'or et sa banderolle, l'écu cantonné de chaînes d'or posées en orle, en croix et en sautoir, qui est de Navarre.

Saint-Julien (Etienne DE), écuyer, seigneur de MOMUY. — De gueules à deux lions affrontés d'or (1698).

Saint-Julien (Jean-Pierre DE), *prêtre, docteur en théologie, chanoine, grand archidiacre et vicaire du diocèse d'Acq.* — De gueules à deux lions affrontés d'or.

Saint-Julien (Jacques DE), *évêque d'Aire* (1550-1558). — D'azur à deux lions affrontés. — ST-JULIEN D'ARSAC ou de MOMUY et ST-JULIEN CAHUZAC sont de la même maison. (*Manusc. de M. Labeyrie*).

Saint-Loubouer (le Chapitre et les Chanoines).— D'argent à un saint Loubouer vêtu en prêtre de sable ayant le bonnet carré sur la tête.

Saint-Martin (DE). — Ecartelé au 1 et 4 d'or au sanglier de sable, au 2 et 3 de gueules au lion d'or.

Saint-Martin (Jean-François DE), chevalier, seigneur marquis de PONTONX. — De gueules à cinq marteaux d'argent posés en sautoir.

Saint-Martin Lacaze (DE), *à Pouillon.* — D'argent au chêne de sinople senestré d'un lion de gueules rampant contre le fût. Couronne de marquis; supports, deux lions.

Alias. — Ecartelé au 1 et 4 d'or au lion de gueules; au 2 et 3 de sable à un ours d'or; sur le tout de gueules à la croix d'argent. Couronne de comte.

—

Copie d'une pièce imprimée trouvée dans les archives de la maison de Roll-Montpellier. (L'original se voit aussi dans la chronique manuscrite de Compaigne.

GÉNÉALOGIE DE LA MAISON NOBLE DE SAINT-MARTIN.

1. Michel.	7. Bertrand.	13. Jean.
2. Guillaume.	8. Antoine.	14. Louis.
3. Antoine.	9. Berthelot.	15. Bernard.
4. Antoine.	10. Guicharnaud.	16. Guillaume et Bernard. (*)
5. Michel.	11. Robert.	17. J.-François.
6. Bertrand.	12. Charles.	

—

La maison de St-Martin est au diocèse d'Ax; elle était possédée en mil cent nonante-huit par Michel, seigneur de Saint-Martin; 2. Guillaume, son fils, épousa Jeanne de Caupenne; 3. Antoine, son fils, contracta mariage en mil deux cent quarante avec Lucie de Caupenne, fille de Jean de Caupenne, seigneur de Meez, duquel fut procréé Antoine, qui laissa de Marie d'Orbesang un fils nommé Michel, gouverneur de St-Sever en mil trois cent; 7. Bertrand, fils de Michel, auquel succéda autre Bertrand, marié du vivant de son père, en mil trois cent soixante, à Sarryde d'Albret, fille de Peez d'Albret, comte de Guiche; Antoine, fils de Bertrand, épousa Michelle de Labrède; 9. Berthelot, seigneur de Saint-Martin, vivait en mil quatre cent vingt-six, du temps de Jean, évêque d'Ax, ainsi qu'il résulte de l'enquête qu'il fit faire étant de retour de la guerre, justificatif du droit de patronage de l'imphéodation de la dîme de la cure de Saint-

(1) Ce mot est écrit à la main.

Martin, et que sa maison avait donné le nom à la paroisse ; Guicharnaud, seigneur de Saint-Martin, fut marié en mil quatre cent cinquante-six avec Isabeau de Montferran. Robert eut de Jeanne de Peoulaut (Poyloaut), laquelle il épousa en mil quatre cent septante-cinq, Charles, seigneur de Saint-Martin et vicomte de Biscarrosse, du chef d'Isabeau de Montferran, son aïeule ; Jean, seigneur de St-Martin, vicomte de Biscarrosse, chevalier de l'ordre du roy, gouverneur de Bayonne, sénéchal des Lannes, épousa en mil cinq cent soixante-huit Cécile de Domy, fille du seigneur de Domy, en Béarn ; Louys, seigneur de Saint-Martin, vicomte de Biscarrosse, chevalier de l'ordre du roy, sénéchal des Lannes, qui épousa Françoise de Nouailles, nièce de François de Nouailles, évêque d'Ax ; et en secondes noces, Jeanne de Boirie, fille de François de Boirie, seigneur de Pouy, du chef de laquelle la maison de Saint-Martin possède cette seigneurie ; Bernard de Saint-Martin, vicomte de Biscarrosse, baron de Capbreton, seigneur de Pontonx, Pouy, Vic, Lié, Gousse, Rion et Lesgo, fils de Louis et de Jeanne de Boirie, a laissé de sa femme, fille de M. de Lucmajour, maître des requêtes ordinaires de l'hôtel, deux enfants : L'aîné est Guillaume (1) de Saint-Martin, qui a épousé en premières noces (2) mademoiselle de Lescure, fille de M. de Lescure, conseiller au Parlement de Bordeaux, et en secondes noces mademoiselle Maniban, fille de M. de Maniban, avocat général au Parlement de Tholose, de laquelle il a eu un fils, Jean-François de Saint-Martin, marquis de Pontonx. Et la suite est écrite à la main.

———

(1) Bernard de Saint-Martin puîné, lequel fut marié en... à l'héritière d'Echaux, en Basse-Navarre (Compaigne), duquel est venu Jean de Saint-Martin, vicomte d'Echaux, et quatre demoiselles : la première mariée à M. le baron d'Armendarits ; la deuxième au sieur de Florance, baron d'Aignos ; la troisième à M. Raymond de Monin ; la quatrième au vicomte de Sireguis. Lequel dit Jean de Saint-Martin, seigneur vicomte d'Echaux, fut marié à dame Marthe de Béarn-Bonnasse, duquel mariage est venu Jean de Saint-Martin, seigneur vicomte d'Echaux, Bernard, Jacques et Bernard, et demoiselle Jeanne de Saint-Martin. Lequel dit seigneur Jean de Saint-Martin épousa demoiselle Laurence de Roll, fille de M. Jean Roll, écuyer, conseiller-secrétaire du roy, maison et couronne de France, le 20 avril 1707.

Garanti conforme de tous points, sauf le nom de Raymond de Monin, sous lequel on lit baron de Monne.

Copié le 9 janvier 1849 par M. G. d'Olce.

Copié le 24 mai 1862 par A. de Cauna.

(2) La première femme de Guillaume laissa une fille, Suzanne, dame de Saint-Martin, baronne de Rion, mariée le 15 février 1685 à noble Jean-Baptiste-Alexandre d'Oro, écuyer, seigneur d'Oro, etc. COMPAIGNE, D'HOZIER ET LAINÉ.

On lit dans une taxe du ban et arrière-ban de la sénéchaussée de Dax, en 1550 :

Jehan de Saint-Martin, pour la baronnie des Segnaux et la vicomté du Biscarosse, 695 livres ; et plus bas : Jean de Saint-Martin dans Pouillon, 54 livres (*Monlezun*, tome V, page 184, *Hist. de la Gascogne*).

La famille sur laquelle nous réunissons quelques notes de 1600 jusqu'à nos jours, est originaire de Pouillon, y possédait une terre de son nom, aliénée plus tard au profit des deux familles de Pémolié et de Betbeder, et la paroisse de Saint-Martin de Pouillon tirait son vocable des anciens seigneurs de Saint-Martin.

Cette maison s'est partagée en trois branches : Saint-Martin Lacaze-Duluc ; Saint-Martin Betuy de Saint-Geours ; et Saint-Martin de Castagnos. Les deux premiers rameaux subsistent encore, et au dix-huitième siècle les Saint-Martin de Saint-Geours ont recouvré la baronnie de Capbreton, possédée plus anciennement par des seigneurs de leur race (*voir la généalogie ci-dessus*).

—

Extraits des archives de Pouillon.

Le 11 mars 1610 a été baptisée Jeanne de Saint-Martin, fille de noble Laurent de Saint-Martin et de N... de Lamothe.

Le 10 juillet 1612 a été baptisé Pierre de Saint-Martin, fils de noble Etienne de Saint-Martin sieur de Lacaze, et de Jeanne de Lamothe (de la maison de Lupé).

Le 15 octobre 1614 a été baptisé Jean de Saint-Martin, fils d'Etienne de Saint-Martin, écuyer, sieur de Lacaze, et de demoiselle de Lamothe.

Le 18 mars 1635. Parrain Etienne de Saint-Martin, sieur de Lacaze.

1635. Parrain Etienne de Saint-Martin, sieur de Lacaze.

1636. Pierre de Saint-Martin, écuyer, et Balthazar, frères.

1635 et 1673. Parrain Fermy de Saint-Martin (fils de Jeanne de Lamothe-Lupé).

Du 29 septembre 1650. Dans l'acte de partage des communaux de Pouillon, déposé dans les archives de la commune, figure Pierre de St-Martin, écuyer, sieur de Lacaze.

Le 22 janvier 1659 a été baptisé Jean de Saint-Martin, fils de noble Pierre de Saint-Martin et de Jeanne de Saint-Cristau, damoiselle.

Le 8 avril 1660 est née Catherine de Saint-Martin, fille de noble Pierre de Saint-Martin, sieur dudit lieu, et de Jeanne de Saint-Cristau.

Le 28 septembre 1669 est né Jean de Saint-Martin, fils légitime de noble Pierre de Saint -Martin, écuyer, sieur de Lacaze, et de demoiselle Jeanne de Saint-Cristau, conjoints ; a été baptisé le 19 (29) dudit mois. Parrain Jean de Loyer, notaire royal ; marraine Jeanne de Busquet.

Le 15 avril 1670. Parrain noble Balthazar de Saint-Martin, écuyer, sieur de Lacaze ; curé François de Saint-Martin.

14 Février 1675. Noble Jacques de Saint-Martin, seigneur du dit lieu, parrain.

14 Mai 1676. Parrain noble Balthazar de Saint-Martin, écuyer, sieur de Lacaze.

Le 1er janvier 1730 a été baptisée noble Laurence de Saint-Martin-Lacaze, fille de noble Alexandre de Saint-Martin-Lacaze, écuyer, seigneur de Lacaze et dame Ursule de Magnes.

Le 14 septembre 1738 a été baptisé Jean de Saint-Martin, fils de noble Alexandre de Saint-Martin-Lacaze, écuyer, et dame Ursule de Magnes, conjoints.

Le 17 septembre 1741 a été baptisée Françoise de Saint-Martin-Lacaze, fille de noble Alexandre de Saint-Martin-Lacaze et dame Ursule de Magnes.

En résumé :

1o Noble Etienne de Saint-Martin sieur de Lacaze, marié à dame Jeanne de Lamothe. 1610.

2o Noble Pierre de Saint-Martin, sieur de Lacaze, et Jehanne de Saint-Cristau, damoiselle. 1659, 1670.

3o Noble Alexandre de Saint-Martin, écuyer, sieur de Lacaze, et dame Ursule de Magnes. 1730, 1741.

4o Noble Laurent de Saint-Martin, sieur de Lacaze, marié à damoiselle de Lalande de Luc. 1760, 1775, a eu deux fils :

5o Noble Jean-François de Saint-Martin, sieur de Lacaze marié à...... fut père de :

6o Noble Gustave de Saint-Martin Lacaze, marié à dame Du Vigneau de Lalande, sa cousine, dont plusieurs enfants. 1840, 1863.

5o *bis*. M. de Saint-Martin-Lacaze, puîné, chevalier de l'ordre royal et militaire de Saint-Louis, est père de madame Camille Darrigan.

Additions 1608. — Le 23 mars 1608 a été baptisé Jehan de Saint-Martin, fils de M. César de Saint-Martin, écuyer, magistrat et conseiller du roi, et de Isabeau de La Vie, damoiselle ; parrain Jehan de Villenave, écuyer ; marraine Catherine de Comet, damoyselle. Par moi de Carthe, curé maïor d'Acqs (*Registre de Dax*).

Du 11 mai 1665. —Bernard de Betbeder, maître d'Hôtel du roi, achète à noble Fermy de Saint-Martin la maison noble de Saint-Martin. Fermy avait pour mère une demoiselle de Lupé (de Lamothe) ; la maison vendue était sans doute celle de Pouillon (*Archives d'Olce*).

Le 6 novembre 1611. — En la maison noble de Saint-Martin de Pouillon, pactes et mariages entre noble Robert de Bedorède, écuyer, assisté de noble Jean de Bedorède, seigneur du Poy Montholieu et autres places, son frère ;

Et Jeanne de La Vie, damoiselle, assistée de noble César de Saint-Martin, conseiller au siége d'Ax et noble Louis de Saint-Martin, avocat du roy au dit siége et autres ses parents et alliés. (*Archives de Gayrosse-Bedorède*).

Du 3 février 1645. — Testament mutuel de Robert de Bedorède du Poy, sieur de Gayrosse, et Jeanne de La Vie sa femme. Enfant du second lit : Jean, Balthazar, Jean Robert et Magdelaine de Bedorède :

Jean-Jacques de Saint-Martin, sieur de Castaignos, fils du premier lit de Jeanne de La Vie ; elle avait eu pour premier mari noble Bernard du Bertrand de Saint-Martin (*Ibidem*).

Du 15 septembre 1615. — Mariage entre Pierre de Bedorède, écuyer, fils de Jean, seigneur du Poy et de Magdelaine du Poy, et Marie de Saint-Laurens (Bedorède), fille de feu Alexandre de Saint-Laurent et d'Anne de Saint-Martin de Gestède. Présents : Louis de Saint-Martin, écuyer, avocat du roy ; Jean de Saint-Martin, écuyer, sieur de Villenave ; Bernard de Saint-Martin, écuyer, sieur de Lagarde ; Antoine de Laas, écuyer, sieur de Gestède. Noble Fermy de Saint-Martin de Pouillon est nommé en 1642 (*Archives de Bedorède*).

—

Descendance des trois demoiselles de Lalande de Luc.

A. — Madame de Saint-Martin-Lacaze, mère : 1. de M. de Saint-Martin-Lacaze, chevalier de St-Louis, qui a laissé madame Forsans et madame Darrigan.

2. De M. le chevalier de Saint-Martin, dont madame d'Ayreux et Mlles Lydie et Alexandrine de Saint-Martin.

3. Jean-François de Saint-Martin-Duluc, à Soustonx.

B. — Madame de Bigüe, comtesse de Cherey, a eu : 1. Madame du Vigneau de Hastingues, dont la fille a épousé M. Gustave de Saint-Martin-Lacaze, son cousin.

2. Madame de Capdepon, femme de l'ancien receveur particulier d'Oloron.

C. Madame de Casaunau (de Sainte-Marie), dont MM. Hyacinthe et Eugène de Casaunau, et madame de Saint-Martin de Capbreton.

———

Avant de donner un extrait du testament de M. Haran de Borda en faveur de MM. de Saint-Martin-Lacaze, je ferai remarquer que madame de Haran était une demoiselle de Saint-Cristau, tante propre de l'abbé de Saint-Cristau, et d'un autre Saint-Cristau, qui vivaient de 1760 à 1789. Cette affinité par les femmes avec la famille de Borda-Labatut explique pourquoi le fermier général légua une rente viagère à Jean-Charles de Borda, le savant marin. Jean-Charles étant petit-fils de Marie-Elisabeth de Saint-Cristau, se trouvait cousin assez proche de madame de Haran de Borda.

———

Extrait du testament de sieur Van de Haran, écuyer, sieur de Borda, seigneur de Montauzer et autres lieux, conseiller du roy, l'un des premiers généraux de Sa Majesté, reçu en double original par Mes Cordier et Lebœuf de Lebret, notaires au Châtelet de Paris, le 3 août 1778.

Je donne et lègue à M. et à Mme de Saint-Martin de Lacaze la jouissance leur vie durant et du survivant des deux, de mes terres et seigneuries de Montauzer et de Sorey, situées dans la paroisse de Saint-Martin de Hinx, pays de Gosse, et des autres biens et héritages à moy appartenant, tant dans ladite paroisse qu'en celle de Saint-Jean de Marsacq et Sainte-Marie de Gosse, le tout provenant tant de M. d'Etcheverry, mon oncle, que d'acquisitions particulières que j'en ai faites. Plus, je leur donne et lègue tous les fruits, fermages, revenus, produit des bestiaux qui se trouveront m'appartenir ou m'être dus dans les susdites terres, biens et héritages au jour de mon décès. Plus, je leur donne et lègue tout ce qu'ils pourront me devoir au jour de mon décès, et je veux et ordonne qu'il ne leur soit demandé aucun compte au sujet de la gestion et administration desdits biens dont ils ont bien voulu prendre le soin, leur faisant aussi tout don et legs de tout ce qu'il pourrait résulter en ma faveur desdites gestion et administration.

A l'égard de la propriété desdites terres, biens, héritages et bestiaux, je la donne et lègue à charge de substitution à l'aîné des enfants mâles desdits sieur et dame de Saint-Martin de Lacaze, et successivement à l'aîné mâle dudit aîné mâle, et d'aîné en aîné mâle, et à défaut d'enfants mâles dudit aîné mâle, ladite substitution passera à la fille aînée dudit aîné mâle, et après elle son fils aîné mâle, et ainsi successivement de mâle en mâle, et à défaut des mâles aux filles aînées, et/pareillement à défaut de la branche aînée desdits sieur et dame de Saint-Martin-La-caze, ladite substitution passera aux secondes et autres branches dans le même ordre que dessus, en sorte que dans tous les cas ladite substitu-tion ne puisse être possédée que par une seule personne tant qu'elle durera et qu'il se trouvera des degrés de substitution à remplir ; et celui qui se trouvera recueillir ladite substitution, sera tenu de donner à cha-cun de ses frères et sœurs la somme de dix mille livres dont il leur fera la rente au denier vingt jusques au remboursement qu'il en pourra faire à ses bons points et aisements. Et à défaut d'enfants desdits sieur et dame de Saint-Martin, la propriété desdites terres, héritages et bestiaux passera et sera recueillie par mademoiselle de Lalande de Luc, ma fil-leule, et à son défaut à ses enfants ; et à défaut d'enfants, à ses sœurs ; et à leur défaut à leurs enfants ; et si elles n'ont pas d'enfants, la pro-priété desdites terres, biens et bestiaux accroîtra au legs universel ci-après, et sera recueilli soit par ma sœur, ma légataire universelle, ou ses représentants.

Extrait et collationné par les conseillers du roy, notaires au Châtelet de Paris, soussignés, cejourd'huy 13 décembre 1787, sur l'original dudit testament déposé pour minute audit M. Desinarts, notaire. Signés à l'ex-pédition : BANCAL, DESINARTS ET GUINARD.

(Voir sur la famille de Saint-Martin la *Géographie des Landes,* par M. Bourdeau de Riscle).

—

Si la famille de Saint-Martin Lacaze tire son origine du lieu de Saint-Martin dans Pouillon, il paraît certain que les Saint-Martin, vicomtes de Biscarrosse et barons de Capbreton, étaient seigneurs de Saint-Martin de Seignanx.

On lit dans les titres de la maison de Sis de Goalard (*Note de M. G. d'Olce*) :

Jean de Montgrand, frère de Sarah, dame de Sis, épousa le 20 février 1612 damoiselle Jeanne de Saint-Martin (Saint-Martin de Seignanx), fille de Louis de Saint-Martin, vicomte de Biscarrosse, et de dame Jeanne de Poy, sœur de noble Bernard de Saint-Martin, vicomte de Biscarrosse, baron de Capbreton, laquelle Jeanne, demeurée veuve et sans enfants, se remaria avec noble François de Navailles, seigneur de Mirepeix, ainsi qu'il est prouvé par un acte de transaction passé au château de Saint-Martin en Seignanx, le 24 mars 1619, et retenu par de Goalard, notaire royal.

—

Saint-Martin Lacaze et du Lucq.

On trouve dans la généalogie manuscrite de Biaudos, dressée en 1769 (*Chartrier d'Auch*), que damoiselle Belotte de Biaudos, fille de Noble Jean de Biaudos, sieur dudit lieu, et d'Isabé de Gramond, mariés en 1502, épousa en 1542 noble Jean du Lucq, sieur de Saint-Martin, d'où naquit autre Jean du Lucq, sieur de Saint-Martin. Et dans les titres de la maison de Sis, on trouve, le 6 septembre 1640, noble Jean de Saint-Martin, écuyer, sieur de Luc, oncle de Jean de Sis, seigneur de Goalard. Il est hors de doute que les MM. de Saint-Martin Lacaze Duluc ont établi leurs preuves de noblesse quelques années avant la révolution, et M. de Laborde Lissalde, qui habitait Paris, déclare dans une de ses lettres que par suite de ses démarches personnelles, un certificat de noblesse a été délivré aux MM. de Saint-Martin, par le généalogiste Chérin. (*Archives de Laborde-Lassalle*).

—

Saint-Pastou. — D'azur à la cloche d'argent bataillée de sable, soutenue par une aigle d'or au vol abaissé et surmontée d'une fleur de lys d'or.

Saint-Paul de Sarouille (N... DE). — D'azur à un sautoir d'or. (*Armor. de Guienne*).

Dans les archives de la maison d'Olce on trouve : Le 15 mai 1324, Pietri senhor de Sent Pau (Pierre, seigneur de Saint-Paul), auprès Ax donsed (damoiseau). La famille de Saint-Paul est justement considérée par son ancienneté, sa noblesse et ses services ; nous donnons un fragment de son arbre généalogique.

1. Etienne de Saint-Paul fut père de :

Jean Ier de Saint-Paul, écuyer, seigneur du Port, gentilhomme ordinaire de la chambre du roi en 1608, 30 janvier. Sieur de Teulade, vice-sénéchal au pays des Lannes, fut père de Jean II de Saint-Paul, qui suivra, et de :

C. Bernard de Saint-Paul, marié avec Marie de Larre, était en 1625 vice-sénéchal du pays des Lannes.

D. Son fils, David de Saint-Paul, était en 1661 conseiller du roi et vice-sénéchal aux Lannes.

E. Joseph de Saint-Paul, fils du précédent.

3e *Degré*. — Jean II de Saint-Paul, marié le 14 novembre 1655 à Marie Laporte, fut père de :

4e *Degré*. — Raymond de Saint-Paul, écuyer, sieur de Pigeon et seigneur de Soubrieulle, marié avec Jeanne de Bios, octobre 1673, fut père de : 1. Jean Luc, qui continue la filiation ; 2. François de Saint-Paul ; 3. Damoiselle Anne ou Agne de Saint-Paul, mariée avec M. Jean-Elie de Bedora, conseiller et procureur du roi au sénéchal d'Albret, siége de Tartas, vivant en 1700, 1702, 1704.

5e *Degré*. — Jacques Luc de Saint-Paul, écuyer, sieur de Soubrieulle, marié avec Suzanne de Borda, le 22 janvier 1719, en eut :

A. Jacques-François de Saint-Paul, chevalier de St-Louis, qui institue Elie de Saint-Paul pour son héritier.

6. B. Jean-Elie de Saint-Paul de Lahitte, écuyer, chevalier de St-Louis, décoré en 1772, a servi 52 ans, jusqu'en 1774, marié avec Marie Lebrun, en eut :

7. Demoiselle Anne-Agnès-Michelle-Victoire de Saint-Paul, mariée le 20 nivose an XII avec M. Jean-Baptiste-Auguste Destouesse, fils de M. Jean-Baptiste Destouesse et demoiselle Marie-Anne Bergoing, marié le 2 novembre 1769. Leurs descendants sont :

8. M. Jean-Baptiste-Paul-Edmond Destouesse, marié avec dame Adrienne Desbordes, résidence à Pontonx.

8 *(bis)*. Jacques-François-Lucien-Cyrille Destouesse, marié avec Mlle Ducasse, cinq enfants ; réside à Soustoux.

6e *Degré*. C. — Paul-Augustin, fils de Jacques Luc de Saint-Paul, chevalier de St-Louis, capitaine, major de Dax et de St-Sever.

6e *Degré*. — D. Jacques-François de Saint-Paul de Lahitte a laissé une fille mariée avec M. Lesbazeilles, dont la fille s'est mariée avec M. Lanusse. Cette branche, aujourd'hui représentée par M. Bernard-Augustin Lanusse, à Dax.

6e *Degré*. E. — Marie-Anne de Saint-Paul, cinquième enfant de Jacques Luc, fut mariée à M. Ducamp ; leur fille, mariée avec M. Lafargue, dont une fille mariée avec M. de Vidart (Achille).

———

Arbre généalogique de Laporte.

1. Martin de Laporte, marié avec Marguerite de Poyanne, le 21 mai 1617, dont : Marie de Laporte, mariée en 1655 à Jean II de Saint-Paul.

2. Louis de Laporte, marié avec Arnaudine Dupuyon, le 14 janvier 1651, en eut :

2. Daniel Norbert de Laporte, marié avec Louise de Goyon, mort en 1741, en eut : André de Laporte et J. Marie de Poyusan, en 1758 ; il institue sa sœur pour son héritière, en 1773.

4. Marie-Anne de Laporte, mariée avec M. Adrien Bergoing, le 26 août 1751.

5. Marie-Anne Bergoing, mariée avec M. Jean-Baptiste Destouesse, le 2 novembre 1769, en eut :

6. Demoiselle Gabrielle Destouesse, mariée avec M. Ninon Desbordes, fut mère de demoiselle Adrienne Desbordes, mariée avec Jean-Baptiste-Paul-Edmond Destouesse.

6 B. Caroline Destouesse, mariée avec M. Lagrolet, plusieurs enfants.

6 C. M. Jean-Baptiste-Auguste Destouesse, marié avec Anne-Victoire de Saint-Paul (ut supra).

Parmi les jugements de maintenue de noblesse relatés aux archives du séminaire d'Auch, on cite celui de :

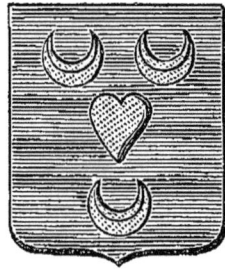

Saint-Paul du Port (Jean), du 17 mars 1718. — D'argent à trois pigeons et un chef d'azur chargé d'un chien courant, qui est Saint-Paul Pigeon.

Alias. — D'azur au cœur d'or accompagné de trois croissants de même, deux en chef et un en pointe. Supports, deux lions ; croix de St-Louis ; couronne de comte. Les noms de terre de la famille de Saint-Paul sont : du Port de Pigeon, de Lajas, de Soubrieulle, de Lahitte, de Maisonnave, de Casteterabe, Lamothe, Saumon et Lier.

ADDITIONS. — 2º *Degré.* — Jean de Saint-Paul, fils d'Etienne, était marié avec demoiselle Catherine de Lesbats ; ils vivaient en 1608-1633.

5º *et* 6º *Degré.* — Le 14 juillet 1733 naquit à Tartas Elie-Bonaventure de Saint-Paul, fils de François de Saint-Paul, ancien mousquetaire, et de Quitterie Ducamp, damoiselle.

6 *bis*. — Dans l'acte de mariage de Jean-Elie de Saint-Paul et de Marie Lebrun de 1774, on lit que Paulin-Augustin de Saint-Paul son frère était capitaine au régiment de Navarre.

6 *ter*. Les états de service d'Elie de Saint-Paul constatent qu'il a passé 52 ans sous les drapeaux et fait huit campagnes ; chef de bataillon au même régiment de Navarre en avril 1779 ; il fut réformé le 31 juillet 1791, dans le grade de premier aide-major de la place de Saint-Omer.

1. Alexandre Destouesse eut de Marie-Vincente du Clavier sa femme : M. Me Guillaume Destouesse.

2. M. Guillaume Destouesse, juge de Rion, marié le 10 juin 1662 avec Anne de Barennes, fille de Martin de Barenne et de Marguerite Durescq. Dont naquit :

3. M. Germain Destouesse, marié le 15 août 1703, avec Catherine de Saint-Martin, fille de M. Gabriel de Saint-Martin, juge de Poy et de Claire de Lanevère. Dont :

4. M. Jean Destouesse, fils des précédents, épousa, le 23 décembre 1747, demoiselle Marthe de Vios, fille de M. Jean-Elie de Vios et de dame Marie-Anne de Lalande de Favas. (*Voir la généalogie de Lalande de Hinx*).

5. De ce mariage sept enfants, et entre autres M. Jean-Baptiste Destouesse, marié le 2 novembre 1769 avec demoiselle Marie-Anne Bergoing, comme ci-dessus.

—

Le 1er mai 1719 a été baptisé Alexandre de Vios, né le même jour, fils légitime de Me Pierre-Elie de Vios, avocat, et de demoiselle Marie-Agne de Fabas, conjoints. Parrain, Me Alexandre Destouesse, conseiller du roi et son avocat, et marraine, dame Ursulette-Catherine d'Urtubie de Garro, en présence des soussignés.

DESTOUESSE, parrain. VIOS DU GAY, *vicaire de Tartas.*
VIDART, présent. D'URTUBIE, marraine.

—

Le 26 janvier 1720 a été baptisé Jean-Marie de Vidart, né le 22, fils légitime de M. Mathieu de Vidart, seigneur du Plaisir, et de dame Marie Quitterie Destouesse conjoints. Parrain, M. Jean-Marie de Prugue, écuyer, seigneur de Cezeron, conseiller du roi et maire de la ville du Mont-de-Marsan ; marraine, demoiselle Marthe d'Estouesse, en présence des soussignés. Par moi :

VIOS DU GAY, *vicaire*. DERLES, présent. DE PRUGUE, parrain. Marthe D'ESTOUESSE, marraine. VIDART père. VIOS, présent. MARSILLAC.

Le 28 janvier 1707 a été baptisé François de Bedora, né le 24 dudit mois, fils légitime de M. Jean-Elie de Bedora, procureur du roi au présent sénéchal, et de demoiselle Agne de Saint-Paul conjoints. Parrain, M. François de Saint-Paul ; marraine, dame Marie Quitterie de Bedora. Présents, les témoins soussignés. Par moi :

CHAMBRE, *curé de Tartas.* François DE SAINT-PAUL. Marie QUITTERIE DE BEDORA D'ARS. CARDENAU, présent.

———

Alexandre Destouesse, procureur au siége royal de Tartas, s'est faict enroller le septième jour de septembre 1617 et a donné pour sa charité, seize sols.   ESTOUESSE.

Vincente de Clavier sa femme, s'est aussy faicte enroler le septième jour de septembre, 1617 et a donné pour sa charité, huit sols.

TARTAS. — Maistre Bertrand d'Estouesse et Isabeau de Poy sa femme, se sont enrollés, et ont donné seize sols, et une livre cire. D'ESTOUESSE.

Mademoiselle Destouesse s'est enrollée dans la frerie de Notre-Dame, le 8 septembre 1644, laquelle a prins au livre, et promet fere le contenu dudit livre le mieux quy la sera posible ; en foye de quoy elle set signée, et a donné une pièce de vingt-un sols.   J. MARIE DE BAFOIGNE.

———

Therese de Poyusan, fille de M. Jean-Jacques de Poyusan et de damoiselle Francoise Destoüesse, née le 3 juillet 1665, baptisée le 7. Parrain, M. Arnaud de Ribes, et marraine, Vincente de Clavier. (*Mugron*).

———

Pierre de Poyusan, fils de M. J.-J. de Poyusan et de damoiselle Françoise d'Estouesse, naquit le 12 août 1667, et fut baptisé le 24. Parrain, M. Germain d'Estouesse, docteur ez droit et advocat en la Cour, et marraine, damoyselle Isabeau de Poyusan. (*Mugron*).

———

Damoyselle Marie Destouesse mourut à Boucosse, à l'âge de quatre-vingt-dix ans, le 12 décembre 1672.

Françoise de Poyusan, fille de Jean-Jacques de Poyusan, homme d'armes, et de mademoiselle Francoise Destouesse, naquit le 27 mai 1680, Ont été parrain et marraine, Pierre de Lanefranque Pelo, homme d'armes, et mademoiselle Françoise de Lago.

———

Jeanne Marie de Saubeterre (d'Antin), fille de M. noble Pierre de Saubeterre, baron dudit lieu, et dame Marie Quitterie de Bedora, naquit le

19 août 1703. Parrain, M. Alexandre d'Estouësse, avocat en la cour, et marraine, madamoiselle Jeanne Marie de Bedora.

———

Le 19 janvier 1706 naquit Bertrand-Théodore d'Antin, fils de noble Pierre d'Antin, et de dame Marie Quitterie de Bedora. Parrain, noble Bernard d'Antin représenté par sieur Bertrand Louys de Lannefranque, et marraine, dame Anne de Saint-Paul.

Mariage d'Estouesse d'Antin, à Tartas (1694).

Le 20 février 1694 a été célébré mariage dans l'église de St-Martin entre M. Alexandre d'Estouesse, avocat ez la cour, âgé d'environ trente-deux ans, assisté de M. Germain d'Estouesse, son père, advocat, et autres parents et amis, et demoiselle Catherine de Sauveterre, âgée d'environ dix-neuf ans, assistée de M. Jacques d'Antin, seigneur et baron de Sauveterre, son père, et dame Marie de Cloche, sa mère, et autres parents et amis, sans qu'il y ait eu aucun empêchement canonique. Ainsi ie leur ay imparti la benediction nuptiale le dit jour, mois et an que dessus, en présence de M. Jean-Louis de Bedora, ancien procureur du roy, et MM. Pierre Chambre, prêtre. Signés avec moi :

BEDORA, présent. CHAMBRE, présent. LADEBADE, prêtre. CHAMBRE, curé.

1703. — M. Alexandre Destouesse, avocat du roy, à Tartas.

———

Le dixiesme apvril, fust envoyé par madamoyselle La Vis-Senneschalle de Saint-Pau, six livres quatre onces de sire, lesquelles feurent baillés au marquiller de l'église et chapelle de Godosse, pour ly luminere de la sus-dite chapelle.   DE CODROY, pbr.

———

De par le roi,

Grand chambellan de France, premier maistre de nostre hostel, com-missaire d'icelluy, et tous messires et contrôleurs de nostre cambre, salut. Scavoir faisons que nous désirant reconnoître le mérite des bons et agréables services que nous a cydevant fait en plusieurs importantes occasions, et continue chaque jour, nostre cher et bien-amé Jean de Saint-Paul, escuyer, sieur de Tollade, vissénéchal au pays des Lannes, pour à cause et autres considérations à ce nous mouvant même, pour l'entière confiance que nous avons de ses fidélités, sens, suffisence, pru-d'homie, expérience, vigilence et bonne diligence ; icelluy avons retenu et retenons par ces présentes signées de nostre main, en l'estat et charge de gentilhomme ordinaire de nostre chambre pour nous servir doresnavant en cette qualité et jouir de ladite charge, aux honneurs, autorités, prérogatives, prééminences, franchises, libertés, gages qui seront portés par nostre état, droits, fruits, profits, revenus, émoluments qui y appartiennent, et telles et semblables dont jouissent les autres gentilshommes ordinaires de nostre chambre, tant qu'il nous plaira ; *si voulons et vous mandons* que du dit sieur de Saint-Paul, pris et reçu le serment en tel cas requis et accoutumé pour cette nostre presente retenue, faites registre et registrer ez papiers et escrits de nostre hostel et chambre. Nos austres officiers de semblable estat et retenue et d'icelluy estat ensemble desdits honneurs, autorités, prerogatives, prééminences, franchises, libertés, gages, susdits droits, livraisons, hostelages, fruits, profits, revenus et émoluments des susdits, le fassiez souffriez et laissiez jouir et user plainement et paisiblement, et à lui obéir et entendre chez tous ceux et ainsi qu'il appartiendra ez choses touchant et concernant la dite charge ; mandons en outre à nos amés et féaux conseillers les contrôleurs généraux de nostre maison présentement et à élire, que les dits gages portés par nostre dit estat ils fassent chacun en l'année de leur exercice payer, bailler et délivrer contant au dit sieur de Saint-Paul, dorenavant ainsy qu'il est accoustumé, car tel est notre plaisir ; en temoing de quoi, nous avons fait mettre et aposer le sceau de nostre sire à ces dites presentes. Donné à Paris, le septième jour de janvier mil six cent huit.

Signé HENRY.

Et plus bas : *Par le Roy*, signé RUZÉ, et scellées des armes de Sa Majesté.

Aujourd'hui, trentième jour de janvier mil six cent huit, le dit sieur de Saint-Paul, desnommé en la présente, a fait et presté le serment de l'estat et charge de gentilhomme ordinaire de la chambre du roy, qu'il a plu à Sa Majesté lui octroyer, entre les mains de monseigneur le duc d'Aiguillon, pair et grand chambellan de France, estant à Paris, moy secrétaire ordinaire de mon dit seigneur présent.   Signé DE CARDY.

Collationnée à l'original par les notaires du roi, notre sire, en son Chatelet de Paris, soussigné, ce fait rendre le quatrième jour de novembre mil six cent neuf.   Signé MORNANT et CONSTITUY.

Nous, Henry de Lorraine, duc d'Aiguillon, pair et grand chambellan de France, certifions à tous ceux qu'il appartiendra, que Sa Majesté a retenu et retient le sieur Jean de Saint-Paul, écuyer, Vissenéchal au pays des Lannes, pour estre l'un des gentilshommes ordinaires de sa chambre, et en cette qualité, cousché et employé sur l'estat de sa maison. Prions l'un des messieurs les trésoriers de l'estat lui en expédier toutes les lettres qui lui seront pour ce necessaires. En tesmoing de quoy, nous avons signé la presente.

A Paris, le troisième jour de janvier mil six cent huit.

Signé HENRY DE LORRAINE.

Et plus bas : *Par Monseigneur*, DE CARDY.

—

Saint-Sever (l'abbaye de), ordre de Saint-Benoît. — D'azur à une main dextre apaumée d'or mise en pal.

Alias. — D'azur au mot PAX d'argent en fasce, surmonté d'une fleur de lys d'or en chef et trois clous de la Passion d'argent en pointe. Devise : *Sancte pater benedicte ora pro nobis*.

Salettes-d'Anguin (DE), baron de CASTEYDE (St-Sever). Ecartelé au 1 et 4 d'azur au lion d'or, au 2 et 3 d'or à l'arbre de sinople.

DE **Salha**, de SAINT-PÉE, D'AGUERRE, DE MENDIBE, DE PONTOUX, DE SENTRAILLES, DE MARIANNE, DE LASSALLE. — Ecartelé au 1 et 4 d'azur à trois colombes d'argent posées 2 et 1 ; au 2 et 3 de gueules à la croix d'argent ; sur le tout de gueules à trois chevrons d'or (*D'Hozier*).

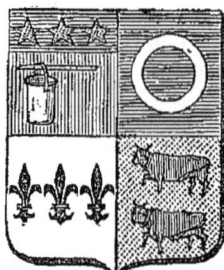

Salies (ville de France, en Béarn, diocèse d'Acqs). — Ecartelé au 1 de gueules à un sameau d'argent pendant à un bâton d'or servant à puiser et porter l'eau salée, et un chef cousu d'azur chargé de trois étoiles d'or ; au 2 d'azur à un cercle ou vire d'argent ; au 3 d'argent à trois fleur de lys de sable rangées en fasce ; au 4 d'or à deux vaches passantes de gueules, accolées, accornées et clarinées d'azur (*Dict. de la Noblesse*. La Chesn. des Bois).

M**gr** **de Salinis**, *archevêque d'Auch*, et sa famille. — D'argent à un hêtre de sinople senestré d'un ours au naturel contre rampant et jetant avec sa patte du sel. Devise : *Hic sale vivisco ;* ordres de la Légion-d'Honneur, de Saint-Louis, du Saint-Sépulcre.

Sarraute (Jean-Pierre DE), écuyer, seigneur de LASSALLE. — Ecartelé au 1 de gueules à un croissant d'argent surmonté d'une étoile du même ; au 2 et 3 d'azur à deux lions d'or passants l'un sur l'autre, lampassés et armés de gueules ; au 4 de gueules à trois fasces ondées d'argent (*Arm. d'Hozier*).

Sarriac (DE). — D'argent à une corneille de sable le bec et les pattes de gueules, au chef d'azur chargé de trois étoiles d'argent.

Sault (N.... DU), *contrôleur des Fermes, à Bayonne*. D'azur à trois sauterelles passantes d'or, 2 et 1 (*Armor. de Guienne*).

DU **Sault de Poyloaut**, seigneur baron de HINX, MAGESCQ, LALUQUE, LAHONTANG et autres places, habitant du château de Lamothe, au bourg de Magescq, et feue dame Louise Poyloaut, le 30 mai 1658 (*Arch. de Borda*). — Parti au 1 de sable à l'aigle éployée et couronnée d'argent au vol abaissé, qui est du Sault ; au 2 losangé d'or et de gueules qui est de Poyloaut.

N. B. — La famille de Poyloaut possédait au 15e et au 16e siècle les baronnies de Poyloaut près Caupenne et de Magescq (*Titres de Cauna*).

DU **Sault** (Noble Jean-Jacques), capitaine au régiment de Louvigny, 17 août 1682, à St-Sever cap. — D'azur à trois abeilles d'or posées 2 et 1 ; casque de comte taré de front avec ses lambrequins azur et or.

Le même : accolé le 1 d'azur à trois abeilles d'or ; le 2 d'azur à la tour d'argent crénelée de 4 pièces, accompagnée de quatre mouchetures d'hermines posées en croix, qui est de Corrent de Ribère ; casque de comte à l'antique avec ses lambrequins azur, or et argent.

DE **Sauviac** (BETBEZÉ DE LA RUE), en *Astarac.*—Ecartelé au 1 et 4 d'or au lion de gueules, au chef d'azur chargé de trois étaies ou chevrons d'argent, au 2 et 3 de gueules au globe d'argent, accolé d'argent à trois arbres de sinople sur une terrasse du même.

. La seigneurie de Sauviac de la châtellenie de Moncassin était située dans le comté d'Astarac. Le 29 août 1286, Edouard Ier, roi d'Angleterre et duc de Guienne, concéda à Raymond-Guillaume de Sauviac le droit de construire un château-fort dans les terres de Sauviac, paroisse du même nom.

Le 29 août 1313, Edouard II, roi d'Angleterre et duc de Guienne, confia à Vital de Sauviac la garde du château de la ville du Mas-d'Aire et lui concéda ce baillage. (*Teste rege apud Windsor.* Rôles gascons). — En 1315, même faveur fut accordée à son fils Pierre de Sauviac (30 juillet).

Les seigneurs de Betbezé étaient barons de Fezensac ; la maison de Pardaillan a réuni cette baronnie. Bernard VI, comte d'Armagnac, avait accordé en 1286, aux seigneurs de Betbezé, droit de justice entière.

Parmi les seigneurs auxquels écrivit Edouard le 8 février 1327, on trouve le nom de Raymond-Guillaume de Sauviac.

On trouve le nom de Guillaume de Betbezé dans une montre ou revue de Bernard d'Armagnac, à Ste-Afrique, le 2 juillet 1387, et de Bertrand de Betbezé, dans une revue du comte de Foix, à Montpellier, le 10 septembre 1431.

On trouve des Sauviac et des de La Rüe dans diverses montres des XIIIe, XIVe, XVe et XVIe siècles ; un Betbezé de Sauviac était compagnon de M. de Bellegarde (4 mai 1572).

Noble de Sauviac faisait partie de la noblesse sous la conduite de M. de Bazillac et le commandement de M. le Prince (14 nov. 1612) ; et un autre fait partie d'une montre (sans date) sous le commandement du maréchal de Châtillon.

Noble Guillaume Betbezé de La Rüe de Sauviac, capitaine au régiment de Montaigu (acte de 1702) :

Il eut pour fils Jean-Joseph Betbezé de La Rüe, chevalier seigneur de Sauviac, Viozan et autres lieux, conseiller du roi, procureur de Sa Majesté au bureau des finances et chambre des domaines de la généralité d'Auch. Il eut trois frères, dont deux périrent avec le grade d'officier dans les campagnes du Nord de la France ; le troisième fut archiprêtre. Il avait épousé Brigitte-Marie-Arnaulde de Laborde. De ce mariage furent issus :

1° Jean-François Betbezé de La Rüe de Sauviac, écuyer, marié en 1787 à Anne d'Arque, sœur de noble Jacques-Joseph d'Arque, chevalier de St-Louis, capitaine au régiment de Barrois. De ce mariage naquirent un garçon, mort en bas-âge, et une fille nommée Joséphine, aïeule de madame la marquise du Lyon de Campet, née de Ferragut.

2° Joseph-Alexandre Betbezé de La Rüe de Sauviac, général de brigade, commandant le génie lors de la conquête de la Hollande. — M. de Chateauroux, dans la *Galerie militaire*, fait l'éloge de son talent et de son courage.

3° Jean-Dominique Betbezé de La Rüe de Sauviac, né à Auch le 10 juin 1763. Parrain, messire Dominique-Jean-Jacques-Etienne de Laborde, conseiller du roi, receveur général des domaines en Béarn, Navarre et généralité d'Auch ; marraine, dame Thérèse de Laborde.

Il épousa à St-Sever, capitale de Gascogne, le 1er floréal de l'an III, dame Marguerite-Françoise (dite Thérèse) de St-Julien, fille de messire Raymond de St-Julien, baron de Momuy et de Cazalon, ancien capitaine au régiment royal la Marine, et de dame Claire-Justine de Capdeville d'Aire.

De ce mariage fut issue : Anne-Laurentine (Léontine) Betbezé de La Rüe de Sauviac, mariée à Dax le 31 décembre 1818, à Jean-Louis Dompnier, fils de M. Louis-François Dompnier, receveur des finances.

Sont issus de ce mariage : 1° Jean-François-Auguste Dompnier de La Rüe de Sauviac. (Décret impérial, 11 décembre 1861).

2° Dame Marie-Louise-Elise, mariée au baron Charles de Behr, membre du conseil général des Landes.

NOTE SUR LES BARONS DE MOMUY.

Anno 15. Edwardi III, 1341. — Pro Alnaldo Domino de Arsaco, habendo locum in castrum de Momuy. Teste rege apud Wetmintter, 30 septembre. (*La Charte n'est pas dans Rymer*).

Demoiselle Marguerite-Françoise de St-Julien est née le 3 et a esté baptisée le 5 mars 1771 ; elle est fille légitime de messire Raimond de St-Julien, baron de Momuy et de Cazalon, cy-devant capitaine au régiment royal la Marine, et de dame Claire-Justine de Capdeville. Parrain, noble Pierre de St-Julien, prestre et chanoine du chapitre de St-Girons, à la place duquel a tenu noble Pierre de Tousents, seigneur de Saint-Loubouer ; marraine, dame Marguerite de Capdeville, veuve de messire Bernard de Capdeville, seigneur de Poy, ci-devant capitaine de dragons au régiment d'Epinay et chevalier de St-Louis, à la place de laquelle a tenu dame Marguerite de Valier, veuve à messire Bernard de Capdeville, seigneur d'Argelouze, cy-devant officier de dragons au régiment d'Epinay, qui ont signé avec nous et le père.

> Tausin, *curé de Saint-Sever*. St-Julien de Moumuy père.
> Tousents. Valier de Capdeville.

Sentout (de). — De sable à l'aigle éployée au vol abaissé d'argent, becquée, membrée et diadémée de gueules.

de **Sèze**. — De gueules au château du Temple d'argent accompagné en chef de deux étoiles d'or et en pointe de seize fleurs de lys d'argent posées 7, 6 et 3. Devise : 26 *décembre* 1792.

Silhouette de Juvisy (de), *à Bayonne, Biarritz et Paris.* — De sinople à un vaisseau d'argent voguant sur une mer du même, mouvante de la pointe de l'écu, et un chef parti au 1 de gueules à une croix d'or ancrée et au 2 d'or à un lion de gueules (*D'Hozier*).

Spens (Jean de), écuyer, seigneur d'Estignols et Onnès.—Losangé d'or et de sinople, et un chef d'argent chargé de trois roses de gueules. (Mont-de-Marsan, 1698-1700. *Armor. de Guienne*).

Spens d'Estignols (de), d'Onnès et de Lancre, *en Guyenne*. — Ecartelé au 1 et 4 d'or au lion de gueules ; au 2 et 3 losangé d'azur et d'or, au chef du dernier émail (or) chargé de trois roses de gueules.

EXTRAIT DU NOBILIAIRE D'ÉCOSSE INTITULÉ :

Baronage of Scotland.

Généalogie des barons de Spens en France, issus des Spens de Lathallan.

I. Patrik Spens, officier dans la compagnie des gardes écossaises, suivit Louis XI en Guienne, et se maria à St-Sever en 1466 avec demoiselle Jeanne de Saulx, fille de noble Peyran de Saulx, écuyer et seigneur Destignols. (*Archives of the house of Spens Destignols, N. 1, 2, 3, anno 4*). En conséquence de ce mariage, sa postérité a toujours pris depuis le nom de Destignols.

Louis XI ordonna qu'on lui expédiât des lettres de naturalité conçues dans les termes les plus honorables : « Donné à Paris l'an de Notre-Seigneur 1474, et de notre règne le XIVᵉ. Signé Louis. Et par ordre du roi d'armes, est écrit au dos : *Expedita in camera computorum domini nostri registria, et ibidem libro cartarum hujus temporis, folio sexto, registratæ sine financia, proviso ut hæredes supplicantis sint incolæ regni ordine dominorum. Actum ad Burellum, quiento die Augusti, Anno 1475.* Signé chevalier *ibidem.* »

De ladite Jeanne de Saulx il eut un fils :

II. Cristopher de Spens Destignols, écuyer, seigneur de Destignols et de St-Germain, qui fut d'abord officier dans une compagnie qu'Henry d'Albret, roi de Navarre, commandait en personne ; ensuite capitaine, et un des principaux officiers de l'armée dans la guerre que François Iᵉʳ fit aux Espagnols en l'année 1521. (*Archiv. of the family* et *Enquitte jurisdisque, anno 1584. And in the public offices of the senes-calliat, des Lannes, etc.*).

De noble demoiselle Jeanne de Besauden (Besaudun), sa première femme, il eut une fille :

Noble demoiselle Jeanne de Spens qui, en l'année 1516, épousa noble Pelegrine de Cassagne, écuyer, seigneur du manoir de Montegut (*ibid*).

Il épousa en secondes noces noble demoiselle Marie de Cassagne, fille de noble Cassagne de Bouthon, écuyer (famille de distinction dans la province de Béarn), et de dame de Poyane, en l'année 1509 (*ibidem*).

De ladite dame Marie de Cassagne de Bouthon, il eut deux fils :

1º Bernard de Spens Destignols, écuyer, son héritier.

2º Peters de Spens Destignols, écuyer, seigneur de Tith, le plus jeune fils de Cristopher, fils aîné de Patrick, un des vingt-quatre gentilshommes de la garde écossaise, établie par Charles VII. Se fixa à Bordeaux et y forma la seconde branche connue sous le nom de Spens Destignols de Lancre.

1re *branche à St-Sever*. — III. Bernard de Spens Destignols, écuyer, seigneur de Destignols et de St-Germain, fils aîné de Cristopher, ayant pris le parti des armes, fut chargé de la défense du château de St-Sever. Il était alors au service de Henri, roi de Navarre, depuis Henri IV de France, et épousa en premières noces noble demoiselle Marie de Saint-Genès, de laquelle il eut un fils (*ibidem*) :

Peters de Spens Destignols, écuyer ; et une fille, Catherine de Spens Destignols, morts tous deux en minorité.

Il épousa en secondes noces noble demoiselle Jeanne de Felès, de laquelle il eut un fils (*ibidem*) :

IV. Cristopher de Spens Destignols, écuyer, deuxième du nom, seigneur de Destignols et de St-Germain, qui fut aussi chargé de la défense du chateau de St-Sever, et attaché au service d'Henri, roi de Navarre, depuis Henri IV de France.

Il épousa Jeanne de Mathiac (Malliac), fille aînée du seigneur de Mathiac, dans le Condomois, le dernier jour de février 1574 (*ibidem*).

De ladite Jeanne de Mathiac, il eut trois fils :

1° Paul de Spens Destignols, écuyer, son héritier.

2° Moses de Spens Destignols, écuyer.

3° Isaac de Spens Destignols, écuyer. Ces deux derniers entrèrent d'abord au service du roi Henri IV ; mais en l'année 1614, après la mort du roi, ils se joignirent au parti d'Henri II, prince de Condé, et moururent sans postérité.

V. Paul de Spens Destignols, écuyer seigneur de Destignols et de St-Germain, fils aîné de Cristopher, entre aussi au service d'Henri IV.

Il épousa demoiselle Tabita du Lion, fille aînée de noble Gaston du Lion, écuyer, seigneur de Campet et de Geloux, et de dame Marguerite de Pelati, l'an 1598. (*Ibidem. And. other acts*).

Il prit parti, ainsi que ses frères, pour Henri II, prince de Condé, en l'année 1614 (*ibidem*, etc. — *And the public register of St-Severe, anno* 1614, 1616).

En l'année 1615, le château de Destignols fut assiégé, pris, brûlé et rasé par ordre de Louis XIII, qui, le 10 septembre de la même année, donna une déclaration par laquelle il privait le prince de Condé et ses adhérents de tous leurs biens et honneurs, comme coupables de haute trahison ; mais par l'article xxxix du traité de Loudun, on leur rendit leurs charges, honneurs et biens pour en jouir comme auparavant. (*History of France* 1616; *and the archives of the house of Spens Desti-gnols*).

Ce Paul eut de ladite demoiselle Tabita du Lion deux enfants :

1° John de Spens Destignols, chevalier, son héritier.

2° Alexander de Spens Destignols, chevalier, qui épousa le 29 janvier 1626 demoiselle Catherine-Jeanne de Loze, fille de noble Michaël de Loze, écuyer, et de dame Jacquette de Noaillan. (*Archives of the house of Spens Destignols*); mais cette branche est éteinte.

VI. Jean (John) de Spens Destignols, chevalier seigneur de Destignols et de St-Germain, fils aîné de Paul, prit le parti des armes comme l'avait fait son frère Alexander, et épousa le 22 janvier 1624 demoiselle Jeanne-Auguste de Girard, fille de noble Antoine de Girard, écuyer, seigneur d'Onnès, et de dame Jeanne de Auzole. De ladite demoiselle Jeanne-Auguste de Girard il eut deux fils :

1. John de Spens Destignols, son héritier.

2. Alexander de Spens Destignols, chevalier, qui mourut garçon.

VII. Jean (John) de Spens Destignols, chevalier seigneur de Destignols et d'Onnès, second du nom, fils aîné de chevalier John, entra au service et épousa le 20 janvier 1657 demoiselle Catherine de Lartigue, dont il eut deux fils (*ibidem*) :

1. John-James de Spens Destignols, chevalier, son héritier.

2. N... de Spens, chevalier, capitaine au régiment de Champagne, qui mourut sans postérité.

VIII. John-James (Jean-Jacques) de Spens Destignols, chevalier seigneur de Destignols et d'Onnès, fils aîné du dernier chevalier John, fut capitaine d'infanterie, etc. Il épousa le 8 février 1695 demoiselle Marie de Brethous, de laquelle il eut deux fils (*ibidem*).

1. John-Joseph de Spens Destignols, chevalier, son héritier.

2. Francis de Spens Destignols, chevalier, autrefois capitaine de grenadiers au régiment d'Auvergne, chevalier de l'ordre militaire de Saint-Louis, actuellement vivant.

IX. John-Joseph de Spens Destignols, chevalier seigneur de Destignols et d'Onnès, fils aîné de Jean-Jacques, capitaine au régiment d'Auvergne, épousa le 11 décembre 1626 Marie-Barbe-Agathe de Laporte, fille de M. de Laporte, seigneur de Balazin, et de dame Cécile de Destoupignan, de laquelle il eut plusieurs enfants (*ibidem*) :

1. Joseph de Spens Destignols, chevalier, son héritier.

2. Francis de Spens Destignols, chevalier, maintenant capitaine au régiment d'Auvergne, et chevalier de l'ordre militaire de Saint-Louis.

3. Peter de Spens Destignols, chevalier, prêtre, docteur de Sorbonne, vicaire général du diocèse de Bayonne depuis le mois de mai 1762, et député du clergé à l'assemblée générale tenue à Paris en 1765. Vivant en 1767.

4. John de Spens, capitaine au régiment d'Auvergne, chevalier de l'ordre militaire de Saint-Louis. Vivant en 1767.

X. Joseph de Spens Destignols, chevalier seigneur de Destignols, d'Onnès, Lagastet, St-Perdon et de Campagne, fils aîné du chevalier John-Joseph, d'abord capitaine au régiment d'Auvergne, et à présent commandant pour le roi à St-Sever, lieu de sa résidence, épousa demoiselle Françoise de Casenave de Labarrère, fille de M. Casenave de Labarrère, chevalier de l'ordre militaire de St-Louis, ci-devant commandant pour le roi à la Guadeloupe, patron de l'abbaye séculière de Casalon, et de dame Claire Francisqui, le 3 de juin 1759. (*Archives of the house of Spens Destignols*).

Etat de la famille en 1786.

Branche de St-Sever. — Art. VIII. François de Spens Destignols, chevalier, capitaine de grenadiers au régiment d'Auvergne, mort.

Art. IX. Joseph de Spens Destignols, chevalier, etc., mort lieutenant du roi à St-Sever.

Ibid. Pierre (Peters) de Spens Destignols, chevalier, prêtre, etc., est à présent abbé commendataire de l'abbaye royale de Lahonce, diocèse de Bayonne, 1786-1789.

Ibid. IX. François (*alias* Jean) de Spens Destignols, chevalier, etc., est devenu chef de sa branche; lieutenant-colonel du régiment de la couronne et brigadier des armées du roi, 1786.

X. Jean (qui précède) de Spens, baron, haut et puissant seigneur d'Estignols, haut justicier de Lagastet, maréchal des camps et armées du roi, chevalier de St-Louis, présent en cette qualité à l'assemblée de la noblesse des Lannes en 1789, fut marié à dame Clotilde-Agathe d'Esmée du Buisson,

XI. Dont il eut : 1º Jean-Pierre-Emmanuel de Spens d'Estignols, baron de Spens, chef du nom et d'armes de la famille qui suivra.

2º Demoiselle Sophie-Clotilde-Agathe de Spens d'Estignols, née avant 1788.

3º Jean-Charles-Claude de Spens, né le 23 août 1788.

XI. Jean-Pierre-Emmanuel, baron de Spens d'Estignols, fils du baron Jean, et dame Agathe-Clotilde d'Esmée, baronne de Spens, est marié avec dame Joséphine-Jeanne-Pauline de Lasudrie, dont il a :

Demoiselle Ernestine de Spens, mariée à M. de Lasserre de Montréal.

XII. Joseph-Marie-Henry de Spens d'Estignols.

—

Pièces justificatives.

Le vingt-cinquième de septembre mil six cent vingt-deux a esté baptisée damoyselle Jeanne-Auguste de Girard, fille légitime et naturelle de noble Antoine de Girard, seigneur d'Onnès, et de damoyselle Jeanne Dauzole. Parrain, M. Pierre Dauzole, seigneur de Lamothe, et marraine, damoyselle Jeanne-Auguste Dauzole.

> DE GIRARD, oncle. Pierre DAUZOLE. DAUZOLE, oncle et frère (*curé d'Aurice*). DUMUS, pbr., *vicaire d'Aurice*.
>
> (*Extrait de registres de* 1622.)

—

Le vingt-unième jour du mois d'octobre 1635 a esté administré le Saint-Sacrement de mariage, en face de notre sainte mère l'Eglise, à noble Jean Despans, sieur Destignols, et damoyselle Jeanne-Auguste de Girard, sans qu'il y ait paru aucun empêchement ni opposition canonique, ayant procédé à la publication desdites noces faictes par trois divers dimanches consécutifs au prosne de la messe paroissialle.

(*Reg. de N.-D. de Lagastet.*)   Par moy : DEVIC, *curé*.

—

Le 26 mars 1628 a été baptisé Jacques-Gaston de Berguey, fils de Jehan de Berguey, et de Catherine Ducornau. Parrain, noble Jacques Destignos, et marraine, Tabitha de Campet, damoyselle.

> POMIERS, en absence de M. le curé.

—

Ibid. Le dix-huitième febvrier naquit noble Jehan de Spans, fils légitime de noble Jean de Spans, sieur Destignos, et damoyselle Auguste de Girard, sa femme, et a esté baptisé le quinzième avril mil six cent trentehuit ; et sont ses parrain et marraine : Noble Jehan Dauzolle, et damoyselle Catherine de Ségur ; et a esté fait le baptème en l'église Nostre-Dame de Lagastet, par moy soubsigné, en présences de Bernard de Pausader, et Ramon de Cabanes et autres.

> PAUSADER. DE CABANES. DEVIC, *prêtre*. DAUZOLES.

Le troisième jour du mois de mars 1647 a été baptisé Bernard Despans, fils de noble Alexandre Despans, sieur Destignols, et damoyselle Jeanne de Lose. Parrain et marraine, M. Bernard de Pausader, advocat ez la Cour, et damoyselle Jacquette Despans.

Par moy : ENGOMAU, pbr., curé.

Mariage à Lassalle-d'Onnès (Aurice), 1752.

Messire Jean de Commarrieu, ancien officier d'infanterie, natif de Bastennes, diocèse d'Acqs, et demoiselle Marthe-Josèphe Despans Destignols, native de St-Sever, au présent diocèse, ont canoniquement reçu la bénédiction nuptiale dans mon église le 6 décembre 1752, en présence de messires chevaliers : Charles-Armand de La Vie, capitaine au régiment de Navarre, chevalier de l'ordre militaire de St-Louis ; Bernard Pausader, seigneur de Bachen ; Bertrand de Marsan, ancien officier d'infanterie ; Jean-Joseph Despens, seigneur d'Estignols et Onnesse, capitaine au régiment d'Auvergne ; François d'Estignols Despans, capitaine au régiment d'Auvergne ; Pierre d'Abadie de Marsan, capitaine de grenadiers au régiment d'Auvergne, chevalier de l'ordre militaire de Saint-Louis ; Pierre de Marsan, seigneur du Hauriet et Cuquerein, capitaine au régiment d'Auvergne ; Martin de Hauriet de Marsan, capitaine au régiment d'Auvergne ; et François de Junca, capitaine au régiment d'Auvergne ; et Simon de Laporterie, lieutenant particulier au sénéchal de St-Sever, lesquels avec les parties et moi ont signé :

COMARIEU. Marie-Josèphe DESPENS. DUBAS, <i>curé d'Aurice.</i> MARSAN. Ch. DE LAVIE. DESPENS. JUNCA. PAUSADER. DE BACHEN. LABADIE DE MARSAN. Le chevalier DE MARSAN. DESTIGNOLS DE SPENS. MARSAN. LAPORTERIE.

La famille de Spens a prouvé sa noblesse devant MM. d'Hozier, juges d'armes. On lit dans l'<i>Indicateur nobiliaire</i> : — Spens (de) d'Estignols, d'Onnès, de Maliac, de Saint-Germain.

Jean, baron de Spens, chevalier de Saint-Louis.

(3) Chevalier d'Espens (Jean-Baptiste), lieutenant au régiment d'Auvergne en 1747, capitaine en 1753, aide-major en 1768, rang de major le 27 juillet 1769 ; major du régiment de la couronne le 30 décembre 1769. Coup de feu au visage à Clostercamp. Contusion à Filinghausen.

Bon officier, brillant à la guerre, très propre à être major. (*Registre du régiment d'Auvergne de* 1763 à 1776). — Rang de lieutenant-colonel en 1771 ; rang de colonel même année ; lieutenant-colonel titulaire en 1780 ; brigadier en 1781 ; maréchal de camp en 1788 ; 1782, pension de 500 livres sur l'ordre, augmentée de 100 livres en 1787 ; 1781, connu par ses services en paix et en guerre ; 1786, officier de distinction. (*Reg. du Régiment de la Couronne de* 1776 à 1788).

—

Mariage à Durou, paroisse de Sainte-Eulalie.

L'an 1782 et le 21 octobre, après la publication des bans de futur mariage entre messire Jean de Spens, chevalier seigneur d'Estignols, mestre de camp d'infanterie, lieutenant-colonel du régiment de la Couronne, chevalier de l'ordre royal et militaire de St-Louis, fils majeur et légitime de feu messire Jean-Joseph de Spens, chevalier seigneur d'Estignols et d'Onnès, ancien officier du régiment d'Auvergne, et de dame Marie-Barbe-Agathe de Laporte, habitants de St-Sever, d'une part ; et demoiselle Clotilde d'Esmé-Dubuisson, native de la paroisse de Saint-Pierre de Saumur, diocèse d'Angers et habitante de Ste-Eulalie, fille mineure et légitime de messire Joseph d'Esmé-Dubuisson, chevalier, ancien officier des mousquetaires gris, lieutenant-colonel de cavalerie, chevalier de l'ordre royal et militaire de St-Louis, et de feue dame Marie-Hyacinthe-Céleste-Aubert du Petit-Thouars, d'autre part. Sans avoir découvert aucun empêchement ni reçu aucune opposition, nous soussigné, prêtre, abbé commendataire de l'abbaye royale de Lahonce, docteur de Sorbonne, vicaire général du diocèse de Bayonne, par permission de Mgr l'évêque d'Aire, que nous avons annexée au susdit registre, leur avons imparti la bénédiction nuptiale dans la chapelle de Durou, dans Ste-Eulalie, en présence de Marie-Barbe-Agathe de Laporte, mère de messire Jean de Spens, épouse de M. de Castelnau, officier aux gardes françaises ; de Marsan, chevalier de l'ordre royal et militaire de St-Louis, ancien capitaine au régiment d'Auvergne, et de Durou, lieutenant des maréchaux de France, capitaine à la suite de l'infanterie, et Delhoste, vicaire de la présente paroisse, qui ont signé avec moi de ce requis.

L'Abbé DE SPENS, *célébrant*. DELHOSTE, *vic*. DE SPENS, époux. DE LAPORTE-DESPENS. DESMÉ-DESPENS, épouse. DE CASTELNAU, officier aux gardes françaises. DUROU, lieutenant des maréchaux de France. DE MARSAN.

Messire-Etienne-Frédéric-Henri Durou est né et a été baptisé le 8 mai 1781 ; il est fils légitime de messire Jean-Baptiste Durou, chevalier, capitaine de cavalerie attaché au corps d'infanterie, seigneur de Durou et Lanneplan, et de dame Amélie-Esther-Sidonie Desmé-Dubuisson. Parrain, haut et puissant seigneur messire Esprit de St-André, lieutenant-général des armées du roi, demeurant à Paris, en son hôtel ; à la place duquel a tenu messire André-Henri de Lobit, seigneur de Monval, chevalier de Saint-Louis, ancien sous-brigadier des mousquetaires ; marraine, dame Claudine Desmé-Dubuisson, épouse de messire Planchoury, ci-devant capitaine au régiment Dauphin-cavalerie, à la place de laquelle a tenu dame Ursule Durou de Laffitte, qui ont signé avec nous.

Dupoy. Monyal. Durou de Laffitte, Durou père. Le chev. de Spens. Destignols. Marsan-Meillan. Despens-Destignols, chevalier de Saint-Louis.

—

Demoiselle Claire-Caroline-Léonarde de Labarrère est née le 21 et a été baptisée le même jour 22 août 1778 ; elle est fille légitime de messire Jean-Jacques de Labarrère, seigneur, baron de Saint-Cricq, et de dame Marguerite-Françoise-Fortunée de Labègue. Parrain, haut et puissant seigneur Mgr Charles-Léonard de Bailens, marquis de Poyanne, lieutenant-général des armées du roi, chevalier de ses ordres et gouverneur des villes et châteaux de Dax et St-Sever, à la place duquel a tenu messire Jean-Baptiste de Bats-Diusse, chevalier de St-Louis et lieutenant-colonel d'infanterie ; marraine, dame Claire de Francisqui, qui ont signé avec nous. Présents : Messire Joseph, baron de Spens, chevalier de St-Louis et lieutenant du roi de St-Sever ; messire Bernard de Foix, marquis de Candale ; messire Antoine de Batz, chevalier de St-Louis et major d'infanterie ; messire Joseph de Spens, chevalier de St-Louis, ancien capitaine de grenadiers au régiment d'Auvergne, qui ont ainsi signé :

Francisquy de Labarrère. de Diusse. de Batz. Le marquis de Foix-Candale. Le baron de Spens. Tauzin, curé de St-Sever.

—

Messire Jean-Charles-Claude de Spens est né et a été baptisé aujourd'huy 23 août 1788 ; il est fils légitime de haut et puissant seigneur Jean baron de Spens, seigneur d'Estignols et de Lagastet, maréchal des camps et armées du roy ; et de haute et puissante dame Agathe-Clotilde d'Esmé Dubuisson de Spens. Parrain : messire Claude-Thomas d'Esmé

Dubuisson, chevalier, conseiller d'Etat, président sénéchal, lieutenant général de la sénéchaussée de Saumur, pays Saumurois et haut Anjou, à la place duquel a tenu, messire Martin-Antoine de Marsan, chevalier, de l'ordre royal et militaire de St-Louis, seigneur du Hauriet et Cucurein; marraine : noble dame Marie-Anne-Claude d'Esmé Dubuisson, dame de Planchoury, à la place de laquelle a tenu demoiselle Sophie-Clotilde-Agathe de Spens, qui n'a pu signer à cause de sa jeunesse. Par nous. Le seigneur de Marsan a signé avec nous.

TAUSIN, *ancien curé de St-Sever*. DE MARSAN. Le Bᵒⁿ DE SPENS, père. DE SPENS D'ESTIGNOLS, oncle.

———

Château de Lagastet. — Mathieu-Paul-Henri de Spens, fils légitime de Jean-Pierre-Emmanuel de Spens et de Marie-Joséphine-Jeanne-Pauline de La Sudrie, est né le vingt-cinq septembre mil huit cent trente-quatre, et le premier octobre a été baptisé par nous, soussigné, curé de Cauna. Les parrain et marraine ont été Mathieu de La Sudrie, chevalier de St-Louis, et Agathe-Clothilde d'Esmé, lesquels ont signé avec nous.

Cauna, le 1ᵉʳ octobre 1834.   L. P. SEINPÉE, pbr.

  Bⁿᵉ DE SPENS née D'ESMÉ.   M. C. DE LA SUDRIE.

———

Joseph-Marie-Henri de Spens, fils légitime de Jean-Pierre-Emmanuel baron de Spens et dame Marie-Joséphine-Jeanne-Pauline de La Sudrie, a été baptisé le treize janvier mil huit cent trente-six, par nous, soussigné, curé de Cauna. Les parrain et marraine ont été M. Pierre-Joseph de Lesage, ancien colonel, chevalier de St-Louis, et Marie Benjamine de Lesage, née de Galard, lesquels ont été représentés par M. Joseph de Laborde-Lassalle et Marie-Joséphine de La Sudrie, née de Galard, lesquels ont signé avec nous.

Lagastet, le 13 janvier 1836.   L. P. SEINPÉE, pbr.

  J. A. DE LABORDE-LASSALLE.   LA SUDRIE née GALARD.

———

Joseph-Marie de Spens, fils légitime de Emmanuel de Spens et de Eliza de La Sudrie, a été baptisé le 23 décembre 1839, par nous, soussigné, curé de Cauna et Lagastet. Les parrain et marraine ont été Joseph de La Sudrie et Ernestine de Spens.

Lagastet, le 23 décembre 1839.   L. P. SEINPÉE, pbr.

———

Sorhoët *ou* **Sorhuet.** — Coupé le premier d'argent à l'aigle d'empire de sable (Concession de Charles-Quint), le second d'or à un arbre de sinople sur le fût duquel passe un sanglier de sable.

Sossionde. — D......... au cavalier.......... accompagné en chef à dextre d'une fleur de lys et à senestre d'une croix pastée.

Souhy (DE). — Écartelé au 1 et 4 d'azur au lion d'argent, au 2 d'or à l'arbre de sinople, au 3 de gueules à trois coquilles d'or 2 et 1.

Soustra-Lacoste (N...), *de la paroisse de Labatut.* — De gueules à une croix ancrée d'argent. (*Armor. de Guienne*).

Suarès d'Alan. — D'azur à la tour d'argent crénelée et maçonnée de sable, surmontée d'une aigle couronnée d'or.

EXTRAIT DES ARCHIVES DE TARTAS.

Délibération de la Noblesse et du Tiers-État de la sénéchaussée de Saint-Sever, du 1er février 1620. (M. le baron de Momuy atteste en avoir l'original dans les archives de son château).

L'an 1620 et le premier jour du mois de février, étant assemblés dans le réfectoire du couvent des Frères-Prêcheurs de la ville de St-Sever, M. Me Daniel de Barry, lieutenant-général audit siége ; Jean de Laborde, lieutenant criminel ; Matthieu de Cloche, lieutenant-général en la prevosté ; François de Poudenx, écuyer, seigneur dudit lieu ; Bertrand de Lataulade, écuyer, tous les deux syndics de la noblesse dudit siége, assistants Charles Darzac, écuyer, seigneur de Momuy ; Charles de Balis, écuyer, faisant pour le comte de Carmain, seigneur de Sault ; Arnaud Darmagnac, écuyer, seigneur de Labeyrie ; Pierre de Fortisson, écuyer, seigneur de Roquefort ; Antoine de Capdeville, écuyer, seigneur de Brassempoy ; Jean Deldouredou, écuyer, seigneur de Cazalis ; Jean de Junca, écuyer, seigneur de Monget ; Jacques de Lucmau, écuyer, sei-

gneur de Classun, et différents autres gentilshommes faisant tant pour
eux que pour le reste de la noblesse dudit siége; les sieurs Pierre du
Bourdieu et Jean de Morlane, syndics généraux du Tiers-Etat ; Arnaud
de Laborde et Jean de Cabanes, conseillers; ensemble Jean Lucat et
Marc-Antoine de Bordenave, jurats de ladite ville; Pierre de Mauvoisin,
syndic d'ycelle. Assistants à ce : Me Paul de Lartigue, procureur du roy
audit siége, les tous congrées et assemblés pour délibérer des affaires
publiques, ledit Mauvoisin faisant tant pour ladite ville que pour les syndics du Tiers-Etat, a dit et représenté qu'il y a deux affaires importantes
auxquelles il faut promptement remédier : l'une est que la commission,
qui est entre les mains du sieur de Barry pour la reddition des homages
dus au roy par les seigneurs, gentilshommes et autres possédant biens
nobles, on veut assujétir lesdits gentilshommes et autres à payer les lots
et ventes pour l'acquisition d'yceux, comme aussi le droit de prélation
saçoit que lesdits droits n'ayent jamais été demandés n'y pratiqués ;
l'autre affaire est une imposition de trente mille escus dont on dit que
ledit sieur lieutenant-général a la commission ou l'aura bientôt pour en
faire la répartition; lesquels trente mille escus proviennent d'une charge
que MM. de la Cour du Parlement de Bordeaux ont voulu jetter sur la
sénéchaussée de St-Sever pour en décharger la ville de Bordeaux. Saçoit
que ladite sénéchaussée porte ses charges particulièrement, et que ladite
ville de Bordeaux doit en faire autant de son côté, étant nécessaire pour
empêcher ladite imposition d'envoyer un ou deux députés vers Sa Majesté ; affain d'en faire une solution, la présente assemblée a été faite.
Sur quoi ledit sieur lieutenant-général s'est excusé d'opiner, et après
que tous les suffrages des sus-nommés ont été colligés et conférés par
la plus grande et la plus saine voix, a été délibéré et atnoté (adopté)
qu'on se pourvoira devers Sa Majesté pour empêcher l'introduction desdits droits sur les seigneurs et bien nobles, et aussi pour empêcher l'imposition desdits trente mille écus et en obtenir décharge. Et pour cet
effet, lesdits sieurs de Lataulade et Bordenave ont accepté et néanmoins
ont est aussi arrêté que de ce dessus sera donné avis aux autres siéges
de la sénéchaussée, et seront priés de fournir aux frais ; de quoi lesdits
sieurs du Bourdieu et de Morlane ont pris la charge, et pour subvenir
aux frais dudit voyage, a été convenu qu'il sera emprumpté la somme de
mille livres, et qu'on fournira deux particuliers qui s'obligeront pour le
relèvement desdits syndics ; et ayant été, ledit sieur de Laborde, requis
par ledit de Lucat et de Mauvoisin de donner la présente délibération,

21

s'est excusé, à cause de quoi ledit sieur de Cloche l'a dressée, et à icelle s'est soussigné. Ainsi signés : Cloche, lieutenant-général de la prévosté ; Poudenx et Lataulade, syndics de la noblesse; Arzac; Duval; Lucat, jurat; Bordenave, jurat; Capdeville; Mauvoisin, syndic; Rochet, trésorier; Cabanes; Lucmau; Laborde, conseiller du pays; Armagnac; Fortisson; Cazalis; Dubourdieu, syndics; Morlane, syndic, et d'Arbo, greffier.

DE **Talleyrand-Périgord**, *prince de Chalais*. — D'azur à trois lionceaux couronnés d'or.

Alias. — De gueules à trois lions d'or armés, lampassés et couronnés d'azur.

Tauzin. — D'azur semé de fleur de lys d'or à la bande du même chargée de trois lionceaux de sable. (*Dict. de la Noblesse*).

DE **Tauzin**, écuyers, seigneurs de BONNEHÉ et de LAFEURÈRE, *en Guienne*. — D'or au chêne de sinople accosté de deux lions affrontés de gueules.

Tel est le blason déclaré en 1697-98 à l'*Armorial général de France*, par M. Etienne de Tauzin, conseiller du roi au sénéchal de St-Sever, et à défaut de preuves contraires, on croit qu'il est commun à la branche de Tauzin de Bonnehé, dont nous allons déduire la filiation :

1er *Degré.* — Bernard de Tauzin, premier du nom, avocat au Parlement de Bordeaux, allié à Marguerite d'Estoupignan, d'une noble et ancienne famille de St-Sever, maria sa fille demoiselle Jeanne de Tauzin avec Etienne de Batz, écuyer, docteur en droit, conseiller du roi au siége de St-Sever, par contrat du 1er février 1552 (*Nob. de Guienne*, tome I), et fut aussi père : 1. De Jean de Tauzin, qui a continué la postérité ; 2. Dom Etienne de Tauzin, prieur des Bénédictins ; 3. Me Bernard de Tauzin, bayle de l'abbé de St-Sever, mentionné en divers actes en 1578 et 1590, était âgé de quarante-six ans à cette date, et naquit par conséquent en 1546, fut l'auteur de la branche de Tauzin de Lafeurère, à laquelle appartenaient Etienne le Conseiller, 1698 ; noble Joseph de Tauzin, capitaine à l'armée d'Allemagne et chevalier de St-Louis en 1730-1745 ; et enfin messire Joseph de Tauzin, prêtre et curé de St-Sever, 1782-1790.

2e *Degré*. — Jean de Tauzin, sieur de Bonnehé, avocat ez la Cour, jurat de la ville de St-Sever, assista en 1620 au contrat de mariage de noble Guy de Cabannes, écuyer, et damoiselle Quitteyre de Lartigue, et fut jurat de la ville de St-Sever et mourut dans ces fonctions, comme l'établit la note suivante de son fils :

« Le 10 octobre 1626, M. de Tauzin, mon père, mourut, était jurat, et fut apporté dans l'église paroissiale sur une table, découvert avec le chaperon, robe et bonnet. La ville porta le premier deuil et paya le luminaire et tous les frais qui se firent pour l'enterrement. Je fus laissé avec deux sœurs, l'une qui était fiancée à M. de Moura de Castelsarrazin. »

Jean de Tauzin avait été marié à mademoiselle de Marsan, dont il eut : 1. N... de Tauzin, demoiselle, mariée à M. de Lartigue ; 2. demoiselle de Tauzin, mariée à M. de Ladoue, lieutenant-général en la prévosté ; 3. Pierre de Tauzin de Bonnehé, qui suivra ; et autre demoiselle de Tauzin, mariée le 10 novembre 1626 à M. de Moura de Castelsarrazin.

3e *Degré*. — Pierre de Tauzin, seigneur de Bonnehé, s'allia avec damoiselle d'Arracq de Vignes, fille de noble Jean Darrac de Vignes, capitaine, et de damoiselle d'Anglade de Roumefort, par actes de fiançailles du 5 avril 1626, et contrat du 3 juin 1626, où il fut assisté de M. de Tauzin, son oncle ; ses cousins ; de Marsan, lieutenant assesseur ; d'Auzoles ; de Cloche sieur de Lahouze ; et de Hauriet ; de Barry, lieutenant-général ; de Ladoue, son beau-frère, lieutenant en la prévosté ; de Laborde, conseiller ; de Lartigue et de Tuquoy, advocat et procureur du roi ; Betbedat et ses sœurs. La cérémonie des noces eut lieu à Sault de Navailles le 13 février 1627. Demoiselle Françoise Darracq, assistée de M. et mademoiselle de Vignes, ses père et mère ; de sa sœur ; de M. de Barinques, son beau-frère, et Crabos, son cousin. M. de Lassalle, vicaire, leur impartit la bénédiction nuptiale en l'église Notre-Dame de Sault.

On lit en la généalogie des vicomtes de Lomagne, par La Chesnaye des Bois :

XXIe *Degré*. — Gaston de Lomagne-Terride, seigneur de Barinque, vicomte d'Escures, St-Loup, Simacourbe, vicomte titulaire de Terride, abbé Laïc de Vausé, épousa le 2 février 1627 Jeanne de Sault d'Arracq, fille de Jean d'Arracq, baron de Sault, seigneur de Vignes, Broustau, Beyrie, Marpats, Nassiet, etc., et de Magdelaine-d'Anglade de Ramefort. Le contrat de mariage est du 19 février 1623.

Pierre de Tauzin de Bonnehé eut de son mariage :

1. Demoiselle Jeanne de Tauzin, née le 26 mars 1628, mariée à M. de Cloche (Daniel, sieur de Mauléon).

2. Noble Gabriel de Tauzin, qui suivra.

3. Magdelaine de Tauzin, née le 13 mai 1631, mariée le 1er mai 1649 à M. Jean de Captan le Cadet, en eut : Demoiselle Jeanne de Captan, née le 15 novembre 1650, mariée le 20 avril 1667 à noble Joseph-Marie de Batz, écuyer, conseiller du roy, lieutenant particulier au siége de Saint-Sever, seigneur vicomte d'Aurice, Escoubès, Lamothe, Leluy et Sainte-Arailles.

4° *Degré*. — Gabriel de Tauzin, écuyer, seigneur de Bonnehé, né le 26 avril 1629, se maria le 10 août 1654 à demoiselle Roquette de Castaignos, fille de M. de Castaignos et de demoiselle de Sort, dont il eut sept enfants, savoir : Pierre de Tauzin, né en 1656 ; Jean-Pierre, né en 1658 ; Jean-Pierre, né en 1660, prêtre, docteur en théologie ; Daniel de Tauzin, jumeau, qui continue la postérité ; Marie de Tauzin, née en 1664, mariée le 26 novembre 1686 à M. de Brethous ; Estienne, né en 1665 ; Agne de Tauzin, née en 1666, abbesse de Ste-Claire, à Tartas.

V^o *Degré*. — Noble Daniel de Tauzin de Bonnehé, écuyer, lieutenant-colonel commandant le 3e bataillon du régiment royal, chevalier de l'ordre royal et militaire de St-Louis, naquit à St-Sever le 8 juin 1663, et fut baptisé par M. de Cloche, curé. Son parrain fut M. Daniel de Cloche, et sa marraine madame de Lartigue, sœur du père. Gabriel de Bonnehé étant mort le 21 novembre 1678, dame Roquette de Castaignos prit l'administration de ses enfants ; Jean-Pierre, deuxième né, fut envoyé à l'armée sous la direction et commandement de M. Dussaut, capitaine au régiment de Touraine, décembre 1678.

Daniel de Tauzin entra au service à l'Ecole des Cadets le 17 janvier 1682, et parvint au grade de lieutenant-colonel, commandant le 3e bataillon du régiment royal ; il quitta les armées du roi après vingt-sept ou vingt-huit ans de service, 1709-1710, et se maria avec Suzanne de Lagoeyte, fille de noble Jean de Lagoeyte. Sa postérité suivra.

Sa famille a conservé la tradition de l'épisode suivant qui se rattache au voyage des ducs de Bourgogne et de Berry de Dax à Nogaro, lorsque ces princes se séparèrent de leur frère le duc d'Anjou, roi d'Espagne, janvier 1701 :

« Un duc (de Bourgogne) étant passé à St-Sever, Daniel de Tauzin qui l'avait connu lorsqu'il servait au régiment royal, fut choisi par les habitants de la ville pour aller le recevoir aux portes de la cité. Monseigneur, lui dit Daniel, je vous offre les clefs de la ville, le cœur de ses habitants et la meilleure barrique du vin de ma cave. — Eh bien ! Bonnehé, lui répondit le duc, nous la boirons ; et ses soldats tinrent la parole de leur chef. »

Daniel de Bonnehé étant mort en 1719, laissa plusieurs enfants en bas âge sous la tutelle de Jeanne de Lagoeyte : Jean-Charles de Tauzin, né en 1711 ; Marie, née en 1712 ; Pierre de Bonnehé, qui continue la postérité ; autre Pierre, née en 1717 ; Jeanne, née en 1718 ; Agnès de Tauzin, née en 1719, mariée à M. d'Arbins de Larrigade.

VIe Degré. — Noble Pierre de Tauzin, seigneur de Bonnehé, naquit à St-Sever le 25 juillet 1713, fut baptisé le lendemain par M. de Portets, curé, et eut pour parrain M. de Brethous, et marraine madame de Lagoeyte ; écrivit en 1747 les notes suivantes sur sa famille :

« Moi, noble Pierre de Bonnehé, qui est mon surnom, mon nom de famille étant Tauzin, c'est le nom dont mes pères s'appelaient, j'ai épousé Jeanne de Brethous-Peyron, ma petite-nièce, sa grand'mère étant sœur de Daniel de Bonnehé, feu mon père, commandant un bataillon dans royal-infanterie, le 2 octobre 1747, à St-Sever. J'ai cinq enfants : Joseph, Pierre, Bénoît, Marie, Marguerite.

» J'ai soutenu un procès sur la hauteur de la digue du Moulin-Neuf (sur le Gabas) contre Christophe de Bourdeau, directeur de la monnaie de Toulouse ; il fut obligé de le baisser, et le moulin qu'on appelle Moulin-Neuf n'en fut pas moins bon, quoiqu'il fut obligé à le baisser de douze pouces et demi.

» L'arrêt est du 25 juillet 1755 ; il en survint un autre le 17 avril 1757, lequel procès m'en attira un autre sur ma qualité, qui fut jugé le 18 juillet 1757 en ma faveur. La tradition de la famille est que ce jugement de maintenue de noblesse fut prononcé par la juridiction de la table de marbre, appelée autrement de la connétablie et de la maréchaussée, et composée de NN. SS. les maréchaux de France. » En effet, soit par leur haute cour de Paris, soit par les lieutenants qu'ils avaient en province, les maréchaux étaient juges du point d'honneur et arbitres des querelles qui survenaient entre les gentilshommes.

Pierre de Bonnehé, fils aîné de mademoiselle de Brethous, fut prêtre et Barnabite, 1770-1774.

Benoît, le troisième, servit dans la marine et mourut jeune encore.

Marie-Marguerite de Bonnehé fut mariée à M. Capdeville, avocat au Parlement. Joseph suivra.

VIIᵉ *Degré*. — Noble Joseph de Tauzin, écuyer, seigneur de Bonnehé, fils et héritier de Pierre de Bonnehé et de Jeanne de Brethous, suivit la carrière militaire en Espagne, et servit Sa Majesté Catholique comme garde Wallone, Mais en 1774, son frère le marin étant mort, Joseph fut obligé de retourner en France, et le 21 novembre 1775 se maria avec demoiselle Elisabeth de Laborde-Meignos. M. de Tauzin, curé de Saint-Sever, fit la cérémonie nuptiale dans la chapelle de Meignos. De ce mariage, il eut entre autres : 1. Noble Pierre de Bonnehé; 2. Michel de Tauzin de Bonnehé, et demoiselle Agathe de Tauzin de Bonnehé, mariée à M. de Colombots.

1º Noble Pierre de Tauzin-Bonnehé, né le 10 janvier 1777, commença ses études à Dax et s'enrôla dans les levées en masse lorsque la patrie en danger fit appel au dévouement de ses enfants. En 1800, sergent-major à Bastia (Corse). Son éducation le fait rechercher par les bonnes familles de l'île; il reçoit dans la maison de Bonaparte un bienveillant accueil, et un moment l'idée d'un mariage avec la sœur du futur Empereur traverse son esprit; il demande conseil à son père, pour lequel il professe un grand respect. Celui-ci n'a pas de peine, à cause de son extrême jeunesse, à le dissuader d'un tel projet.

En l'an II, en Savoie au Mont-Cénis.

En 1804, sous-lieutenant et député par son corps que commande le général Morand pour assister au couronnement de Napoléon Iᵉʳ.

En 1806, dans la Calabre ultérieure, il est chargé avec son bataillon de défendre le fort de Scylla attaqué par une escadrille anglaise; malade et travaillé par la fièvre, il quitte son lit pour aller au milieu de sa compagnie repousser l'assaut des Anglais. Le succès couronne sa bravoure; l'ennemi s'éloigne. Pierre de Bonnehé va chercher un peu de repos dans son appartement, lorsqu'une dernière batterie des assaillants lâche son feu de loin et au hasard sur le fort; un boulet pénètre par le jour de la chambre, et frappant l'héroïque jeune homme, sépare sa tête de son corps. Ainsi finit ce fils aimé que son intelligence et ses liaisons avec la famille Bonaparte auraient élevé à de hauts grades.

Joseph de Tauzin de Bonnehé n'avait plus de ses sept enfants que Michel et Marie-Agathe-Mélanie; il avait assisté, du 15 mars au 1er avril 1789, à toutes les assemblées de la noblesse des Landes à Dax, et il est mort dans un âge avancé depuis 1830.

VIIIe *Degré*. — Noble Michel de Tauzin de Bonnehé, né le 9 avril 1780, fut placé comme interprète espagnol par son oncle, M. Darbins de Larrigade, commissaire de la marine à Bordeaux, sur un corsaire autorisé, et prit une part active aux combats de cette époque; et tandis que Pierre expirait en Calabre, Michel recevait à la hauteur de Vigo de graves blessures. Le 10 avril 1813 se maria civilement à Grenade, et le 10 août suivant contracta religieusement avec demoiselle Josèphe-Farbos de Luzan (décédée il y peu de temps), dont il a eu quatre enfants vivants :

IXe *Degré*. — 1. Dame Marie-Agathe-Amelina de Bonnehé, mariée à M. Lanusse, à Nogaro.

2. M. Simon-Jean-Pierre-Eugène de Bonnehé, né en 1820.

3. M. Joseph-Marcel-Henri de Bonnehé, né en 1823, marié le 3 janvier 1855 à demoiselle Farbos de Luzan, sa cousine, dont il a plusieurs enfants.

4. Michel-Paul de Bonnehé, né le 30 mars 1827.

———

BRANCHE CADETTE DE TAUZIN SUR LAQUELLE ON NE DONNERA QU'UNE FILIATION ÉBAUCHÉE.

Ier *Degré*. — M. Bernard de Tauzin-Bayle (Bailli), de la ville de St-Sever, né en 1544, est présumé frère de Bernard Ier de Tauzin, marié à Marguerite d'Estoupignan, et fut allié lui-même à damoyselle Jeanne de Lucat, qui était veuve en 1612 le 20 juin. (*Archives de Saint-Sever*). Il en eut :

2e *Degré*. — M. Jean de Tauzin, avocat au Parlement (1612-1620), qui assista, en 1626, au mariage de M. de Tauzin-Bonnehé avec demoiselle d'Arracq de Vignes, est qualifié son oncle le Bayle, ayant succédé à son père dans cette charge.

3e *Degré*. — M. Pierre de Tauzin, homme d'armes, fils et successeur de Jean (*Archives de l'auteur*), eut comme continuateur de son nom Etienne, qui suit.

IV° *Degré*. — M. M° Etienne de Tauzin, conseiller du roi au siége, sénéchal de St-Sever (1660-1690), fut marié à dame Marie de Captan, dont il eut plusieurs enfants :

1° Jacques de Tauzin.

2° Noble Jean de Tauzin, sieur de la Feurère, vivait de 1680 à 1720.

3° Noble Joseph de Tauzin, officier en l'armée d'Allemagne en 1735-1736, capitaine et chevalier de St-Louis en 1745, était au service avec plusieurs de ses concitoyens, tels que M. Duhaut, capitaine au régiment de Lorraine ; M. de Compaigne, capitaine-major (*idem*) ; M. de Laas de Lataulade, tous les trois chevaliers de St-Louis ; M. de Prugue, capitaine au régiment de Piémond, et noble Jean-Ignace de Cabannes de Cauna, officier au même régiment de Lorraine.

VI° *Degré*. — Messire Joseph de Tauzin, prêtre et curé de St-Sever (1770-1782), était aussi prébendier de la prébende de Tortigues en St-Sever, et avait résigné sa cure avant 1789. Il assista le 20 octobre 1782 au mariage de messire noble Clair-Joseph de Cabannes de Cauna, chevalier, seigneur baron de Cauna et de Mauco, avec Marie-Périne de Compaigne.

Messire Etienne de Tauzin, écuyer, frère du curé, vivait aussi dans la seconde moitié de XVIII° siècle, et possédait avec son frère et ses sœurs la maison de la Feurère, non loin de St-Sever (1760-1770).

Pièces justificatives.

L'an 1577 et le 25 juillet, jour et fête de M. St-Jacques, dans l'église et monastère et abbaye ordre de St-Benoît de la ville de St-Sever, sénéchaussée des Lannes, s'est assemblé le conseil commun pour procéder à la nomination et élection de deux jurats, trésorier et syndic pour la présente année qui sera écheue et finie en semblable jour et fête de St-Jacques, an révolu (1578). Etaient présents : MM. Destoupignan, clerc ; Raymond du Marsan et Antoine de Benquet, jurats ; Louis Dutauzin ; Bernard Dutauzin ; Pierre Dutauzin et Dutauzin le jeune. Et par-devant M. Dabadie, lieutenant particulier de M. le sénéchal des Lannes au présent siége ; et Bernard Dutauzin-Baile pour M. l'abbé ; M° André de Poységur, procureur du roi audit siége, ont été élus MM° Philibert de Sort et Jean du Basquiat, jurats ; Pierre de Bensin, trésorier, et M° Jean Dutilh, syndic. Pierre DE MEN, *notaire royal*.

Collationné par M. Bourdeau, conseiller secrétaire du roy, maison couronne de France, audiencier en la chancellerie près la Cour des Aides de Guienne. (*Titres de Bonnché.*)

1590. — M. Bernard du Tauzin, baille de la présente ville de St-Sever et procureur au siége d'icelle, habitant de ladite ville, âgé de quarante-six ans ou environ, tesmoins adjourné, receu et fait jurer dire vérité enquis comme lesdits tesmoins précédents, dit qu'il a connu feu M. Me Jacques de Tuquoy, en son vivant lieutenant-général audit siége puis le temps de trente-deux ans desquels il a bonne mémoire, et feue Anne de La Vie, damoiselle sa femme, et pendant ledit temps et jusques en l'année 1578 qu'il décéda au mois d'aoust, comme lui semble, c'est y que ledit feu de Tuquoy a contentement de tous ceux dudit siége, bien fait et exercé les offices de lieutenant-général sans reproche aucune. Et en événement qu'il eust fait le contraire, lui qui dépose l'eut sçeu, parce qu'il lui fallait souvent solliciter pour les parties qu'il avait, et le voyait aux audiences où il assistait ordinairement comme procureur. Sait aussi que M. Sever de Tuquoy, advocat, tant en ladite cour de Parlement de Bordeaux qu'en ce dit siége, est fils naturel et légitime desdits feus de Tuquoy et de La Vie, ses père et mère; et est souvenant de l'année de sa naissance, qui feust l'année 1563, et que M. Sever du Lucat, conseiller dudit siége, feust son parrain, le tint aux fonts baptismaux en l'église paroissiale de la présente ville; y estant ledit feu de Tuquoy, présent, et austres officiers du roy de ladite ville, et plusieurs bourgeois et personnes notables d'icelle, que lui qui dépose vit entrer en ladite église ledit jour que M. Sever fut baptisé. Et estant parvenu à l'âge de cinq à six ans, à tel qu'il dépose vu que ledit feu de Tuquoy le fait instruire aux bonnes lettres, tant ledit M. Sever que aussi Louis de Tuquoy sont fils, et que pour se faire il tenait un maître à sa maison, et les envoya avant son décès à Bordeaux pour estudier, où depuis ledit M. Sever aurait resté un très longtemps, continuant ses études, et après s'en serait allé en la ville de Tholose pour y estudier en la jurisprudence, où il avait demeuré quatre ans ou environ. Et pendant ces dites études, il a vu revenir en cette ville, par trois diverses fois, ledit de Tuquoy, durant le temps qu'il a demeuré en ladite ville; il n'a vu que ledit M. Sever de Tuquoy ait fait d'autre exercice que de la religion catholique, apostolique, romaine, ce qu'il asseure pour l'avoir vu assister aux services divins en ladite église paroissielle. Outre ce, depuis cinq ou six mois qu'il est arrivé de ladite ville de Tholose, qu'il a vu que ledit messire Sever de Tuquoy, comme faisant profession d'advocat, hantait et fréquentait le barreau, et la plupart du temps assistait aux audiences parmi les plus doctes personnages. Ouy, tenir pour chose assurée et véritable qu'il est bien versé, tant dans les lettres humaines qu'en la jurisprudence, et homme digne pour exercer un état et office royal. Au surplus, ledit M. Sever, homme bien né, paisible et sans reproche, comme il sait très bien pour être fils natif de la présente ville domicilié en icelle, et avoir comme sesdits feus père et mère, et le connaître aussi à luy, puis le susdit temps, sans qu'il soit son parent allié, ni domestique, plus n'en dit. Ainsi signé du Tauzin.

(*Titres de Pichard*).

1683. — Le 29 avril 1683, naquit Jacques de Tauzin, fut baptisé le 30ᵉ du même mois, et au fils de M. Etienne de Tauzin, conseiller du roi au siége de St-Sever, et de demoiselle Marie de Captan. Parrain et marraine : Noble Jacques de Cabannes, escuyer, seigneur de Lanneplan, et dame Jeanne de Captan, religieuse Ursuline ; et à sa place a été tenu par Catherine Leblanc (noble Catherine Leblanc de Labatut, dame de Captan) : Présents : Noble Pierre de Captan, et noble Jean de Marsan, qui ont signé avec moi.·

DE CLOCHE, *curé*. TAUZIN. CABANNES, parrain. CAPTAN, présent.
Catherine LEBLANC, pour la marraine.

Le 6 mars 1696, après les publications d'usage et l'obtention des dispenses pour cause de consanguinité, ont été conjoints en mariage noble Adam-Joseph de Captan, et demoiselle Romaine-Josèphe de Tauzin, en présence de M. Pierre de Captan, maire de la présente ville de St-Sever, et M. Armand de Lartigue de Pelesté. La cérémonie fut faite par M. de Capber, curé de Baüs, avec la permission de M. le curé de St-Sever. Et ont signé.

Etats de service, Nom et signalement du militaire DE BONNEHÉE, *quelquefois* BONHÉE. — DÉTAIL DES SERVICES.

Capitaine dans le régiment Royal-infanterie le 16 novembre 1693.

Remplacé dans le commandement du 3ᵉ bataillon de ce régiment le 23 février 1718, par suite de sa retraite.

Point de renseignements antérieurs à 1693. Signalé comme prisonnier de guerre sur un état de septembre 1705.

Chevalier de St-Louis.

En foi de quoi le présent certificat a été délivré pour servir et valoir ce que de raison.

Paris, le 13 août 1863.

Le Conseiller d'Etat, directeur des Archives et Décorations, DARRICAU.

Outre les alliances directes de la famille de Tauzin de Bonnehé avec les d'Estoupignan, d'Arracq de Sault, de Terride-Barinque, de Captan, de Castaignos, de Lucat, de Ladoue, de Lartigue, etc., les doubles mariages avec la famille de Brethous ont établi une autre série d'affinités. Laurent de Brethous vivant en 1700, était marié à demoiselle Catherine du Brocq de Bayonne ; et les sœurs de M. de Brethous s'allièrent, l'une à M. de Spens d'Estignols, écuyer ; l'autre à noble de Girard d'Onnesse ; la troisième à noble Philibert d'Ortès. En 1722, M. de Batz-Diusse se maria à Tartas avec demoiselle Françoise de Lagoeyte, fille de noble Jean de Lagoeyte, lieutenant-général d'épée au siége de Tartas ; et madame de Diusse était sœur de Suzanne de Lagoeyte de Bonnehé (1710).

———

Trubessé (DE), baron de TRUBESSÉ, CABIDOS, ARBLEIX et PICHEBIN. — D'or à l'aigle de sable tenant dans ses serres une épée posée en fasce et dans son bec une flèche.

DE **Tuquoy** (Jean-Cristophe), écuyer, seigneur de PUTS et de TINGON, baron de MONTAUT. — D'azur à un pélican d'or dans son nid d'argent. (*Armor. de Guienne*, 1698).

Parti au 1 d'azur à trois poissons d'argent ; le premier en fasce, les deux autres en pal naissant d'une rivière d'argent, qui est de Pichard de Lagrave, baron de Saucats ; le 2 d'azur à un pélican d'or, qui est de Tuquoy de Tingon.

I. Noble Isaac de Tuquoy, habitant de la prévosté d'Acqs, marié à damoiselle Léonore de Vigneau, assiste en 1518 au mariage d'Odet de Tuquoy, écuyer, son fils, et laisse de son mariage : 1. Odet ; et 2. noble Herman de Tuquoy, capitaine, vivant en 1518.

II. Noble Odet de Tuquoy, marié le 22 janvier 1518 à damoiselle Jeanne de Navailles, fille de noble Bertrand de Navailles, capitaine, seigneur de la maison noble de Baure à Ste-Suzanne (Orthez), et de dame Corisando d'Arangosse. Le contrat de mariage retenu par Jean de Perié, notaire de Larbey. Odet fut père de Jacques.

III. Noble Jacques de Tuquoy porta les armes dans sa jeunesse et fut successivement investi par autorité royale des charges de lieutenant particulier, lieutenant-général civil et criminel de M. le sénéchal des Lannes au siége de St-Sever, et fut député de la sénéchaussée de St-Sever aux Etats-Généraux en 1560. Il épousa par contrat du 11 novembre 1546, à Sault de Navailles, damoiselle Anne de Lavie, fille de noble Archambault de Lavie, écuyer, seigneur de Monclupe, et de damoiselle Magdelaine de Bages, assisté de noble Bertrand de Tuquoy, son oncle, et mourut à St-Sever au mois d'août 1578, laissant : Sever de Tuquoy, qui suivra ; Louis de Tuquoy, bourgeois de la ville de Bordeaux, et Frère Jean de Tuquoy, bénédictin sacristain du monastère de St-Sever Cap, abbaye de St-Benoît.

IV. Noble Sever de Tuquoy, avocat du roi au sénéchal de St-Sever, né en cette ville le 15 mai 1563, fut tenu sur les fonts baptismaux de l'église de St-Sever par M. Sever de Lucat, conseiller du roi au sénéchal, et Magdelaine de Lavie, damoiselle, femme de M. Jean Dutilh, enquesteur audit siége ; reçut en 1590 les provisions de la charge d'avocat du roi au sénéchal de St-Sever ; fut marié à damoiselle Quitteyre d'Embidonnes, et ne vivait plus en 1612-1614. Il laissa : 1. Jean-Jacques de Tuquoy ; 2. Cristophe de Tuquoy, avocat ez la Cour en 1629 ; 3. Jeanne de Tuquoy, damoiselle, mariée en 1614 à noble Bernard de Cabannes, avocat du roi au sénéchal de St-Sever, veuve en 1620-1629. Elle convola en secondes noces avec noble Cristophe Dupoy, capitaine au régiment royal et de Béarn, et en eut : Nobles Jean et Matthieu Dupoy, 1641 ; N... de Tuquoy, damoiselle, mariée avec noble Pierre de Trubessé, seigneur dudit lieu, vivait en 1630-1637 ; 5. Marthe de Tuquoy, damoiselle, mariée à messire Cristophe de Chèze, conseiller du roi au sénéchal de St-Sever, 1629-1650 ; 6. Françoise de Tuquoy, damoiselle, vivait en 1629 ; 7. Jeanne II de Tuquoy, damoiselle, vivant en 1629, fut mariée à messire Paul de Cabannes, frère de Bernard ; 8. messire Cristophe de Tuquoy, seigneur, abbé de Pimbo, vivait en 1650-1669.

V. M. Jean-Jacques de Tuquoy, écuyer, avocat du roi au siége de St-Sever, fils et héritier de noble Sever de Tuquoy, seigneur de la caverie de Puts, en fournit un dénombrement en 1620, et fut marié par contrat du 7 février 1623 avec damoiselle (1647) Jeanne de Sosciondo, fille du sieur Martin de Sosciondo, citoyen de la ville de Bordeaux, et de damoiselle Jeanne de Seguin, et eut : 1. Damoiselle Marguerite de Tuquoy, qui vivait en 1645 (*Registres de Mugron*); 2. Noble Jean-Jacques de Tuquoy, baron de Montaut, son héritier ; 3. Jacques-Cristophe de Tuquoy assiste en 1650 au mariage de son frère ; est seigneur abbé de Pimbo de 1669 à 1704 ; 4. Messire Cristophe de Tuquoy, prêtre, ancien abbé de Pimbo, seigneur de Toulousette, Miremont, Poy, Patin, et de la moitié de la terre de Montaut en 1705.

VI. Noble Jean-Jacques de Tuquoy, écuyer, conseiller du roi et son advocat au siége de St-Sever, seigneur de Poy, Patin, Tingon, baron de Montaut, et en sa partie de Ste-Croix, marié par contrat du 7 avril 1650 à dame Isabeau d'Estoupignan de Tingon, fille de noble Ramon d'Estoupignan, seigneur baron de Tingon, et de damoiselle Isabeau de Poyusan , fournit plusieurs dénombrements de ses terres nobles de Puts et de Tingon en 1679, fit son testament à Montaut le 10 septembre 1689, et mourut le 12 du même mois à St-Sever Cap, laissant héritiers son fils et sa femme. Avait eu de son mariage Jean-Cristophe, Jeanne, Isabeau, Arèse et Jeanne de Tuquoy.

Noble dame Isabeau de Tuquoy fut mariée à noble Jean de Biaudos de Castéja, de la ville de Dax, était veuve en 1728, et signa en 1722 au contrat de mariage de noble Jean-Jacques de Lalande, seigneur d'Escanebaque, avec demoiselle Françoise de Soustra. (*Titres de Borda*).

Dame Jeanne de Tuquoy, mariée en 1703 à messire Gabriel de Pichard, écuyer, conseiller au Parlement de Bordeaux, seigneur baron de Saucats, seigneur de La Grave, porta à son mari les terres de sa maison, et mourut avant 1717, laissant Marie-Thérèse de Pichard, mariée à noble Jean-Remi de Bachelier en 1728 ; Isabeau de Pichard de Miremont, et messire Pierre de Pichard, seigneur baron de Saucats et le Barp-Toulousette, Poy, Patin et Miremont, et en sa partie de Montaut, seigneur haut justicier, moyen et direct desdits lieux, conseiller du roi au Parlement de Bordeaux et autres. (*Voir le Nobiliaire de Guienne*).

VII. Noble Jean-Cristophe de Tuquoy, écuyer, chevalier seigneur de Puts et Tingon, baron de Montaut, déclara ses armoiries à l'*Armorial de Guienne* (1698), fut convoqué au ban et arrière-ban de la noblesse de St-Sever en 1693 et 1702 ; marié à dame Jeanne-Marie Doroquin ou de Rogneu (1700-1714), testa en sa faveur en 1702-1714, et mourut sans enfants.

Addition. Abbatia de Pendulo seu de Pimbo ; XI. Cristophorus de Tuquoy, provisionem ab episcopo consequitur die Iª. Augusti anni 1631, possessionem adipiscitur ante sequentem ; cessit vero, anno 1669 ; XII. Christophorus II de Tuquoy nepos præcedentis ; regi ab Eleemosynis eligitur a capitulo, 31 octobris, anno 1669 ; eodem die possessionem adeptus, abdicavit, anno 1704 ; XIII. Cristophorus III de Tuquoy, præcedentis frater eligitur, anno 1704, die 27 septembris. (*Gallia Christiana*, tome I).

Pièces justificatives.

1er Février 1614. — Au nom de Dieu, soit sachent tous présents et advenir, que cejourd'hui 1er février 1614, après-midi, dans la ville de St-Sever et maison des héritiers de feu M. Me Sever de Tuquoy, en son vivant, advocat du roi au présent siége, pactes et accords de mariage ont été faicts et passés conformément et suivant les articles cy-devant, et dès le 8 novembre 1612, accordés et faits sous les seings des parties, entre M. Bernard de Cabanes, avocat du roy, fils légitime et naturel de feu noble Jean de Cabanes et de damoiselle Jehanne Dupin, habitants de la paroisse de Lamothe ; et Jehanne de Tuquoy, damoiselle, fille dudit feu sieur Sever de Tuquoy, et demoiselle Quitterie d'Embidonnes, habitants de cette ville ; en présence de ladite d'Embidonnes, sa mère, et de Frère Jean de Tuquoy, religieux, sacristain du monastère et abbaye ordre de St-Benoît de la présente ville, son oncle paternel ; M. Me Matthieu de Cloche, lieutenant du prévost royal de la présente ville ; Cristophe de Lartigue, procureur du roy ; Daniel d'Embidonnes, sieur de La Rue d'Espaigne ; Jean de Tausin, advocat ez la Cour.   Durou, *not. royal.*

17 Novembre 1629. — Pactes de mariage entre M. Paul de Cabannes, advocat en la Cour, fils de Jean de Cabannes et de Jehanne Dupin ; et damoiselle Jehanne de Tuquoy, fille de feu M. Me Sever de Tuquoy, advocat du roy, et de demoiselle Quitteyre d'Embidonnes, en présence de ladite d'Embidonnes ; de M. Me Jehan-Jacques de Tuquoy, advocat du roy au présent siége, et M. Cristophe de Tuquoy, advocat ez la Cour, ses frères germains ; Jehanne de Tuquoy, damoiselle, veuve de feu Me Bernard de Cabannes, en son vivant advocat du roy audit siége ; Marthe de Tuquoy, damoiselle, femme de M. Me Cristophe de Chèze, conseiller du roy au présent siége ; Françoise et autre Jehanne de Tuquoy, damoiselles, ses sœurs germaines ; ledit sieur de Chèze ; Frère Jehan de Tuquoy, religieux et sacristain du monastère et abbaye de l'ordre de St-Benoist de la présente ville, son oncle paternel ; sieur Bernard du

Basquiat, bourgeois de la présente ville, son parrain ; damoiselle Jehanne de Sociondo, femme dudit sieur de Tuquoy, avocat du roy, sa belle-sœur ; sieur Pierre de Tuquoy ; sieur de Pican, bourgeois de Bourdeaux ; Frère François de Tuquoy, religieux de ladite abbaye, prieur de l'Isle St-Georges, ses cousins germains, et autres parents et amis.

DE SAINT-GENEZ, notaire royal.

—

9 Avril 1640. — Contrat de mariage de noble Jean de Cabannes, fils de Bernard et de Jehanne Ier de Tuquoy, avec damoiselle Catherine de Lespès, fille d'Arnaud de Lespès, seigneur de Prous, et de Marguerite de Laborde, damoiselle, ses père et mère. Le sieur de Cabannes, de l'avis et consentement vouloir et assistance de ladite demoiselle Jehanne de Tuquoy, sa mère ; de Frère François de Tuquoy, prieur de St-Georges, religieux profès de l'abbaye et ordre de St-Benoît de ladite ville ; M. Paul de Cabannes, avocat en la Cour ; M. Jean-Jacques de Tuquoy, conseiller et avocat du roy au présent siége ; M. Me Christophe de Chaize, aussi conseiller du roy audit siége ; Cristophe Dupoy, capitaine ; M. Bertrand de Cloche, seigneur de Lahitte ; Pierre de Basquiat ; Bernard de Lafaysse ; Sever Dupin ; Jehan de Cabannes (le vieux), advocats ; demoiselle Quiteyrie Dembidonnes ; Jeanne de Sossiondo ; Marthe de Chaize ; Françoise de Tuquoy ; Anne de Sanguinet, demoiselle, et autres ses parents et amis, etc. DUROU, <i>notaire royal.</i>

—

1675 (Pierre de Cabannes). — Le 23 février 1675, en la ville de St-Sever, pactes et accords de mariage ont été faits, passés et accordés entre noble Pierre de Cabannes, fils légitime de noble Jean de Cabannes et de damoiselle Catherine de Lespès, et Louise de Portets, damoiselle, fille de M. Louis de Portets et de damoiselle Françoise de Larhède, ses père et mère, tous habitants de St-Sever ; ledit de Cabannes, de l'avis, assistance et consentement de ses père et mère ; de M. Jean-Jacques de Lespès, advocat ez la Cour, naguère lieutenant criminel au présent siége ; Jean-Jacques de Tuquoy, seigneur de Montaut ; Cristophe de Tuquoy, seigneur, abbé de Pimbo ; nobles Jean et Matthieu du Poy ; Isabeau de Tingon, et autres ses parents et amis. BRETHOUS, <i>not. royal.</i>

—

1676 (Jean-Jacques de Cabannes). — Saichent tous présents et advenir que aujourd'huy 21 septembre 1676, dans la ville de St-Sever et maison de noble Bernard de Pausader, escuyer, pardevant moi, notaire royal soussigné, présents les témoins bas nommés, pactes et accords de mariage ont été faicts, traités et accordés par parolle de futurs entre noble Jean-Jacques de Cabannes, advocat ez la Cour, sieur de Pecomère, fils légitime de feu M. Paul de Cabannes, aussi advocat ez la Cour, et damoiselle Jehanne de Tuquoy, vivants ses père et mère, d'une part; et damoiselle-Marie-Marthe de Pausader, fille légitime dudit sieur de Pausader et de damoiselle Marthe de Lartigue, ses père et mère, habitants de la présente ville, d'autre part. En telle sorte que ledit sieur de Cabanes, de son bon gré et volonté, procédant avec l'avis, consentement et assistance de MM. et messires Jean-Jacques de Tuquoy, escuyer, seigneur de Montault, le Peuts et autres lieux; noble Elie de Trubessé, seigneur dudit lieu; Cristophe de Tuequoy, seigneur abbé de Pimbo; Bernard de Lafaysse, advocat ez la Cour, et autres ses parents, a promis de prendre pour sa femme et légitime espouse ladite demoiselle de Pausader, laquelle pareillement, de son bon gré et volonté, procédant avec le voulloir, autorité, consentement et assistance desdits sieur et damoiselle de Pausader et de Lartigue, ses père et mère; Matthieu de Pausader, seigneur de Bachen, son frère; M. Ramond de Pausader, prêtre docteur en théologie, aussi son frère; noble Jean-Jacques de Lartigue, sieur de Coyton; noble Daniel d'Embidoiines, sieur de la Rue d'Espagne, ses beaux-frères, et autres ses parents, a promis prendre pour mari et légitime espoux ledit sieur de Cabannes, en présence des sieurs Pierre Daubaignan et Arnaud Laporterie, habitants de la présente ville, qui ont signé à l'original avec lesdits sieur et demoiselle parties et autres assistants et moi.   DE BRETHOUS, *notaire royal.*

Mugron, 1633. — Elisabeth d'Estoupignan, fille légitime de Ramon d'Estoupignan, sieur de Tingon, et d'Elisabeth de Poyusan, naquit le 31 octobre 1633 et a été baptisée le 4 novembre même année, par moi soussigné, prêtre et curé de la présente paroisse, parrain de laquelle a été Jean de Poyusan, et marraine damoiselle Elisabeth de Baffoigne, les tous de la présente paroisse.   DUFOURQ, *prestre et curé.*

Jean du Pin, seigneur de Juncaroi, conseiller du roy en la chambre des comptes de Navarre, fils de Xsans et de noble Jeanne de Marreing de St-Julien, épousa par contrat du 5 novembre 1581 Jeanne de Tuquoy, damoiselle, fille de Jacques de Tuquoy, lieutenant-général au siége de St-Sever, et de Anne de La Vie, damoiselle, sœur de messire Pierre

Thibaud de La Vie, conseiller du roy en ses conseils, premier président au Parlement de Navarre, et avocat général au Parlement de Bordeaux.

(Titres de Juncarot.)

Extrait du testament olographe de M. Jean de Cabannes, marié à damoiselle Catherine de Lespès, du 8 février 1694.

Je veux, ordonne que ma dite fille jouisse des biens et métairies de Halip et du Houssats, leurs appartenances, dépendances, et des bestiaux, et fasse les fruits siens ; et en outre je donne, laisse et lègue à ma dite fille Jeanne-Marie tout ce qui se trouvera m'être dû le jour de mon décès par l'hérédité de feu messire Jean-Jacques de Tuquoy, en principal, intérêts et dépens, ensemble toutes les sommes qui m'ont été indiquées par feu messire Thibault de Lavie, pour les études de mon défunt fils Cristophe de Cabannes, prêtre, et celles qui m'ont été cédées par la transaction du 22 juin 1688, retenue par feu Lamarque, notaire royal de Samadet, qui est présentement au pouvoir de messire Cristophe de Tuquoy, seigneur et abbé de Pimbo, que je luy ay envoyé avec d'autres pièces concernant la prétention que j'ay sur la maison de Lavie, afin de m'en procurer le payement. Et pour cet effet, je prie ledit sieur de Tuquoy, abbé, et les autres Messieurs de la famille, et mon dit fils Cabanes, et ledit sieur de Larrieu, mon gendre, de donner à ma dite fille tout le secours possible pour lui en assurer le payement.

CABANES, *testateur.*

Libvre de Notre-Dame de Godosse.

Quitayre Dambidonnes, vesve à feu M. de Tuquoy, advocat du roy en son vivant, s'est enrollée et a donné. Q. DEMBIDONES.

Jean-Jacques de Tuquoy, escolier, fils de ladite damoyselle, s'est enrollé. H. DE TUQUOY.

Jeanne de Tuquoy, damoyselle, s'est enrollée le mesme jour et a donné 2 francs. Faict, 2 francs. DE TUQUOY. *(Du 8 sept. 1617. Original).*

Du 8 Juin 1706. — *Testament de dame Jeanne de Tuquoy, épouse de messire Gabriel de Pichard, écuyer.*

Au nom de Dieu soit, je, dame Jeanne de Tuquoy, épouse de messire Gabriel de Pichard, écuyer, seigneur de La Grave et autres places, étant dans ma maison de Peyrague, paroisse de Bousmes, et voulant disposer

22

des biens qu'il a plu à Dieu me donner, j'ay faict et ordonné mon testament, clos et cacheté, que j'ai prié Me Jean Serres, notaire royal, d'escrire et signer avec moi.

1° Je veux et entends qu'il soit pris sur mes biens la somme de 600 livres pour estre employée en messes pour le repos de mon âme. Nous avons de notre mariage d'entre ledit sieur de Pichard, mon mari et moi, un enfant mâle et trois filles ; l'enfant mâle, nommé Pierre Pichard ; les trois filles, la première, Louise-Marie-Thérèse de Pichard ; la seconde, Marguerite-Elisabeth de Pichard ; la troisième, Marie-Marguerite de Pichard.

Je donne et lègue à chacune d'elles la somme de sept mille livres une fois à chacune d'elles payée par mon héritier bas nommé ; je fais, nomme et institue ledit Pierre de Pichard, mon fils, pour mon héritier général et universel en tous et ung chacun mes biens, meubles et immeubles, sans aucune réservation.

En outre, je le nomme, en vertu du pouvoir qui m'en a été donné par feu messire Cristofle de Tuquoy, ancien abbé de Pimbo, mon oncle, par les donations et testaments qu'il a faits ; et ce pour par ledit Pierre de Pichard, mon fils, recueillir en son propre tous les biens dudit feu seigneur de Tuquoy, abbé de Pimbo ; à l'effet desdites donations et testament, je nomme pour mon exécuteur testamentaire ledit sieur de Pichard, mon mari. Ledit testament, ouvert à Bordeaux le 23 mars 1725, par messire Franç. d'Albessard, lieuten.-général au sénéchal de Guienne.

Isabeau d'Estoupignan de Tingon, et son mari Jean-Jacques de Tuquoy, sieur de Tingon, sont nommés dans les *Registres de Mugron* en 1650, 1651 et 1652 comme mariés à ces époques. Suivent leurs enfants.

—

Le 27 février 1656 a été baptisé Cristophe de Tuquoy, fils de M. Jean-Jacques de Tuquoy, advocat ez la Cour, et Elisabeth d'Estoupignan, damoiselle. Les parrain et marraine, M. Cristophe de Tuquoy, prêtre et abbé de Pimbo, et Isabeau de Poyusan, damoiselle. Ledit enfant, âgé de trois ans, baptisé par moi.   DE CLOCHE, *curé de St-Sever.*

—

Le même jour et an que dessus a été baptisée Jeanne de Tuquoy, fille de M. Jean-Jacques de Tuquoy, advocat ez la Cour, et d'Elisabeth d'Estoupignan, damoiselle. Les parrain et marraine, M. Charles d'Estoupignan, écuyer, et Jeanne de Sociondo, damoiselle. Ladite fille, âgée de neuf mois ou environ, baptisée par moi.   DE CLOCHE, *curé.*

Le 1er juin 1704 sont passés les articles de mariage de damoiselle Isabeau de Cabannes, fille de Pierre et de Louise de Portets, avec noble Jean Duhaut, seigneur de Lanneplan, fils de feu noble Louis Duhaut, écuyer, seigneur de Lanneplan, et de feue noble dame Françoise de Bordes-Sarrasiet, avec les signatures suivantes :

Elisabeth DE CABANES. DUHAUT. PORTETS-CABANES. PORTETS, *curé de St-Sever*. Françoise DE LARHÈDE. DUPOY. Marthe DUPIN-PORTETS. J. DUBERNET. CABANNES-DUBERNET. D'AURICE DE BATZ, ESTIGNOLS DE SPENS. C. DE TUQUOY. TUQUOY, *l'abbé de Pimbo*. DE TUQUOY. LACHÈZE. DE CLOCHE.

Assignation. — Le 28 novembre 1704, je, Pierre Prisonnier, huissier-audiencier, habitant dans la ville de St-Sever, etc. ; à la requête de noble Cristophe de Cabannes, habitant de la ville de St-Sever, héritier de feu noble Pol-Calixte de Cabannes, lieutenant du roy de Charlemont, donne assignation à messire Jean-Cristophe de Tuquoy, chanoine et prieur d'Orist, habitant de St-Sever, à comparoir le huitième jour après la date des présents, pardevant M. le sénéchal des Lannes ou M. son lieutenant au présent siége de St-Sever, etc. PRISONNIER.

Billet. — Je confesse devoir donner à M. de Cabanes, lieutenant-colonel au régiment de Louvigny, la somme de dix écus, faisant trente livres ; et à mon cousin, son frère le capitaine, la somme de sept écus, faisant vingt-une livres, que ie leur annonce et promets leur payer dans un mois, à St-Sever, le 30 janvier 1687. Le chanoine de TUQUOY.

Pour cinquante-une livres. (*Ext. des Titres de Cabannes.*)

---

14 Avril 1703. — Au nom de Dieu soit, pardevant moy, notaire royal à Bourdeaux et en Guienne, soubsigné, présents les tesmoins bas nommés. Ont esté présents en leurs personnes : Noble Gabriel de Pichard, escuyer, seigneur de la maison noble de Lagrave, maieur de trente ans, habitant dudit Bourdeaux, paroisse de Puy-Paulin, fils naturel et légitime de feu messire Jean de Pichard, vivant conseiller du roy au Parlement de Bourdeaux, et de dame Marie de Sollier, ses père et mère, d'une part ; et demoiselle Jeanne de Tuquoy, demeurante en pension au couvent de Ste-Ursule dudit Bourdeaux, rue et paroisse Ste-Eulalie, fille naturelle et légitime de feu Jean-Jacques de Tuquoy, escuyer, et de dame Isabeau de Taingon, ses père et mère ; et après deux actes respectueux par elle

faicts à ladicte dame de Taingon, sa mère, pour consentir à son mariage en datte des 21 et 25 mars dernier, retenus par moy, notaire, et d'hument signifiés à ladite dame, d'autre part. Lesquelles parties ont promis soy prendre pour femme et mari espoux, et entr'eux solempniser le sacrement de mariage en fasce de nostre mère sainte l'église catholique, apostolique, romaine, quand l'une partie en sera requise par l'autre ou par leurs parents et amis, à peine de tous despens, dommages et intérêts. Et pour ayder à supporter les charges dudit mariage, la demoiselle de Tuquoy, majeure de vingt-cinq ans, s'est constituée en dot tous et chacuns des biens et droits qui lui pourront venir du chef de ladite dame de Taingon, sa mère, en quoi qu'ils puissent consister, et en quels lieurs qu'ils soient scis et situés, de tous lesquels susdits biens et droits ledict seigneur futur époux pourra faire le recouvrement..... Pareillement, en faveur dudit mariage, le seigneur futur époux se constitue tous et chacuns des biens à lui donnés par la dame de Sollier, sa mère, du consentement dudit seigneur de Pichard, son père, suivant la donation en date du 10 septembre 1696, retenue par M. Soubiroun, notaire royal à La Réole..... Faict au parloir dudit couvent, avant midi, le 14 avril 1763. Présents : MM. Jacques Barratte et Arnaud Fatin, praticiens, habitants dudit Bourdeaux, tesmoins à ce requis; ainsi signés à l'original des présentes : De Pichard; Jeanne de Tuquoy; Pichard de Souquats; Louise Lafon; Barratte, présent; Fatin, présent, et moi. Fatin, *not. royal.*

Le 17 septembre 1682 naquit Marthe de Chèze, et fut baptisée le 18 du même mois ; fille de noble Jean de Chèze et de demoiselle Françoise de Portets. Parrain et marraine, noble Jean-Jacques de Tucquoy, escuyer, seigneur de Montaut, et demoiselle Marthe de Dupin ; et à sa place a tenu demoiselle Françoise de Larrède. Présents, M. Me Cristophe de Tucquoy, chanoine de Bazas, et noble Pierre de Cabanes, qui ont signé avec moi. De Cloche, *curé.* Cabanes, présent. J.-J. Tucquoy. Chèze, père. Chanoine de Tuquoy. Françoise de Larrède.

Odet, 1548. *(Archives de Pichard).*

In nomine Dominy. Amen.

Connegude cause sie a touts que lo journ de hoy (hodie), 22 de janvier 1518, dans la maison noble de Baure, paroisse de Ste-Suzanne, per devant my notary present et tesmoins bas escrieutz, pactes et conventions de maridatge sont estats faits et passats per paraule de feuteurs entre noble Odet de Tuquoy, Escudé, filh de noble Isaac de Tuquoy et de damiselle Leonore de Vigneau, d'une part ; et damiselle Jeanne de Navailles, fille légitime de noble Bertrand de Navailles, capitayne, son pay, et de damiselle Coriande d'Arangosse, sa may, en talle sorte que lou dit sieur de Tuquoy, procedent de l'avis et consentement deux dits sieurs de Tuquoy et damiselle deu Vignau, sous dits pay et may, noble German (Herman) de Tuquoy, capitayne, son fray, et austres sous proches parents aqui presents ; ses promettut baillar per marit et espous a la ditte damiselle de Nabailles, et reciproquement la dite damiselle de Nauailles dab l'adbis et counsentement dou dit noble Bertrand de Navailles, son pay, et de damiselle Coriandre d'Arangosse, sa may ; noble Bernardin de Navailles, son onquon (oncle), et autres sou proches parents aquy presents, a promettut de se dounar per moulher et prendre a marit au dit sieur de Tuquoy ; et toutes partides venir et pervenir a la solemnisation deudit maridatge per nopces en facy de Ste May Etglise apostolique et romane, toutes bets (fois) que l'une partide en sera per l'autre requise, à peine de tous despens domages et interets. Et per lo support et charge deu dit maridatge que per touts drets et legitime et succession paternalle et maternalle que la ditte damiselle Jeanne de Navailles pot pretendre et lous apertenir sur les d. bez de sous dits pay et may, se reservant la succession hereditary si laribabe. Lo dit sieur de Navailles et la ditte damiselle d'Arangosse en promettut et constituat en dot à lour dite fille la somme de doutze cent escuts sol de soixante sols l'escut. En outre promettent l'habillar en meublar en corps et lheyt et taule convenablement et honorablement suivant sa condition, toutes bets a leur discretion, payables lous dits mubles la beille et jour de las nopces.

Et lou dit sieur de Tuquoy sera tengut comme at promez en baillar quittance aux dits sieur de Navailles et damiselle d'Arangosse et lou dey reconnoischer sur tous sous bez presents et abiedouns per estat rendut et restituat si la cas de reversion arrive, segon la coustume deu pays, renonsiant per expres per la ditte reversion a la coustume de la prebeustat d'Ax ou lo dit sieur de Tuquoy fe sou habitation. Promettent las dites partides respectivement entertenir tout so que dessus et n'y contrevenir a touts despens domages et interets soubs obligation de lurs beez, que clos sousmettent et per expres lous dits sieur et damiselle de Navailles et d'Arangosse per lou paguement de la ditte constitution dottalle aux rigours et constrainte de Moussieur lo seneschal de Bearn et de touts autres sieurs jutges a qui la connoischense en appartiendra, ainsy au prometton et juram a Diu presents, et tesmoins noble Jean Douzens, seignour deu dit locq, Meste Jouan de Lafitte, David de Pruez et Archambaut de Claverie, advocats au dit seneschal, et Charles dou Pouy, habitants de la ville d'Hortes, tesmoins apperats au present instrument. Lous quaux ensemble, lous dits sieur et damiselle partides et assistans, en signat abinq Jean de Perié, notary de Larbay. De PERIÉ, ainsi signé.

—

1546 (2e *Degré*) : JACQUES.

Au nom de Dieu, soit sachent tous presents et avenir que cejourd'huy onzieme du mois de novembre 1546, dans la ville de Sault de Navailles, au'diocèse d'Acqs, siége de Saint-Sever, par devant moi, notaire royal, et à la presence des tesmoins bas nommés, pactes et accords de mariage ont été faits et traictés et accordés entre noble Jacques de Tuquoy, escuyer, fils de noble Odet de Tuquoy, escuyer, et damoiselle Jeanne de Navailles d'une part ; et damoiselle Anne de Lavie, fille de noble Archambeau de Lavie, escuyer, seigneur de la maison noble de Monclupe et de demoiselle Magdelaine de Bages, habitants de la presente ville, d'autre part. En telle sorte que ledit sieur de Tuquoy, procédant de l'avis et consentement dudit sieur de Tuquoy, son père, de noble Bertrand de Tuquoy, son oncle, et autres ses proches parents. Illec presents a promis se donner à mari et prendre à femme et légitime épouse ladite demoiselle Anne de Lavie, comme pareillement ladite demoiselle, procedant de l'avis et consentement du dit sieur Lavie et de ladite demoiselle de Bages, ses père et mère, et de M. Me Gaillard de Lavie son oncle, conseiller du roy en la cour du Parlement de Bordeaux, a promis se donner à femme et prendre à mari et legitime espoux dudit sieur de Tuquoy, et reciproquement Les dites parties venir à la solempnisation dudit mariage par nopces en face de notre sainte Mère Esglise catholique, apostolique, romaine, en temps non prohibé par icelle, au temps que l'une partie en sera requise par l'autre, à peine de tous depens, domages et interets ; et tant pour supporter les chaiges du dit mariage que pour tous les droits de legitime et succession tant paternelle que maternelle, que a ladite demoiselle Anne de Lavie, peuvent ny pouvoir ci apres compter ny appartenir en façon que ce soit sur les dits biens dudit sieur de Lavie et demoiselle de Bages, ses dits père et mère. Lesdits sieur et demoiselle luy ont promis et constitué en dot la

somme de six mille franqs bourdelois, et en outre promettent habiller et
ameubler la demoiselle leur ditte fille pour le jour de ses nopces des lits
et accoutrements conformes à sa condition, deux coffres et bahuts gar-
nis de linge à la mode du pays, etc., etc. Pacte accordé qu'en cas de
prédécès de l'un des dits mariés sans enfants, le survivant gaignera par
manière d'agencement sur les biens du prédécédé, sçavoir ledit sieur de
Tuquoy sur les biens de ladite demoiselle la somme de 1,000 francs
bourdelois, et ladite demoiselle de Lavie sur ceux dudit sieur de Tuquoy
la somme de quatre cents écus sols. Et pour l'entretenement du contenu
aux presents, lesdits sieur et damoiselle parties ont obligé tous et chacun leurs biens qu'ils ont soubmis aux rigueurs de tous juges auxquels
la connoissance en appartiendra, même à celles de la cour dudit sénéchal du present siége. Ainsi l'ont juré à Dieu. Presents : noble Hector
Danglade, sieur de Vignes, Estienne du Bosq, Me Jean de Molia, procureur du seigneur du present lieu, Jean de Crabos, notaire royal, Menaut
de Lubet, habitant audit Sault, sieurs Larnaud des Barbères et Bernard
de la Faugue dudit lieu de Fabas (Habas), qui, les tous, signés avec les
parties et assistants, et moy, Arnaud de Barbacana, notaire royal, ainsi
signé.

———

3e *Degré* (1573) : Sever.

Aujourd'huy dernier du mois d'aoust, l'an 1573, dans le château de St-
Félix, en présence de moy, notaire royal, et tesmoins sous-nommés, a
esté en personne haut et puissant seigneur messire L. Odet de Foix,
comte de Carmaing, baron de St-Félix, de Sault de Navailles et d'autres
terres et seigneuries, lequel, de son bon gré et volonté, au nom et comme
patron de la prébende, vulgairement appelée la prébende de Navailles,
fondée ez l'église paroissiale du bourq Nau de Sault, diocèse d'Ax, a
fait et constitué sesdits procureurs MM..... Et un chacun d'eux, en seul
et expressément pour présenter à M. l'évêque d'Ax ou à M. son vicaire,
en prébendier de ladite prébende, Sever de Tuquoy, fils ayné de M. Me
Jacques de Tuquoy, lieutenant-général au siége de St-Sever, pour être
institué et promeu d'icelle prébende par ledit sieur évêque ou son dit vicaire, de la présentation dudit sieur de Foix, constituant patron de la
susdite prébende, vacante par le décès et trépas de M. Robert Bagès,
dernier et paisible possesseur d'icelle. Et autres fins susdites, faire toutes
réquisitions, sommations, protestations et actes à ce requis et nécessaires, promettant avoir et à tenir pour fait et agréable tout ce qui par

ses dits procureurs sera fait, etc. Ainsi l'a par promis et juré en présence de MM. François Du Choine et Louis Eustaze, tailleur d'habits, habitants de St-Félix, les moins à ce appelés; et moi Bertrand Maynier, notaire royal, habitant dudit St-Félix, qui, requis de ce dessus, ay retenu le présent acte ; en foy de quoy me suis cy soussigné :

ODET DE FOIX et DE CARMAIN. MAYNIER, *not. royal.* Ainsi signés.

—

1590. SEVER.

Inquisition faite de la ville de St-Sever, le 25ᵉ jour de janvier 1590, par nous Gratian d'Abadie, lieutenant-général de la Cour de la séné- chaussée des Lannes au présent siége de St-Sever, et commissaire en cette partie, député par la Cour du Parlement de Bordeaux , escrivant Jean d'Arbo, greffier, sur la vie et mœurs, âge et religion de M. Sever de Tuquoy, advocat de la Cour, pourveu de l'estat et office d'avocat du présent siége, à quoi faire avons procédé à la réquision de M. de Pierre Marain, substitut de M. le procureur général de la Cour de Parlement, et sur le contenu des arrêt et commission de ladite Cour, avec lesdits té- moins suivants, les tous à nous présentés par ledit Marain, comme s'en- suit premièrement :

Mᵉ Jean-Jacques de Laborde, lieutenant particulier en la sénéchaussée des Lannes au siége de St-Sever, âgé de trente-cinq ans, a presté ser- ment par lui preté sur les saints Evangiles. Interrogé sur l'aage, bonne vie, mœurs et religion de M. Sever de Tuquoy , a dit connaître depuis vingt ans ledit M. Sever de Tuquoy, fils de feu Mᵉ Jacques Tuquoy, lieu- tenant-général audit siége, pour l'avoir vu des sept ans et depuis conti- nuer ses études, tant en cette ville de St-Sever qu'ez celles de Bordeaux et Tholoze, sans discontinuation, jusqu'à ce qu'il s'est retiré dudit Tho- loze; qu'il l'a vu fréquenter le barreau et cours ordinaires dudit siége, et par ce moyen savoir que icelluy sieur de Tuquoy est âgé de vingt-sept ans ou environ, et homme de bonne vie, mœurs, et honnête conversa- tion, et de la religion catholique, apostolique, romaine, de laquelle aussy l'ayant familièrement hanté, qu'il l'a vu faire toujours profession, allant aux églises et assistant aux services divins, et faisant tous autres actes de vrai catholique. Duquel de Tuquoy a déclaré n'être parent ou allié, ny domestique, et a signé. Ainsi signé :   J.-J. DE LABORDE.

Mᵉ Sever du Lucat, conseiller du roy au siége de St-Sever, âgé de soixante-sept ans ou environ ; ouï, moyennant serment par luy presté aux saintes Evangiles de Notre-Seigneur Jésus-Christ, dire vérité sur la vie, mœurs et religion de Me Sever de Tuquoy, advocat en la Cour de Parlement de Bordeaux :

Dit connoistre ledit Me Sever depuis le temps de sa naissance, et pour estre son parrain, et l'avoir tenu à la font bastimale de ladite église de St-Sever, en compaignie de feue Magdelaine de La Vie, damoiselle, femme en son vivant de messire Jean du Til, enquesteur audit siége, et est bien souvenant et memoratif du jour que ledict de Tuquoy feust baptisé, pour estre son parrain, qu'estait le 15e du mois de may 1563, et pour avoir mis en écrit le jour de sa naissance, comme il a accoutumé de faire de tous ses filleuls et filleules qu'il a tenu aux fonts batismaux, et mis en escrit dans un petit registre qu'il a dans sa maison, et même l'avoir vu escolier en la présente ville, etc., etc.   S. du Lucat.

« La famille de Lucat est une des plus anciennes de St-Sever, et Sevère Lucat a eu l'honneur, du temps de François Ier, d'être le premier conseiller du sénéchal que ce grand prince établit dans cette ville. » (*Vie de Sœur Magdelaine*, par Dom-Jean Martianay, religieux bénédictin, 1711).

L'enquête au sujet de Sever de Tuquoy comprend huit témoignages circonstanciés qui tous rendent hommage à ses vertus, sa dévotion, sa jeunesse studieuse, qui le classe parmi les plus doctes.

—

Du samedi 18 aoust 1601, par devant M. de Barry, lieutenant-général.

1600. Brevet du roy. — Aujourd'huy 22e de décembre 1600, le roy estant à Lion, désirant gratiffier et favorablement traiter noble Sever de Tuquoy, son advocat au siége de St-Sever, Sa Majesté, en considération des services qu'il luy a rendus avant et depuis qu'il est dans la fonction de la charge de son advocat, et de ceux que noble Jacques de Tuquoy, son père, lui a aussy rendus dans ses armées, et du depuis en exerçant les charges de lieutenant-général civil, criminel et particulier audit siége ; et considérant aussy les longs services de ses encestres envers les rois ses prédécesseurs, luy a accordé et permis de faire faire assemblées et huées sur les loups dans l'étendue de la banlieue de ladite ville, et aux environs de ses maisons et terres qui en dépendent ; ensemble d'y porter et faire porter arquebuses les jours desdites assemblées seulement, lesquels passés, il sera tenu retirer lesdites arquebuses, afin qu'il n'en soit uzé ailleurs par ceux qu'il aura chargés de les porter ; luy permet en outre de tirer et faire tirer par l'un des siens tel que bon luy semblera et voudra choisir dans l'étendue de ladite banlieue, et sur les terres dépendantes de ses maisons, et sur les rivières et marais qui sont aux environs, aux oiseaux de rivières, ramiers, bizets et autres sortes de gibier non défendues par les ordonnances. Et a permis et permet au sieur Louis de Tuquoy, son frère, bourgeois de la ville de Bordeaux, de porter une pistolle ou un pistollet lorsqu'il faira voyage, et ce nonobstant les deffences géneralles de porter armes, de la rigueur desquelles Sa ditte Majesté a dispensé lesdits sieurs de Tuquoy, sur l'assurance qu'ils ne permettront qu'il en soit abusé. En temoing de quoy elle m'a commandé de luy en expédier le présent brevet, qu'elle a voulu signer de sa main, et icelluy fait contresigner par moy, son conseiller et secrétaire d'Estat, et de ses commandements et finances. Ainsi signés :

POTIER.   HENRY.

—

1601. — Du samedi 18 août 1601, par devant M. du Barry, lieutenant-général, tenant l'audience ; ce requérant Bordenave pour M. noble Sever de Tuquoy, advocat du roy du présent siége, et pour le sieur Louis Tuquoy, bourgeois de la ville de Bordeaux. Le placet et brevet à eux octroyé par le roy, le 22e jour de décembre cy-dessus écrit ; ouy le procureur du roy, a été leu et publié, et ordonné qu'il sera enregistré ez registres du roy de la présente Cour, pour servir auxdits de Tuquoy, ainsy que de raison. Ce qui a esté faict de la teneur ci-dessus, escrit et signé.   DE BARRY et LAFAURIE, *procureur du roy.*

—

1623. JEAN-JACQUES DE TUQUOY (4e *Degré*).

Au nom de Dieu soit, amen, saichent tous présents et advenir, que aujourd'huy date des presantes, par devant moy, Bertrand de Laville, notaire et tabellion royal de la ville et citté de Bordeaux et sénéchaussée de Guienne, soussigné, presans les tesmoins bas nommés, ont esté personnellement establis M. Me Jean-Jacques de Tuquoy, advocat du roy au siége de St-Sever, fils de feu M. Me Sever de Tuquoy, vivant advocat du roy au siége de St-Sever, et de Quitteyre d'Embidonnes, damoiselle, ses père et mère, d'une part ; et Jehanne de Sosciondo, demoiselle, fille légitime de sieur Martin de Sosciondo, citoyen de la présente ville, et de Jeanne de Seguin, ses père et mère, d'autre part. Lesquelles parties, de leurs bonnes volontés, ledit sieur de Tuquoy faisant par l'avis de M. Me

Jéan de Tauzin, advocat en la Cour, habitant de St-Sever, son oncle, et procureur constitué pour c'est effait par ladite Dambidonnes, damoiselle, sa mère, ainsi que de la procuration d'icelle qu'il a présentement fait apparoir en date du 17 janvier dernier, passée devant Ducasse, notaire royal audit St-Sever, qui sera cy-après insérée, et de M. M⁰ Thibaut de Camin, conseiller du roy en la Cour du Parlement de Bordeaux (1) ; dame Antoinette de Camin, sa fille, espouse de messire Bernard de Lavie, chevalier, conseiller du roy en ses Conseils d'Etat et privé, et premier président au Parlement de Pau, en Béarn ; M. M⁰ Meneault de Salomon, aussy conseiller audit Parlement de Bordeaux ; Pierre de Tuquoy, bourgeois dudit Bordeaux ; Jacques Dalesme et Geoffroy de Meslon, escuyers, et M⁰ Guillanme de Galiot, escolier étudiant en droit, et ladite de Sossiondo, damoiselle, procédant de l'autorité, vouloir et consentement, tant dudit sieur de Sossiondo et de ladite damoiselle de Seguin, ses père et mère, que de MM. M⁰ˢ Pierre de Ragueneau et Charles de Chimbeaut, aussy conseillers du roy en la Cour du Parlement de Bordeaux ; M. Pierre de Cruso, escuyer, advocat en icelle, et Jean de Guichenère, citoyen de Bordeaux, beaux-frères de ladite future conjointe ; Jeanne de Surain, demoiselle, espouse du sieur de Ragueneau, et dame de Ragueneau, espouse de messire Pierre de Riberac, trésorier de France, les tous illec présents, ont fait passer et accorder entre elles les pactes et articles de mariage que s'ensuivent.

Premièrement, lesdits futurs conjoints ont promis et seront tenus solempniser et accomplir le saint sacrement de mariage en face de notre sainté mère esglise catholique, apostolique, romaine, toutefois et quantes que l'une en requerra l'autre et en seront requis par leurs parents et amis. En faveur duquel mariage, et pour ayder à supporter les charges d'icelluy, lesdits sieurs de Sosciondo et de Seguin, père et mère, ont constitué en dot à ladite future épouse, leur fille, la somme de douze mille livres tournoises, payables, sçavoir, six mille livres en deux maisons situées en la rue Pillet, paroisse St-Michel de cette ville, confrontant icelles deux maisons d'un bout au grand portail dudit sieur de Sosciondo, d'autre bout appelée de Coquebœuf, par laquelle où la rue des Menuts est joignant la maison, du sieur Sosciondo, où le sieur de Cruseau, son gendre, demeure à présent. Lesquelles deux maisons lesdits sieurs

(1) De Camain. — De gueules au pal d'argent accosté de deux lions affrontés du même ; au chef cousu d'azur chargé d'une croix du St-Esprit d'argent accostée de deux étoiles du même.

de Sosciondo et de Seguin ont baillé et baillent par ces présentes, purement et simplement audit sieur de Tuquoy, pour ladite somme de six mille livres tournoises, etc., etc.

Fait et passé à Bordeaux, en la maison dudit sieur de Sosciondo, en rue des Faussets (Fossés) du Palais, paroisse St-Michel, le 7 février 1623, avant midy, en présence de M. Jean de Gombault, conseiller du roy et magistrat présidial en Guienne; Merlan-Sarrain Poy; Bertrand Fuzera, praticiens, habitants dudit Bordeaux, témoins à ce appelés et requis. Ainsi signés à Code des présentes : J. de Tuquoy; Jeanne de Sosciondo; de Sosciondo; Jeanne Seguin; J. Tauzin ; Camain; Ragueneau ; Chimbeaut; Salomon-Guichaner Cruseau; Dalesme ; de Camain ; de Tuquoy ; Galiot-Godefroy de Meslon ; J. Gombault ; Sarrailh, présent; Fuzera, présent. Ainsi signé :   De Laville, *notaire royal.*

—

1650. 5e *Degré :* Jean-Jacques de Tuquoy, 2e *du nom*

Sachent tous présents et avenir que aujourd'huy 7e du mois d'avril 1650, avant midy, dans le lieu de Mugron, maison appelée de Poyusan, sénéchaussée des Lannes, siége de St-Sever , par devant moy notaire royal soubsigné, présents les témoins bas nommés, pactes de mariage ont été faicts et accordés comme s'ensuit par parole de futurs entre M. Jean-Jacques de Tuquoy, conseiller du roy, et son advocat en la Cour du Parlement de Bordeaux, fils naturel et légitime de M. Me Jean-Jacques de Tuquoy, conseiller du roi, et son advocat au siége de St-Sever, et la demoiselle Jeanne de Sosciondo, ses père et mère, habitants dudit St-Sever, d'une part ; et demoiselle Isabeau Destoupignan, fille naturelle et légitime de feu noble Raymond Destoupignan, seigneur baron de Tingon, et demoiselle Isabeau de Poyuzan, ses père et mère, habitants du présent lieu de Mugron, d'autre part. C'est que de ladite Isabeau Destoupignan, procédant de son bon gré, avec le vouloir, consentement et assistance de demoiselle Isabeau de Bafoigne , son ayeulle; noble Jean-Jacques de Melet, seigneur de La Barthe; noble Charles-Thomas Destoupignan, son oncle et cousin germain du costé paternel ; noble Joseph de Marsan, seigneur de Ste-Croix ; MMes Arnaud de Lartigue et Jean de Cloche, advocats ez la Cour ; noble Fortanier d'Arbo, escuyer ; Etiennette de Lanefranque, demoiselle ; messires Jean de Lamolic, juge de Mugron ; Pierre de Lanefranque ; Jean de Labeyrie, sieur du Cazalieu, et autres ses parents ;

Et ledit sieur de Tuquoy, procédant de son bon gré avec le vouloir, consentement et assistance dudit sieur de Tuquoy, conseiller et advocat du roy, son père, et ladite demoiselle de Sosciondo; sa mère; messire Cristophe de Tuquoy, seigneur et abbé de Pimbo; Jacques-Cristophe et autre Cristophe de Tuquoy, frère dudit futur époux, et ledit Cristophe, procédant en qualité de procureur constitué de messire Bernard de La Vie, chevalier, conseiller du roy en son Conseil d'Estat et privé, premier président au Parlement de Navarre; Thibaut de La Vie, chevalier, conseiller du roy en son Conseil d'Etat privé, son advocat en la Cour du Parlement de Bordeaux, et dame Antoinette de Cameilh (de Camain), femme dudit seigneur, premier président; ladite procuration, datée du 21 mars 1650, qui sera cy-après insérée; messire Cristophe de Chèze, conseiller du roy au siége de St-Sever; noble Cristophe Dupoy, capitaine; Jacques de Sosciondo; messires Paul de Cabannes, Pierre de Basquiat et Jean de Cabannes, advocats ez la Cour du Parlement; demoiselle Jeanne et autre Jeanne de Tuquoy, et autres leurs parents et amis à ce présents, ont promis soy donner et prendre à mary et femme, et venir à la solempnisation de leur mariage en face de sainte mère Esglise catholique, apostolique, romaine, dans deux ans prochains que l'une partie en requerra l'autre; en faveur et contemplation duquel mariage et pour supporter les charges d'iceluy, ladite demoiselle d'Estoupignan, future épouse, procédant avec le vouloir et autorité de sa dite mère, a promis porter en dot audit sieur de Tuquoy, futur époux, sçavoir est, tous et chacuns des biens, noms, raisons, actions.

En quoi que le tout puisse consister et à ladite demoiselle Echeux, tant par le décès de feu noble Ramond d'Estoupignan, son père, que de ceux de Marie d'Estoupignan, sa sœur puînée, consistant principalement lesdits biens paternels en la terre de Tingon, ses appartenances et dépendances, situées en la paroisse de Mugron, et tous autres droits à la dite demoiselle appartenants, dont sera fait denombrement et expression par ledit sieur de Tuquoy en les recevant.

En même faveur et contemplation dudit mariage, lesdits sieurs de Tuquoy et dame de Sosciondo font donation, conjointement, en faveur dudit futur époux, de la caverie et terre noble du Puts, avec ses appartenances et dépendances et même avec les métairies appelées de Montauban, de La Comette, de la Maison-Neuve, de Lucam, Thomason, Pecrabé et Jean Dupoy. Et tout autant que ledit sieur de Tuquoy et damoiselle de Sosciondo, sa femme, en jouissent et possèdent de présent ez paroisses de Montaut et de Doazit, etc.

Le samedi 9 juillet 1650, ledit contrat de mariage a été enregistré et insinué au registre de la cour du sénéchal de St-Sever, par MM. de Basquiat, de Valier, Saint-Genez et de Cabannes, et de Barry, lieutenant-général.   Signé DE MARSAN, *commis-greffier*.

1689. JEAN-CHRISTOPHE DE TUQUOY (6e *Degré*).
Testament de Jean-Jacques II.

Au nom de Dieu, soit sachent tous présents et avenir que aujourd'huy, 10 du mois de septembre 1689, après-midi, dans la maison noble du Puts, prevoté de la ville de St-Sever, par devant moy, notaire royal soubsigné, presents les tesmoins bas nommés, s'est constitué en sa personne Jean-Jacques de Tuquoy, escuyer, seigneur baron de Montaut, Tingon, Leputs et en sa partie de Sainte-Croix, lequel, étant dans son lit malade de maladie corporelle, toutes fois en son bon sens, memoire, entendement, ainsi qu'il a apparu à nous, notaire et tesmoins. Et considerant les dangers de ce monde, et qu'il n'y a plus (rien) de si certain que la mort ny plus incertain que l'heure d'icelle, et avant que d'en être surpris, a voulu faire son testament et disposition de dernière volonté en la manière que s'ensuit : Veut et entend que son corps soit ensevely dans la chapelle de sa famille, située au bas de l'église paroissialle de la ville de Saint-Sever, invoquée sous le nom de Notre-Dame de Pitié. Et pour ses honneurs funèbres qui se feront tant le jour de son enterrement septain que bout du mois, d'an, et autres œuvres pies pendant l'année de son decès, ledit testateur s'en remet à la voulonté et discretion de dame Isabeau Destoupignan de Tingon, son épouse, laquelle il prie d'en prendre le soin, etc. Item déclare ledit testateur qu'il est conjoint en mariage avec ladite dame Isabeau Destoupignan de Tingon, duquel mariage sont issus et procréés : Jean-Cristophe, Isabeau, Jeanne, Arhèze et Jeanne de Tuquoy, etc. Et parce que institution héréditaire est l'ordre de tout bon testament, ledit testateur a nommé et institué de sa propre bouche pour son héritier général et universel ledit Jean-Cristophe de Tuquoy, escuyer, son fils, en accomplissant ce dessus. Fait ez presence de sieur Jacques Rochet, maître apothicaire, tesmoin, Despoys, maître chirurgien, Auger de Bordeaux et Jacques Dufourq, praticien, habitans de la dite ville de St-Sever, tesmoins à ce appelés et requis. Lesquels se sont signés à l'original avec ledit sieur testateur, de ce faire requis par moi :

         DUFOURQ, *notaire royal*.

(1728). Articles de mariage qui ont été arrêtés entre noble Jean-Remi-Bachelier de Gentes, assisté de dame Jeanne Biaudos, sa mère, nobles Henry et Jean-Charles Biaudos de Castelia, ses oncles, et autres parents soussignés d'une part ; et demoiselle Louise-Marie-Thérèse Pichart, assistée de Messire Pierre Pichart, baron de Montaut, conseiller du roi au Parlement de Guienne, demoiselle Elisabeth Pichart de Miremont, sa sœur, dame Elisabeth Tuquoy, sa tante maternelle, et autres soussignés d'autre part.

Lesquels sieur Bachelier de Gentes et demoiselle Pichart se sont promis foi mutuelle de mariage pour être célébré suivant les règles de l'Eglise quand l'une partie en sera requise par l'autre. En contemplation duquel mariage, et pour en supporter les charges, ladite demoiselle Pichart, en présence et du consentement dudit sieur Pichart, son frère, s'est constituée la somme de vingt-trois mille livres, tant pour ses droits paternels et maternels, fixés par les testaments et codicilles des feus seigneur Pichart et dame Tuquoy, ses père et mère, du 8 juin 1716 et 5 janvier et 12 mars 1723, remis à Michelet, notaire, dument contrôlés, que pour legs à elle fait par Messire Cristophe Tuquoy, son grand oncle, par son testament et actes passés en conséquence, reçus par Donée et Girard, notaires, revenant en tout, en capital et intérêts, à ladite somme de vingt-trois mille livres. De quoi elle se contente pour tous droits paternels et maternels et legs à elle faits par ledit feu sieur de Tuquoy, son oncle.

Et en ce qui concerne la somme de trois mille livres léguée à ladite demoiselle future épouse par la dame d'Estoupignan, son aïeule maternelle, par son testament du 13 février 1713, remis à Girard, notaire. Attendu que les biens de ladite dame d'Estoupignan sont en générale distribution, la demoiselle future épouse cède ladite somme léguée audit seigneur Pichard, acceptant, pour la faire valoir en instance de criées ainsi qu'il avisera, s'en remettant à l'amitié et à la bonne foi dudit seigneur Pichard, son frère, pour lui faire à la fin de ladite instance telle raison qu'il jugera à propos sur ledit legs, sur la valeur des biens saisis et le montant des charges d'iceux. En paiement de la susdite somme de vingt-trois mille livres, ledit seigneur de Pichard cède audit sieur de Bachelier, avec promesse de garantie, la somme de dix mille livres, à lui due par M. Denis, président à la Cour des Aides, lui ayant remis à l'effet de ladite cession le contrat passé par ledit sieur Denis, et le commandement fait en conséquence. Plus, promet ledit seigneur Pichart payer audit sieur de Bachelier, an par an, la rente de dix mille livres sur le pied du denier 20, jusqu'à ce qu'il se sera libéré du capital auquel il ne pourra être contraint en payant la rente et dont il pourra se libérer en deux paiements égaux. Et pour les trois mille livres restantes à parfaire ladite somme de vingt-trois mille livres, ladite dame de Tuquoy, tante, fait don et donation à ladite demoiselle future épouse, sa nièce, acceptante de la somme de trois milles livres que ladite dame s'est réservée par l'acte passé entre elle et dame Suzanne de Biaudos de Casteia, le 13 juillet 1727, reçu par Senjean, au moyen de quoi ladite demoiselle future épouse consent que ladite somme de trois mille livres restantes de ladite constitution demeure en main dudit seigneur Pichard, son frère, pour être par lui payée à demoiselle Elisabeth Pichard de Miremont, sa sœur et filleule de ladite dame Tuquoy, à sa majorité ou lorsqu'elle prendra parti de mariage, de laquelle ladite dame Tuquoy fait donation à la demoiselle Pichart, sa filleule. Et attendu que ladite dame Tuquoy a donné tous les droits qu'elle pouvait prétendre sur les biens de ses père, mère et oncles à défunte Jeanne Tuquoy, sa sœur, et à ses enfants, par acte du 14 avril 1716 ; qu'elle a même réglé la pension qu'elle s'y était réservée ainsi que ledit sieur Pichart l'a voulu et qu'elle vient enfin de donner à ladite demoiselle de Pichart, sa nièce et sa filleule, la somme de trois mille livres ci-dessus énoncées, ledit seigneur de Pichart promet par exprès de ne venir jamais contre la donation faite par ladite dame Tuquoy, sa tante, à ladite dame Suzanne Biaudos, par l'acte dudit jour 13 juillet 1727, soit sous prétexte de reversion de dot ou autrement sous quelque cause que ce puisse être, sans quoi tout ce dessus n'aurait été consenti. Et recevant ladite constitution dotale de vingt-trois mille livres, ledit sieur de Bachelier a affecté tous ses biens présents et à venir pour être restituée, en cas de désavenance du mariage sans enfants, à ladite demoiselle future épouse, et, à son défaut, à ses héritiers et représentants sans que ladite demoiselle puisse disposer que de la tierce seulement de ladite constitution, les autres deux tierces demeurant reversibles nonobstant toutes dispositions à ce contraires. En contemplation du même mariage, ledit sieur Bachelier, futur époux, s'est constitué tous et chacun les droits qui lui sont échus du chef de feu noble Pierre-Bachelier de Gentes, son père, employé déjà en partie à l'acquittement des dettes de la maison de Casteja. Et ladite dame de Biaudos de Casteja, mère dudit sieur futur époux, fait donation entre vifs, pur et simple et à jamais irrévocable audit sieur son fils acceptant des biens et droits qui lui ont été transportés par lesdits sieurs de Biaudos de Casteja, ses frères, et par la dame Tuquoy, sa belle-sœur, et ce sous la réserve de l'usufruit quand le cas en arrivera pendant sa vie et de disposer, si bon lui semble, de la tierce desdits biens donnés, ainsi qu'elle avisera.

Et attendu que lesdits futurs époux doivent vivre et cohabiter avec noble Henry de Biaudos de Casteja, et que, par la donation dudit sieur de Casteja, il s'est réservé l'usufruit des biens donnés pendant sa vie, ledit sieur de Casteja a promis comme il promet par ces présents, loger et nourrir dans sa maison lesdits futurs époux, leurs enfants et leurs domestiques, moyennant quoi il demeurera acquitté de la rente de dix-sept mille livres déjà payée à M. de Marboutin à sa décharge et de celles qui doivent être payées à M. de Mesplès, président au Parlement de Navarre, et à M. de Bedora, procureur du roi au sénéchal de Tartas, se réservant lesdits futurs époux, pour leur entretien, la rente de la dot ci-dessus constituée à ladite demoiselle de Pichart. Se sont, les futurs époux, associés aux acquêts qu'ils feront pendant leur mariage, pour en disposer en faveur de tel des enfants qui en proviendront qu'ils voudront choisir, et en défaut d'enfants en faveur de qui bon leur semblera.

Et en cas que ladite demoiselle future épouse prédécède sans enfants ledit sieur futur époux, celui-ci gagnera sur la dot de ladite demoiselle la somme de trois mille livres ; et, au cas contraire, ladite demoiselle gagnera sur les biens dudit sieur Bachelier celle de six mille livres, par manière d'agencement et gain de survie. Et le sieur de Bachelier, décédant sans enfants, avant ladite demoiselle future épouse, celle-ci aura la rétention des biens dudit futur époux jusqu'au remboursement de sa dot, et quand même la dot lui serait remboursée, elle aura cinq cent cinquante livres de douaire sur les biens dudit sieur de Bachelier, et seront les présents articles rédigés en acte public quand l'une partie en sera requise par l'autre.

Fait double, à Dax, le 19 janvier 1728.

Marie-Terèse PICHARD. BACHELIER DE GENTES. CASTEJA. BACHELIER DE PICHARD. TUQUOY DE CASTEJA. Elisabeth DE PICHARD. Henry DE BIAUDOS-CASTEJA. DE PYIS. BACHELIER DESTRAC. DESTRAC.

(*Titres de Pichard*).

—

N.-B. Dans un inventaire des titres de Bachelier (1689-1750), on lit sous le No 54 : « Ratification du 29 décembre 1733, retenue par Lavielle, notaire à Dax, consentie par dame Suzanne de Biaudos de Casteja, veuve de feu noble Pierre-Bachelier de Gentes, écuyer, noble Jean-Remy-Bachelier de Gentes, fils et héritier en sa partie dudit feu Pierre-Bachelier et dame Elisabeth-Bachelier de Gentes, aussi fille et héritière dudit Pierre-Bachelier, épouse de noble Jacques d'Estrac ; c'est à savoir d'un contrat de vente dont copie est rapportée à l'entier au dessus dudit acte, reçu par de Sain et son confrère, notaires à Reims, le 17 novembre 1733, consentie par sieur Cristophe Bachelier sieur de Gentes, ancien commissaire aux revues, demeurant à Reims, comme fondé de pouvoirs des ci-dessus nommés ez noms et qualités rapportés, en faveur de Pierre-Simon Jaquesson, marchand, demeurant à Reims, d'un corps de cens, situé au village d'Ecuriel, relevant de la seigneurie dudit lieu, moyennant 7,500 livres. » *(Titres de Borda)*.

Acte de cautionnement consenti par M. Pierre de Bachelier, sieur de Gentes, directeur des fermes à Dax, en faveur de M. Philippe-Bachelier de Lafontaine, son frère, contrôleur des fermes à Tarbes, pour les recettes qu'il fera sur les droits d'amortissement et nouveaux acquêts. Signé Bachelier de Gentes et Lavielle, notaire royal, le 2 mai 1691.

Promesse de relèvement par M. Pierre de Bachelier de Gentes, directeur et receveur général des fermes à Dax, en faveur du sieur Simon Bachelier, écuyer, seigneur de Beaubourg, conseiller du roi, receveur général des finances en la généralité d'Orléans, du cautionnement dans lequel ledit Simon Bachelier est entré pour ledit sieur Pierre Bachelier, envers M. Pierre Jomugue, fermier général, par acte du 23 avril 1691. Retenu par Pouye et Blanchard, notaires au Châtelet de Paris. Signé Bachelier de Gentes et Lavielle, notaire, le 16 mai 1691.

(Titres de Borda).

EXTRAIT DES REGISTRES DE LA COUR DE L'ÉLECTION DES LANNES AU SIÉGE DE DAX.

Du onzième aout mil sept cent trente-sept, pardevant Messsieurs DE FONDEVIELLE, *président;* DE PONS, *conseiller,* et Me PIERRE LAGARDE, *avocat assistant.*

A *Messieurs les officiers du Roi en la Cour de l'élection des Lannes au siége de Dax.*

Supplie humblement Pierre de Pichard, seigneur des caveries de Tingon et du Puch, conseiller du Roy au Parlement de Bordeaux, disant qu'étant nouvellement devenu possesseur desdites caveries et seigneuries, qui consistent, savoir : celle de Tingon, en une maison et biens appelés de Tingon, avec le droit de justice moyenne et basse, relevant du domaine de Sa Majesté, situés dans la paroisse de Nerbis, juridiction de la prévôté royale de Saint-Sever, et celle du Puch, en maison et biens nobles appelés du Puch, situés dans la paroisse de Montaut, juridiction de ladite prévôté royale de Saint-Sever, et ce par l'adjudication qui a été faite desdites caveries et seigneuries en faveur dudit seigneur ; par l'arrêt de décret du Parlement de Bordeaux, il est nécessaire au suppliant de faire enregistrer au greffe de votre Cour, non seulement les arrêts de décret, mais encore tous les titres qu'il a pu recouvrer jusqu'à présent concernant la nobilité desdites seigneuries et caveries, qui sont : *Premièrement*, pour celle de Tingon, l'hommage rendu de ladite caverie, en l'année mil deux cent soixante-treize. *Secondement*, l'hommage de la même seigneurie et caverie rendu au Roy par messire Christophe de Tuquoy, le vingt-sept juillet mil six cent soixante-sept. *Troisièmement*, le dénombrement fourni par ledit seigneur de Tuquoy devant les sieurs trésoriers de France, au bureau de Guyenne, le vingt-sept janvier mil six cent soixante-huit . *Quatrièmement*, l'extrait de la convocation du ban et de l'arrière-ban, de l'an mil cinq cent cinquante-un. *Cinquièmement*, la saisie réelle faite de ladite caverie et seigneurie à la requête de la dame Dorogneu, le trente décembre mil sept cent-quinze. *Sixièmement*, l'arrêt de décret rendu au Parlement de Bordeaux, qui adjuge au suppliant lesdites caveries et seigneuries de Tingon et du Puch, en date du treize aout mil sept cent trente-cinq.

Et pour la seigneurie et caverie du Puch : *Premièrement*, l'hommage rendu au roy le dix-huit janvier mil six cent vingt, par Bernard de Bastiat, au nom et comme procureur constitué de messire Jean-Jacques de Tuquoy, pour raison de ladite seigneurie, caverie et biens nobles du Puch; *Secondement*, le dénombrement fourni le vingt-sept avril mil six cent quarante-huit par ledit sieur Jean-Jacques de Tuquoy ; *troisièmement*, l'hommage rendu au roy par Nicolas de Larrède au nom et comme procureur constitué de sieur Jean-Jacques de Tuquoy ; *quatrièmement*, l'extrait de la convocation du ban et arrière-ban de ladite année mil cinq cent cinquante-et-un ; *cinquièmement*, la saisie réelle de ladite caverie, dudit jour trente décembre mil sept cent quinze ; *sixièmement*, l'arrêt de décret de ladite caverie dudit jour treize août mil sept cent trente-cinq, lesquels titres le suppliant souhaite faire enregistrer pour satisfaire à l'article 18 de la déclaration de Sa Majesté de l'année 1668; et afin qu'il puisse se servir desdits titres, et y avoir recours quand bon lui semblera. Ce considère, il plaise à vos grâces ordonner que l'enregistrement desdits titres énoncés dans la présente requête sera faite au greffe de votre Cour, pour que le suppliant puisse s'en servir et y avoir recours quand besoin sera et fera bien. Ainsi signé : Lagardère, procureur du suppliant.

Soit communiqué au procureur du roy à Dax, le onze août mil sept trente-sept. Ainsi signé : Fondevialle, président.

Vu, la présente, n'empêchons pas pour le roi qu'il soit fait comme est requis par le suppliant. A Dax, ce onze avril mil sept cent trente-sept. Ainsi signé : Ducarau, procureur du roi.

Nous, président et officier du roi en l'élection des Lannes, faisant droit à la présente requête et aux conclusions du procureur du roi, après que de notre ordonnance lecture a été faite, les plaids tenants des titres énoncés ci-dessus, ordonnons qu'ils seront enregistrés ès registres du présent bureau. Certificat en sera délivré par le greffier ; le tout à tel prix que de raison. A Dax, au bureau de l'élection, le onze août mil sept trente-sept.

La requête a été scellée et visée aux droits réservés. A Dax, le douze avril mil sept trente-sept, par le sieur Desalle, qui a reçu trente-six sols.

S'ensuit l'enregistrement des titres énoncés dans la susdite requête.
Nous en extrairons quelques pièces et quelques notes nous paraissant intéressantes à conserver.

Extrait du registre tiré des archives du domaine du roi et voierie, en Guienne, de l'année mil deux cent soixante-treize, au livre coté F, folio 66 et verso.

Dominus Arnaldus Durisse, miles, juramento dixit quod tenet a domino rege, militiam Durisse cum suis pertinentiis , pro quâ debet eidem domino, homagium et fidelitatis juramenti jus et legem, in territorio sancti Severi et exercitum ut alii. Item medietatem militiæ de Tingon cum pertinentiis et debet pro ea cum suo partiaro vocato Petrus de Labartha, homagium et fidelitatis jus et legem, in territorio sancti Severi, et exercitum ut alii, de allodiis et alienatis nihil.

Collationné par nous, Barthélemi Courtieu , chevalier, président trésorier de France, commissaire à ce député, dans le registre coté F, fol.

66 verso, qui est dans les archives du bureau, et ce en présence du procureur du roi, à Bordeaux, au bureau du domaine et voierie du roi, le vingt-deux juin mil sept cent trente-six. Signé : Courtieu, commissaire ; Lalanne, procureur du roi du domaine de Guyenne, et Prietan, greffier.

Extrait du rôle et état nouveau fait du service que MM^{res} les gens du ban et arrière-ban de la sénéchaussée des Lannes au siége de St-Sever seront tenus dors en avant faire au roi, suivant la commission et lettres patentes dudit seigneur, envoyées à M. le sénéchal des Lannes ou son lieutenant, en date du. . . . . jour du mois d'octobre mil cinq cent cinquante-et-un, et ordonnances sur ce faites par ledit seigneur roi, par nous Gabriel de Gamardes, lieutenant-général audit siége de St-Sever. Appelés et présents Mes Martin de Lalanne, avocat, et Jean du Roy, procureur du roi audit siége, au mois de décembre mil cinq cent cinquante-et-un, par lesquelles ordonnances ledit seigneur roi a voulu et ordonne, veut et ordonne que chacun des gens sujets audit arrière-ban ayant de neuf cent à mille livres tournoises, fassent un homme d'armes, etc., etc., et a été faite la montrée le huit décembre mil cinq cent cinquante-et-un, à la place de Morlane, devant le château, et premièrement, etc.

S'ensuit les nobles, etc.

Cavier, le seigneur de Puyo, etc.

Les seigneurs Destinaux (Destignos), St-Germain, Onès, Tingon, Castera, Prudère, Labarthe et le Puch, sont pour la garde du château, et ont comparu ; et afin que foi soit donnée aux présentes, nous lieutenant susdit, les avons signé et fait signer au greffier les an et jour que dessus. Ainsi signé : G. Gamardes.

Extrait vidimé et collationné a été le présent extrait du rôle et état nouveau fait du service que Messieurs les gens du ban et arrière-ban de la sénéchaussée des Lannes au siége de St-Sever et du rôle remis au greffe devant nous, Louis de Barry, conseiller du roi et lieutenant-général audit présent siége de St-Sever. Ce requérant, Me François Broca, procureur de Jean-Jacques de Tuquoy, écuyer, seigneur de Montaut, Tingon et le Puch, en défaut de Joseph-Henri de Candale, écuyer, seigneur baron de Doazit, assigné cejourd'hui, heure de une heure après-midi, par appointement du cinq du présent mois, fait par Dargelas, sergent royal, et contrôlé le six du présent mois et an, et ladite extraction a été faite à l'heure de deux heures après-midi, suivant l'ordonnance sur ledit rôle, représenté par le greffier du présent siége. Fait à St-Sever, le neuf mars mil six cent quatre-vingt-cinq. Signé de Barry, lieutenant-général ; Broca, procureur du seigneur de Tuquoy, et Marsan, greffier. Contrôlé à St-Sever le 12.

Extrait des registres du bureau des domaines du roi, en Guyenne, sur la requête cejourd'hui présentée au bureau par Jean-Jacques de Tuquoy, écuyer, contenant que devant rendre au bureau la foi et hommage lige qu'il doit à Sa Majesté pour raison de la seigneurie, caverie de Tingon, appartenances et dépendances ; et d'autant qu'à cause de dernières incommodités à lui survenues, il ne peut se rendre exprès en la présente ville, il aurait donné pour cet effet procuration à messire Cristophe de Tuquoy, conseiller et aumônier ordinaire du roi, et doyen du chapitre de Villandraut, requérant qu'il plût au bureau recevoir icelui Cristophe de Tuquoy à rendre en son nom ledit hommage lige. Que ladite requête, marquée Lauret, montrée au procureur du roi, il aurait répondu n'empêcher l'entérinement d'icelle sans préjudice de plus grands droits. Signé Delor. Vue ladite requête et susdite procuration du six du présent mois. Le bureau, du consentement du procureur du roi, a reçu et reçoit ledit sieur Christophe de Tuquoy à rendre hommage lige pour le suppliant de ladite seigneurie, caverie de Tingon et dépendances, à la charge d'en fournir l'aveu et dénombrement dans les quarante jours portés par l'ordonnance, et à payer les frais faits pour raison de ce. Fait à Bordeaux, au bureau du domaine du roi, en Guyenne, le vingt-sept juillet mil six cent soixante-sept. Collationné. Signé Chauny, greffier.

Les présidents trésoriers de France, généraux des finances, juges du domaine du roi et grands voyers en la généralité de Guyenne, à tous ceux qui ces présentes verront, salut. Savoir faisons qu'à la requête du procureur du roi, diligence du contrôleur général du domaine du roi, en Guyenne, commis pour faire les poursuites et diligences pour la liquidation du domaine du roi, en Guyenne, s'est présenté par devant nous messire Christophe de Tuquoy, conseiller et aumônier ordinaire du roi, doyen du chapitre de Villandraut, au nom et comme ayant charge et procuration expresse de messire Jean-Jacques de Tuquoy, écuyer, en date ladite procuration du six du présent mois, laquelle sera ci-après insérée, assisté de Pierre Loret, son procureur, lequel, en présence du procureur du roi, étant ledit sieur Tuquoy audit nom, tête nue, les deux genoux à terre, sans ceinture, épée ni éperon, tenant ses mains jointes en la manière accoutumée, a fait et rendu au bureau la foi, hommage et

serment de fidélité qu'il doit et est tenu faire au roi nommé Louis quatorzième, roi de France et de Navarre, et à présent régnant, pour la
seigneurie et caverie de Tingon, appartenances et dépendances, situées
dans la paroisse de Nerbis, juridiction de la prévôté de St-Sever, relevant de Sa Majesté à cause de son duché de Guyenne et couronne de
France, a promis et juré sur les saints Evangiles qu'il sera bon, loyal et
fidèle serviteur et vassal du roi et de ses successeurs rois, gardera son
bien et son honneur, pourchassera et gardera, son mal évitera de tout
son pouvoir, servira, gardera et défendra Sa Majesté contre toutes personnes, sans aucune exceptées, et généralement tiendra et accomplira les
clauses contenues ès chapitres de fidélité vieux et nouveaux, auquel foi
et hommage ledit sieur de Tuquoy audit nom a été reçu à la charge de
lots et ventes, et plus grands devoirs qui se trouveront être dus à Sa dite
Majesté jusques à présent ; et en cas que ladite seigneurie et caverie de
Tingon, appartenances et dépendances eussent été saisies faute d'hommage non rendu, en avons fait et octroyé main-levée audit sieur de Tuquoy audit nom, et déchargé lesdits commissaires établis sur la susdite
seigneurie et caverie, appartenances et dépendances, en payant leurs
frais et par préalable ceux de la saisie, et sera tenu ledit sieur de Tuquoy
audit nom, bailler son aveu et dénombrement de ladite seigneurie et caverie de Tingon, appartenances et dépendances dans les quarante jours
portés par l'ordonnance, et icelui remettre au greffe pour être communiqué au procureur du roi, pour le blâmer et dire ce qu'il verra être à
faire pour ce fait, être procédé à la vérification d'icelui, ou à faute de ce
faire, sera procédé sur la réunion de ladite seigneurie et caverie de Tingon, ses appartenances et dépendances, en conséquence de la saisie déjà
faite, ou autrement, ainsi qu'il appartiendra par raison. En témoin de ce
nous avons fait mettre et apposer le sceau du roi à ces présentes. Fait à
Bordeaux, au bureau des domaines du roi et voieries, en la généralité de
Guienne, le vingt-sept de juillet mil six cent soixante-sept. Ainsi signés :
de Pichon, de Tortaty, Chapelus, de Prugue et Bénech. Plus bas, de Tuquoy et Loret.

Sa procuration n'offrant pas d'intérêt pour le recueil auquel sont des-
tinés ces extraits, on ne l'a pas copiée.

Il en est de même du dénombrement et confrontation de la seigneurie
et caverie de Tingon, appartenances et dépendances, justice basse et
moyenne, droits de fiefs, lots et ventes, de prélation, de cumul et autres
droits seigneuriaux.

J'ai pris seulement à cette pièce la phrase suivante, qui prouve l'exis-
tence d'un château féodal à Tingon, fait que personne dans le pays n'au-
rait soupçonné.

Premièrement, tient le seigneur de Tingon et possède ladite seigneurie
et caverie, consistant en la maison et biens appelés de Tingon, où pa-
raissent encore les fondements des tours et murailles du château démoli
par ordre d'Henri, le quatrième roi de France et de Navarre, avec deux
basses-cours, etc., etc.

Ce dénombrement est suivi d'un acte par devant notaire, attestant
qu'il est sincère et véritable; l'acte est signé par Jean-Jacques de Tuquoy, seigneur de Tingon; Nicolas Larhède sieur Desbarrères, et Fortis
de Gaye, praticien, habitants de St-Sever et témoins, et de Laffitte, notaire royal.

Je ne l'ai pas copié, non plus que l'ordonnance du bureau de vérifica-
tion du susdit aveu et dénombrement.

HOMMAGE POUR LE PUCH.

Daniel de Barry, seigneur de Tauyun (Toujoun) et de Maupas, conseiller
du roi et lieutenant-général en la sénéchaussée des Lannes au siége de
St-Sever, commissaire député par Sa Majesté pour l'acceptation des hommages, l'action des reconnoissances, papiers terriers, réformation et
vérification de son domaine, par lettres patentes et commission du trois
septembre mil six cent neuf, duement vérifiées au grand conseil du roi,
expédiées à Me Etienne Degoutte, avocat au conseil privé du roi, sur
l'exécution du contrat fait avec le feu roi, suivi du grand autre arrêt du
conseil d'Etat de Sa Majesté, et lettres patentes expédiées sur icelles, du
sept mai mil six cent neuf, vérifiées en la Cour du Parlement de Bordeaux
le quinze juin dudit an, et autre arrêt dudit conseil d'Etat et lettres patentes expédiées sur icelles le dix-sept mai mil six cent dix-huit, portant
approbation et ratification dudit contrat; à tous ceux qui ces présentes
lettres verront, salut. Savoir faisons que à la diligence et poursuite dudit
Degoutte, a comparu cejourd'hui, par devant nous lieutenant et commissaire susdit, Bernard de Bastiat, bourgeois de la présente ville de Saint-
Sever, procureur constitué par procuration expresse de Jean-Jacques de
Tuquoy, avocat en la Cour du Parlement de Bordeaux, et seigneur de la
maison noble et caverie du Puch, lequel, en présence et du consentement de M. Christophe de Lartigue, procureur du roi en la présente
sénéchaussée, étant tête nue, les deux genoux à terre, sans ceinture,
épée ni éperons, tenant ses mains jointes entre les nôtres, a fait et prêté

la foi et hommage et le serment de fidélité qu'il doit et est tenu de faire au roi notre sire, Louis treizième, roi de France et de Navarre , à présent régnant, pour raison de ladite maison noble et caverie du Puch, rentes, droits et devoirs qui en dépendent, tenus et mouvants de Sa Majesté, à cause de son duché de Guyenne, et ce au devoir d'une paire de gants payable à chaque amuance du roi ou de vassal audit Degoutte ou au porteur de ces quittances pendant et durant huit années, à commencer en la présente ; et icelles faites et révolues, ès mains de son receveur du domaine, a promis et juré ledit de Bastiat audit nom de procureur dudit Tuquoy, sur les saints Evangiles , qu'il sera bon, fidèle, loyal serviteur et vassal du roi et de ses successeurs rois de France, gardera son bien et son honneur, pourchassera et gardera, son mal évitera de tout son pouvoir, servira, gardera et défendra Sa dite Majesté contre toutes personnes, sans aucune excepter, auquel foi et hommage ledit de Bastiat audit nom a été reçu à la charge des droits et devoirs seigneuriaux, et de plus grands et devoirs qui se trouveront être dus à Sa Majesté, à cause de son duché de Guyenne et fiefs en dépendant, et sera tenu, ledit de Bastiat, audit nom de bailleur, son aveu et dénombrement de ladite maison noble et caverie du Puch et appartenances d'icelles, dans les quarante jours portés par l'ordonnance, et icelui remettre par devers le greffier, pour être communiqué tant au procureur du roi qu'au procureur dudit Degoutte, pour icelui blâmer et dire ce qu'ils verront être à faire ; pour ce fait, être procédé par saisie sur ladite terre, seigneurie et caverie du Puch, et autrement ainsi qu'il appartiendra par raison. En témoignage de quoi nous avons signé ces présentes le dix-huit janvier mil six cent vingt. Ainsi signé, de Barry, lieutenant-général et commissaire susdit. Signé aussi de Cès, commis-greffier.

Suit l'avis et dénombrement de la seigneurie du Puch, que nous n'avons pas cru devoir copier.

Non plus qu'un acte par devant notaire, signé à Bordeaux le cinq janvier mil six cent quarante-sept, en présence de Me Pierre Loret, procureur au bureau des finances et domaines de cette ville, et de François Dubois, témoins à ce requis. Signés de Tuquoy et de Sellier, notaire royal.

Je n'ai pas cru devoir copier non plus l'ordonnance de vérification dudit dénombrement.

HOMMAGE POUR LE PUCH.

François de Lachèze, chevalier, conseiller du roi, président trésorier de France, général des finances, juge du domaine du roi et grand voyer de la généralité de Guyenne, commissaire député par nos seigneurs les présidents trésoriers de France, généraux des finances, juges des domaines du roi et grands voyers en ladite généralité de Guyenne, pour la réception des foi et hommage, vérification des aveux et dénombrements des justices, terres, seigneuries, dixmes inféodées, biens nobles, fiefs, cens, rentes et tous autres droits et devoirs seigneuriaux généralement quelconques, leurs appartenances et dépendances, relevant à foi et hommage de Sa Majesté dans l'étendue de l'élection des Lannes et siéges présidiaux de Dax, St-Sever et Bayonne, suivant les ordonnances desdits seigneurs trésoriers de France des cinq septembre mil six cent soixante-seize et trois mai mil six cent soixante-dix-neuf, à tous ceux qui ces présentes lettres verront, salut : Savoir faisons qu'à la requête et diligence du procureur de Sa Majesté au bureau du domaine, s'est présenté Nicolas de Larhède au nom et comme ayant charge et procuration expresse de Jean-Jacques de Tuquoy, écuyer, seigneur baron de Montaut, Tingon et le Puch, en date du 25 du courant, laquelle sera ci-après insérée, assisté de Me Pierre Peyrecave, procureur au siége présidial de Dax, lequel, en présence dudit sieur procureur du roi au bureau, étant ledit vassal, tête nue, les deux genoux en terre, sans ceinture, épée ni éperons, tenant ses mains jointes entre les nôtres en la manière accoutumée, a fait et rendu à Sa Majesté les foi, hommage et serment de fidélité qu'il doit et est tenu de faire au roi notre sire Louis quatorzième, roi de France et de Navarre, à présent régnant, pour raison de la maison noble, seigneurie et caverie du Puch, ses appartenances et dépendances, situées en la prévôté de St-Sever, paroisse de Montaut, mouvante de Sa Majesté à cause de son duché de Guyenne et couronne de France, suivant l'hommage qui en fut fait à Sa Majesté à présent régnant, le deux janvier mil six cent quarante-sept, par noble Jean-Jacques de Tuquoy, avocat du roi en ladite sénéchaussée de Saint-Sever, père dudit sieur de Tuquoy ; et a ledit vassal promis et juré sur les saints Evangiles qu'il sera bon, loyal et fidèle serviteur du roi et de ses successeurs rois, son bien et son honneur pourchassera, son mal gardera et évitera de tout son pouvoir, servira, gardera, défendra Sa Majesté contre toutes personnes, sans aucune excepter, et généralement fera, tiendra et accomplira les clauses contenues ès chapitres de fidélité, vieux et nouveaux ; auquel foi et hommage ledit sieur vassal a été reçu du consentement du sieur procureur du roi, à la charge des lots et ventes, restitution des fruits du Puch, depuis la saisie faite sur lesdits biens et autres, faute d'avoir rendu hommage, et de plus, grands droits et devoirs seigneuriaux qui se trouveront dus à Sa Majesté jusques à présent, et sur les plus amples conclusions dudit sieur procureur du roi, ordonnons que ledit vassal fournira le dénombrement et l'aveu desdits biens, appartenances et dépendances, suivant les ordonnances et règlements du bureau et du conseil, des années mil six cent trente-quatre, mil six cent soixante-dix et mil six cent soixante-dix-huit, et icelui remettra au greffe, avec les pièces de justification, conformément à notre ordonnance du huit mai mil six cent soixante-dix-neuf, pour être communiqué au procureur du roi, pour le blâmer et dire ce qu'il verra être à faire, pendant lequel délai seulement sursoira ladite saisie ; et ladite remise faite, sera procédé à la vérification et enregistrement dudit dénombrement, et autrement ainsi qu'il appartiendra, ou à faute de ce faire, les délais passés seront les peines portées par notre susdite ordonnance dudit jour huit mai mil six cent soixante-dix-neuf, déclarées être encourues contre ledit sieur vassal, au payement d'icelles il sera contraint comme pour deniers royaux. Fait à Dax, en notre hôtel, le vingt-huit septembre mil six cent soixante-dix-neuf. Ainsi signés : Larrhède audit nom ; Peyrecave, procureur ; de La Chèze, commissaire, et Maisonnave, substitut de M. le procureur du roi.

Suit la teneur de la procuration que je n'ai pas copiée, ne renfermant rien de curieux.

Extrait de la saisie faite le douze décembre mil sept cent quinze et jours suivants, auxdits mois et an, par vertu d'un contrat de donation et d'un testament de Messire Christophe de Tuquoy, des quinze mars mil sept cent deux et vingt-trois août mil sept cent quatorze, signés Cazenave, notaire, et Marincaus, notaire royal, et des lettres de la chancellerie prises sur iceux, datées à Bordeaux le trois dudit mois, signées par le conseiller Dalenet, collationnées, scellées et contrôlées, le tout ci-attaché à la requête de dame Jeanne d'Orogneu, veuve de feu messire Christophe de Tuquoy, habitant de la ville de Saint-Sever.

Nous, Pierre Brocas, premier huissier, etc., etc.

Et advenant, ledit jour trente décembre mil sept cent quinze, avant midi, nous sommes transportés en compagnie de nos dits témoins, de la paroisse de Doazit en celle de Montaut, distante d'un quart de lieue, et en continuant la saisie par nous commencée le vingt-trois du présent mois et remise le vingt-quatre du même mois à cejourd'hui, avons suivi comme dessus toute icelle caverie du Puch et ses dépendances, consistant en bien nobles et roturiers, où nous nous sommes aussi transportés pour procéder avec nos témoins à ladite saisie, etc., etc. Contrôlé à Montaut le six juillet dix-sept cent seize, par Despoys, et advenant ledit jour trente décembre mil sept cent quinze, avant midi, nous huissier susdit, nous sommes transportés en compagnie de nos témoins de ladite paroisse de Baigs en celle de Nerbis, distante d'une lieue, où étant arrivés pour continuer la saisie par nous commencée le vingt-trois du présent mois et remise à cejourd'hui, le jour de hier, avons saisi comme dessus toute icelle caverie de Tingon ou seigneurie et fiefs en dépendant, sur laquelle nous nous sommes exprès transportés avec nos témoins pour procéder à la saisie consistant en biens nobles et roturiers, et premièrement, etc., etc. Tous les biens et maisons ci-dessus par nous aujourd'hui saisis, sont situés en la paroisse de Nerbis; les nobles en la juridiction de la prévôté royale de St-Sever, et les roturiers dans la juridiction de Mugron et Montaut, etc., etc. Contrôlé à Montaut, le six juillet, par Despoy.

Extrait de l'arrêt de décret des caveries de Tingon, le Puch et autres biens, rendu au Parlement de Bordeaux le treize août dix-sept cent trente-cinq.

Louïs, par la grâce de Dieu, roi de France et de Navarre, à tous ceux qui ces présentes lettres verront, salut, etc., etc.

Entre messire Pierre de Pichard, baron de Saucats, Lebarp, Montaut, Miremont, Toulouzette, Poy-Patin et autres lieux, conseiller du roi en la Cour, demandeur en requête, en réception d'une surenchère par lui faite au greffe de la Cour, le dix de ce mois, d'une somme de deux cents livres sur les biens de feu messire Christophe de Tuquoy de Tingon, et de la dame Jeanne d'Estoupignan, sa mère, outre et pardessus l'enchère faite par Jean Dusan, bourgeois de Bordeaux, revenant les enchères sur lesdits biens à la somme de trente-huit mille soixante-quinze livres, et celle de sept livres sur les biens du feu Tuquoy, prieur d'Orist, outre et pardessus l'enchère faite par ledit Dusan sur lesdits biens, ledit jour vingt-neuvième juillet dernier, revenant les enchères et surenchères sur les biens dudit de Tuquoy, prieur d'Orist, à la somme de cinq mille neuf cent vingt-cinq livres, et le total desdites enchères sur tous lesdits biens directs à la somme de quarante-quatre mille livres. En conséquence qu'il soit ordonné que l'adjudication de tous les biens, faite en faveur dudit Dusan, par l'arrêt de décret du sixième de ce mois, cèdera au profit de lui, sieur de Pichard, pour ladite somme de quarante-quatre mille livres, et à concurrence d'icelle, les sommes pour lesquelles tant lui que la dame Dorogneu ; messire Charles-Auguste de Harlay ; la dame Charlotte de Lavie, son épouse, et la dame de Tuquoy de Castéja, desquelles il est cessionnaire, ont été utilement colloquées dans les premiers rangs par la sentence de décret du dix-neuf août mil sept cent vingt-sept, confirmée par ledit arrêt de décret dudit jour sixième de ce mois. A ces fins, qu'il soit enjoint au commis à la recette des consignations de la Cour, recevoir ladite consignation de quarante-quatre mille livres en créances et hypothèques, d'une part ; et dame Jeanne Dorogneu, veuve de messire Jean-Christophe de Tuquoy, écuyer, seigneur de Tingon, demanderesse en criées ; dame Isabeau de Tuquoy, veuve de noble Jean de Biaudos de Castéja, exécutée, et sieur Jean Dusan, bourgeois de Bordeaux, adjudicataire des biens, défendeur, chacun en ce qui le concerne. D'autre part, vu l'arrêt de la Cour qui adjuge lesdits biens à Jean Dusan pour la somme de quarante-trois mille cent livres, du sixième de ce mois, la surenchère faite au greffe de la Cour par le sieur de Pichard ledit jour dixième de ce mois, requête dudit sieur de Pichard, tant aux fins de la réception de sa dite surenchère qu'en permission d'employer en consignation les sommes pour lesquelles tant lui que lesdits sieur et dame de Harlay, la dame Dorogneu et la dame de Tuquoy de Casteja, utilement colloquées par ladite sentence et arrêt de décret ; ladite requête signée dudit sieur de Pichard et Laborde, son procureur ; contrat de cession faite par dame Jeanne de Tuquoy, veuve de noble Jean de Biaudos, écuyer, seigneur de Castéja, en faveur de dame Jeanne de Tuquoy, sa sœur, etc., etc.

Dit a été que la Cour a reçu et reçoit la surenchère faite au greffe d'icelle par ledit sieur de Pichard le dix de ce mois, de la somme de deux cents livres sur les biens de feu Jean-Christophe de Tuquoy de Tingon et d'Isabeau d'Estoupignan, sa mère, outre et pardessus l'enchère faite sur lesdits biens par Jean Dusan, le vingt-neuf juillet dernier, et de celle de sept cents livres sur les biens du feu de Tuquoy, prieur d'Orist, outre et pardessus l'enchère faite sur iceux, par ledit Dusan, ledit jour vingt-neuf juillet dernier, résumant lesdites enchères et surenchères à la somme de quarante-quatre mille livres, pour laquelle ladite Cour ordonne que l'adjudication de tous les biens faite en faveur dudit Dusan, par ledit arrêt de décret dudit jour sixième de ce mois, cèdera en faveur dudit sieur de Pichard pour ladite somme de quarante-quatre mille livres, à la charge des droits et devoirs seigneuriaux, et de consigner dans le mois ès mains du receveur des consignations de la Cour ladite somme de quarante-quatre mille livres, faute de ce courront contre lui les intérêts au profit des créanciers colloqués, tant par ladite sentence que par ledit arrêt de décret. Au surplus, ladite Cour a permis et permet audit sieur de Pichard d'employer en consignation de ladite somme de quarante-quatre mille livres et à concurrence d'icelle, les sommes pour lesquelles tant lui que ladite dame Dorogneu ; ledit sieur de Harlay ; la dame de Lavie, son épouse, et ladite Isabeau de Tuquoy, veuve dudit Biaudos de Castéja, desquels il est cessionnaire, ont été utilement colloquées dans les premiers rangs de ladite sentence de décret dudit jour dix-neuf août mil sept cent vingt-sept. Confirmé par ledit arrêt décret dudit jour sixième de ce mois ; à ces fins enjoint aux commis à la recette des consignations de la Cour de recevoir ladite consignation de ladite somme de quarante-quatre mille livres en créances et hypothèques. Dit aux parties à Bordeaux, en Parlement, le treize août mil sept cent trente-cinq.

Reçu la somme de une livre dix-huit sols huit deniers pour les trois sols pour livre des épices, le dix-neuf août mil sept cent trente-cinq. Signé : Chelan.

MM. Dumes de Lachavanne, président ; de Malvin, rapporteur. Epices, quatre livres. Signé : De Giacq et Baret, greffier.

Le tout ci-dessus a été expédié et extrait des registres des bureaux des domaines du roi, en la généralité de Guyenne, Cour du Parlement de Bordeaux et élection des Lannes.   LAVIELLE.

(*Extrait des titres de Pichard.* Cᵗᵉ DE M...)

———

Contrat de mariage entre Matthieu Duvigneau de Trubessé et Jeanne de Tuquoy. (*Voir le Supplément*).

D'**Urtubie** (Henry, vicomte), chevalier, seigneur dudit lieu, bailli et colonel du pays de Labourd. — D'azur à trois fasces d'or accompagnées de neuf chiens passants d'argent, posés trois au dessus de chacune.

D'**Urtubie** (André), baron de Garro. — De gueules à trois fasces d'argent, chargée chacune de trois loups passants de gueules ; parti écartelé au 1 d'or à trois loups de sable passants l'un sur l'autre ; au 2 de gueules à une porte d'argent ; au 3 d'argent à un pin de sinople et un sanglier de sable passant au pied ; au 4 de gueules à un pal d'argent chargé de trois mouchetures d'hermine et sur le tout du parti de gueules aux chaînes d'or passées en orle, en croix et en sautoir. (1698).

DU **Val,** marquis de Tercis. — D'argent à trois trèfles de sinople.

DE LA **Valette** (Jean Parisot), grand maître de l'Ordre de St-Jean (1565). — Ecartelé au 1 et 4 de la religion (qui est de gueules à la croix d'argent) ; au 2 et 3 de gueules au coq d'argent la patte droite levée ; parti de gueules au lion d'or qui est de La Valette. Devise : *Plus quam Valorem Valetta Valet.*

DE **Vallier,** *en Guyenne.* — D'azur à la fasce d'argent accompagnés en chef de trois besans d'or et en pointe de trois merlettes de même (*St-Allais*).

DE **Valier,** DE LA Crauste, DE Serignan, DE Talance, DE Geloux, DE Calon, DE Tastes, DE Maurin, D'Artassenx, DE Montagut, DE Bourc. — Mêmes armes.

Van-Duffel. — D'or à trois croix pattées de sable posées en pal ; parti de sinople à trois merlettes d'argent posées en pal.

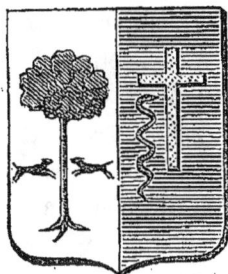

1º DE **Vergeron**, seigneur DE BAIGTS, *en Chalosse*, *Monbalour*, *Navarre en Béarn*. — D'argent à un chêne arraché de sinople accolé de deux levriers de gueules, l'écu timbré d'un casque de profil. — 2º DE **Lample.** — D'azur à la croix d'or surmontant à dextre un serpent de gueules en pal ondoyant.

Nous n'avons pas de données bien exactes sur les commencements de la famille de Vergeron, les papiers qui les concernaient ayant été brûlés à l'époque de l'invasion des Espagnols. Nous savons que noble Bertrand de Vergeron épousa Catherine de Prat, fille de noble Jacques de Prat, sieur de Monbalon ou Monbalour, suivant l'ancienne orthographe ; l'acte de mariage de noble Bertrand de Vergeron et de l'héritière des de Prat, sieurs de Monbalou, se trouve à la mairie de Jasses ; l'oncle de noble dame de Vergeron était prébendier de Jasses ; la terre de Monbalon ou Monbalour, possédée de temps immémorial par les ancêtres de Catherine de Prat, était un fief noble qui donnait entrée à l'assemblée du pays. Bertrand de Vergeron succéda aux de Prat dans leur droit d'entrée aux Etats du Béarn (Picamilh, *Statistique*, tome 1, page 241), et divers titres nomment la famille de Vergeron de Monbalon parmi les membres de la noblesse. Une ancienne chronique rapporte que Jeanne d'Albret a été reçue à Monbalon, dont les restes du château ont été détruits en 1815 par les canons de la place tirant sur les Espagnols réfugiés au faubourg (Navarreinx).

Bertrand de Vergeron venait des Landes, comme l'indique la note manuscrite suivante : « Bertrand de Vergeron, natif de St-Jean de Lahosse, diocèse d'Aqs, était fils de feu Etienne de Vergeron, juge de Bellocq, et de Jeanne de Laborde ; sa famille a été convoquée en 1693 et 1702 au ban de la noblesse de la sénéchaussée de Saint-Sever pour la seigneurie de Baigtz, et M. de Vergeron assista en 1694 à la revue des gentilshommes des Lannes convoqués par le marquis de Montferrand, grand sénéchal de Guienne.

De Vergeron, fils de Bertrand, épousa mademoiselle de Lample, fille aînée et héritière de noble Jean-Baptiste de Lample, seigneur de Souch et co-seigneur de Rontignon, avocat au parlement de Béarn, dont il eut :

1º Armand de Vergeron, ancien magistrat, ancien administrateur, représentant des Basses-Pyrénées à l'Assemblée législative, chevalier de la Légion-d'Honneur, décédé il y a peu d'années laissant de son mariage avec dame de Sers de Bascoul :

Demoiselle Marie de Vergeron.

Demoiselle Amélie de Vergeron.

2º M. Auguste de Vergeron, receveur particulier des finances, marié à dame Amélie de Bordenave d'Abère.

3º Dame Amélie de Vergeron, mariée à M. de Lauverjat, ancien officier.

La maison de Vergeron est alliée aux familles de Boirie, de Joantho, de Segure, d'Etchegoyen, de Neurisse, de Chambre, de Juncarot, etc.

———

8 Juillet 1784. — *Extrait de baptême de Marie-Suzanne de Lample, décédée dame douairière de Vergeron, à Navarrenx, le 6 juillet 1863.*

Le huitième juillet mil sept cent quatre-vingt-quatre a été baptisée Marie-Suzanne Lample, née la veille, fille de noble Jean-Baptiste Lample et de dame Suzanne d'Etchegoyen, conjoints, propriétaires des maisons d'Etchegoyen et de Habiagurre. Le parrain a été noble Jacques Lample, co-seigneur de Rontignon, ancien substitut de M. le Procureur général au Parlement de Navarre, représenté par Jean-Louis-Bertrand d'Etchegoyen, ci-devant garde-du-corps de Sa Majesté catholique ; et la marraine dame Suzanne de Neurisse d'Etchegoyen, épouse de Jean-Louis d'Etchegoyen, ancien prévôt général de l'armée d'Espagne, capitaine de cavalerie de première classe, pensionné du roi.

Suzanne DE NEURISSE D'ETCHEGOYEN ; D'ETCHEGOYEN fils ; DIHARCE, *curé.*

Ont ainsi signé à l'original, de ce requis par moy,

Dominique SORHAINDE, *curé.*

Je soussigné, curé de l'église paroissiale de Cambo, certifie que le présent extrait est véritable et tiré mot à mot du registre, sans y avoir rien diminué ni augmenté. En foi de quoi j'ay signé, le 6 de juin 1792.

SORHAINDE, *curé.*

Nous, maire de la paroisse de Cambo, district d'Ustarits, département des Basses-Pyrénées, certifions à tous ceux qu'il appartiendra que la signature ci-dessus est le vrai seing de M. Sorhainde, curé de la présente paroisse. En foi de quoi, à Cambo, le 6 juin 1792. CORNUS, *maire.*

DE **Vidart-d'Estibes** (Louis), écuyer. — De sinople à la hure d'or.

DE **Vidart** (Guillaume), écuyer, seigneur de Soys. — D'azur à trois lances d'argent posées 2 et 1.

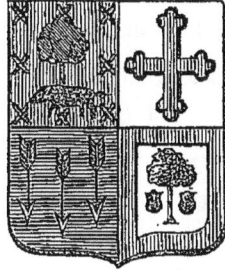

DE **Vidart-Soys**, *à Tartas*. — Ecartelé au 1 de gueules à un arbre de sinople ayant au pied un sanglier de sable et huit croix de saint André d'or posées en orle, 3, 2, 3 ; au 2 d'argent à la croix de gueules ; au 3 d'azur à trois flèches d'argent posées en pal 2 et 1, les pointes en bas ; au 4 d'argent à un arbre de sinople accosté de deux coquilles de pourpre, et une bordure de gueules.

Les seigneurs de Vidart-Soys, issus des Vidart de Behasque, ont assisté aux assemblées de la noblesse d'Albret, en 1651 et 1789 ; ont été convoqués au ban et arrière-ban en 1689-1693 ; sont inscrits dans l'*Armorial de Guienne* de 1698, et ont été maintenus dans leur noblesse par lettres-patentes de Louis XIV, en 1694, et par arrêt du Conseil d'Etat et lettres-patentes de Louis XVI, en 1790.

Vidart, *en Navarre française*. — Ecartelé au 1 et 4 de gueules, au sanglier de sable passant devant un cyprès de sinople, accompagné de huit croix de saint André d'or posées 3, 2, 3 ; au 2 de gueules à trois dards d'argent futés et empennés d'or, l'un en pal et les deux autres passés en sautoir la pointe en bas ; au 3 de gueules à trois dards rangés en pal d'or futés et empennés d'argent la pointe en bas.

Addition. — Messire Jean Curé Dumontier, ingénieur en chef de la ville et place de Saint-Jean Pied de Port, capitaine major au régiment de Béarn, chevalier de l'ordre royal et militaire de Saint-Louis, fils de feu messire Jean-Baptiste Curé Dumontier, chevalier de Saint-Louis, et de dame Anne-Marie Diharce Dumontier, et Jeanne-Marie de Vidart d'Estives, fille légitime de feu M. J.-M. de Vidart d'Estives et de dame de Lagoeyte. Vu la permission du roy en date du 19 janvier 1772, signée

Monteynard ; vu la dispense de deux bans de monseigneur l'évêque de
Bayonne, signé Dop, vicaire-général ; vu dispense de ban de monseigneur l'évêque de Dax : ont reçu la bénédiction nuptiale, en présence
de MM. Louis de Vidart d'Estives ; Latapie, avocat au Parlement, Jean
de Vidart, chevalier de Saint-Louis, Jean-Pierre Lafage, syndic de la
confrérie de Saint-Antoine, qui ont signé avec moi.

DE VIDART DUMONTIER. LAFAGE. CURÉ DUMONTIER. VIDART, *chevalier de
Saint-Louis*. DE VIDART D'ESTIVES. LAREMARD. LAREMARD DE VIDART.
LATAPIE, *présent*. DUSAULT, *vicaire*.

DE **Vignolles-Lahire,** marquis de VIGNOLLES, PRÉCHACQ et CA-
SAUBON, *en Guienne*. —

I. — Menoton de Cauna, écuyer, marié vers 1480 à l'héritière de Vignolles, en eût :

II. — Noble Lancelot de Cauna, seigneur de Vignolles-Lahire, marié
à Magdelaine d'Ormessan, damoyselle (1505-1530), en eut : 1º Marie de
Cauna, dame de Vignolles, mariée à François d'Arricault, écuyer, sieur
de Fretillon (1530), et 2º Hélène qui a continué la postérité.

III. — Dame Hélène de Vignolles de Lahire, fille et héritière de noble
Lancelot de Cauna de Vignolles dit de Lahire, et de Magdelaine d'Ormessan de Saint-Blanquart, ou d'Ornezan, fut mariée en 1538 avec noble François de Saint-Paul de Ricau de Riquali ou Arriquali, en la vallée
de l'OEil, d'où naquirent plusieurs enfants. Dame Hélène de Vignolles
de Lahire testa le 6 janvier 1548 et chargea François de Saint-Paul de
Ricau, son fils puîné, et sa postérité, de porter les noms et armes de
Vignolles-Lahire.

IV. — François de Vignolles-Lahire, seigneur de Casaubon et de Préchacq, quitta le nom de son père pour prendre celui de sa mère et
épousa, le 20 octobre 1558, dame Marie *alias* Magdelaine de Larochebeaucourt, fille de Jean, baron de Soubra, et de Jacquette Poursan de
Gournay. François de Vignolles-Lahire fut gouverneur de Tartas et de
Dax et garda sa fidélité au roi quoiqu'il appartint à la religion P. R.

V. — Son fils, Bertrand de Vignolles, dit Lahire, marquis de Vignolles, seigneur de Casaubon et de Prechacq, capitaine des gardes du roi
de Navarre depuis Henry IV, gouverneur de Champagne, capitaine de
cinquante hommes d'armes, maréchal des camps et armées du roi, che-

valier du St-Esprit, mort en 1637 étant rentré dans la religion catholique ; il épousa le 4 septembre 1603 dame Marguerite de Balaguier-Montsalez, veuve de messire Charles de Montluc, seigneur de Caupenne, et en eut une fille, Suzanne, qui a continué la postérité. (Sur Bertrand de Vignolles, chevalier du Saint-Esprit, voir Moreri, le père Anselme, *Grands officiers de la Couronne* ; les manuscrits du séminaire d'Auch.) Bertrand de Lahire a laissé des mémoires qui se trouvent dans les pièces fugitives de l'Histoire de France (3 vol. in-quarto, 1758).

VI. — Suzanne de Vignolles-Lahire, dame de Vignolles, de Coulonges, les Royaux, et en sa partie de Benet, fut mariée le 8 septembre 1627 à Hector de Gelas de Voisins, marquis d'Ambres, vicomte de Lautrec, chevalier des ordres du roi ; elle testa le 30 juin 1682 ; mourut peu de jours après à Lavaur et fut enterrée aux Cordeliers de cette ville.

—

Éclaircissements. — Marguerite de Balaguier de Montsalez était fille de Jacques de Balaguier, seigneur de Montsalez et de Suzanne d'Estissac ; elle fut mariée en premières noces à Bertrand d'Eberard, seigneur de Saint-Sulpice ; en secondes noces, le 19 août 1589, avec messire Charles de Montluc, seigneur de Caupenne, qui fut chevalier des ordres du roi. (Père Anselme).

Dans l'*Etat de la France de* 1702-1703, au chapitre du Gouvernement des Provinces, on lit page 263 : « Schelestat. M. de Préchac, maréchal de camp, gouverneur. » — Page 218 : « Lieutenant-général en Guienne, M. le marquis d'Ambres dans la généralité de Montauban ou haute Guienne. » — Page 219 : « Lieutenant du roi, basse Guienne, à Bordeaux, M. Léon marquis de Vignolles. » (tome III).

On lit dans les *Matériaux* de l'histoire de M. Saintourenx (de Tartas), article *Prechacq* : — « Année 1578, 2 août. Henry IV concède au seigneur de Vignolles Français (François ?) une haute justice maintenue par les arrêts du Parlement de Bordeaux, d'août 1581 et 31 octobre 1589. En 1620 les seigneurs de Vignolles et de Gramond sont honorés de l'ordre du St-Esprit, à Préchacq.

Le 31 juillet 1753 le marquis de Poyanne acquiert des seigneurs Destouesse et Casaubon la caverie qu'ils avaient à Préchacq ; le 4 novembre le même marquis acquiert la baronnie et seigneurie de Préchacq.

Pour la topographie du manoir de Vignolles, tour et moulin de ce nom, voir les *Cartes* de Cassini et de l'Etat-major (Dax), et la *Revue d'Aquitaine*, tome III, pag. 216, année 1859.

Henriette-Antoinette de Mesmes, née le 29 avril 1678, mariée par contrat du 16 juillet et 1er août 1715 à Louis-Hector, comte de Gelas, marquis d'Ambres, vicomte de Lautrec, colonel d'un régiment de dragons, brigadier des armées du roi, lieutenant-général en la Haute-Guienne. (*Histoire des Grands-Officiers de la Couronne*, t. IX, p. 176).

Daniel-François de Gelas de Voisins, vicomte de Lautrec, marquis d'Ambres, maréchal de France, chevalier des ordres du roi et baron des Etats du Languedoc en 1759. (*Nobiliaire de Guienne*, t. III, p. 503).

Voir sur les services du maréchal de Gelas de Lautrec d'Ambres le *Dictionnaire historique et biographique des généraux français*, par le chevalier de Courcelles, tome VI, p. 261 à 266. (*Cit. du Nobiliaire de Guienne*).

Notre tâche serait terminée depuis l'époque où l'héritière de Vignolles s'allie en 1627 au seigneur de Gelas de Voisins, marquis d'Ambres. Nous l'avons conduite jusqu'au moment où les terres de Vignolles et de Prechacq sont aliénées par les petits-fils de Suzanne de Vignolles-Lahire. Un maréchal de France fut la plus éclatante illustration de la maison de Vignolles au quinzième siècle. Au milieu du dix-huitième siècle, le descendant direct de la propre sœur de Lahire obtient le bâton de maréchal et ajoute le couronnement le plus élevé à la gloire ancienne et chevaleresque de la maison de Gelas de Voisins. Les services, les honneurs du marquis d'Ambres sont la propriété d'une autre province. On en suivra l'histoire dans les recueils héraldiques concernant le Languedoc.

Pavée de la Villevieille. — D'azur à trois chevrons d'or.

DE **Villefort** (D'ISARN). — D'azur à la fasce d'or accompagnée en chef de trois besans et en pointe d'un croissant du même.

DE **Vougy.** — D'azur à la fasce d'argent accompagnée de trois besans du même, deux en chef et un en pointe.

FIN.

SUPPLÉMENT.

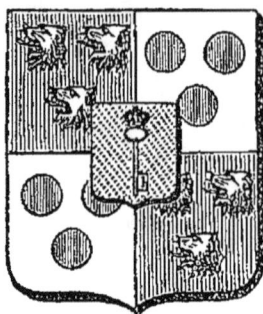

D'Antin de Saint-Pée et de Sauveterre. — Ecartelé au 1 et 4 de gueules à trois têtes de lions coupées d'argent; au 2 et 3 d'argent à trois tourteaux de gueules 2 et 1. Sur le tout d'or à la clef en pal couronnée de sable.

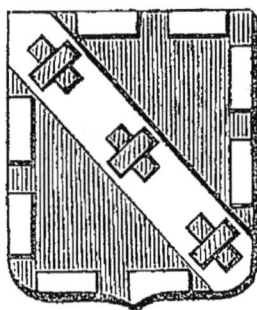

De **Basquiat de Toulousette et de Lahouze.** — De gueules à la bande d'argent chargée de trois croisettes du champ, à l'orle de dix billettes d'argent.

De **Batz-d'Aurice.** — D'azur au chevron d'or accompagné de trois chicots du même posés en pal, deux en chef et un pointe; au chef d'argent chargé d'un lion issant de gueules.

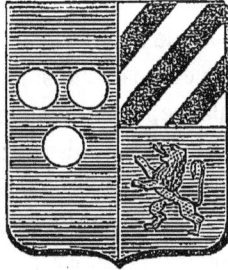

DE **Caucabancs**. — Parti au 1 d'azur à trois besans d'argent 2 et 1 ; le 2 coupé au 1 d'argent à trois barres de sable, et au 2 d'azur à un lion d'or.

DE **Cès Horsarrieu.** — Le blason de cette famille a été donné précédemment. Les extraits d'actes baptistères qui suivent ont pour objet de faire connaître les alliances et les services de cette famille dans le temps qu'elle a occupé la charge de procureur du roi au sénéchal de St-Sever et possédé la seigneurie de Horsarrieu.

1661. Le dix-septième septembre mil six cent soixante-un nasquit Marguerite de Lalanne, fille légitime de Pierre de Lalanne, sieur du Bosquet, et de demoiselle Marguerite de Labatut de Navailles, et fut baptisée le 23e janvier 1662. Parrain et marraine, noble Henry de Navailles, et demoiselle Françoise de Navailles. Par moy : DOUSSEAU, *curé.*

Le quatrième novembre mil six cent soixante-quinze, dans la chapelle du bourg de Montaut de ma licence, a estée départie la bénédiction nuptiale par M. Me Ramond de Cèz, archiprestre de Doazit, à M. Me Bernard de Cèz, seigneur de Horsarrieu, et procureur du roi au sénéchal de St-Sever, d'une part ; et à demoiselle Marguerite de Lalanne, de l'autre ; et ce après la publication d'un ban par Maître Bertrand de Cazes, vicaire de Montaut, au prosne de la messe paroissialle de Brocas, jour de la Toussaint, sans qu'il nous ait apparu d'aucun empêchement ny opposition ; et vu le certificat de M. le curé de Horsarrieu pour avoir le même jour fait pareille proclamation, la dispense de deux autres bans ayant été donnée le neuvième septembre par Mgr l'illustrissime et révérendissime évêque d'Aire, aussy bien que la dispense au quatrième degré de parenté que le susdit seigneur évêque lui a accordée le 8e juillet, que j'ai entre les mains, tout an que dessus. Partant, je soussigné certifie que la chose s'est ainsi passée ez présences de nobles Joseph de Navailles, seigneur baron de Banos et de Dume ; et Isaac d'Abadie, seigneur de St-Germain et de Labeyrie ; MM. de Lalanne, sieurs d'Augerin, père, fils, oncle et cousin à ladite demoiselle ; Me Bernard de Cèz, oncle et tuteur dudit sieur Horsarrieu, qui ont tous signé avec les conjoints, assistés de Me Pierre de Lalanne et demoiselle Marguerite de Labatut, père et mère de la susdite épouse, et ledit sieur de Cèz, archiprestre de Doazit. Fait à Montaut, le huitième de février mil six cent soixante-seize.

B. DE CÈZ. DE LAMARQUE, *curé de Montaut*. Marguerite DE LALANNE. Marguerite DE NAVAILLES. LALANE. LALANE.

———

Le 7 juin 1676 sont présents à un baptême : M. de Horsarrieu, procureur du roy au sénéchal de St-Sever, et mademoyselle de Horsarrieu, mari et femme, et M. de Lalane.

DE LAMARQUE, *curé de Montaut*. B. DE CÈS. LALANE, présent.

———

Le treizième septembre mil six cent soixante-seize, par moy soussigné, a été baptisée dans la chapelle du bourg de Montaut Marguerite de Horsarrieu, née depuis deux jours, fille de M. Me Bernard de Cès, seigneur de Horsarrieu, et procureur du roy au sénéchal de Saint-Sever. Sa mère, demoiselle Marguerite de Lalanne ; son parrain, M. de Cès, prébendé ; sa marraine, demoiselle Marguerite de Labatut. En présence de noble Isaac de Labeyrie, seigneur de St-Germain ; de M. de Lalanne, grand-père ; de M. de Justes. Fait à Montaut, au mois, jour que dessus.

B. DE CÈS. DUMARTIN. DE LAMARQUE, *curé de Montaut*. DE JUSTES. Isaac D'ABADIE DE SAINT-GERMAIN. Marguerite DE NAVAILLES. M.-C. D'ARMAIGNAC.

———

Le 27 janvier 1718 naquit à Tartas Marguerite de Cantin. Parrain, M. Me Bertrand Chambre, conseiller du roi et lieutenant criminel au siége de Tartas ; marraine, dame Marguerite de Cès-Horsarrieu, épouse de M. de Neurisse, lieutenant-général au siége de Tartas.

BERNÈDE, *vic.* CHAMBRE, parrain. CANTIN père. DE HORSARRIEU DE NEURISSE, marraine.

———

Le 22 novembre 1763, après avoir publié une fois à la messe de paroisse les bans du futur mariage entre messire Bernard de Cès-Horsarrieu (1) et demoiselle Marie de Basquiat de Mugriet, avec énonciation que les parties doivent se pourvoir pour la dispense de deux bans ; veu ladite dispense accordée par M. de Capdeville, vicaire général, et n'ayant découvert d'autre empêchement civil ou canonique ni reçu d'opposition, les parties préalablement confessées et communiées, après avoir reçu leur mutuel consentement par parole de présents, les ai conjoints en mariage et leur ai pendant la sainte messe imparti la bénédiction nuptiale, en présence de messire Jean-Pierre de Basquiat, seigneur de Mugriet, conseiller du roy et son lieutenant-général au sénéchal de St-Sever.

(Regist. de Saint-Sever).

XII° *Degré.* — Noble Henry de Navailles, baron de Labatut-Figuières, marié en 1616 à Judith de Boeilh. En eut : 1° Jean de Navailles, baron de Labatut ; et 2° damoiselle Marguerite de Navailles-Labatut.

2° Marguerite de Navailles-Labatut, mariée à M. Pierre de Lalanne, sieur du Bousquet, habitant de Montaut, fut mère : 1° de Marguerite de Lalanne ; 2° de noble Isaac de Lalanne du Bousquet, écuyer, capitaine au régiment royal (1693), né à Montaut le 31 octobre 1662, baptisé le 2 novembre. Tenu sur les fonts par noble Isaac de St-Germain, écuyer, et demoiselle Françoise de Labatut, ses parrain et marraine.

3° Marguerite de Lalanne du Bousquet, mariée en 1675 à M. Bernard de Cès, seigneur de Horsarrieu, fut mère de demoiselle Marguerite de Horsarrieu, née en 1676.

4° M. M° Salvat de Neurisse, lieutenant-général au sénéchal de Tartas, marié à damoiselle Marguerite de Cès-Horsarrieu (1718).

Desperiers DE **Lagelouse**, sieurs de STE-CROIX et de BAS-TANNE, seigneurs d'ESLEIX, de BORDENAVE et de MENTE, *à Habas et Cauneille.* — D'azur au lion d'argent surmonté de deux croissants de même. Supports, deux lions ; couronne de comte. Légende : *De deo ad deum.*

---

(1) Messire Bernard de Cès, seigneur de Horsarrieu, est qualifié ancien officier d'infanterie au régiment de Nice, en 1765. *(Registre de Saint-Sever.)*

La famille Desperiers ou Des Periers, car le nom s'est écrit souvent des deux manières, est originaire des Landes ; mais presque tous ses membres, depuis plus de trois siècles, ont occupé des places à la Cour, rempli des charges dans la maison du roi et dans ses armées.

Elle compte un lieutenant de cent hommes d'armes ; un mestre de camp dans les gardes-du-corps, commandant en leur hôtel à Versailles, plusieurs brigadiers et lieutenants des gardes-du-corps, d'autres officiers de tous grades, et quatre chevaliers de St-Louis. Cette famille est ancienne dans la Gascogne, puisqu'on trouve dans les Rôles de cette province, conservés à la Tour de Londres, un acte dont voici le sommaire :

« De confirmatione pro Johanne de Pereriis, de officio scriptoriæ præposituræ, Regiæ civitatis Baionicæ. Teste Rege apud Wesminster, 12 die junis, anno 1451. Rotulus Vasconiæ de anno 30, Henrici VI. » (*Catalogue des Rôles gascons, normands et français*, conservés à la Tour de Londres. 2 vol. in-folio, à la Bibliothèque impériale).

D'après un acte signé de Pareillet, notaire royal, et conservé dans la famille, il appert que les Desperiers étaient seigneurs des biens nobles et baronnie d'Esleix, qui comprenaient la moitié de la paroisse de Habas ; et qu'en 1616, qui fut le commencement des guerres civiles, les seigneurs de La Force et de Fabas, chefs des Huguenots, étant venus loger dans la ville de Habas, la maison appartenant à la famille Desperiers fut livrée au pillage, les papiers brûlés, les meubles les plus précieux enlevés.

Cette pièce est extraite des Registres du temps, conservés dans l'étude dudit notaire, qui la communiqua à la famille le 12 juin 1746.

Quelques papiers qui se trouvaient dans une autre terre des Desperiers échappèrent au ravage des Huguenots, et quoique bien incomplets, permettent cependant à cette famille de fournir sa filiation authentique à partir de la fin du quinzième siècle.

Ier *Degré*. — Guillem-Arnault Desperiers épousa en 1500 Jehanne Dugassiat, dont il n'eut qu'une fille.

IIe *Degré*. — Bernardine Desperiers, mariée en premières noces au sire d'Imbeonard, dont elle n'eut qu'une fille ; et le 21 décembre 1531, en secondes noces à Blandin Dupin, leur fils qui suit, fut tenu de prendre le nom de Desperiers.

IIIe *Degré*. — Arnault Desperiers épousa le 29 mars 1559 Françoise du Bosq, qui lui donna deux fils.

IVe *Degré.*—Jean Desperiers, homme d'épée, marié en 1607 à Jehanne de Lamothe.

Branche collatérale (son frère). Noble homme Arnault Desperiers fut secrétaire de la chambre du roi et mourut à Paris revêtu de cette charge en 1648.

Ve *Degré.* — Pierre-Arnault Desperiers de Lagelouse servit d'abord dans l'infanterie; il fut tué en combat singulier par le chevalier de Belmont en 1665. Il avait épousé en 1658 damoiselle Isabeau de Ste-Croix.

Son frère. François Desperiers, escuyer, fut nommé en 1624 lieutenant de M. le duc de La Rocheguyon (grand louvetier de France), dans les sénéchaussées de Dax, St-Sever, Tartas et Bayonne, à cause de sa bonne vie, mœurs, capacité et expérience en fait de nobles chasses.

En 1636, il servit en qualité de lieutenant de cent hommes d'armes fournis par les villes de Habas, Misson et Estibeaux, pour secourir la ville de Bayonne.

En récompense de quoi le roi lui accorda des lettres de sauvegarde pour sa maison et ses biens de Habas. Il fut nommé en 1637, par commission du duc de Lavalette, expédiée du camp d'Ustaritz, commissaire des guerres pour faire les revues des régiments de Béarn ; et la guerre terminée, on lui donna la charge de commissaire de la marine.

Il épousa damoiselle Domenge de Bergeron, et mourut sans enfants mâles en 1668.

VIe *Degré.* — Jean Desperiers de Lagelouse (fils de Pierre-Arnaud), seigneur d'Esleix, sieur de Ste-Croix du chef de sa mère, né à Bordeaux le 23 mai 1665, président à l'élection des Lannes en la ville de Dax, puis en 1692 nommé conseiller du roi au Parlement de Bordeaux.

Le 1er juillet 1706, il fut nommé conseiller maire alternatif et mytriennal de la ville de Habas.

Sçavoir faisons, dit l'acte royal, que pour la pleine et entière confiance qu'avons en la personne de notre amé messire Jean Desperiers, notre conseiller, et en ses sens, suffisance, capacité, expérience, fidélité et affection en notre service, lui octroyons et donnons l'office de notre maire alternatif et mytriennal dans la ville de Habas, créé héréditaire pour lesdits offices tenir, en jouir héréditairement et paisiblement, ainsi que des honneurs, autorités, prérogatives, rang, prééminences, priviléges, etc., car tel est notre bon plaisir.

Il épousa en 1693 Thérèse de Cazenoue, dont il eut deux fils.

Son frère. Noble homme Jean Desperiers de Lagelouse fut d'abord garde-du-corps, puis gentilhomme servant de Mme la duchesse de Bourgogne, et enfin nommé le 20 août 1707 gentilhomme servant du roi, l'ayant d'autant plus agréable, dit le monarque, que nous sommes informé du zèle et de l'affection avec lesquels ledit sieur Desperiers a servi pendant dix ans notre petite-fille la duchesse de Bourgogne.

VIIe *Degré*. — François-Joseph Desperiers de Lagelouse, escuyer, seigneur de Bordenave, fut d'abord garde-du-corps, puis capitaine au régiment des grenadiers d'Orthe, né à Bordeaux le 16 septembre 1694, marié le 20 novembre 1726 à Jeanne de Hunard.

Son frère. Pierre Desperiers de Lagelouse, né à Bordeaux le 13 septembre 1695, chevalier de St-Louis en 1745, mestre de camp de cavalerie, sous-aide major général des quatre compagnies des gardes-du-corps du roi, commandant en leur hôtel à Versailles.

Le 1er avril 1764, il fut nommé enseigne-garde, titre fort rare, le quatrième seulement que le roi eût accordé depuis quarante-sept ans.

Il prit sa retraite en 1764, après quarante-huit ans de services militaires dans les gardes, compagnie écossaise, ses lettres de vétérance, et une pension de 4,000 livres. dont 1,000 livres reversibles sur la tête de se femme, dame Charlotte Léonard de Beaujeu.

Il mourut le 28 décembre 1779 sans enfants mâles.

VIIIe *Degré*. — Pierre Desperiers de Lagelouse, escuyer, seigneur de Bordenave et de Mente, chevalier de St-Louis en 1776, né le 3 janvier 1733. Il entra dans les gardes-du-corps, compagnie de Villeroy, en 1751, et se retira en 1781, après trente ans de services militaires, deux campagnes, et avec une pension.

Par un acte signé de sa main, à Versailles, le 16 août 1775, le roi déclare que voulant gratifier et favorablement traiter le sieur Desperiers de Lagelouse, il lui fait don du droit de prélation du bien noble de Mente, situé en Guienne, avec ses appartenances et dépendances, relevant immédiatement de lui. Subrogeant ledit sieur Desperiers en son lieu .et place pour la jouissance desdits droits.

Arrêté sous la Terreur, il fut jeté dans les prisons de Mont-de-Marsan, puis transféré dans celles de Pau, où il demeura longtemps. Il dut son salut à la chute de Robespierre.

Il avait épousé le 17 janvier 1765 Jeanne du Becq, et mourut le 12 septembre 1808. Convoqué à l'assemblée de la noblesse de Dax, en 1789, comme seigneur de Mente, il ne s'y présenta point. (*Nob. des Lannes*).

Ses frères. Limoge Desperiers, chevalier de St-Louis en 1790, gendarme de la garde.

François Desperiers de Lagelouse, né le 21 août 1735. Il entra dans l'ordre religieux des Prémontrés et devint prieur mitré de l'abbaye d'Arthous, près de Peyrehorade ; assista le 15-31 mars 1789 à l'assemblée du clergé des Landes comme représentant de son monastère et de son ordre. (*Clergé des Lannes*, p. 11).

Il fut déporté pour refus de serment sous la Terreur et ses biens sequestrés. Rentré en France après le 9 thermidor, et l'ordre des Prémontrés y étant aboli, il desservit la paroisse de Hastingues et mourut en 1816.

Jean Desperiers de Lagelouse, prêtre curé de la paroisse de Moliets. Il fut incarcéré sous la Terreur pour refus de serment et ses biens sequestrés.

Il fut élargi au 9 thermidor.

IX⁰ *Degré.* — Etienne Desperiers de Lagelouse, chef actuel de nom et d'armes, né le 2 mars 1773, marié à Marguerite Minvielle, qui lui donna deux fils, qui suivront.

Frères. Jacques Desperiers de Lagelouse, chevalier de St-Louis, du Lys et de la Légion-d'Honneur, otage de Louis XVI, né le 27 décembre 1767.

Il entra dans les gardes-du-corps, compagnie de Gramont, en 1786. Il émigra sous la Terreur, prit du service dans l'armée de Condé, et y reçut plusieurs blessures. Sous la Restauration, il rentra dans les gardes-du-corps, et se retira en 1828, après quarante-deux ans de services militaires et avec une pension.

Il fut député du département des Landes jusqu'à la Révolution de Juillet, où il voulut finir sa carrière législative.

Il mourut sans enfants le 14 mars 1842.

IX⁰ *Degré (bis).* — Fils d'Etienne :

1. Bernard Desperiers de Lagelouse, marié à Cécile de Vidart.

2. Jacques Desperiers de Lagelouse, marié à Marie-Magdelaine de La Bédoyère.

Preuves. Cette famille, portée dans l'*Indicateur nobiliaire* de d'Hozier sous le nom de Des Periers ou Des Perriers (page 192), possède les pièces et titres sur lesquels s'appuie cette notice généalogique.

Voir aussi l'*Hist. de l'Ordre de St-Louis*, par M. Th. Anne, t. II et III.

DE **Casamajor-Sallabert**, *en Béarn et Guienne*. — D'azur au lion d'argent coupé d'une fasce de gueules et surmonté de deux étoiles. Couronne de comte.

1er *Degré*. — Noble Ambroise de Casamajor, né à Sauveterre (Béarn), de 1720 à 1730, écuyer du roi, était fils puîné d'une famille composée de cinq enfants; marié à demoiselle de Capdeville, en eut sept enfants :

1º Louis de Casamajor, officier de cavalerie, fut aide-de-camp des généraux Dugommier, de Lassalle et Leclerc; décédé sans enfants.

2º Le chevalier Pierre de Casamajor a continué la lignée.

3º de Casamajor (Ambroise), marié à la Guadeloupe à demoiselle Petit, a eu deux enfants : Jules de Casamajor, décédé sans postérité; Alewina de Casamajor, mariée à M. Gabalde Edouard ; ont deux enfants :

MM. Edouard Gabalde; Ambroise Gabalde.

4º Bien-Aimé de Casamajor, officier, mort dans la campagne de Russie sans enfants.

5º Geneviève de Casamajor, mariée au baron Bernard de Lataulade, chevalier, baron de Laas, etc., ont eu trois enfants : chevalier de Lataulade (Alcippe), décédé en 1848 ou 1849; M. Nelson de Lataulade, père de deux enfants :

3º Le baron de Lataulade, marié à demoiselle Domenger, a laissé :

Louis, baron de Lataulade, marié à demoiselle Ledeschauld de Montredon.

6º Marie de Casamajor, mariée à M. Larrouy, décédée sans enfants.

7º Elisabeth de Casamajor, mariée à M. de Lesparda, dont un fils, M. de Lesparda, qui a deux enfants :

Paul de Lesparda; Alfred de Lesparda.

2º *Degré*. — Le chevalier Pierre de Casamajor-Sallabert, marié à la Guadeloupe à demoiselle Perrine-Aimée Coquille, a eu un fils.

3e *Degré*. — Pierre-Jacques de Casamajor, marié à la Guadeloupe à demoiselle Louise de Godemar-Reverchon, a eu cinq enfants :

4e *Degré*. — Louise de Casamajor, Caroline de Casamajor, M. Charles de Casamajor, Armand de Casamajor, Maria de Casamajor.

D'Aon ou Dahons. (2me *Notice*.)

Cette ancienne famille, dont nous n'avons pu retrouver le blason, avait le titre de premier baron de Marsan et possède, depuis une époque reculée, la terre et baronnie de Hontanx qui lui a été apportée en dot par une héritière de Navailles-Labatut. Le rang honorifique qui ressort de cette possession fut maintenu à l'assemblée de la noblesse de Mont-de-Marsan, en 1789, où le baron d'Aon a signé en tête du procès-verbal. Le même seigneur est inscrit le premier dans la délibération de la noblesse de la même ville, en 1768.   (*Nobiliaire de Guienne*, t. I.)

—

Geoffroy d'Arnoul, seigneur de Monlaux, fut marié avec Marie de Lur de Saint-Simon ; il naquit une fille unique de ce mariage, appelée Marguerite d'Arnoul. Celle-ci fut mariée avec Jean-Charles de Narbonne, comte de Clermon.

Du mariage de Jean-Charles de Narbonne avec Marguerite d'Arnoul provinrent deux enfants : Jean de Narbonne, comte de Clermon, et Claire de Narbonne.

Jean de Narbonne, comte de Clermon, fut marié avec Anne Bouchard d'Aubeterre. Claire de Narbonne fut mariée avec François de Narbonne, seigneur d'Aubiac et de Birac.

Du mariage de Jean de Narbonne, comte de Clermon, avec Anne Bouchard d'Aubeterre provinrent deux enfants : Louis de Narbonne, comte de Clermon, et Léon de Narbonne, seigneur de Massanes, oncle de la comtesse de Rastignac et son héritier coutumier.

Du mariage de Claire de Narbonne et de François de Narbonne, seigneur d'Aubiac et de Birac, naquit une fille unique : Marie de Narbonne, qui fut mariée avec Jean Dahons, baron de Hontanx.

De ce mariage naquirent deux enfants : Barthélemy Dahons, baron de Hontanx, et Claire Dahons; Barthélemy Dahons se maria avec Magdelaine de Fortisson. Le baron de Hontanx est né de ce mariage.

Claire Dahons fut mariée avec Léon de Narbonne, seigneur de Massanes, etc. (*Mémoire pour le baron de Hontanx*, 1757.)

6e *Degré*. — (*Voir* page 188).

Jean Dahons, chevalier, baron de Hontanx, premier baron de Marsan, a épousé Marie-Odette de Prugue, fille de noble Pierre-Paul de Prugue et de Cécile de Persillon, dont il a eu :

7e *Degré*. — Jean-François-Marie Dahons, baron de Hontanx, chevalier, premier baron de Marsan, né le 15 août 1751, marié en 1779 ou 1780 à demoiselle de Castelnau-Brocas, fille de noble messire Pierre-François, marquis de Castelnau-Tursan, et de dame Julie-Constance de Beynac, qui lui apporta la terre de Brocas; ils eurent :

8e *Degré*. — François d'Aon, chevalier, baron d'Aon et de Brocas, décédé en 1843, a laissé une fille unique mariée à M. E. de Rivière.

Noble Pierre d'Aon, prêtre et missionnaire; dame d'Aon, mariée à M. de Classun, au château de Fargues.

Matthieu, baron d'Aon de Hontanx, marié à demoiselle de Borrit, est père de M. Oscar d'Aon, non marié; de deux filles et de M. Adrien d'Aon, marié à demoiselle Gerard, dont il a M. Raoul d'Aon.

Demoiselle Camille d'Aon.

DE **Langon** (*Suite*). *Voir page 234.*

La famille de Langon, originaire de Saintes, se transplanta à Aire au dix-septième siècle, et y a subsisté jusqu'au premier quart du dix-neuvième. A l'aide des registres de la cathédrale, nous allons en déduire la filiation et les alliances.

Ier *Degré*. — Anthoine Langon épousa en 1657 noble damoiselle Catherine de Lespins, et fut père de :

IIe *Degré*. — Jean Langon, ancien procureur du roy des villes d'Aire et du Mas, épousa en 1691 noble Marie Deschars, d'une ancienne maison d'Aire, qui possédait au dix-septième siècle la seigneurie de Cadrieu. En 1723, mourut N... de Langon, chanoine, fils de Jean et de Marie Deschars.

IIIe *Degré.* — Pierre Langon, fils de Jean, épousa en 1727 demoiselle Catherine Ducasse, fille de Charles Ducasse, sieur de Peyran, homme d'armes. Cette famille Ducasse est originaire d'Arzacq. (*Voir l'Armorial*, page 187). De ce mariage sont nés :

1. Philibert de Langon en 1732, qui suivra.

2. Messire Jean-Marie de Langon, curé de Payros, présent en 1789 à l'assemblée du clergé des Lannes.

3. Jacques de Langon, né en 1736, entré au service en 1755. Blessé dangereusement d'un coup de feu à Clostercamp. Retiré en 1783 avec une pension de 700 livres. 1778, brave officier qui a bien servi. 1781, sert bien. (*Registre de Royal-Auvergne*, ci-devant *Gâtinais*, de 1776 à 1788, Th. Anne). Jean-Jacques de Langon fut nommé chevalier de St-Louis le 5 décembre 1781. (*Histoire de l'Ordre de Saint-Louis*, tome II, p. 299).

IVe *Degré.* — Philibert de Langon, né en 1732, lieutenant au régiment des bandes béarnaises, fut marié à dame Marguerite Laffontan. En eut demoiselle Rose de Langon, et mourut en 1824.

Ve *Degré.* — Demoiselle Marie-Rose de Langon, fille de Philibert de Langon, lieutenant au régiment des bandes béarnaises, épousa en 1777 noble Bernard d'Anglade, écuyer, fils de feu noble François-Paul-Michel d'Anglade, chevalier d'honneur au bureau des finances de Toulouse, trésorier de France à Auch. Furent présents au contrat : Son père Ph. de Langon; dame Marguerite Laffontan, sa mère; ses oncles Jean-Marie de Langon, prêtre curé de Peyros; et Jean-Jacques de Langon, capitaine au régiment de Gâtinais.

(*Voir page* 208).

DE **Laborde-Lassalle.** — D'or à un chevron de gueules accompagné en pointe de l'écu d'un lion d'argent.

Cette famille noble d'extraction a été maintenue sur le catalogue de la noblesse par ordonnance de M. Daniel Dailhenc, subdélégué de Pellot, en 1668, et par un arrêt de décharge du franc-fief rendu par les commissaires généraux du roi le 16 octobre 1696 ; convoquée au ban de la noblesse en 1702 (page 24), a été représentée aux assemblées de cet ordre en 1789.

I.

Noble Christophe de Laborde, conseiller au sénéchal de Saint-Sever, et seigneur d'Arcet et Meignos, étant veuf de damoiselle Jeanne de Pruret, se maria en secondes noces à damoiselle Catherine de Cloche, dont il eut : Bernard, Jean et Pierre de Laborde. Bernard a formé la branche de Laborde-Meignos qui subsiste encore. Jean de Laborde est auteur des Laborde-Lassalle. (*Titres de l'auteur, archives de la ville de Saint-Sever, etc., etc.*)

II.

Noble Jean de Laborde, vivant en 1590, 1610-1620, fut marié à damoiselle Marthe de Basquiat, dont il eut (1620-1640) :

III.

Noble Bernard de Laborde, écuyer, seigneur de Lassalle, capitaine de cavalerie au régiment de Guitaud en 1650-1660, épousa par contrat de mariage passé le 24 mai 1654, damoiselle Saubade d'Estoupignan, fille de noble Pierre d'Estoupignan et de Jeanne de Garnit, damoiselle, mariée le 1er août 1625. De ce mariage sont issus :

Noble Joseph de Laborde-Lassalle qui suit.

Thomas de Laborde, religieux à l'abbaye royale de Saint-Denis, mort en février 1734.

Noble Jean-Charles de Laborde-Lassalle.

Bernard de Laborde-Lassalle, religieux bénédictin à Sainte-Croix de Bordeaux.

Marthe de Laborde-Lassalle.

III.

Noble Joseph de Laborde-Lassalle, escuyer, épousa par contrat de mariage passé le 5 avril 1690, en la salle du parloir des dames religieuses du couvent de St-Sever, damoyselle Barthélemye de Tournier, fille légitime de feu noble Bernard de Tournier et de Catherine de Jegun, damoyselle. Joseph de Laborde servit comme lieutenant au régiment de Piémond et fut convoqué avec la noblesse en 1702; avait été déchargé du franc-fief en 1696 (*voir* page 400).

De son mariage sont issus :

Noble Jean-Charles de Laborde-Lassalle, dont l'article suit.

Antoine de Laborde-Lassalle, dominicain, prieur à Condom en 1737.

Dom Benoist de Laborde-Lassalle, religieux bénédictin, abbé de St-Thibery, dans le diocèse d'Uzès, en 1743, abbé du monastère de la Daurade et de Saint-Benoît de Toulouse en 1750. (*Vid. Gallia christiana*, t. I.)

Noble Joseph de Laborde-Lassalle, cadet, en la citadelle de Strasbourg, en 1730; en celle de Metz en 1732; lieutenant d'infanterie au bataillon de Chartres en Beauce, en garnison au Quesnoy en 1734; capitaine au régiment de Belsunce à Montpellier en 1742; capitaine adjudant-major (même régiment) à Saint-Martin (Isle de Rhé) en 1747; chevalier de l'ordre de Saint-Louis avant 1763; commandant le bataillon de garnison de Saint-Sever.

Marie de Laborde-Lassalle.

Jeanne-Marie de Laborde-Lassalle.

Marthe de Laborde-Lassalle.

IV.

Noble Jean-Charles de Laborde-Lassalle, écuyer, épousa par contrat passé le 26 avril 1723, demoyselle Françoise d'Audignon, fille légitime de M. Pierre d'Audignon et de Marguerite de Borrit, demoyselle, née et baptisée en l'église d'Audignon, le septième décembre 1695. De ce mariage :

1º Noble Henry de Laborde-Lassalle, enseigne en la compagnie colonelle du régiment d'infanterie de Quercy le 1er avril 1754; lieutenant en la compagnie de le Bline (même régiment) le 11 mars 1755; commandant aux îles des Glenaux en 1758; capitaine au même régiment de Quercy le 1er octobre 1758, mourut noyé à bord de la frégate *La Bayonnaise*.

2º Marie-Anne de Laborde-Lassalle.

3º Marguerite de Laborde-Lassalle (1735).

V.

Noble Joseph de Laborde-Lassalle, écuyer, reçu garde de la marine le 4 juillet 1754; fut enseigne de vaisseau le 17 avril 1757; nommé lieutenant de vaisseau le 18 août 1767 ; reçu chevalier de Saint-Louis le 20 juillet 1774 ; retiré du service le 1er avril 1777 avec 1,200 livres de pension, épousa par contrat de mariage passé le 10 may 1769, demoiselle Marie-Hippolyte-Rosalie d'Abbadie de Saint-Germain, fille légitime de messire Bertrand d'Abbadie de Saint-Germain, chevalier, seigneur vicomte de Saint-Germain et de Labeyrie, ancien lieutenant des vaisseaux du roy, chevalier de l'ordre royal et militaire de Saint-Louis, et de dame Aimée-Rosalie-Marguerite de Labarre de Larrivaux (*voir* page 400).

Joseph de Laborde est mort à Saint-Sever le 16 vendémiaire, cinquième année républicaine ; Mme de Laborde, le 6 mars 1820. De ce mariage sont nés :

1o Marie-Aimée-Marguerite-Rosalie de Laborde-Lassalle, née à Labeyrie le 24 février 1771, baptisée à Saint-Aubin le 25, par le curé dudit lieu. Parrain, Jean-Charles de Laborde-Lassalle, son grand'père ; marraine, Aimée-Marguerite-Rosalie de Labarre de Larrivaux d'Abbadie de Saint-Germain, sa grand'mère. Mlle Rosalie est décédée à Saint-Sever le 30 juin 1850, dans sa quatre-vingtième année.

2o Bertrand-Louis de Laborde-Lassalle, né à Saint-Sever le 25 août 1773, baptisé le même jour par M. Fauré, curé du même lieu. Parrain, M. Bertrand d'Abbadie de Saint-Germain, son grand'père maternel ; marraine, Marthe de Laborde-Duris, sa grand'tante paternelle.

3o Marie-Marguerite-Aimée de Laborde-Lassalle, née à Saint-Sever le 20 octobre 1775, baptisée le même jour par M. de Basquiat-Mugriet, vicaire. Parrain, Joseph de Laborde-Lassalle, son grand oncle paternel ; marraine, Marguerite de Laborde-Lassalle de Marsan, sa tante paternelle.

4o Joseph-Alexandre de Laborde, né à Saint-Sever le 5 décembre 1776, baptisé le lendemain par M. d'Arcet, vicaire. Parrain, messire Joseph de Laborde-Noguez, chef d'escadre ; marraine, Thérèse-Uranie d'Abbadie de Castellan, sa tante maternelle.

5o Bertrand-Hippolyte-Benoît, né à Saint-Sever le 11 mars 1778, baptisé le lendemain par M. Faurier, curé dudit lieu. Parrain, Bernard de Basquiat ; marraine, Marie-Romaine-Françoise-Bernardine d'Abbadie de Saint-Germain, sa tante maternelle.

6o Marie-Victoire, née à Audignon le 25 juillet 1779, baptisée par M. Larrieu, vicaire. Parrain, Jean-Pierre d'Abbadie de Saint-Germain, son oncle ; marraine, Marie-Victoire de Maulevrier de Labarre de Larrivaux, sa grand'tante.

7o Bertrand-Joseph Zacharie, 1780. (*Voir* page 95).

8º Marie-Geneviève-Adélaïde, née à Saint-Sever le 1er janvier 1782.

9º Jean-Baptiste-Victor, né à Saint-Sever le 14 mai 1783, baptisé le même jour par M. Tauzin, curé. Parrain, Pierre-Hector d'Abbadie, curé de Gamarde; marraine, Marie-Aimée-Rosalie de Laborde-Lassalle, sa sœur.

10º Marie-Jean-Pierre, né à Saint-Sever en 1785. (page 217.)

11º Marie-Joseph-Charles, né et baptisé à Saint-Sever en 1789. Parrain, Joseph de Laborde-Lassalle; marraine, Marguerite de Cours d'Abbadie de Saint-Germain.

12º Marie-Jeanne-Angèle de Laborde-Lassalle, 14 juin 1790.

13º Marie-Anne-Bernard, née à Audignon le 26 juillet 1791.

Joseph-Zacharie, officier d'infanterie, est mort au camp de Bruges sous la République.

Jean-Baptiste-Hector, frère puîné de Jean-Baptiste-Victor, officier d'infanterie, a été tué à la bataille d'Eylau 1807.

Bertrand-Hippolyte-Benoît, officier d'infanterie, est mort sous la République. Leurs autres frères et sœurs sont décédés en bas-âge, à la réserve de Joseph-Alexandre et de Jean-Baptiste-Victor qui ont laissé postérité.

VI.

Joseph-Alexandre de Laborde-Lassalle, écuyer, par acte civil du 11 décembre 1809 contracta mariage avec demoiselle Angélique-Françoise de Laborde-Lissalde dite Noguez, fille de feu messire ☞ Joseph de Laborde-Lissalde, ancien lieutenant-général en l'amirauté de Guienne et ci-devant maire de Bayonne, et de dame Gracieuse du Bosc de Radepont, son épouse. Il eut de cette union :

André-Joseph-Hippolyte de Laborde-Lassalle, né le 15 mars 1811, baptisé à Saint-Sever le 16. Parrain, André-Jean-Joseph-Nicolas de Laborde-Noguez, son oncle maternel; marraine, Gracieuse du Bosc de Laborde-Noguez, sa grand'mère maternelle.

Jean-Gratien-Théodore, né le 5 décembre 1812, baptisé à Saint-Sever le 6. Parrain, Victor Laborde-Lassalle, son oncle paternel; marraine, Mme de Laborde-Noguez, son aïeule. Son article suivra.

Jean-Joseph-Alexandre de Laborde-Lassalle, né le 18 octobre 1817, baptisé le lendemain à Saint-Sever. Parrain, M. de Six, son oncle maternel; marraine, Rosalie de Laborde-Lassalle, sa tante maternelle.

Volontaire dans l'armée de Don Carlos ; blessé six fois au combat de Retuerta et fait prisonnier le 5 octobre 1837 ; rendu à la liberté le 15 juin 1838 et fait sous-lieutenant par Don Carlos, en récompense de sa belle conduite à Retuerta.

Epousa par contrat de mariage du 25 janvier 1842, Marie-Angélique-Caroline de Navailles-Banos, fille légitime de Nicolas-Jean-Baptiste, baron de Navailles-Banos, ancien page du duc d'Orléans, ancien maréchal de camp, inspecteur des gardes nationales des Landes sous la Restauration, et de Adélaïde Meillan son épouse; leur fille, Marthe de Laborde-Lassalle, née à Eyres, mourut avant son père. Joseph-Alexandre de Laborde est mort à Eyres le 22 juin 1843, et sa veuve est morte à Saint-Sever le 27 mars 1845.

———

☞ Joseph de Laborde-Lissalde (1789), porte pour armes : Ecartelé au 1 d'or au chevron de gueules accompagné en pointe d'un lion rampant du même, qui est Laborde ; au 2 de gueules à la croix échiquetée d'argent et de sable, qui est du Bosc; au 3 parti le 1 d'argent à un arbre de sinople accosté de deux lions affrontés d'azur et accompagné en pointe d'un croissant du même, le 2 de sable à trois fasces d'argent chargées chacune de trois loups passants de gueules, qui est d'Urtubie; au 4 quartier d'or à quatre faces de gueules, qui est La Lande ; l'écu surmonté d'un casque de front avec ses lambrequins ; supports deux lions ; devise : *Dieu mon aide rien craindray.*

———

6° *Degré.* — J.-B.-Hector, fils puîné de Joseph (1783).

Noble Jean-Baptiste-Hector de Laborde-Lassalle, né le 14 may 1783, entra dans la marine de l'Etat vers 1800; nommé lieutenant de vaisseau le 7 mai 1812; directeur du port de Bordeaux le 25 juin 1822; capitaine de frégate le 31 décembre 1828; en retraite le 31 janvier 1832.

Chevalier de l'ordre royal et militaire de Saint-Louis le 26 avril 1818; chevalier de la Légion-d'Honneur le 22 mai 1825; épousa, le 27 février 1821, demoiselle Angélique Muller, fille de M. Jacques-Léonard, baron Muller, lieutenant-général des armées du roi, inspecteur général d'infanterie en retraite, chevalier de Saint-Louis, commandeur de la Légion-d'Honneur, et de Mᵐᵉ Marie-Anne Bernadeau de la Briandière, dont il eut :

7° *Degré.* — 1° Marie-Léonard-Eugène de Laborde-Lassalle, marié le 1ᵉʳ février 1853 avec demoiselle Marie-Henriette-Louise Boscal de Reals de Mornac, fille de M. François-Léon Boscal de Reals, comte de Mornac, colonel d'infanterie en retraite, chevalier des ordres de Saint-Louis, de la

Légion-d'Honneur et de Saint-Ferdinand d'Espagne, ancien membre de la Chambre des députés, et de dame Zoé de Barbeyrac de Saint-Maurice.

2° Marie-François-Eustache-Justin-Hippolyte de Laborde-Lassalle, décédé à Saintes le 1er février 1838.

—

VII.

Jean-Gratien-Théodore de Laborde-Lassalle, marié le 16 mai 1830 à demoiselle Marie-Josephe-Alicie de Cès-Caupenne, fille légitime de François, chevalier de Cès-Caupenne, ancien mousquetaire à cheval de la garde de Sa Majesté Louis XVIII, et de dame Marie-Etiennette-Agathe Verdier. De ce mariage :

Demoiselle Marie-Philomène-Elisabeth de Laborde-Lassalle, née le 14 février 1840, baptisée à Toulouse en l'église de Saint-Jérôme ou Pénitens bleus.

Marie-Marguerite-Anna de Laborde-Lassalle, née le 17 août 1840, baptisée à Tarnos.

Victorine-Marie de Laborde-Lassalle, née le 22 septembre 1843, et baptisée à Tarnos.

André de Laborde-Lassalle, né le 22 novembre 1846, et baptisé à Tarnos.

Elie de Laborde-Lassalle, né le 19 septembre 1851, et baptisé à Eyres.

———

Pièces justificatives.

10 Octobre 1696.

Les commissaires généraux députés par le roy, par arrêt de son conseil du 21 octobre 1692, pour l'exécution des édits du mois d'aoust dudit an, concernant les recouvrements des droits de franc-fiefs, franc-aleu, franc-bourgage et franche-bourgeoisie et arrêts du conseil rendus en conséquence.

Vu la requête à nous présentée par Jean-Jacques de Laborde, écuyer, ci-devant capitaine au régiment de Lamothe-Houdancourt, commandant pour le roy au fort d'Arbacqua, en Catalogne ; Victor de Laborde, son fils, aussi écuyer, et Joseph de Laborde, écuyer, sieur de Lassalle, contenant que, quoiqu'ils soient nobles d'ancienne extraction, reconnus pour tels, et actuellement en possession de leur noblesse, le traitant des francs-fiefs de la province de Guyenne n'a pas laissé de les faire comprendre dans les rolles qu'il a fait arrêter au conseil, savoir : Ledit Jean-Jacques de Laborde, sous les noms de ses héritiers ou ayant-cause, dans celui du 31 mars 1693, art. 813, pour la somme de quinze cents livres, comme propriétaire d'une partie de la terre et seigneurie de St-Loubouer, située dans la sénéchaussée de St-Sever, et ledit Joseph de Laborde, dans le même rôle du 31 mars 1693, art. 809, pour la somme de soixante livres, comme propriétaire de terre noble dans la paroisse d'Eyres et encore dans celui du dernier juin 1693, art. 100, pour la somme de cinquante livres, à cause d'un pré, bois taillis, terres et landes dépendantes de la métairie noble du Cassan, dans la paroisse d'Aubagnan. Pour faire connaître l'injustice desdites taxes en établissant la noblesse des suppliants, il suffit de rapporter le procès-verbal de représentation des titres justificatifs de la noblesse dudit Jean-Jacques de Laborde, par devant le sieur Dailhenc, subdélégué du sieur Pellot, du 15 mars 1668, et autres pièces y jointes ; à ces causes requeraient qu'il nous plut décharger le sieur Jean-Jacques, Victor et Joseph de Laborde desdites taxes sur eux faites ; faire defenses au traitant desdits droits de franc-fiefs, ses commis et préposés, de faire aucunes poursuites contre les suppliants, pour raison de ce, et de les comprendre à l'avenir dans aucun rolle, à peine de trois mille livres d'amende et de tous dépens, dommages et intérêts ; faire main-levée aux suppliants de toutes saisies et autres poursuites qui pourraient avoir été sur eux faites ou sur leurs fermiers et debiteurs en exécution desdites taxes, avec restitution de ce qui pourrait avoir été payé, en déduction d'icelles. Ladite requête signée Diamy. — Vu aussi trois extraits des rolles de taxe des dernier mars et dernier juin 1693, dans le premier desquels articles 813 les héritiers et bien tenants de Jean-Jacques de Laborde sont taxés à la somme de quinze cents livres, à cause d'une partie de la terre et seigneurie de St-Loubouer et ses dépendances, située dans la sénéchaussée de St-Sever, élection de Dax, généralité de Bordeaux. Dans le second, art. 809, le sieur de Laborde Balthazar (1) est taxé à la somme de soixante livres, à cause des terres nobles qu'il possède dans la paroisse d'Eyres, susdite élection ; et dans le troisième, le sieur Joseph de Laborde Balthazar est taxé à la somme de cinquante livres, art. 100, à cause d'un bois taillis, terre et landes dépendantes de la métairie noble de Casaux, située dans la paroisse d'Aubagnan, élection des Lannes, généralité de Bordeaux.

(1) Bernard Laborde, capitaine, est surnommé Balthazar, parce qu'il a servi dans le régiment de Guitaud, sous le colonel Balthazar. (*Voir la guerre de Guienne* 1652-1654.)

Inventaire des titres de noblesse présenté par ledit Jean-Jacques de Laborde, du 15 mars 1668, au bas duquel est l'ordonnance du sieur Dailhenc, subdélégué du sieur Pellot, lors intendant en Guyenne, par lequel
il lui a donné acte de la représentation de ses titres pour y avoir égard
lors de la confection du catalogue des nobles ordonné par arrêt de 1666.
Extrait baptistaire de noble Victor de Laborde, fils dudit noble Jean-
Jacques de Laborde, du 31 mai 1676 ; autre inventaire des titres de noblesse représentés par noble Bernard de Laborde du 15 mars 1668. Au
bas duquel est pareille ordonnance dudit sieur Dailhenc en sa faveur ;
contrat de mariage dudit noble Joseph de Laborde, écuyer, fils dudit
noble Bernard de Laborde, du 5 avril 1690 ; mémoire du traitant, servant de réponse et contredits à ladite requête et pièces ; conclusions du
procureur général en la commission. Ouï le rapport d'Armenonville,
conseiller d'Etat ordinaire, intendant des finances et tout considéré :

Nous, commissaires généraux susdits, en vertu du pouvoir à nous
donné par Sa Majesté, avons déchargé et déchargeons lesdits sieurs
Laborde du payement desdites sommes de quinze cents livres d'une part,
soixante livres d'autre et cinquante livres encore d'autre et des deux sols
pour livre d'icelles auxquelles ils ont été taxés par les rolles du 31 mars
et dernier juin 1693, articles 108, 109 et 813, pour raison de leurs biens
et héritages y mentionnés, élection de Dax et des Lannes, généralité de
Bordeaux, et ordonnons que ce qu'ils auront été contraints de payer pour
raison de ce, leur sera rendu et restitué avec main levée des saisies, si
aucunes ont été faites sur eux à ce sujet. Fait à Fontainebleau le 10 octobre 1696. Collationné. *Signé* HERSANT.

Extrait des registres de la cour de la Sénéchaussée des Lannes
au siége de Saint-Sever.

Aujourd'hui, treizième juillet mil-six-cent-quatre-vingt-dix-sept, dans
le parquet et auditoire royal du présent siége, tenant l'audience publique
dudit jour, a comparu : M. Matthieu-Salomon de Brethous, procureur substitué de M. Jean-Pierre Dubroca, procureur de Victor Laborde, écuyer,
seigneur de Saint-Loubouer, et Joseph de Laborde, écuyer, sieur de Lassalle, lequel, en présence de Monsieur le procureur du roi au présent
siége, a requis la lecture, publication et enregistrement de l'arrêt ci-
dessus, donné par Messieurs les commissaires généraux députés par le
roi, pour l'exécution des édits concernant le recouvrement des franc-
fiefs, franc-alleu en faveur desdits sieurs de Laborde ; et, après que de

l'ordonnance dudit sieur lieutenant, lecture et publication a été faite par le premier huissier en jugement, les plaids tenants dudit arrêt et que ledit sieur procureur du roi a dit l'avoir vû et lû, et n'insiste ains consent à ladite lecture et enregistrement dudit arretz par le sieur lieutenant. Acte en a été octroyé ; et attendu le consentement dudit procureur du roi, ledit arrêt est tenu pour lû et publié, ordonne qu'il sera enregistré ez registres du présent siége pour servir, en ce que de raison ; lequel enregistrement a été fait de la teneur susdite. Ainsi signé : de Barry, lieutenant-général ; Destouet, greffier ; et en marge : de Cès Horsarrieu, procureur du roy ; et Brethous, substitut de Dubroca.

Collationné sur l'original par nous, écuyer, conseiller, secrétaire du roi, Maison couronne de France et de ses finances.

Signé DOMENGER DE HAGETS.

Collationné par nous, écuyer, conseiller, secrétaire du roy, Maison couronne de France et de ses finances. BRETHOUS.

—

1702. Du 21 août. — *Obligation de 500 livres tournoises pour noble Victor de Laborde, seigneur de St-Loubouer,* contre damoiselle Anne de Capdeville d'Arricau, veuve de noble Charles de Lobit sieur de Monval, et noble Christophe de Lobit, escuyer, seigneur de Monval, mère et fils, habitans au présent lieu de Bretagne ; en présence de noble Christophe de Parabère, escuyer, conseiller du roy et maire perpétuel de Grenade, y habitant, Me Pierre Laborde, docteur en théologie, curé du présent lieu, et ont signé avec les parties.

SAINT-LOUVOY. A. DARRICAU. LOBIT. PARABÈRE, GARRALON, *not. royal.*

LABORDE, *curé de Bretaigne.*

Quittance du 2 février 1706.

Signé SAINT-LOUVOY. (*Titres de Monval.*)

—

1715. — Entre Joseph de Laborde, escuyer, sieur de Lassalle, Jean-Charles de Laborde son frère, Jeanne et Marthe de Laborde, ses sœurs, et Sever Du Pin, sieur de Juncarot, faisant pour demoiselle Marie de Laborde sa belle-mère, demandeurs, d'une part ;

Et Alexandre de Laborde, escuyer, capitaine au régiment de la Marine, deffendeur, d'autre ;

Veu le contrat de mariage de Jean Laborde, escuyer, et Françoise de Girard, demoiselle, du 28 février 1610, signé de Bordenave, not. royal ;

contrat de mariage de noble Jacques de Serres et demoiselle Magdelaine de Laborde, du 13 novembre 1650, signé par Me Girard, not. royal ;

Veu le mémoire par le dit sieur Alexandre de Laborde, etc.

Suit le jugement de quatre arbitres sur le procès survenu entre les divers membres de la famille de Laborde ; nous n'en relaterons pas le dispositif, n'ayant voulu que rectifier deux points de filiation de la généalogie de Laborde

1er *Point*. — Joseph de Laborde, capitaine, et Saubade d'Estoupignan, mariés (1654-1670), ont eu : 1o Joseph, 2o Thomas, 3o Jean-Charles, 4o Bernard, 5o Jeanne-Marthe, 6o Marthe, 7o Marie de Laborde. Cette dernière, mariée à M. Bernard de Lamarque, en eut demoiselle Jeanne de Lamarque, mariée en 1711 à M. Sever du Pin de Juncarot, écuyer.

2e *Point*. — Jean de Laborde, écuyer, marié en 1610 à demoiselle Françoise de Girard, est l'auteur, père ou grand'père de noble Alexandre de Laborde, capitaine au régiment de la Marine. Cet Alexandre, vivant en 1715, doit s'identifier avec noble Alexandre de Laborde, chevalier de St-Louis, ancien commandant de la garnison française de Fontarabie, en 1738 (*voir* page 215). Il en résulte que le gentilhomme du même prénom, fils de Victor de Laborde Saint-Loubouer, et frère de Bernard-Henri (page 216), ne peut, à cause de sa jeunesse, avoir été capitaine et chevalier de St-Louis vers 1730.

Messire Alexandre de Laborde, chevalier de St-Louis et ancien gouverneur de Fontarabie, assista le 7 juillet 1726 à une assemblée des principaux habitants de la ville de St-Sever ; et plusieurs fois, il s'inscrivit comme parrain ou témoin à des naissances et actes civils des familles de Laborde-d'Arbrun et Laborde-Lassalle, de 1720 à 1740.

———

Joseph, chevalier de Laborde-Noguez, né à Bayonne le 1er septembre 1711, et mort à Paris le 4 de mars 1785.

Après avoir fait d'excellentes études au collège de La Flèche, et qui furent perfectionnées par le père César de la Doctrine chrétienne, il fut reçu dans la compagnie des gardes de la marine au département de Toulon. Il s'y acquit une telle réputation qu'on lui en fit parcourir successivement tous les grades d'officier, et il fut à la tête de ce corps pendant nombre d'années. Il remplit néanmoins avec honneur divers postes sur les vaisseaux du Roy en nombre de voyages dans toutes les parties du monde, contracta même une infirmité par un accident qui lui arriva sur la côte de Guinée où il manqua périr, le canot où il était, ayant chaviré au retour d'une mission vers un roi de cette contrée ; les progrès successifs de cette infirmité forcèrent sa retraite bien des années après. Il se comporta avec valeur au combat naval où M. de la Galissonnière défit l'amiral anglais Bincg et procura la conquête de l'île Minorque.

Devenu capitaine des vaisseaux du Roy en 1753, il remplit avec honneur les divers commandements qui lui furent donnés ; en 1755 il eut celui de conduire de France en Italie Madame la duchesse de Parme, fille aînée de Louis XV, sur les galères la *Brave* et la *Duchesse* qu'il commandait.

Pendant la guerre de 1755 il s'acquitta au gré du gouvernement, avec la frégate la *Topaze*, d'une mission importante dans le Levant. Il monta en 1757 la frégate la *Junon*, de 44 canons, sur laquelle il remplit une croisière glorieuse contre les Anglais ; et le terme arrivé, se retirant à Toulon, il fut surpris par une tempête affreuse, qui l'affourcha sur les roches de l'île Minorque. Déterminé à y périr avec elle, il y passa la nuit en se voyant à chaque instant au moment d'être englouti, seul avec Gautier son valet de chambre, qu'il s'efforça inutilement de renvoyer en lui remettant sa bourse et l'assurant qu'il lui en faisait don s'il périssait ; mais ce courageux domestique ne voulut point abandonner son maître.

Cependant, la tempête s'étant un peu calmée, il vint des secours de Mahon, et à grande peine il parvint enfin à tirer la *Junon* des roches, à l'entrer dans le port de Mahon, et à la remener ensuite à Toulon, où l'issue du conseil de guerre sur cet accident lui fut des plus honorables. Cette frégate existe encore au service du Roy, et est une des meilleures de ses armées navales. En 1758, il commanda le vaisseau l'*Hyppopotame*, dans l'escadre de M. Duquesne, qui chassa les Anglais de la Méditerranée. En 1764, le roy le nomma commandant de la marine à Bayonne ; mais quatre ans après, les ordres du gouvernement le fixèrent à Rochefort, où il se retrouva avec son cousin germain, le vicomte d'Urtubie-Fagosse, chef d'escadre. Il fut lui-même élevé à ce grade, en 1773. Peu après, sa santé ne lui permettant plus de s'embarquer, il se fixa à Paris, où les ministres se sont souvent servis de lui en l'appelant à divers comités pour le succès de la marine du Roy.

Promu chevalier de St-Louis le 1er janvier 1746. Cette promotion se trouve dans l'*Histoire de la Croix de St-Louis*.

Du 5 avril 1690. — Aujourd'huy 5 avril 1690, dans la ville de Saint-Sever et dans la salle du parloir des dames religieuses du couvent de Sainte-Ursule de la présente ville, par devant moi, notaire royal soussigné, présents les témoins bas nommés, pactes et accords de mariage ont été faits, traités et accordés par parole de futurs entre : noble Joseph de Laborde, écuyer, sieur de Lassalle, habitant de ladite ville, fils légitime de feu noble Bernard de Laborde, capitaine, et de demoiselle Saubade d'Estoupignan, ses père et mère d'une part ; et de demoiselle Barthélemye de Tournier, fille légitime de feu noble Bernard de Tournier et de mademoiselle Catherine de Jegun, habitans de le présente ville, d'autre ; de sorte que le dit sieur de Laborde, de sa libre volonté, assisté et conseillé de ladite demoiselle d'Estoupignan sa mère, et de M. Mᵉ Joseph de Madaunes, conseiller du roy au présent siége, son oncle, et de mademoiselle Magdelaine de Laborde, veuve de noble Jacques de Serres, sa tante, etc., a promis et promet par ces présentes, de prendre pour sa femme et légitime épouse, ladite demoiselle Barthélemye de Tournier ; laquelle aussi, de sa libre volonté, agissant avec le conseil et assistance de sieur Joseph de Tournier son frère, et d'autres, ses parents et amis, a promis et promet par ces présentes, de prendre pour son mary et légitime époux, le dit sieur Laborde, lequel futur mariage, les parties ont promis de solemniser et de l'ouïr messe nuptiale à toutes heures. En contemplation duquel mariage et pour ayder à supporter les charges d'iceluy, ledit sieur Carmentran, curateur, a promis et constitué en dot aux dits futurs époux, au profit toutefois de la dite demoiselle de Tournier, la somme de 12,000 livres d'un côté, et 500 livres pour son ameublement, etc.

Témoins de ce : Jacques Cabber et Pierre Cazalis, praticiens, habitans de ladite ville, qui ont signé à l'original avec les parties sus-nommées ; et moi notaire, ainsi signé :   MÉRICAMP, *notaire royal.*

1769. — Par devant le notaire royal de la ville et sénéchaussée de Saint-Sever, soussigné, et les témoins bas nommés, furent présents : messire Joseph de Laborde-Lassalle, chevalier, lieutenant des vaisseaux du roy, fils naturel et légitime de messire Jean-Charles de Laborde, chevalier, sieur de Lassalle, et de feue dame Françoise Daudignon, habitans de la ville de Saint-Sever, procédant ledit sieur de Laborde de sa libre volonté et avec l'avis, assistance et exprès consentement dudit sieur son pèrc, messire Joseph de Laborde, chevalier de l'ordre militaire de Saint-Louis, et commandant du bataillon de milice de Saint-Sever, son oncle, demoiselle Anne Duris sa cousine, et M. Mᵉ Pierre-Joseph de Lamarque, conseiller du roy et son procureur au sénéchal de Saint-Sever, les tous habitans de ladite ville, d'une part ; et Marie-Hippolyte-Rosalie Dabadie de Saint-Germain, demoiselle, fille naturelle et légitime de messire Bertrand Dabbadie de Saint-Germain, chevalier, seigneur de Saint-Germain et Labeyrie, ancien lieutenant de vaisseau, chevalier de l'ordre royal et militaire de Saint-Louis, et de dame Aimée-Rosalie-Marguerite Labarre de Larivaux, habitante de la paroisse de Saint-Aubin. Procédant, ladite demoiselle, de sa libre volonté, et avec l'avis, assistance et exprès consentement des dits sieur et dame ses père et mère, Thérèse-Uranie et Anne-Rosalie Dabbadie de Saint-Germain, demoiselles ses sœurs, M. le marquis de Candalle et la dame son épouse, et M. Mᵉ Bernard de Busquet, conseiller du roy audit sénéchal de Saint-Sever, son parent, d'autre part. Entre lesquelles parties ont été faits, traités et accordés les pactes et conventions de mariage ci-après : promettent lesdites parties se prendre pour mary et femme légitimes époux, et entre eux solemniser le saint sacrement de mariage en face de notre sainte Eglise catholique et apostolique romaine, à toutes heures que l'une partie en sera requise par l'autre, aux peines du droit. En faveur et contemplation duquel présent mariage, et pour aider à supporter les charges d'iceluy, lesdits sieur et dame de Saint-Germain, père et mère de la demoiselle future épouse, luy ont constitué en dot pour porter audit sieur futur époux, pour ses droits légitimaires paternels et maternels, la somme de quinze mille livres, en ce compris celle de trois mille livres qui doit lui revenir de la libéralité de la dame de Lesval, sa tante, demeurant dans la paroisse de Saint-Sulpice, au pays d'Entre-deux-mers, etc.

Fait et passé dans la maison noble de Labeyrie, paroisse de Saint-Aubin, le 10 may 1769 après midi, en présence de M. Mᵉ Pierre Montauzé, prêtre, docteur en théologie, curé de Larbey, y habitant, et M. Jean-Louis de Vidart, habitant de Saint-Aubin. Signés à l'original avec lesdits sieurs et dames, parties et assistants : BUSTARRET, *notaire royal.*

BLASONS OMIS DANS L'ARMORIAL

et Pièces diverses.

Navailles-Banos. Ecartelé au 1 et 4 d'azur au lion d'or ; au 2 et 3 losangé d'argent et de sable.

DU **Tastet,** *à Mont-de-Marsan*. — D'or à trois T de sable posés 2 et 1, et un chef d'azur chargé de deux fleurs de lys d'or rangées. Croix de Saint-Louis.

St-Jean Pied-de-Port. — De gueules au château d'or sommé de trois donjons ajourés de sable, et au-dessous les chaînes de Navarre, le château senestré d'un saint Jean-Baptiste de carnation vêtu d'or, croix d'or, agneau d'argent à ses pieds.

DE **Barry**. — D'azur à trois éléphants d'or posés 2 et 1.

—

D'**Anglure de Bourlemont** (CHARLES), *conseiller d'État, évêque et seigneur d'Aire et de Ste-Quitterie du Mas* (1650). — D'or semé de grillets d'argent soutenus chacun d'un croissant de gueules, écartelé de Chatillon, et sur le tout d'or à quatre fasces de gueules (*Montlezun*).

D'après l'*Armorial des Croisades* (Versailles), Chatillon porte de gueules à trois pals de vair, au chef d'or. — *Alias.* Guy de Chatillon, comte de Blois : De gueules à trois pals de vair, au chef d'or chargé d'un lambel de trois pendants d'azur.

—

DE **Pratferré de Mau** (Charles), écuyer. — D'azur à un agneau d'argent entouré de deux serpents de même. (*Armor. général de Guienne*, 9 octobre 1698).

—

DE **Sariac** (BERNARD), *évêque et seigneur d'Aire et de Ste-Quitterie du Mas.* — Ecartelé au 1 et 4 d'or à deux vaches de gueules passantes, au 2 et 3 d'azur au lion couronné d'or et sur le tout d'argent à une corneille de sable ; l'écu surmonté d'une couronne et de la mitre et de la crosse épiscopale (1675).

———

Contrat de mariage entre Matthieu Duvigneau de Trubessé et Jeanne de Tuquoy.

Comme soit ainsi que articles et actes de mariage ayant été faits et accordés le quinzième jour du mois d'avril mil six cent trente-six, entre noble Matthieu Duvigneau, escuyer, baron de Trubessé, seigneur d'Arbleix et de Péchevin, co-seigneur de Barenne, capitaine d'une compagnie au régiment de Béarn, fils légitime de feu Dominique Duvigneau, escuyer, baron de Trubessé, etc., et de Marguerite de Candau, demoiselle, d'une part ;

Et demoiselle Jeanne de Tuquoy, fille légitime de feu Jean Sever de Tuquoy, conseiller et avocat du roi au siége de St-Sever, et de demoiselle Quyteyre d'Ambidonnes, son épouse.

Parmi les personnes assistant au contrat figurent :

1. Tous les frères de Matthieu.

2. Jean de Tuquoy, docteur en théologie, religieux et sacristain du monastère et abbaye ordre de St-Benoît de la ville de St-Sever.

3. Christophe de Tuquoy, abbé de Pimbo.

4. Christophe Dupin, homme d'armes.

5. Paul de Cabannes, avocat et beau-frère. Ont signé :

M. Duvigneau. J. Tuquoy. Q. d'Embidonnes. J.-J. Tuquoy. Pierre Duvigneau. Dupin (1) et Dubourdieu, *notaire royal*.

De Cès Horsarrieu.

Le quinzième août 1689 naquit Catherine de Cès, et fut baptisée le sixième du même mois et an, fille légitime de Mᵉ Bernard de Cès, conseiller du roi et son procureur au présent siége, et de dame Saubade de Bos. Parrain et marraine, M. Huybeth de Lith et demoiselle Catherine de Brocq. Présents, Jean Dupin, avocat du roi au présent siége, et Jean de Barbères qui ont signé et non le parrain pour être absent. Fait par moi :

De Cloche, *curé*. De Cès Horsarrieu. Dupin, présent. Barbères. Catherine Dubrocq.

DE **Batz-Diusse**. — *Mariage dans la chapelle du château d'Onnès 1785 (Aurice).*

Le 23 mai 1783, après avoir vu les certificats de publication des bans du futur mariage entre messire Joseph de Castagnos, chevalier, seigneur de Projean, ancien officier d'infanterie au régiment royal de la marine, veuf de feue dame Marie de Castelnau, fils légitime et majeur de feu messire Pierre de Castagnos, chevalier de l'ordre royal et militaire de Saint-Louis, et de dame Marie-Agathe d'Echars, habitant de la ville de Saint-Sever Cap, d'une part ; et Angélique de Diusse, demoiselle, fille lé-

---

(1) Nous croyons que c'est du Poy (Christophe) au lieu de Dupin. Jeanne de Tuquoy, sœur de madame de Trubessé et veuve de Bernard de Cabannes, était alors remariée à Cristophe du Poy, capitaine au régiment royal.

gitime de M. Jean-Pierre de Batz, chevalier, baron de Diusse-Mascaras
et Buannes, et de défunte dame Henriette de Hiton, habitants de la paroisse de Mascaras, diocèse de Lescar, d'autre. Vu les certificats de publications de bans qui ont été donnés par M. le curé de Mascaras en date
du 17 may, signés Deffus, curé, approuvés le 18 du même mois, signé
† Mar, évêque de Lescar et Julien, secrétaire, et par MM. les curés de
Saint-Sever et de Toulouzette, permission d'impartir la bénédiction nuptiale dans la chapelle du château d'Onnès, accordée à M. J.-F. Dutertre,
prêtre et curé de Campagne, délégué par MM. les curés de Mascaras,
Saint-Sever et Toulouzette, par commission de M. Cabannes de Cauna,
curé d'Aurice, leur avons imparti la bénédiction nuptiale en présence de
messire Jean-Baptiste de Batz, vicomte de Diusse, chevalier, lieutenant-
colonel retiré du régiment de Béarn-infanterie et chevalier de l'ordre
royal et militaire de Saint-Louis, oncle de ladite demoiselle de Diusse et
procureur constitué, de messire Jean-Pierre de Batz-Diusse, père de ladite
demoiselle; de M. Jean de Castaignos, chevalier, et chevalier de l'ordre
militaire de Saint-Louis, capitaine au régiment d'infanterie de Borde.....,
frère de l'époux; et de messire Pierre d'Ortez, maréchal des camps et
armées du roi, et chevalier de l'ordre royal et militaire de Saint-Louis;
noble Pierre de Brethous, seigneur de Peyron, beau-frère de l'époux qui,
ainsi que les parties contractantes, ont signé avec nous:

> DUTERTRE, pbr. BRETHOUS. Le chevalier D'ORTEZ. Le chevalier
> DE CASTAIGNOS-PROJEAN. CASTAIGNOS-PROJEAN. Marie-Auguste
> de DIUSSE. Vicomte DE DIUSSE, *procureur constitué*.

—

Le vicomte de Diusse épousa, en 1784, dame Françoise de Casenave
de Labarrère, veuve de noble Joseph de Spens-d'Estignols, seigneur
d'Estignols, Onnès, etc. (page 314), lieutenant pour le roi de la ville de
Saint-Sever. — Le château d'Onnès entra alors dans la maison de
Diusse.

—

Dame Marie-Agathe d'Echars de Castaignos, était fille de noble Charles
de Chars ou d'Eschars, écuyer, et de dame Marie d'Estoupignan de Projean. La famille d'Eschars des seigneurs de Cadrieu à Aire, remonte à
honorable homme M. Maistre-Abiathar-Saluste-Deschars, licencié ez
droits et juge des villes d'Aire et du Mas, vivant en 1584, 1591 et 1601,
marié à noble Marguerite de Serres, demoiselle, veuve d'un premier
mariage. — Cette dame testa le 20 juillet 1601; institue M. Deschars,

son mari ; nomme feu noble Jean de Serres, son frère, noble Bernard de Serres leur père commun , et noble Pierre de Serres, tous deux décédés avant 1601. Marguerite de Serres-d'Eschars possédait la terre et seigneurie de Cadrieu, dont elle fait mention dans son acte de dernière volonté. (*Titres de Castaignos.*)

DE **Laurens,** seigneur D'HERCULAR, *à Dax et St-Pandelon.*— D'argent à trois arbres posés en pal (cyprès) et un chef d'azur chargé de trois étoiles d'or rangées.

Cette famille ancienne possédait en 1550 la baronnie de Tercis (*Montlezun,* t. VI, p. 184). Bernard de Laurens, prévôt royal de la ville de Dax, n'eut qu'une fille unique, Cécile de Laurens, damoiselle, héritière de Tercis, mariée à Timothée de Mérignac, écuyer, et qui apporta à son mari la baronnie de Tercis et la charge de prévôt royal d'Acqs.

La seconde branche de Laurens-Hercular, convoquée avec l'arrièreban de la noblesse de Dax, en 1689-1693, a été maintenue dans sa noblesse et déchargée du franc-fief par arrêts du Conseil d'Etat depuis 1700 ; assiste en 1789 à l'assemblée de la noblesse de Dax. Son représentant actuel est M. Eugène de Laurens-Hercular, ancien capitaine, chevalier des ordres de la Légion-d'Honneur et de St-Ferdinand d'Espagne, maire de St-Pandelon.

Mérignac D'URGONS et baron DE TERCIS.

Le 29 février 1603 naquit noble Pierre de Mérignacq, fils de Timothée de Mérignac, escuyer, et de Cécile de Laurans, dame de Tercys, et fut baptisé le 6 mars 1603 ; et ont été parrain et marraine : noble Pierre de Mérignac, seigneur baron d'Urgons, et Marguerite de Laurens, damoiselle, et a été baptisé par M. de Sanguinet, official de la présente ville et curé de la paroisse de St-Yaguen, moi y étant comme substitué de M. Bertrand de Corados, curé et archiprestre dudit Tartas. En foy de quoy ay signé les presens de ma main. DE LAFAURIE, pbre.
(*Extrait des Registres de Tartas*).

Le 11 janvier 1607, M. de Mérignac est qualifié prévost royal d'Acqs et baron de Tercis. (*Ibidem*).

EXTRAITS des Registres de Saint-Sever.

De Captan.

Demoiselle Saubade-Françoise de Captan Bourouilhan est née et a été baptisée le 23 décembre 1777; elle est fille légitime de messire Pierre de Captan, chevalier, seigneur de Bourouilhan, ci-devant officier dans le régiment de Navarre, et de dame Marguerite de Brat. Parrain, messire Jean-Jacques de Captan Bourouilhan, chevalier, lieutenant dans le régiment de Navarre; marraine, dame Saubade Françoise de Casaubon de Brat, qui ont signé avec nous.

BOUROUILHAN. CAZAUBON veuve de BRAT. TAUZIN, *curé de Saint-Sever.*

—

De Batz d'Aurice.

1º Le vingt-troisième may 1765, naquit et fut baptisé le même jour, messire Jean-Baptiste de Batz, chevalier, vicomte d'Aurice, fils légitime de messire Raymond de Batz, chevalier, vicomte d'Aurice, et de dame Marie-Mélanie de Filhot, fille légitime de messire François-Xavier de Filhot, conseiller, grand chambrier au Parlement de Bordeaux, et de dame Magdelaine de Bastarot. Parrain, messire Jean-Baptiste de Batz, chevalier, vicomte d'Aurice; marraine, Marie-Magdelaine de Bastarot, à la place de laquelle a tenu dame Jeanne-Marie-Thérèse de Batz d'Aurice, épouse de messire Jean-Pierre de Basquiat, seigneur de Mugriet, conseiller du roy et son lieutenant général du sénéchal des Lannes au siége de Saint-Sever, qui ont signé avec nous.

DE BATZ MEUGRIET au lieu de Mme DE BASTAROT. D'AURICE DE BATZ, *parrain.* D'AURICE DE BATZ, *père.* TAUZIN, *curé de Saint-Sever.*

—

De Barbotan.

2º Messire Clair-Joseph de Barbotan est né et a été baptisé le 24 juillet 1771; il est fils légitime de messire haut et puissant seigneur Jean-Marie comte de Barbotan, et de dame Marie-Angélique de Noé. Parrain, messire Joseph-Clair comte de Barbotan; marraine, demoiselle Jeanne-Louise de Noé, qui ont signé avec nous.

DE SAINT-JULIEN. NOÉ. BARBOTAN. TAUZIN, *curé de Saint-Sever.*

—

De Larrieu.

3° Clair-Joseph de Larrieu est né et a été baptisé le 29 novembre 1774; il est fils légitime de M. M° Pierre de Larrieu, avocat en Parlement, et de dame Elisabeth de Cabanes. Parrain, messire Clair-Joseph de Cabanes, baron de Cauna, mousquetaire du roy; marraine, dame Marie-Anne de Classun, qui ont signé avec nous. A la place du parrain a tenu messire Ignace de Cabanes, baron de Cauna.

> CLASSUN DE GARRELON. CABANNES DE CAUNA. TAUZIN, *curé de Saint-Sever.*

—

4° Louise-Catherine de Larrieu est née le 28 et a été baptisée le 29 juin 1778; elle est fille légitime de M. M° Pierre de Larrieu, avocat ez la Cour, et de dame Elisabeth de Cabannes. Parrain, messire Arnaud de Cabannes de Cauna, sous-diacre, à la place duquel a tenu messire Joseph de Cabannes, baron de Cauna; marraine, dame Louise de Cabannes de Pomiers, à la place de laquelle a tenu demoiselle Catherine de Barbotan, qui ont signé avec nous.

> DE BARBOTAN. CABANES DE CAUNA. TAUZIN, *curé de Saint-Sever.*

—

Nous croyons intéresser nos lecteurs en soumettant à leur examen quatre exemples curieux de la forme dans laquelle les seigneurs titrés du dernier siècle usaient de leur qualité.

Le premier acte réunit trois générations avec le titre de vicomte porté par le grand'père, le fils et le petit-fils :

1. Jean-Baptiste de Batz, chevalier, vicomte d'Aurice, marié à dame Rose de Caupenne d'Amou (1730).

2. Raymond de Batz, chevalier, vicomte d'Aurice, marié à dame Mélanie de Filhot (1763).

3. Jean-Baptiste de Batz, chevalier, vicomte d'Aurice, marié vers 1800 à dame Élisabeth de Castelnau.

—

Le deuxième extrait de naissance renferme aussi trois degrés de filiation, dont deux titrés également :

1. Messire Clair-Joseph, comte de Barbotan, marié à dame Marie-Anne d'Arcet (1740?).

2. Messire Jean-Marie, comte de Barbotan, marié à dame Angélique de Noé (1760-70).

3. Clair-Joseph de Barbotan (1771).

—

Les troisième et quatrième extraits des registres de Saint-Sever offrent deux degrés de filiation titrés de même :

1. Messire Jean-Ignace de Cabanes, baron de Cauna, marié à dame Marguerite de Barbotan (1743).

2. Messire Clair-Joseph de Cabanes, baron de Cauna, né en 1750, marié en 1782 à Marie-Perine de Compaigne.

Par conséquent, lorsqu'un titre unique est possédé par une famille, deux et trois générations vivantes le portent également. Il y en a d'autres exemples : dans les barons de Basquiat de Toulousette, les comtes et barons de Bastard d'Estang (*Nobiliaire de Guienne*, tome III.)

Lorsqu'une famille possède plusieurs terres titrées, qui sont devenues patronymiques, les titres de comte, de vicomte et de baron se partagent entre tous les représentants directs et même collatéraux du nom (page 25 de ce livre). On trouve convoqués au ban de la sénéchaussée de Dax : le vicomte d'Orthe et le vicomte d'Aspremont, son gendre. A la fin du XVIIIᵉ siècle l'héritière des comtes d'Aspremont, vicomtes d'Orthe porte ses titres au comte de Caupenne, vicomte d'Echaux et autres lieux. Les vicomtes d'Orthe étaient aussi barons de Peyrehorade, de Cauneille et d'Oeyregave; les descendants directs de ces quatre familles de Caupenne, d'Orthe, d'Echaux et d'Aspremont, font un usage légitime de leurs titres en les distribuant comme il suit :

1. Le comte Eugène de Caupenne d'Aspremont, vicomte d'Echaux (décédé).

1 (*bis*). M. Henry de Caupenne d'Aspremont, vicomte d'Orthe, frère survivant du comte de Caupenne d'Aspremont.

2. Descendants du comte de Caupenne d'Aspremont :

a. Le comte de Caupenne d'Aspremont, vicomte d'Echaux.

b. Le baron Maurice de Caupenne d'Aspremont.

c. M. Melchior de Caupenne d'Aspremont.

d. M. le vicomte Frédéric de Caupenne d'Aspremont, décédé à Vera-Cruz, lieutenant dans l'armée du Mexique, 14 septembre 1863.

Lorsqu'un titre unique est porté dans une famille, reposant sur un brevet de comte ou de marquis, ou sur une terre érigée en comté ou marquisat, est-il permis de décomposer ce marquisat en telle sorte que l'on voie le fils aîné comte ou marquis, le cadet comte, le troisième puîné vicomte, le quatrième baron, le cinquième chevalier, etc...? C'est l'abus dont nous sommes témoins à Paris et par toute la France. Pour remédier à ces exagérations de titres, on ne demande pas à l'État d'intervenir par une recherche générale, mais on souhaite que les possesseurs actuels et prétendants à ces titres se conforment aux noms et qualités de leurs bisaïeuls, trisaïeuls et quatrième aïeul, et à la répartition que les anciens possesseurs du titre en faisaient entre leurs enfants, ou aux lettres patentes d'érection du comté ou marquisat, sans quoi la profusion et l'anarchie dans les qualifications honorifiques jettent de la déconsidération sur leurs possesseurs, et l'on ne sait comment séparer l'ivraie du bon grain.

TABLES

TABLE DES DOCUMENTS.

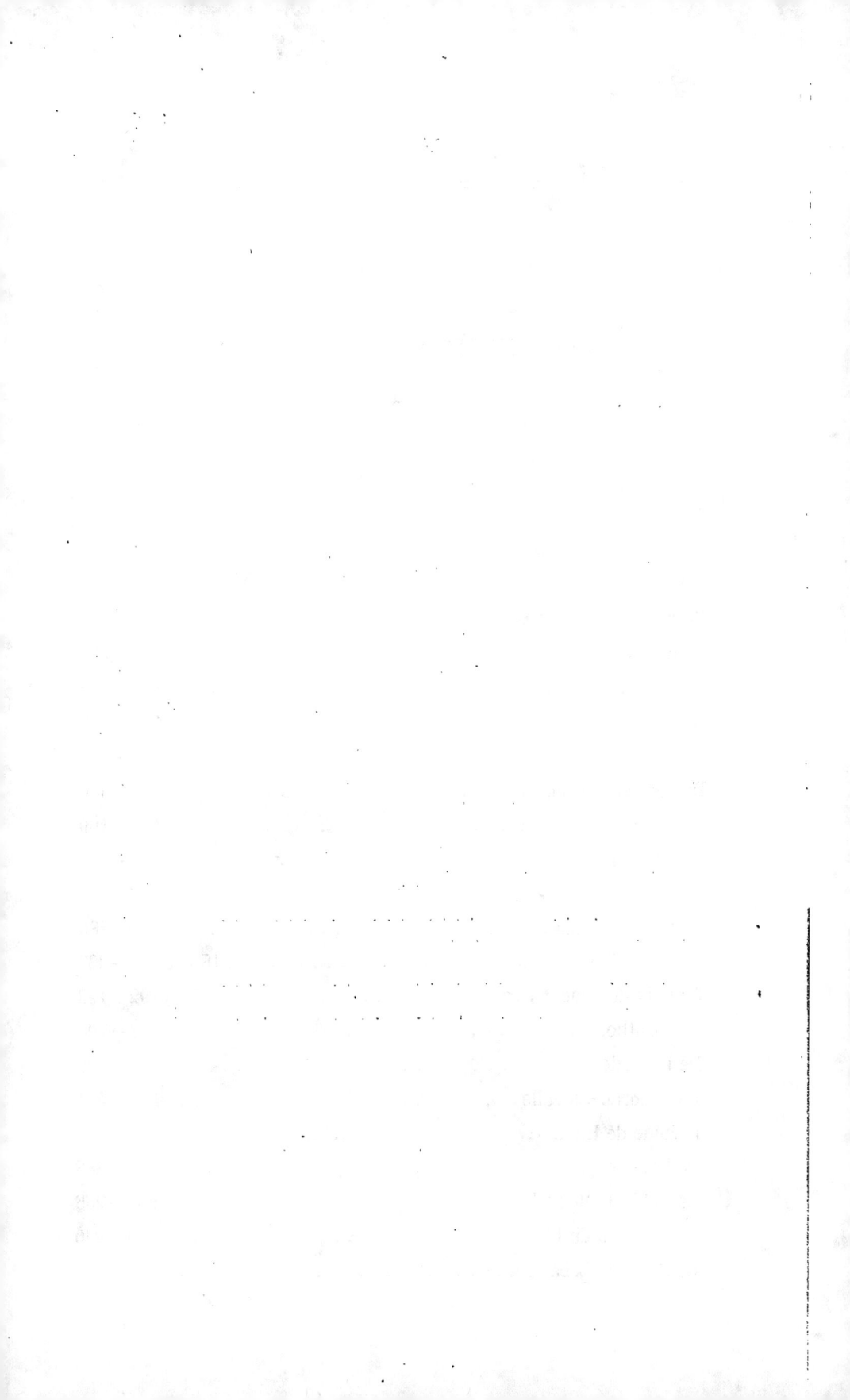

TABLE DES NOTICES GÉNÉALOGIQUES.

—

TABLE GÉNÉRALE DES NOMS.

ERRATA.

page	ligne	au lieu de	lisez :
12	14	Cauterat	Cantérac.
»	15	Cauterat	Cantérac.
13	13	Monteroc	de Montcroc Gripière Laval.
20	18	Batz Dieuse	Batz Diusse.
24	24	Seigneur de Lauvet	seigneur de Lauret.
26	13	Mora de Peyrouse	Mora de Peyroux.
61	30	Jean Goze, curé de Guas	Jean Goze, curé de Gaas.
98	19	Marie Lahtère	Marie Lahitère.
126	11	Marquis de Pons	marquis de Lons.
127	21	Angustin	Augustin.
136	14	Fr. ce mot	faire ce mot.
149	10	le droit de Le Carnal	le droit de Carnal.
150	8	Burguerieu, président	Burguerieu présent.
158	7	Anne de Beaumont	A. de Beaunom.
215	11	Garrelou	Garrelon.
221	30	N. Arnaud de Laborde	noble Armand de Laborde.
223	28	Laborde lergo	Laborde Lesgo.
229	20	Salvat d'Urtubée	Salvat d'Urtubie.
»	21	frère de l'épouse.	frère de l'époux.
241	24	l'abbé Coutatn	l'abbé Coutant.
»	32	l'abbé Coutatn	l'abbé Coutant.
245	2	Guadeloup	Guadeloupe.
258	22	Cauenx	de Canenx.
259	23	Janne de Castet	Jeanne de Tastet.
270	7	de Poutenx	de Pontonx.
287	5	Routignon	Rontignon.
317	27-28	en présence de Marie-Barbe-Agathe de Laporte , mère de messire Jean de Spens, épouse de M. de Castelnau	en présence de Marie-Barbe-Agathe de Laporte, mère de messire Jean de Spens, époux; de M. de Castelnau.
318	12	Monyal	Monval.
332	27	N. du Tuquoy, damoiselle, mariée avec noble Pierre de Trubessé	Jeanne de Tuquoy, damoiselle, mariée avec noble Matthieu Duvigneau de Trubessé.

Page 92, *blason* D'ANTIN D'ARS. — Les trois tourteaux en pal doivent être posés 2 et 1. (Voir au *Supplément* le blason D'ANTIN plus complet).

Page 101, *blason* DE BAYONNE. — Le château est faussement désigné d'argent; il doit être d'or, ainsi que les deux lions qui le soutiennent, comme sur la clef de voûte de la grande nef de la cathédrale.

L'auteur de la *Chronique de Bayonne* (1827, M. Baylac), blasonne ainsi les armes de la ville : D'azur à la tour crénelée et talusée d'argent, ondée au naturel sous le pied, sommée d'une fleur de lys d'or, *ayant pour tenans deux lions* rampants contournés *d'or* avec deux arbres de sinople, chargés chacun de sept fruits d'or et posés en pal derrière les lions.

Pages 274 et 380, blason Des Periers : lion et croissant *d'or* au lieu d'argent.

(*Page* 332, *ligne* 26) :

DUPOY. — Le 17 janvier 1641 fut baptisé Mathieu Dupoy, fils de noble Christophe Dupoy, capitaine au régiment de Béarn, et de demoiselle Jeanne de Tuquoy. Les parrain et marraine, noble Mathieu de Trubessé, capitaine au régiment de Béarn, et damoiselle Jeanne de Tuquoy, son épouse. Par moi :   LAFITE, *curé.*

ERRATA (Suite).

Page 90 : d'Abadie de Saint-Germain; *ajoutez :* Messire Pierre-Hector d'Abadie, curé de Gamarde en 1784, assista en cette qualité à l'assemblée du Clergé de Tartas en 1789; président de la section de Gamarde et député électeur au département des Landes en 1790, porte les mêmes armes que d'Abadie de Saint-Germain.

Page 383 : Desperiers, 8e *degré;* Pierre Despériés, chevalier de Saint-Louis, maire de Clermont, député électeur au département en 1790.

Page 384 ; DES PÉRIERS. La filiation rectifiée est comme il suit :

I. — Guillem Desperiers; — Jeanne Dugassiat.

II. — Bernardine Desperiers; — Blandin Dupin.

III. — Arnaud Dupin Desperiers et Françoise Du Bosq.

IV. — Noble Jean Desperiers de Lagelouse, homme d'épée; — Première femme, Bernette du Cocorron, dont il eut François; — Seconde femme, Jeanne de Lamothe, fille d'Etienne de Lamothe, seigneur de Pouillon, de la maison de Lupé-Lamothe.

V. — François Desperiers de Lagelouse, commissaire de la marine, et Domenge de Bergeron.

VI. — Menaut Desperiers de Lagelouse et Isabeau de Sainte-Croix.

VII. — Jean Desperiers de Sainte-Croix, seigneur d'Esleis. etc.

Le reste comme à la notice.

Page 23, ligne 20 : Despeus, *lisez* Despens.

Page 261, ligne 6 : Poycoault, *lisez* Poyloault.

Même page, ligne 31 : Melet, 1394, *lisez* 1594.

Page 378, ligne 1 : de Caucabanes, *ajoutez :* — La famille de Caucabanes de Baudignan, dont une branche s'établit à St-Sever en 1670-1675, était représentée en 1763 par Messire Pierre-Simon-François de Caucabanes, chevalier, et son frère messire Pierre-Antoine de Caucabanes, chevalier, ci-devant capitaine au régiment de Navarre, chevalier de l'ordre militaire de St-Louis; lesquels moururent sans postérité vers 1785.

Le 10 février 1767, messire Jean-Henri de Caucabanes, seigneur de Baudignan, fut parrain à St-Sever de demoiselle Marie-Anne de Castelnau, fille de messire Pierre-François de Castelnau, seigneur de Montgaillard, comte de Puimiclan, et de dame Julie-Constance de Beynac; la marraine fut dame Marie-Anne de Castelnau de Laborde-Pedeboulan. (*Reg.St-Sever*).

Le 4 mars 1786, dame Rose de Coudroy, veuve du chevalier Pierre-Antoine de Caucabanes, fit une donation de biens en faveur de messire Joseph François-Bernard de Caucabanes, chevalier de Malte et colonel du régiment des chasseurs dudit ordre; fils de messire Jean-Henry de Caucabanes, chevalier, seigneur de Baudignan, habitant dans leur château de Saint-Martin, juridiction de Nérac. (*Titres de la succession de Caucabanes*).

Joseph Caucabanne, chevalier de Malte, âgé de 36 ans (le 15 août 1790), fut élu président de l'assemblée sectionnaire de Baudignan, et député électeur pour le département des Landes (liste imprimée). Les seigneurs de Caucabanes se sont alliés aux maisons de Castelnau-Brocas, de Batz-d'Aurice, de Junca, de Captan, de Juge de Castera, d'Andieu de Labarrère, de Coudroy, du Poy de Monicane, de Cabannes, de Laborde St-Loubouer, de Laborde-Abany, de Laborde-Pedeboulan, de Marsan-Meillan, d'Aon, de Caumont-Talence, de Lucmau-Classun, de Peraldi.

Les armoiries de Baudignan sont conformes au blason de la page 159; il faut y joindre la croix de St-Jean de Jérusalem.

Le chevalier de Caucabanne, de St-Sever, portait en 1753 : Parti au 1 d'azur au lion d'or, au 2 d'azur à trois besans d'argent 2 et 1, coupé d'argent à trois barres de sable. Couronne de comte. — Il signe CAUCABANE, et son frère CAUCEBANE.

www.ingramcontent.com/pod-product-compliance
Lightning Source LLC
Chambersburg PA
CBHW060955280326
41935CB00009B/725